国家出版基金项目
NATIONAL PUBLICATION FOUNDATION

实现脱贫攻坚与乡村振兴有效衔接：广东的先行先试

SHIXIAN TUOPIN GONGJIAN YU XIANGCUN ZHENXING YOUXIAO XIANJIE:
GUANGDONG DE XIANXING XIANSHI

○ 岳经纶 李棉管 庄文嘉 等 著

·广州·

版权所有　翻印必究

图书在版编目（CIP）数据

实现脱贫攻坚与乡村振兴有效衔接：广东的先行先试/岳经纶，李棉管，庄文嘉等著．—广州：中山大学出版社，2022.1
ISBN 978 – 7 – 306 – 07420 – 1

Ⅰ．①实…　Ⅱ．①岳…　②李…　③庄…　Ⅲ．①农村—扶贫—研究—广东 ②农村—社会主义建设—研究—广东　Ⅳ．①F323.8 ②F327.65

中国版本图书馆 CIP 数据核字（2022）第 023183 号

出 版 人：	王天琪
策划编辑：	陈　慧　翁慧怡
责任编辑：	翁慧怡
封面设计：	林绵华
责任校对：	陈　莹
责任技编：	靳晓虹
出版发行：	中山大学出版社
电　　话：	编辑部 020 – 84110283，84113349，84111997，84110779，84110776
	发行部 020 – 84111998，84111981，84111160
地　　址：	广州市新港西路 135 号
邮　　编：	510275　　传　真：020 – 84036565
网　　址：	http://www.zsup.com.cn　E-mail：zdcbs@mail.sysu.edu.cn
印 刷 者：	恒美印务（广州）有限公司
规　　格：	787mm×1092mm　1/16　24.5 印张　412 千字
版次印次：	2022 年 1 月第 1 版　2022 年 1 月第 1 次印刷
定　　价：	98.00 元

如发现本书因印装质量影响阅读，请与出版社发行部联系调换

前 言

在脱贫攻坚战略实施的关键阶段,党的十九大报告明确提出了"乡村振兴战略",高瞻远瞩地为脱贫攻坚收官以后的农村发展指明了方向;《乡村振兴战略规划(2018—2022年)》明确指出,打好精准脱贫攻坚战是实施乡村振兴战略的优先任务,其推动脱贫攻坚与乡村振兴有机结合、相互促进;随着脱贫攻坚战胜利收官,乡村振兴战略全面开局,巩固拓展脱贫攻坚成果同乡村振兴有效衔接(简称"有效衔接")就从政策框架的建构走向了战略实施。2020年10月,党的十九届五中全会提出了"十四五"时期经济社会发展主要目标,明确指出要实现"脱贫攻坚成果巩固拓展,乡村振兴战略全面推进",同时提出要"实施乡村建设行动,深化农村改革,实现巩固拓展脱贫攻坚成果同乡村振兴有效衔接"。2020年12月,中央经济工作会议提出要巩固拓展脱贫攻坚成果,坚决防止发生规模性返贫现象。同月,习近平总书记在中央农村工作会议上强调,脱贫攻坚取得胜利后,要全面推进乡村振兴,这是"三农"工作重心的历史性转移,并从7个方面论述了乡村振兴重点任务。[①] 2020年12月,《中共中央 国务院关于实现巩固拓展脱贫攻坚成果同乡村振兴有效衔接的意见》发布,提出了实现有效衔接的具体工作任务。在这一背景下,有关脱贫攻坚与乡村振兴有效衔接的文献如潮水般涌现出来,构成了社会政策学科最富活力的增长点。

脱贫攻坚是乡村振兴的优先目标和重要前提,为实施乡村振兴战略构

---

① 参见《全面实施乡村振兴战略 习近平提出七个方面要求》,央广网百度百家号,2021年1月18日,见 https://baijiahao.baidu.com/s?id=1688302190409078148&wfr=spider&for=pc。

筑坚实基础；乡村振兴是脱贫攻坚的持续战略，是对脱贫成果的巩固。实现巩固拓展脱贫攻坚成果同乡村振兴有效衔接，是新时代背景下中国农村发展战略的重大转型，是一个发展大局的问题，关系到我国社会主义现代化建设与中华民族伟大复兴的实现。

从我国精准扶贫战略实施的历程来看，脱贫攻坚以解决"两不愁三保障"为核心，着重从收入或支出的角度保障贫困群体的基本生活，是底线保障的理念；而乡村振兴战略以农业农村现代化为总目标，致力于实现"产业兴旺、生态宜居、乡风文明、治理有效、生活富裕"，体现的是向高质量发展和共同富裕的理念。脱贫攻坚作为一个阶段性的战略任务，总体上是对贫困户、贫困村的生计进行改善和支持，其核心任务是实现"两不愁三保障"等民生方面的目标。尽管脱贫攻坚也包括贫困地区区域性发展的一些任务，脱贫攻坚过程中也提出扶志、扶智的要求，但是脱贫攻坚主要保障的是贫困户的基本民生。乡村振兴是一个中长期的全国性的宏大战略，其任务目标包括产业兴旺、生活富裕、生态宜居、乡风文明和治理有效等方面。与脱贫攻坚相比，乡村振兴的工作目标的区域差异更大，尤其是欠发达地区的压力更大，因此，与脱贫攻坚相比，乡村振兴的工作任务目标在区域之间有更大的不平衡。

脱贫攻坚与乡村振兴的有机衔接是顶层设计从点到面的转变。乡村振兴作为中国特色社会主义新时代（简称"新时代"）"三农"工作的总抓手，根本上要从全局和战略的角度，准确把握和处理城镇化、工业化过程中以及乡村发展过程中产生的不可避免的主要矛盾，统筹"三农"工作，进而实现农业农村的现代化和乡村治理的现代化，这是一个长期、全面、复杂的系统工程。从政策对象上看，脱贫攻坚战略的对象是建档立卡贫困户，主要是在现行标准下的贫困人口，主要集中在连片特困地区和深度贫困地区，具有一定的特殊性和阶段性特征；而乡村振兴战略的作用对象是整个农业、农村、农民，惠及城乡所有人口，涉及政治、经济、社会、文化、生态和党建等方面，是全方位的振兴，具有整体性和关联性等特征。从政策设计角度看，脱贫攻坚从致贫因素出发，侧重于个体性的具体施策；乡村振兴侧重于系统的顶层设计，旨在促进乡村整体提升；同时，脱贫攻坚重点在于解决不平衡问题，乡村振兴则主要是在发展不充分问题上发力来解决不平衡问题。从政策特征看，脱贫攻坚战强调的是"精准"，"到户到人、对标找短、靶向整改、精准销号"，体现的是特惠，具有较强的福利性质；乡村振兴强调的是全面振兴，是农业全面升级、农村全面进步、农民全面发展。因此，为了确保巩固拓展脱贫攻坚成果同乡村振兴有效衔接，必须在社会主义公平价值理念的指导下，实现从精准到共享、从特惠到普惠、从生存到发展的衔接，从而实现全体农村居民在物质生活水平和民主、法治、公平、正义、安全、环境等方面的全方位飞跃。

无论是脱贫攻坚战略还是乡村振兴战略，它们的实施都是为了创造一个更加公平的社会，保障人民能够分享经济社会发展成果。因此，实现巩固拓展脱贫攻坚成果同乡村振兴有效衔接，必须坚持社会主义公平正义理念，在促进社会公平的同时增进民生福祉。无论是解决区域不平衡问题，还是防范"福利陷阱"与"悬崖效应"，抑或是达到共同富裕的目标，都必须以公平正义为核心指导理念，在关注物质生活的同时，更关注社会平等和社会包容问题；在满足基本物质需求的基础上，要更加强调教育、医疗和卫生、住房等基本公共服务的均等化。只有这样，才能解决和应对长期以来存在的地区差异、城乡差异，保证居住在全国不同地域的人民在共建共享发展中有更多的获得感，不断促进人的全面发展、全体人民共同富裕。

作为经济发达地区，广东比较早地从整体上完成了脱贫攻坚的使命。在解决好绝对贫困问题后，广东很多地方率先响应党和国家的号召，自发探索两大战略在当地背景下的有效衔接方式，比如加强农村低收入人口帮扶、全面推进乡村振兴和深化拓展区域性协作等重点工作，走在脱贫攻坚战略和乡村振兴战略有效衔接的前列。这些地方的实践探索经验（对实现两项战略有效衔接最终目标和路径的理解，以及在政策体系、体制机制有效衔接方面的基层运作方式）为构建系统性的有效衔接政策范式框架提供了宝贵的研究资源。对广东地方探索经验加以总结研究，将有助于理解民众的福利需求与社会政策创新的互动过程和机理。

中山大学政治与公共事务管理学院社会政策团队长期关注贫困治理和地方社会政策创新。本书是社会政策团队集体努力的结果。本书旨在研究广东如何在后脱贫攻坚时代巩固拓展脱贫攻坚成果并实现巩固拓展脱贫攻坚成果同乡村振兴有效衔接。通过综合运用社会科学研究方法，从多学科视角总结提炼广东在实现脱贫攻坚和乡村振兴两大战略有效衔接方面的先行探索经验及其有效的成果，可以为全国实现两大战略的有效衔接提供重要借鉴，有利于讲好脱贫攻坚与乡村振兴有效衔接的广东故事，而且能够为相对贫困治理的中国智慧提供广东元素。

基于"政策诠释性"研究日益饱和的现状，本书着重突出以下两方面的研究特点。

首先，在诠释性研究之外更突出理论建构的色彩。对脱贫攻坚与乡村振兴两项战略的有效衔接进行政策解读是必要的，但是重复的政策解读不但对推进学术研究意义不大而且对政策实践也增益有限。正是基于这一认识，本书在必要的诠释性研究的基础上更突出理论建构的努力。本书的第一章至第四章，分别从框架结构（"导论"）、战略转型的背景与条件（"走向衔接：从巩固拓展脱贫攻坚成果到实施乡村振兴战略"）、有效衔接的内涵与路径（"实现有效衔接的基本内涵与路径"）、有效衔接的主要挑战（"实现有效衔接面临的主要挑战"）四个方面为巩固拓展脱贫攻坚成果同乡村振兴有效衔接建立起一个总体性分析框架，试图为本项研究设定明确的学科定位，并增强研究的学理性。虽然无论脱贫攻坚还是乡村振兴，都具有跨学科的属性，但是如果研究者不加甄别地强调"综合"，则有可能使得研究失去深度。因此，本书以社会政策和公共管理为基本学科视野来观察和分析我国的巩固拓展脱贫攻坚成果同乡村振兴有效衔接，也是希望在研究的深度上有所推进。

其次，在理论性研究之外更强调经验研究的价值。正如本书的副标题"广东的先行先试"所提示的那样，本书的第五章至第十二章的内容是对广东省在推动脱贫攻坚与乡村振兴有效衔接方面的经验的挖掘、案例研究和理论提升。以广东省作为典型案例确实有其独特的研究价值，一方面，广东省总体上是全国最为富裕的地区，且无论在脱贫攻坚还是在乡村振兴方面都有着先行先试的探索性经验；另一方面，广东省又存在一定程度的发展不平衡问题，在某种意义上讲，这种状况正是中国区域性发展不平衡的写照和缩影。

实现巩固拓展脱贫攻坚成果同乡村振兴有效衔接，2021年是开局之年。广东以其先行先试的精神和良好成效为全国两项战略有效衔接的探索提供了广东样本。与广东有效衔接探索中绚丽的实践相比，本书的研究只能挂一漏万，难以展现其全貌。期待在后续研究中能产出更多的成果，以更精彩的方式讲好脱贫攻坚与乡村振兴有效衔接的广东故事，为展现相对贫困治理和乡村振兴的中国智慧提供更加丰富的广东元素。

岳经纶

2021 年 12 月于广州

目 录

第一章 导论 / 1
 第一节 研究背景 / 3
  一、后脱贫攻坚时代实现巩固拓展脱贫攻坚成果同乡村振兴有效衔接的现实挑战 / 3
  二、实现巩固拓展脱贫攻坚成果同乡村振兴有效衔接的战略机遇 / 5
 第二节 研究意义 / 6
  一、理论意义 / 6
  二、实践价值 / 10
 第三节 研究路径和研究方法 / 12
  一、研究路径 / 12
  二、研究方法 / 13
 第四节 研究思路与全书结构 / 14

第二章 走向衔接：从巩固拓展脱贫攻坚成果到实施乡村振兴战略 / 16
 第一节 脱贫攻坚的中国经验 / 17
  一、脱贫攻坚的制度基础 / 18
  二、脱贫攻坚的机制分析 / 20
  三、脱贫攻坚的政策成效 / 23
 第二节 脱贫攻坚成果巩固与拓展：后扶贫时代的贫困治理 / 28
  一、贫困形态将发生何种变化 / 29
  二、后脱贫时期的致贫因素与贫困治理障碍 / 31
  三、贫困治理措施 / 34
 第三节 从脱贫攻坚到乡村振兴：乡村振兴战略实施的有关研究成果 / 42

一、资源整合视角 / 44
二、制度结构视角 / 48
三、农民主体视角 / 51

第三章 实现有效衔接的基本内涵与路径 / 53

第一节 实现有效衔接的基本内涵 / 53

一、脱贫攻坚与乡村振兴两项战略的比较 / 53
二、两项战略衔接的原则 / 57
三、两项战略衔接的政策意涵 / 59

第二节 实现有效衔接的基本路径 / 61

一、有效衔接的理念路径 / 61
二、从系统扶贫到全面振兴：有效衔接的政策路径 / 71
三、从行政动员到制度建设：有效衔接的体制机制路径 / 80
四、从精准扶贫技术到高效乡村振兴技术：有效衔接的技术路径 / 87

第四章 实现有效衔接面临的主要挑战 / 92

第一节 脱贫攻坚的主要成果及其巩固与拓展 / 92

一、脱贫攻坚成果的巩固 / 93
二、脱贫攻坚成果的拓展 / 95

第二节 巩固拓展脱贫攻坚成果同乡村振兴有效衔接面临的主要挑战 / 96

一、理念的有效衔接面临的挑战 / 97
二、政策的有效衔接面临的挑战 / 100
三、体制机制的有效衔接面临的挑战 / 104
四、技术手段的有效衔接面临的挑战 / 109

第五章 实现有效衔接的广东部署与规划 / 112

第一节 广东实现有效衔接的部署和准备工作 / 112

一、成立各级乡村振兴战略领导小组 / 113
二、挂牌成立乡村振兴局 / 113
三、召开有效衔接工作会议 / 115

四、颁布有效衔接政策文件 / 117
　　　五、完善乡村振兴财政支持体系 / 120
　　　六、建立联席会议制度 / 122
　　　七、建设综合信息服务平台 / 124
　　第二节　广东实现有效衔接的目标 / 125
　　　一、脱贫攻坚成果巩固拓展 / 125
　　　二、农村低收入人口分类帮扶机制逐步完善 / 126
　　　三、乡村产业质量效益和竞争力明显提高 / 127
　　　四、生态宜居美丽乡村建设取得重大进展 / 128
　　　五、乡风文明水平显著提高 / 128
　　　六、农村基层组织建设不断加强 / 129
　　第三节　广东实现有效衔接的政策体系 / 129
　　　一、产业衔接：推动产业扶贫向产业振兴转变 / 130
　　　二、生态衔接：推动生态扶贫向生态振兴转变 / 132
　　　三、文化衔接：推动文化扶贫向文化振兴转变 / 133
　　　四、组织衔接：推动党建扶贫向组织振兴转变 / 135
　　　五、人才衔接：推动人才帮扶向人才振兴转变 / 137
　　第四节　实现有效衔接的广东特色行动 / 139
　　　一、开展驻镇帮镇扶村工作 / 139
　　　二、落实"广东兜底民生服务社会工作'双百工程'"，助力
　　　　　乡村振兴 / 142
　　　三、打造岭南特色乡村风貌带 / 144

第六章　实现有效衔接的党建引领 / 147
　　第一节　党建引领有效衔接的依据与作用机制 / 148
　　　一、新时代的基层党建与有效衔接 / 148
　　　二、党建引领有效衔接的作用机制 / 151
　　第二节　基层党建与组织振兴 / 153
　　　一、完善组织体系架构 / 154
　　　二、规范组织制度建设 / 155
　　　三、优化人力资源配置 / 155

四、强化意识形态培训 / 157
　第三节　党建引领有效衔接的广东实践 / 157
　　一、汕尾：党建队伍凝聚产业发展合力 / 158
　　二、茂名：因地制宜形塑美丽宜居乡村 / 160
　　三、佛山：文明乡风滋养乡村振兴之路 / 162
　　四、广州：技术赋能乡村社会治理有效 / 164
　第四节　党建引领有效衔接的广东经验 / 166
　　一、健全基层组织建设，提升乡村社会领导力 / 167
　　二、优化干部队伍配置，夯实人力资本支撑 / 168
　　三、尊重农民主体地位，打造村庄利益共同体 / 169
　　四、更新治理理念机制，实现乡村社会善治 / 170
　　五、技术赋能有效衔接，推动治理效能提升 / 170

第七章　实现有效衔接的社会力量 / 173
　第一节　社会力量在有效衔接中的作用 / 173
　　一、社会力量在推动实现有效衔接中的重要地位 / 173
　　二、社会力量推动实现有效衔接的路径 / 175
　第二节　推动实现有效衔接的广东社会力量 / 178
　　一、构建社会帮扶大格局，深化拓展帮扶空间 / 179
　　二、搭建扶贫济困平台，整合社会帮扶资源 / 181
　　三、积极培育社会力量，为乡村振兴提供人才支撑 / 182
　第三节　广东社会力量参与有效衔接的典型案例 / 184
　　一、广东省扶贫开发协会：社会组织参与有效衔接的典范 / 184
　　二、碧桂园集团：市场主体参与有效衔接的范例 / 190
　　三、中山大学：高校参与有效衔接的样板 / 195
　第四节　社会力量参与有效衔接的广东经验 / 199
　　一、发挥政治、制度和社会三大优势，有效推动社会力量
　　　　参与 / 200
　　二、健全社会力量参与机制，破解社会帮扶实践困境 / 200
　　三、深化拓展社会力量参与空间，构建社会力量参与长效
　　　　机制 / 201

目 录

第八章 实现有效衔接的省内对口帮扶 / 202
  第一节 广东省内对口帮扶的缘起、发展与成效 / 202
    一、广东省内对口帮扶的缘起与发展 / 202
    二、广东省内对口帮扶的主要成效 / 213
  第二节 广东省内对口帮扶的典型案例 / 219
    一、广州对口帮扶清远 / 219
    二、深圳对口帮扶汕尾 / 222
    三、珠海对口帮扶茂名 / 224
  第三节 有效衔接阶段省内对口帮扶面临的挑战及应对举措 / 226
    一、省内对口帮扶面临的挑战 / 227
    二、应对省内对口帮扶挑战的可行举措 / 229

第九章 实现有效衔接的技术治理 / 233
  第一节 技术治理实现有效衔接的逻辑进路 / 233
    一、从单一主体到多元主体 / 234
    二、从传统管理到数字治理 / 235
    三、从适度发展到可持续发展 / 235
    四、从个体赋权到组织赋能 / 236
  第二节 广东实现有效衔接的技术治理规划 / 237
    一、广东省减贫治理信息化的发展进程 / 237
    二、减贫技术治理的建设成效 / 240
    三、技术治理政策梳理 / 243
  第三节 广东实现有效衔接技术治理的典型案例 / 249
    一、阳江市阳东区智慧信息平台 / 250
    二、东莞市麻涌镇数字乡村治理 / 252
  第四节 广东实现有效衔接技术治理的经验总结 / 255
    一、制度衔接：从脱贫攻坚到乡村振兴 / 255
    二、机制调整：从信息孤岛到数据共享 / 256
    三、技术提升：从人工指导到智能监管 / 257
    四、人才建设：从外来帮扶到内生发展 / 258

第十章　实现有效衔接的清远实践 / 260

第一节　清远有效衔接实践的历史背景与部署规划 / 260
 一、清远减贫治理的历史背景 / 260
 二、清远有效衔接实践的部署规划 / 264

第二节　清远有效衔接实践的主要内容和特色 / 270
 一、相对贫困治理与乡村振兴的有效融合 / 270
 二、建立健全"六个留下"长效机制 / 271
 三、实现扶贫资产的有序管理 / 273
 四、强化统筹整合，创新农村综合改革的要素配置 / 274
 五、区域发展与对口帮扶的常态化建设 / 275
 六、提升智慧治理，充分挖掘扶贫数据的价值信息 / 276
 七、挖掘内生动力，强化社会救助与基本公共服务 / 277

第三节　清远有效衔接实践的典型案例：连樟村 / 278
 一、做强富民兴村产业，推动乡村产业升级 / 279
 二、挖掘乡村内生动力，强化乡村人才支撑 / 280
 三、发展普惠共享文化，增强乡村人文底蕴 / 280
 四、夯实农村基层党建，推动治理水平提升 / 280
 五、打造宜居生态家园，促进乡村环境提质 / 281

第四节　清远有效衔接实践的基本经验：多层次多要素融合发展 / 281
 一、宏观经验：制度衔接与统筹发展 / 282
 二、中观经验：内外资源整合与融合 / 284
 三、微观经验：产业与村庄和谐共生 / 288

第十一章　实现有效衔接的江门实践 / 292

第一节　江门减贫历程与实现有效衔接的部署规划 / 292
 一、江门减贫治理的历史进程 / 292
 二、江门实现有效衔接的部署规划 / 297

第二节　江门有效衔接实践的基本内容 / 299
 一、统筹城乡低收入人口帮扶 / 299
 二、建立大数据动态监测帮扶机制 / 301
 三、探索产业融合发展机制 / 302

四、强化相对薄弱村的建设 / 304
　　五、完善乡村基础设施建设和公共服务供给 / 306
第三节　江门有效衔接实践的典型案例：陈山村 / 308
　　一、修缮华侨青砖祖屋，盘活历史建筑资源 / 308
　　二、扩大文化名人效应，打造"铁夫故里"品牌 / 309
　　三、整理红色革命资源，传承陈山红色文化 / 309
　　四、开展环境综合整治，提升人居环境水平 / 310
第四节　江门有效衔接实践的主要经验 / 310
　　一、遵循统分结合原则 / 310
　　二、城乡统筹融合发展 / 311
　　三、强化信息技术应用 / 312
　　四、推进多元主体参与 / 313
　　五、激活发展内生动力 / 314

第十二章　实现有效衔接的广东探索与广东经验 / 316

第一节　实现有效衔接的广东探索 / 316
　　一、领导体制的有效衔接 / 317
　　二、工作体系的有效衔接 / 317
　　三、规划项目的有效衔接 / 318
　　四、考核监督的有效衔接 / 319
第二节　实现有效衔接的广东经验 / 319
　　一、制度体系衔接贯彻"三个重点"，把握"三农"工作的关键要素 / 320
　　二、政策体系衔接落实"四项内容"，凸显乡村振兴的广东特色 / 324
　　三、工作体系衔接树立"五个坚持"，建设农业农村现代化新局面 / 329

参考文献 / 336
后记 / 372

第一章 导　　论

长期以来，较大的城乡发展差距和严重的农村贫困问题一直是困扰我国经济社会良性发展的主要障碍。这种不平衡不充分的发展影响了人民对美好生活需要的满足，阻碍了全体人民对改革开放发展成果的共享。在这样的背景下，一方面，党中央从党的十八大以来即团结带领全党全国各族人民向贫困宣战，并将脱贫攻坚摆在治国理政的突出位置，充分发挥党的领导和我国社会主义制度的政治优势，采取了许多具有原创性、独特性的重大举措，组织实施了人类历史上规模最大、力度最强的脱贫攻坚战。党的十九大更是将脱贫攻坚列为实现全面建成小康社会的三大攻坚战之一，凸显了贫困治理的重要地位。另一方面，从促进城乡融合发展、挖掘乡村内在价值的角度来看，我国对既往的新农村建设和美丽乡村建设进行了积极的探索。在此基础上，党的十九大进一步明确以实施乡村振兴战略作为实践新发展理念和实现"两个一百年"奋斗目标的重大举措，力求通过先进的指导理念、可及的总体目标、完备的制度框架、细致的政策体系、明晰的实现路径和坚实的行动策略实现乡村的全面振兴和可持续发展。

可以说，自党的十九大明确脱贫攻坚和乡村振兴的重要地位以来，行动与战略间的内在联结就同时得到了学术界和政策界的广泛关注。2018年1月，《中共中央　国务院关于实施乡村振兴战略的意见》（中发〔2018〕1号）正式提出"做好实施乡村振兴战略与打好精准脱贫攻坚战有机衔接"的工作。2018年6月，《中共中央　国务院关于打赢脱贫攻坚战三年行动的指导意见》再次提出"统筹衔接脱贫攻坚与乡村振兴"的要求。2018年9月，中共中央、国务院印发的《乡村振兴战略规划（2018—2022年）》进一步提出"推动脱贫攻坚与乡村振兴有机结合相互促进"的要求。2019年1月，《中共中央　国务院关于坚持农业农村优先发展做好"三农"工作的若干意见》继续明确"做好脱贫攻坚与乡村振兴的衔接，对摘帽后的贫困县要通过实施乡村振兴战略巩固发展成果，接续推动经济社会发展和群众生活改善"的要求。2020年1月，《中共中央 国务院关于抓好"三农"领域重点工作确保如期实现全面小康的意见》对"抓紧研究制定脱贫攻坚与实施乡村振兴战略有机衔接的意见"提出了更为紧迫的要求。2020年10月，党的十九届五中全会通过的《中共中央关于制定国民经济和社会发展第十四个五年规划和二〇三五年远景目标的建议》，将"实现巩固拓展脱贫攻坚成果同乡村振兴有效衔接"作为一个重要议题予以长期规划。2020年12月，中共中央、国务院印发《中共中央 国务院关于实现巩固拓展脱贫攻坚成果同乡村振兴有效衔接的意见》。2021年3月，第十三届全国人民代表大会第四次会议通过《中华人民共和国国民经济和社会发展第十四个五年规划和2035年远景目标纲要》，对实现巩固拓展脱贫攻坚成果同乡村振兴有效衔接工作做了进一步的强化。

从脱贫攻坚到乡村振兴，是新的时代背景下中国农村发展战略的重大转型，也是涉及国家全局的重大战略转型。到目前为止，关于巩固拓展脱贫攻坚成果与实施乡村振兴两项战略有效衔接的地方自发实践和学界讨论已经陆续零散地出现，但总体而言，这些实践和理论探索都相对缺乏长远的视野和系统的规划，并未形成一个内在逻辑顺畅、外在实践有效的衔接框架，因此，及时、深入地构思我国后扶贫时代的政策范式衔接框架就显得尤为必要和紧迫。

从脱贫攻坚走向乡村振兴是党和政府关于农村发展战略的重要部署，从根本目标来说，脱贫攻坚和乡村振兴都服务于"三农"问题的解决和农村健康发展，这是两项战略有效衔接的深层次基础；就发展阶段而言，脱贫攻坚是乡村发展的底线要求和底线目标，而决胜脱贫攻坚又为乡村振兴提供了物质基础、组织机制和技术条件，这是实现巩固拓展脱贫攻坚成果同乡村振兴有效衔接的现实条件。但同时需要明确的是，巩固拓展脱贫攻坚成果和乡村振兴是两项存在差异的战略。在直观意义上，脱贫攻坚是整合多渠道资源，集中解决一个核心问题；而乡村振兴则是要求整合多渠道资源，同时实现多个更高层次的目标。因此，巩固拓展脱贫攻坚成果同乡村振兴有效衔接可能不会自动实现。正是在这个意义上，研究巩固拓展脱贫攻坚成果同乡村振兴有效衔接具有重要的现实意义和理论推进意义。

为了实现巩固拓展脱贫攻坚成果同乡村振兴有效衔接，需要明确以下问题：乡村振兴的总体方向在哪里？主要维度有哪些？脱贫攻坚在哪些维度上与乡村振兴是一致的？脱贫攻坚为乡村振兴提供了怎样的基础？乡村振兴又对农村发展提出了哪些新的要求？如何从脱贫成果的巩固和拓展走向乡村振兴？乡村振兴又如何兼顾脱贫攻坚成果的巩固和拓展？

广东是我国经济最发达的地区之一，也走在脱贫攻坚和乡村振兴的前列。党的十八大以来，广东结合中央顶层设计与地方实际，在脱贫攻坚成果的巩固拓展、乡村振兴战略的实施等领域进行了有益的探索，走在了全国的前列。总结、提炼广东在实现脱贫攻坚和乡村振兴两大战略有效衔接方面的先行探索及其有效成果，可以为全国实现两大战略的有效衔接提供重要借鉴，不仅有利于讲好脱贫攻坚与乡村振兴的广东故事，而且可以为展现贫困治理的中国智慧提供广东元素。

第一节 研 究 背 景

一、后脱贫攻坚时代实现巩固拓展脱贫攻坚成果同乡村振兴有效衔接的现实挑战

21世纪以来，中央高度重视农业、农村、农民问题，先后做出一系列重大战略部署。党的十八大以来，脱贫攻坚战着眼于改善农民生活质量，解决农村贫困问题，辅以农业供给侧结构性改革解决农村、农业问题。党的十九大报告提出，农业、农村、农民问题是关系国计民生的根本性问题，必须始终把解决好"三农"问题作为全党工作重中之重，坚持农业、农村优先发展，建立健全城乡融合发展体制机制和政策体系，加快推进农业、农村现代化。乡村振兴战略作为脱贫攻坚的延续性战略规划，是符合我国经济社会发展规律的，是我国贫困治理政策的系统推进。

随着脱贫攻坚行动完成历史使命，我国将迎来后脱贫攻坚的新时期，

如何推进巩固拓展脱贫攻坚成果与实施乡村振兴战略二者的有效衔接成为贫困治理中的新议题。《中共中央 国务院关于抓好"三农"领域重点工作确保如期实现全面小康的意见》指出，我国贫困状况将发生重大变化，扶贫工作重心转向解决相对贫困，扶贫工作方式由集中作战调整为常态推进，要研究建立解决相对贫困的长效机制，推动减贫战略和工作体系平稳转型。具体而言，要对标全面建成小康社会，加快补上农村基础设施和公共服务短板，加强农村基层治理，强化农村补短板保障措施。此外，《中共中央 国务院关于抓好"三农"领域重点工作确保如期实现全面小康的意见》还指出，当前农村地区仍然存在返贫风险大、农村基础设施和公共服务不到位、现代化农业建设缓慢、基层治理难度大等现实问题，巩固拓展脱贫攻坚成果与实施乡村振兴战略的有效衔接面临的现实难题较多，仍需集中力量开展乡村贫困治理。

《中共中央 国务院关于坚持农业农村优先发展做好"三农"工作的若干意见》则指出，要巩固和扩大脱贫攻坚成果，以实施乡村振兴战略为总抓手，对标全面建成小康社会"三农"工作必须完成的硬任务。在巩固拓展脱贫攻坚成果同乡村振兴有效衔接阶段内，要保持相关扶贫政策的稳定，减少和防止脱贫人口返贫，并且要着力解决以下突出问题：一是在产业振兴方面，解决产销脱节、风险保障不足等问题；二是在生态振兴方面，强化易地扶贫搬迁后续措施，解决重搬迁、轻后续帮扶问题；三是在人才振兴方面，解决义务教育因贫失学、地方人才流失等问题；四是在文化振兴方面，解决乡村文化式微、乡村文化共同体瓦解等问题；五是在组织振兴方面，要继续强化基层党组织领导作用，以县为单位对软弱涣散村党组织"一村一策"逐个整顿。做好"三农"工作、实施乡村振兴战略意义重大，任务艰巨，要求迫切。

巩固拓展脱贫攻坚成果与实施乡村振兴战略有效衔接的内涵十分丰富，面临的现实挑战也较为复杂。脱贫攻坚战现虽已取得胜利，但遗留下来的深度贫困状况较为复杂，不少贫困地区人民的自身发展动力不足，边缘群体贫困问题与贫困户返贫问题突出。因此，乡村振兴阶段要努力构建脱贫长效机制和防范返贫机制，提高乡村振兴战略的精准度和效率。此外，脱贫攻坚和乡村振兴的目标不同。脱贫攻坚是一种短期、集中的战略行动,其目标是要打赢脱贫攻坚战,解决区域性贫困,实现贫困县摘帽等具体任务。而乡村振兴的战略目标则是长期的,是要在消除贫困的基础上,实现农村和农业的现代化,实现城乡协调平衡发展。在有效衔接过渡期内,如何区分短期性问题和长期性问题,并且创造条件解决问题是一个重大挑战。同时,巩固拓展脱贫攻坚成果同乡村振兴有效衔接还包括体制机制、政策的制定与实施等内容,因此,做好二者的有效衔接不能简单照搬脱贫攻坚阶段的政策。

脱贫攻坚战虽已取得胜利,但可以预见的是,由于贫困问题自身的复杂性,后脱贫攻坚时代的返贫风险将会长期存在。与此同时,新的相对贫困、多维贫困等问题也会出现,贫困治理和乡村治理体系将面临持续的挑战。因此,有效衔接阶段的减贫战略必须聚焦于对未来经济社会发展条件的研判,立足于农民主体,保障农村地区人民美好生活需要。

二、实现巩固拓展脱贫攻坚成果同乡村振兴有效衔接的战略机遇

脱贫攻坚与乡村振兴两大战略的衔接以及相应的衔接理论框架设计,是一个包括公共管理学、社会学、政治学及经济学的多学科视角的复杂社会科学研究领域,是一个涉及我国后脱贫攻坚时代社会经济发展态势判断、贫困治理与乡村治理挑战应对,以及国家级重大政策范式转换衔接的宏大系统工程。

脱贫攻坚使中国彻底解决了区域性整体贫困问题,但与中高收入国家相比,我国的贫困线水平仍然较低,需要从"两不愁三保障"阶段性成果向产业兴旺、生态宜居、乡风文明、治理有效、生活富裕的乡村振兴目标转变。贫困治理在未来很长一段时期内仍然是国家治理的政策内容和任务。因而,在乡村振兴阶段,需要与脱贫攻坚行动分阶段、分梯次地做好有效衔接工作:第一步,将乡村振兴政策措施全面融入脱贫攻坚成果中,增强脱贫人口的内生动力,防止返贫;第二步,统筹做好两种战略的衔接,特别是体制机制和政策体系上的衔接,做到平稳交接;第三步,根据实际情况实施乡村振兴战略,真正让乡村振兴成为改善人民生活质量、实

现美好生活需要的政策工具，完成贫困治理体系的平稳转型。

同时，作为国家政策战略的系统工程，巩固拓展脱贫攻坚成果同乡村振兴有效衔接的框架设计，必须认真吸收提炼脱贫攻坚在乡村贫困治理中的各项运作经验，包括持续改善农村基础设施条件，不断完善农村基本制度，等等；必须高度重视乡村振兴工作，以乡村振兴的长远目标为根本依据，集中力量和资源实施乡村振兴战略，敢于突破原有的治理体系；必须着力乡村振兴工作的提质增效，充分利用地区优势，以乡村振兴战略统揽地区经济社会发展全局，通过创新不断满足后脱贫攻坚时期乡村治理的实际需要，建立健全、稳定、长效的贫困治理机制。

广东是较早完成脱贫攻坚任务的省份。在解决好绝对贫困问题后，广东已有很多城市率先响应党和国家号召，自发探索两大战略在当地背景下的有效衔接方式，比如加强对农村低收入人口帮扶、全面推进乡村振兴和深化拓展区域性协作等重点工作，这些实践所反映出来的对地方社会经济发展状况的判断、对脱贫攻坚与乡村振兴衔接最终目标的理解，以及对政策体系相互衔接的基层运作方式的探索，都为构建系统性的政策范式衔接框架提供了宝贵的研究资源。

综上所述，从实现"两个一百年"奋斗目标，推进国家治理体系和治理能力现代化的根本宗旨出发，在系统梳理乡村与贫困治理研究成果的基础上，以两大战略和顶层设计为指引，归纳提炼广东自发实践的探索经验，对促进乡村振兴战略高水平推进、高质量发展具有重要的现实意义。

第二节　研究意义

一、理论意义

本书的理论价值在于，综合运用政治学、公共管理学、社会学和经济学等多学科的视角与方法，系统性分析广东在脱贫攻坚时期的经验与教训，梳理广东在率先探索乡村振兴的实现路径中所采取的措施方法以及遭遇的障碍和困难，总结学界对巩固拓展脱贫攻坚成果与实施乡村振兴战略二者有效衔接的合理设想，结合党的十九大以来我国社会经济发展的变化与趋势，初步构建后脱贫攻坚时代我国农村治理范式与政策转换衔接的理论框架，明确新时期我国探索应对"三农"问题的理论思路。该理论思路为讨论梳理—实践总结—理论交流—框架构建，具体表现为以下四个方面。

（一）框定我国后脱贫攻坚时代贫困治理与促进乡村振兴研究的应有范围

随着脱贫攻坚战的结束，学术界对后续如何巩固拓展脱贫攻坚成果以应对新时期的减贫形势，如何促成巩固拓展脱贫攻坚成果同乡村振兴有效衔接以回应乡村治理的长远目标等重大问题，都进行了卓有成效的讨论。在脱贫攻坚时期，贫困县全部摘帽，区域性整体贫困得以解决，农村贫困人口生活基本需求得到满足，但知识贫困、健康贫困、权利贫困等困境仍然存在，低收入人口的深层次需要仍未得到满足。因此，在乡村振兴阶段，于脱贫攻坚过程中积累的经过实践检验的有效经验应当予以保留和借鉴，并且也要充分考虑乡村振兴的实际需求和目标导向，对政策内容、执行机制和政策目标群体等做出调整，探索出适合后脱贫攻坚时代的政策体系，从而实现脱贫攻坚与乡村振兴战略的体制机制的有效衔接和政策效果的叠加效应。

党的十九大提出实施乡村振兴战略的"二十字"方针，即产业兴旺、生态宜居、乡风文明、治理有效、生活富裕。乡村振兴战略作为"三农"政策的延续，不仅要求从经济上实现农村现代化和农业现代化，提高农民收入水平，还要求从政治、文化、社会和生态等方面进行农村的全面升级，实现乡村治理现代化。乡村振兴的重中之重在于改善城乡关系，引导城乡资源配置优化，实现城乡融合发展。当前，我国城乡发展的不均衡成为影响公众幸福的关键因素，因而，巩固拓展脱贫攻坚成果同乡村振兴有效衔接能够进一步提升乡村地区的公共服务和基础设施建设，改善乡村地区居住环境，提高乡村地区治理成效，从而有效缩小城乡之间的差距，实现乡村地区经济和社会发展的再一次质的飞跃。

(二) 总结广东自发探索的内在逻辑,为乡村振兴政策研究提供经验参考

作为经济发达地区,广东比较早地从整体上完成了脱贫攻坚的使命,一部分地区因而得以率先响应中央关于促进巩固拓展脱贫攻坚成果与实施乡村振兴战略有效衔接的号召,并基于自身的情况开展了多种形式的探索,走在巩固拓展脱贫攻坚成果与实施乡村振兴战略有效衔接的最前列。这些自发探索尽管没有国家性的统一政策框架指导,但是,其中所蕴含的"地方情况—重要问题—可行措施"的内在逻辑是可供挖掘的重要材料。

2021年3月,随着《中共广东省委 广东省人民政府关于实现巩固拓展脱贫攻坚成果同乡村振兴有效衔接的实施意见》(粤发〔2021〕10号)(简称《实施意见》)的制定,广东地区的有效衔接探索因而也有了自己的指导性文件。《实施意见》提出了包括建立健全巩固脱贫攻坚成果长效机制、全面推进乡村振兴和深化拓展区域协作等重点工作。对广东地方探索加以总结研究,将有助于理解在我国独特的国家治理体系之下,民众的福利需求与社会政策创新的互动过程机理。2021年3月,广东省委实施乡村振兴战略领导小组正式成立,统筹管理广东省乡村振兴有关重要工作。广东省各个地级市也相继成立乡村振兴战略领导小组,有序负责乡村振兴战略实施过程中的安排、部署和问题解决等工作。为实现巩固拓展脱贫攻坚成果同乡村振兴有效衔接,广东省在脱贫攻坚阶段积累的成功经验的基础上,回应人民诉求,将衔接内容重点放在产业发展、生态环境保护、精神文明建设、基层治理与引才留才五个方面,以建立稳定长效的脱贫机制,巩固拓展脱贫攻坚成果。

(三) 开展中国特色相对贫困治理研究,为国际对话提供理论资源

随着巩固拓展脱贫攻坚成果同乡村振兴有效衔接工作的推进,学者们普遍认为我国的贫困治理也将进入以相对贫困治理为主要目标的新阶段。相应地,我国的贫困研究也将产出以相对贫困为主题的新内容。目前,我国相对贫困存在人口基数大、贫困维度广、致贫风险高等特点,缓解相对

贫困的难点也体现在较多的方面。进入乡村振兴阶段，随着绝对贫困的消除，我国的贫困治理开始转向相对贫困治理，不仅要实现从解决收入贫困向解决多维贫困的转变，而且要实现从以农村为主的治理向城乡统筹治理的转变，不断提高脱贫质量，提高人民的获得感。因此，巩固拓展脱贫攻坚成果同乡村振兴有效衔接成为缓解相对贫困难题的重要措施，有利于建立解决相对贫困的长效机制。

我国是一个人口基数大、幅员辽阔、内部多样性较大的发展中国家，解决相对贫困面临难度大、历时久等难题。在这样的国家，其相对贫困研究，一方面，自然对认识贫困以改进贫困治理有重要意义；另一方面，将面临许多国际相对贫困研究脉络中不存在的新问题，在客观上要求中国研究者提供新视角、新方法和新答案，这也将为中国学术界参与国际对话、丰富贫困研究脉络提供宝贵资源。

（四）探索形成贫困治理与乡村治理范式和政策转换的理论框架

从国家治理体系来看，实现巩固拓展脱贫攻坚成果同乡村振兴有效衔接具有重要意义，它反映了我国国家治理体系中不同战略理论之间相互转换衔接，以汇聚合力，共同实现治理效果的客观需求。脱贫攻坚阶段，我国形成了一套具有全国共识的治理体系，包括"五个一批""五级书记抓扶贫"等脱贫攻坚和精准扶贫的思路与政策实践。在乡村振兴阶段，随着贫困治理的现实情境以及政策目标和内容的改变，贫困治理与乡村治理的范式也要随之改变。脱贫攻坚与乡村振兴两项战略的政策内涵是一致的，都是为了解决贫困问题，为农民创造更美好的生活，为了实现共同富裕。尽管如此，也要充分认识到两项战略面临着目标、对象等不同点，需要根据各自侧重点的不同来科学制定政策，并基于现实情境的要求科学地执行政策。因此，深入研究后脱贫攻坚时代我国国家级重大战略转换衔接的实践，提炼有关政策概念和命题，进而形成初步的理论框架，能够为后续的研究提供可供对话和交流的理论基础。

二、实践价值

本书的实践价值在于,在判断我国后脱贫攻坚时期社会经济发展变化和趋势,以及总结巩固拓展脱贫攻坚成果和实施乡村振兴战略的地方探索的经验基础上,结合相对贫困治理和乡村治理的国际经验,深入理解"两个一百年"目标的根本意涵,从而为新时期应对"三农"问题提供可供探索的实践路径,为提高我国乡村治理水平,推进我国国家治理体系建设提供决策依据和建议。研究思路为形势判断—经验提炼—问题廓清—路径选择,具体表现为以下四个方面。

(一)结合国际经验,判断我国贫困治理与乡村治理的可能形势和特点

学者们普遍认为,判断后脱贫攻坚时代我国社会经济发展形势的变化和趋势是促成两大战略稳妥衔接,回应乡村治理长远需求的基础条件。脱贫攻坚战虽然取得了贫困县脱贫摘帽的成就,但集中连片特困地区的深度贫困问题仍然会对乡村振兴阶段的贫困治理产生影响。同时,我国城乡与区域间的人口流动也对贫困人口的识别和保障机制建设提出了挑战。在后脱贫攻坚时代,我国仍然存在多重形态的相对贫困,需要建立起系统性的贫困社会政策干预机制。

随着我国贫困形态的变化,我国的贫困治理也很有可能遭遇发达国家在过去所发生的种种问题。经济、社会、历史条件相似的东亚国家,如韩国、日本等,都曾经历过城乡发展不协调、乡村发展不充分等问题。这些国家通过立法等手段,出台众多促进农业和农村发展、解决生态环境问题等相关的法律法规,并形成系统的法律支持体系,加强乡村振兴制度供给,其系统的法律体系支持和健全的政策体系为我国贫困治理与乡村治理提供了经验。

因此,一方面,结合国际经验;另一方面,立足广东深入调查研究我国在后脱贫攻坚时代的社会经济发展状况、贫困形势特点及乡村治理需求。这对把握整体情况、正确预测判断未来治理形势有着决定性的重要

意义。

（二）从广东自发探索中提炼经验，构建更具针对性的探索路径

广东各地自发开展的实践探索，为我国在后脱贫攻坚时代开展两大战略的整体性衔接和实现乡村治理的长远目标提供了宝贵的经验，对这些经验加以总结提炼，以适当的抽象手法将其整理为一条可供其他地区乃至其他国家借鉴的有效路径，将对保证衔接过程平稳有序、衔接效果不断提高起到重要作用。广东省在巩固拓展脱贫攻坚成果同乡村振兴有效衔接时期，创造性地开展了驻镇帮镇扶村工作和"广东兜底民生服务社会工作双百工程"（简称"双百工程"）两项特色行动，致力于打造岭南特色乡村风貌示范带等先进模式。广东省开创性的政策探索为全国的巩固拓展脱贫攻坚成果与实施乡村振兴战略的有效衔接提供了借鉴的模板，有利于各地结合当地实际开展具有特色的贫困治理模式。

（三）在理论研究与实践探索中廓清有效衔接过程的重点难点问题

明确问题是回应问题的前提。在后脱贫攻坚时代的衔接实践中，我国社会经济发展形势的变化、贫困形态的复杂性及乡村治理体系中的盲点等新挑战都会出现在这一过程之中。当前，巩固拓展脱贫攻坚成果同乡村振兴有效衔接的相关政策倾向于提出客观要求和指出实践方向，但对其面临的主要挑战着墨较少。在实现有效衔接目标的过程中，地方政府和脱贫主体都将面临现实挑战，主要体现在理念衔接、政策衔接、体制机制衔接与技术手段衔接等方面。脱贫攻坚目标的实现并不意味着乡村振兴战略能够毫无阻碍地顺利实施，现实中，多种风险的叠加与多种挑战的并存的事实对有效衔接提出了重大考验。

因此，以广东为案例，深入分析有效衔接过程中各类可能出现的实践问题，认真探究问题形成的原因、生成机理及内在逻辑，有助于党和国家在有效衔接实践中明确风险，对重点难点问题做好思想认识准备，从而确保衔接过程妥善、平稳地进行。

（四）在"两个一百年"奋斗目标指导下构建可供实践探索的衔接路径

在综合考虑国际经验、社会经济发展、治理体系运转激励的基础上，本书将以"两个一百年"奋斗目标为根本宗旨，以广东为案例，梳理脱贫攻坚战略与实施乡村振兴战略的内涵，探索后脱贫攻坚时代实现巩固拓展脱贫攻坚成果同乡村振兴有效衔接的实现路径和可行对策，研究有效衔接过程中党和政府发挥的重要作用。具体而言，本书将立足广东，重点研究两大战略在理念、政策、体制机制和技术的多个维度上如何进行有效衔接的紧迫问题，总结实践中的贫困治理特色和面临的具体困难，力图通过对理论探索和实践经验的总结梳理，全面分析衔接过程中可能出现的重大问题，构思可行与具有操作性的对策措施，以求实现两大战略在理念、政策体系、体制机制及技术维度上的全面系统衔接。

第三节 研究路径和研究方法

一、研究路径

（一）规范性与经验性融合路径

规范性分析是指从概念出发，对脱贫攻坚和乡村振兴进行辨析，确立两者的内涵和外延，作为分析起点。本书将结合文献综述，从两项制度的理论渊源和内在联系着手，尝试对制度衔接进行较为翔实的逻辑阐释和机理分析，为脱贫攻坚长效机制的建立和乡村振兴的要素资源配置提供理论价值参考。

（二）宏观与微观融合路径

脱贫攻坚是乡村振兴的前提基础，两者相辅相成，在战略目标、内容举措、功能作用、治理主体、体制机制、政策体系上具有内在一致性。但与此同时，脱贫攻坚更聚焦于微观、短期、小范围利益，乡村振兴则定位于宏观政策目标、乡村长期和整体效益提升，这决定了在进行两项制度衔接研究时要关注异质性，兼顾宏观和微观研究视角。本书将针对性地融合宏观研究视角和微观研究视角，从宏观视角绘制脱贫攻坚和乡村振兴在产业振兴、文化建设、乡村治理、社会保障、城乡融合发展等方面的有效衔接蓝图，同时从微观视角挖掘脱贫攻坚和乡村振兴各自的细分领域，如内涵厘清、政策演变、精准扶贫对策建议、乡村振兴实施路径等。

（三）系统性分析路径

系统分析视角主张将研究主体作为内部因素有机联系的整体，并通过各要素之间的合理配置、有序互动实现系统性目标。本书将脱贫攻坚和乡村振兴视为一项体系化的制度衔接战略，而非割裂两者在理念、政策、体制机制上的内在联系，避免了将两者的有效衔接理解为制度的僵硬"嫁接"。通过系统分析，以全面、发展的视角看待制度衔接在基础背景、原则依据、阶段目标、总体目标、机制路径上的联系，关注经济层面、生态层面、文化层面、治理层面和生活层面五个维度的系统性互动。

二、研究方法

（一）文献分析方法

查找、阅读、厘清目前国内有关脱贫攻坚与乡村振兴两项制度衔接的研究。重点关注两大类文献：一是现有的学术研究成果，包括期刊文章、博硕士学位论文、会议综述、研究著作等；二是我国针对脱贫攻坚和乡村振兴所出台的政策、文件、方针，以及习近平总书记的系列讲话精神及其论述，等等。

（二）实地调研

鉴于我国公共政策推行的"试点先行"特征，脱贫攻坚和乡村振兴两项战略已"独立性"地运行了一段时间。本书将深入挖掘广东省的典型贫困村案例在乡村振兴战略实施以来，如何充分利用脱贫攻坚成效，实现两项制度的有效磨合。为撰写本书，研究团队成立课题组在广东多地进行调研访谈，开展参与式观察，获取了大量的一般性经验材料和数据材料。其中，来自调研的材料会以"课题组调研资料"的方式注明。

第四节　研究思路与全书结构

本书的主要宗旨是研究广东如何在后脱贫攻坚时代巩固拓展脱贫攻坚成果并实现巩固拓展脱贫攻坚成果同乡村振兴有效衔接。为此，我们需要在充分理解广东实践的基础上回答好以下三个问题：第一，如何认识巩固拓展脱贫攻坚成果同乡村振兴的关系；第二，如何巩固拓展脱贫攻坚成果；第三，如何实现巩固拓展脱贫攻坚成果同乡村振兴有效衔接。基于此，本书从认识论、方法论、实践论角度，层层深入，从理论认识到具体实践，分为十二章进行详细讨论。

第一章至第四章是理论概述。第一章是导论，从当下的后脱贫攻坚的时代背景和广东省"试点先行"的实践背景开始铺陈，简要叙述本书的背景意义与方法结构，希望通过此章的引入，让读者认识到当下选择以广东省为基点进行巩固拓展脱贫攻坚成果同乡村振兴有效衔接的研究的重要性和必要性。第二章至第四章是背景与理论论述，其中，第二章包括学界对脱贫攻坚阶段总结的中国经验、后脱贫攻坚时代成果巩固与拓展、乡村振兴战略实施的有关研究成果，为后续分析巩固拓展脱贫攻坚成果同乡村振兴有效衔接奠定理论基础；第三章首先对比了脱贫攻坚与乡村振兴的异同，进而阐明两项战略衔接的原则与政策意涵，同时，为了更好地实现巩固拓展脱贫攻坚成果同乡村振兴有效衔接，提出了四种基本路径：理念的衔接、政策的衔接、体制机制的衔接，以及技术手段的衔接；基于这四种基本路径，第四章分析了当前衔接中存在的问题与挑战。

第五章至第九章是广东实践和经验的综合分类介绍。第五章介绍了广东在巩固拓展脱贫攻坚成果同乡村振兴有效衔接工作上的战略部署和目标规划,凸显了党和政府在有效衔接中的主导作用;第六章至第九章分别从党建引领、社会力量、省内对口帮扶、技术治理四方面探究广东在巩固拓展脱贫攻坚成果同乡村振兴有效衔接方面的具体实践,深入挖掘广东省内各市的创新实践,广泛总结了广东从自身的特性出发,多管齐下、合力推进巩固拓展脱贫攻坚成果同乡村振兴有效衔接工作的成功经验。

第十章至第十一章是案例剖析。为了更加完整、生动地描绘广东从脱贫攻坚到巩固拓展脱贫攻坚成果同乡村振兴有效衔接工作的展开,这两章选取清远市和江门市作为案例,按照目标—过程—结果的逻辑,总结归纳出以宏观、中观和微观的多层次、多要素融合发展为特征的"清远经验",以及具有统分结合、城乡统筹、多元参与、内生驱动等特征的"江门经验",从微观层面详细描绘了巩固拓展脱贫攻坚成果同乡村振兴有效衔接主要机制和关键对策。

第十二章是总结。此章尝试归纳广东在巩固拓展脱贫攻坚成果同乡村振兴有效衔接方面的主要探索,并在此基础上,总结广东巩固拓展脱贫攻坚成果同乡村振兴有效衔接实践的阶段性经验,展现有效衔接的广东智慧,为全国巩固拓展脱贫攻坚成果同乡村振兴有效衔接工作提供可借鉴的有效经验。

第二章　走向衔接：从巩固拓展脱贫攻坚成果到实施乡村振兴战略

随着脱贫攻坚战的胜利收官，如何推进巩固拓展脱贫攻坚成果与实施乡村振兴战略二者的有效衔接就成了贫困治理与乡村治理领域中新的重要议题。尽管这一议题目前仍以实践关切为主，但其作为后脱贫攻坚时代党和国家发起的重大国家行动，对我国社会经济发展、减贫治理与乡村治理体系建设、人民生活水平等方面无疑将产生重要影响。因此，在理论研究上具有不可忽视的重要价值，迫切需要学术研究上的进一步探索。脱贫攻坚和乡村振兴是高度相关的两个议题。中国的脱贫攻坚形成了富有特色的中国经验，在学术研究上也形成了多维度的理论成果。从时间上看，脱贫攻坚与乡村振兴是相继的两大战略，脱贫攻坚补齐了乡村振兴的短板，而乡村振兴又为脱贫攻坚提供了最可靠和最现实的长效机制。与此同时，乡村振兴又是一个持续推进的过程，过往关于乡村治理和农村发展的相关研究可为乡村振兴提供一定的理论依据。本章在对中国贫困治理的历史和经验进行梳理的基础上，阐述脱贫攻坚和乡村振兴的战略转型问题，重点分析脱贫攻坚战略的系统性成果及乡村振兴的三种视角。

本章的结构如下：第一节介绍学术界关于我国脱贫攻坚经验的相关研究，这是脱贫攻坚战略与乡村振兴战略走向衔接的现实基础。很显然，中国脱贫攻坚的成就绝不仅仅表现为脱贫人数，在制度、政策和体制机制等方面的创新都是我国脱贫攻坚战略的宝贵财富。本书对以上内容进行的总结和分析为深入讨论巩固拓展脱贫攻坚成果的经验提供对话基础。第二节重点阐述后脱贫攻坚时代的贫困治理问题，将巩固拓展脱贫攻坚成果作为分析的中心。该节介绍了学术界有关巩固拓展脱贫攻坚成果的相关研究，全面呈现有关后脱贫攻坚时代的贫困形势、贫困治理的相应转变、巩固拓

第二章 走向衔接：从巩固拓展脱贫攻坚成果到实施乡村振兴战略

展脱贫攻坚成果的可能障碍与重点措施，为清晰把握巩固拓展脱贫攻坚成果的复杂性提供理论基础。第三节介绍学术界有关实施乡村振兴战略的研究，系统梳理有关乡村振兴基本要求、根本宗旨、质量要求和实现路径，明确乡村振兴对后脱贫攻坚时代国家治理体系的重要导向。

第一节 脱贫攻坚的中国经验

改革开放以来，特别是党的十八大以来，我国的贫困治理取得了举世瞩目的历史性成就。其中，最为明显的是贫困人口大规模减少。按照2010年的标准（农村居民家庭人均纯收入2300元人民币/年），我国贫困人口从1978年的7.7亿多减少到了2019年的551万，贫困发生率从97.5%降到了0.6%。虽然脱贫攻坚的难度在不断加大，但是减贫速度不断加快，2013—2019年，我国每年减贫人口都在1000万以上。截至2020年12月，我国实现全国22个省份的832个贫困县全部脱贫摘帽，意味着贫困人口从整体上已经告别贫困，全面建成小康社会有了重要基础。此外，贫困地区农村居民收入的稳步增长、贫困地区居民生活质量的全面提高、贫困地区基础设施和公共服务的明显改善等，都表明我国脱贫攻坚取得了明显成效（汪三贵、冯紫曦，2019）。

作为中国共产党实现"两个一百年"奋斗目标的历史使命所提出的重要战略部署，脱贫攻坚理论和实践创新的不断演进可以为乡村振兴提供重要基础。那么，脱贫攻坚到底取得了何种经验？进一步来看，为什么脱贫攻坚能够取得丰硕成果？中华人民共和国成立以来，特别是党的十八大后，以习近平同志为核心的党中央着眼于全面建成小康社会，把脱贫攻坚工作纳入"五位一体"总体布局和"四个全面"战略布局，以国家行政力量为主导的减贫治理取得的人间奇迹，集中体现了社会主义制度优势和政治优势。学界从制度基础层面、机制分析层面和政策成效层面三个研究视角进行了分析。

一、脱贫攻坚的制度基础

中华人民共和国成立以来，我国之所以能够实现经济高速增长和社会长期稳定的奇迹，一个重要的原因就在于充分发挥"集中力量办大事"这一显著的社会主义制度优势。从一般标准来看，改革开放以来，除了计划生育政策外，脱贫攻坚战所动员的力量是最全最大的（周飞舟、谭明智，2020）。在动员全国全社会力量打赢脱贫攻坚战过程中，集中力量的一个重要的原则是坚持党的领导。党的十九大报告中明确指出，要坚持中央统筹、省负总责、市县抓落实的工作机制，强化党政一把手负总责的责任制，形成了打赢脱贫攻坚战的省、市、县、乡、村"五级书记抓扶贫"的领导责任制，为脱贫攻坚提供坚强的政治保证。

坚持党的领导的一个重要实现途径是以党建促扶贫，通过选派各级干部奔赴贫困村和基层党组织软弱涣散的村庄担任第一书记，以激活基层党组织力量，推动本地扶贫工作，深入参与到脱贫攻坚工作中（燕继荣，2020）。从2015年到2020年2月，全国共派出25.5万个驻村工作队，累计选派290多万名县级以上党政机关和国有企事业单位干部到贫困村担任第一书记或驻村干部（期限1～3年）。多项研究表明，第一书记利用自身人力资本与社会资本（杨晓婷等，2020；倪大钊等，2020；张国磊，2019；谢小芹，2016）和个人公共领导力（舒全峰等，2018），在其与村庄各主体的互动过程中，有效地提升了基层治理能力，为打赢脱贫攻坚战和乡村振兴战略的实施奠定了基础（郭小聪、吴高辉，2018；刘建生等，2019；郭小聪、曾庆辉，2020）。通过选派干部驻村，深入脱贫攻坚第一线，不仅加强宣传和贯彻党中央、国务院和省委、省政府关于扶贫工作的方针政策、决策部署、工作措施，而且在产业发展、项目推进、扶贫资金监管、加强基层党组织建设等方面也成效显著（王延中、丁赛，2020）。

除了坚持党的领导以外，贫困治理之所以能够在短时间内取得显著成效，也与政府主导下多元主体协同治理贫困有着重要关联。从政府主导的角度来看，主要表现在以下四个方面：第一，建立健全从中央到地方的扶贫工作领导机构和工作机构，实行各级政府扶贫工作首长制的工作责任

第二章 走向衔接：从巩固拓展脱贫攻坚成果到实施乡村振兴战略

制；第二，制定规划，把扶贫开发作为国民经济和社会发展中长期规划的重要内容；第三，根据国民经济发展水平和国家财力状况适时调整国家扶贫的重点区域，使扶贫工作重心从贫困地区下沉到重点县和贫困村；第四，中央和各级地方政府不断加大扶贫投入（常旭，2020）。在具体的执行过程中，通过落实中央统筹、省负总责、市县抓落实的管理体制，由政府主导贫困人口识别、帮扶、退出、评估的各个阶段，将精准扶贫转化为地方政府的中心任务之一，同时打破以往政府内部行政治理条块之间的明确界限，动员起各个部门的资源和力量投入到脱贫攻坚进程中，有效提升了地方政府的统筹整合能力和资源配置能力（常旭，2020）。

在"摆脱贫困是全社会的共同责任"的理念指导下，我国尤为重视合力攻坚，即在坚持政府主导的同时，鼓励多元主体广泛参与。在具体的扶贫措施方面，形成了专项扶贫、行业扶贫、社会扶贫等多方力量有机结合的"三位一体"大扶贫格局，发挥各方面的积极性（黄承伟，2017；吴振磊、张可欣，2018；张腾等，2018）。有研究认为，中国的贫困治理可以理解为政府、市场及社会等多方主体共同参与，协调各项资源的调动，合力帮助贫困人口实现消减贫困目标的过程和状态。即在政府的主导下，充分调动全社会力量和资源形成合力，针对具体的贫困问题采取相应的减贫举措，从而消减贫困目标和摆脱贫困，其本质是一个社会再动员、再组织和再塑造的过程（张琦，2020）。近年来，随着脱贫攻坚进程的深入，全员参与模式下政府的作用由主导逐步转为引导，贫困群体脱贫由被动逐步变成主动，市场机制或从无到有或由弱到强，社会参与由原来的多方参与变为全员参与，扶贫生态由多元协同变为包括贫困对象主动参与在内的全员扶贫（高飞、向德平，2018；雷明、邹培，2020）。

从上述研究可以看出，脱贫攻坚成效的取得是在党的坚实领导之下，政府与社会力量协同治理的结果。值得注意的是，多元主体共同治理贫困的过程中也产生了主体间关系问题。比如，驻村干部与村干部之间的关系。有研究表明，有些地方出现了"驻村干部拼命干，村干部靠边站"的现象，驻村干部和村干部之间关系的严重跑偏，脱贫攻坚主角的严重错位，极易导致脱贫返贫的恶性循环，影响脱贫成效（谢治菊、许文朔，2020；任洁，2020）。

二、脱贫攻坚的机制分析

(一) 贫困人口内生动力

在脱贫攻坚战中,物质贫困是贫困的一面,而更为重要的是作为另一面的精神贫困。即脱贫致富不仅要注意"富口袋",更要注意"富脑袋";扶贫应同扶志、扶智相结合。习近平总书记始终强调要发挥贫困人口的主体性、能动性和创造性,并倡导艰苦奋斗、自力更生精神,把内生动力激发、提升、培育作为精准扶贫、精准脱贫的重要内容和根本目标,以实现贫困地区贫困人口内源式发展(吴重庆、张慧鹏,2018;谢治菊,2018)。在基层实践中,各地以激发贫困群众内生动力为目标,持续探索、积累了不少摆脱精神贫困的好路径和好方法(黄承伟,2019)。例如,党建引领、创新激励、更新观念、提高技能、发展促进、典型带动和综合扶贫等。既有研究主要从结构性视角和个体自身视角两个视角对贫困人口动力不足的原因进行了分析。

结构性视角认为,贫困人口动力不足与外生性因素有关,如制度因素、物质因素、社会因素、文化因素等。例如,王强(2020)的基于2014—2016年中国农村困难家庭样本数据的实证分析显示,单纯提供资金补贴帮扶方式会显著降低其客观脱贫内生动力,提供就业创业的积极帮扶则能显著提升其主观脱贫内生动力。薛刚(2018)认为,外在帮扶措施与贫困群众内在需求错位、贫困群众参与扶贫脱贫过程不足、尊崇依靠自身勤劳脱贫的乡村氛围未能形成等是贫困人口内生动力不足的重要原因。曲海燕(2019)发现,导致贫困人口内生动力不足的外部因素包括村庄客观环境、落后文化和风俗与扶贫方式。郑瑞强(2019)认为,贫困群众脱贫内生动力缺失与制度设计不完善有关,主要表现为以下三个方面:第一,过强的政府管控挤压了贫困群众参与互动的空间;第二,扶贫资源的单向传递抑制了贫困群众个性化需求;第三,多元主体互动缺乏导致贫困群众社会关联易受割裂。左停和田甜(2019)结合列斐伏尔的空间理论,认为贫困人口内生动力不足的原因在很大程度上表现为发展空间中的结构

第二章 走向衔接：从巩固拓展脱贫攻坚成果到实施乡村振兴战略

性问题，包括贫困地区位于整个社会空间结构的发展边缘且自身空间结构单一，减贫发展的政策供给和村民的政策需求存在空间错位现象，村民的表征性空间不足。卫小将（2019）认为，随着我国扶贫力度的深入，扶贫走向精准扶贫，与此同时，贫困群体的情感生活相应经历了羞惭内疚、自我排斥、自我接纳及合理化等阶段，这或许便是"争当贫困户"或"求贫"心理产生的社会情境。冯华超和钟涨宝（2017）认为，制度本身设计理念与实际偏离，评选机制又不够科学和公正，是引发农民争当贫困户的主要原因。

个体自身视角注重贫困个体自身内生性因素对脱贫内生动力的影响。贫困群众脱贫意愿不强是贫困人口内生动力不足的直接表现（薛刚，2018），这与其原生家庭影响、个人文化水平、个人"体、能"状况等有关（曲海燕，2019）。实证研究表明，贫困深度、陷入贫困时间长短，以及贫困个体的思想观念与能力均会对脱贫内生动力产生影响（王强，2020；左停等，2018）。进一步对贫困人口脱贫内生动力机制的研究发现（傅安国等，2020），消极的价值观、消极的自我观和被动脱贫的行为是贫困个体的消极内在驱动力；贫困个体缺少市场理性和扶贫的运动式治理会导致社会心理动力的控制感缺失，使得贫困个体内生动力匮乏；家庭内部的建设可以通过促进家长亲子能力的提高，进而激发子代脱贫的内生动力。

（二）监督考核体系建设

除了激发贫困人口内生动力，脱贫攻坚中的另一个激励设计主要表现在监督体系建设与考核体系建设两个方面。"多渠道全方位的监督体系"是对扶贫脱贫监督体系现状的集中概括（付胜南，2019）。"多渠道全方位的监督体系"既体现为涵盖考核评估、督查检查、问责惩处等监督环节，覆盖扶贫脱贫攻坚全过程的立体化监督网络，又表现为中央、省、市、县和乡自上而下的纵向层级式监督与包含社会监督、法律监督、纪检监督、审计监督和职能监督的横向扩展式监督。较为完善的监督制度体系为我国打赢脱贫攻坚战奠定了较好的制度基础。但是，我国的扶贫系统并没有设置专司监督和评估的机构，尚未建立从中央到各级地方政府的扶贫监督评估体系，扶贫项目的监督评估存在各自为政的现象，缺乏统一的法律约束与制度规范，以及强有力的公众监督和舆论监督（赵曦、赵朋飞，2016）。制度体系建设的不完善，影响了其对脱贫攻坚运行过程中扶贫项目立项不科学、扶贫资金到位率低、挪用与贪污等现象的制约。以脱贫攻坚中的腐败和作风问题为例，呈现出涉及环节广且形式多样化、腐败案件关联性强且涉案金额大、腐败群体基层化且社会影响恶劣的主要特点（莫光辉，2017）。在低保政策执行过程中，由于对漏保现象的重视不够，基层民政工作者的避责行为对贫困群体的纳入和退出均产生了负面影响（岳经纶、胡项连，2018）。针对脱贫攻坚中存在的监督考核问题，有研究按照"无影灯效应"的基本原理，提出通过扶贫资金审计，"照亮"扶贫资金运行的全过程和各方面，及时将影响扶贫资金绩效的"病灶"找出来，并将其消除（王善平，2013）。

就脱贫攻坚的考核体系建设而言，纵观我国扶贫脱贫工作历程，贫困考核机制经历了以下三个方面的演变（史志乐、张琦，2018）：第一，贫困人口经历了从收入考核到以"两不愁三保障"为主的精准扶贫、精准脱贫考核；第二，党政领导干部考核从以 GDP 为主转向注重脱贫实绩考核；第三，经历了从单一式、独立式考核到全程式、参与式考核的转变。在压实脱贫攻坚责任的实践中，《脱贫攻坚责任制实施办法》等一系列文件明确了"中央统筹、省（自治区、直辖市）负总责、市（地）县抓落实"的管理机制，细致分配了中央、省、市、县各级政府的任务和职责，制定了相应的考核问责办法，首次由省（区、市）党政一把手向中央签署脱贫攻坚责任书，并规定"贫困县未脱贫前主要领导不轻易调动"，层层立下军令状（张腾等，2018）。

在考核体系建设完善的同时，也出现了精准考核的困境，主要表现为考核主体困境和考核数量化困境（胡志平，2019）。在脱贫攻坚过程中，政府机构和第三方评估主体是实施精准考核的两个重要主体。一般来讲，相比政府机构考核，第三方评估主体凭借其独立性和专业性进行考核，可斩断利益链条，能够保证评估结果的客观与公正（何阳、孙萍，2018）。第三方评估主体参与有助于改变以往政府在扶贫开发过程中既执行又监督的"教练员"与"裁判员"共兼的双重角色（莫光辉、陈正文，2017）。

第二章　走向衔接：从巩固拓展脱贫攻坚成果到实施乡村振兴战略

但是，受到权限不明、利益博弈的制约及测量标准的随意性的影响，第三方评估主体使用的评估数据的精准度会打折扣（丁先存、汪卉卉，2018）。除此以外，第三方评估主体存在主体合法化困境，而第三方评估主体对评估数据获取的渠道单一以及相关评估规范的缺失又影响着评估结果的公信力（王志立，2018）。考核数量化困境则主要表现为以减贫数量为考核标准，造成基层"数字减贫"严重（陈全功、程蹊，2016）。

既有研究指出，监督和考核等激励制度在确保脱贫攻坚工作的有序、高效开展的同时，也出现脱贫攻坚过程中日益重视过程导向的监督与考核式控制产生的不良效应。其中，以痕迹管理异化为代表的形式主义最为明显，基层脱贫攻坚中出现了广受诟病的"表海"现象（孙宗锋，2019），乃至"文书生产与文书反生产"的形式主义悖论（吴高辉，2019）。同时，基于精准考核产生的痕迹管理演变为"痕迹主义"，产生了大量的负面效果，如痕迹管理的异化对脱贫攻坚产生了目标转移与替代的效应，脱贫攻坚的实际事务不再成为焦点，而材料工作成为中心，导致扶贫干部倦怠和干群关系疏离（邢成举，2019）。

三、脱贫攻坚的政策成效

从政策体系设计和实施来看，我国贫困治理强调精准识别、精准帮扶，提出因地制宜，因人、因户、因村施策，针对贫困人口不同需求采取针对性的扶贫措施，提高扶贫资源供给与贫困人口需求的衔接度。换言之，贫困治理的精准取向不仅强调政府政策供给与政策需求的匹配，也强调反贫困政策执行的综合性，以应对贫困人口多元化、差异化需求（万兰芳、向德平，2016）。

（一）精准识别

纵观来看，在贫困治理过程中，区域扶贫开发成效显著的同时，其减贫作用的局限也日益凸显。因为以同一个贫困标准衡量，越到后面，剩余的贫困人口贫困程度越深，能力越差。能力强的人在经济发展的带动下和区域扶贫开发过程中早就脱贫了，而发展能力弱的这一群人靠一般的经济增长和区域扶贫开发是带不动的（汪三贵，2020）。正因为如此，精准扶贫对于脱贫攻坚的作用不容置疑。但是，与区域扶贫开发瞄准到区域层面不同，精准扶贫对扶贫提出了更高的要求，需要瞄准到村、到户、到人。

从精准扶贫的标准来看，我国按2010年不变价计算的年人均纯收入2300元的收入标准识别贫困人口。同时，在设定稳定脱贫标准方面是"两不愁三保障"，即不愁吃、不愁穿，保障义务教育、基本医疗和安全住房。不愁吃的基本要求，从三个方面看，一是要主食吃得饱，二是要有适量的蛋白质摄入，三是饮水要安全，饮水安全包括吃水不困难和水质安全；不愁穿的基本要求是每一个季节有每一个季节的衣服穿，即冬天有冬装，夏天有夏装，春秋有春秋装，同时有鞋和床上用品；义务教育有保障的基本要求是义务教育阶段不能辍学；基本医疗有保障的基本要求是基本医疗保险和大病保险全覆盖，看得起多发病、常见病，慢性病有救助政策和签约服务，大病享受先诊疗后付费等优惠政策；安全住房有保障的基本要求是贫困家庭不能住危房（汪三贵，2020）。

在识别贫困人口过程中，精准识别一般遵循"三步工作法"（朱丽君，2019）。第一步，进村入户"算账"；第二步，组织专班，逐户逐人调查；第三步，调查结果与建档立卡数据进行比对后进行公示。为了达到精准识别的目标，基层政府主要采用了民主评议和量化识别两种不同的方式（汪三贵，2020）。其中，民主评议是识别贫困人口最主要的方式。民主评议的前提假设是社区居民比政府更加了解穷困人口的贫困状况。程序大致是每一个村民小组将本组比较穷的家庭推荐给村"两委"，村里召开村民代表大会对推荐名单进行评议，确定名单后进行张榜公示。如果村民有异议，则由村干部（包括驻村工作队）进行核实，村民代表大会再进行讨论，然后再进行公示。这一过程通常要多次进行。如果村里分歧过大，确定不下来或者投诉很多，乡镇的包村干部就需要介入，了解情况后进行协调。与民主评议不同，量化识别的大致做法是根据"两不愁三保障"的内容，对其中的一些村民的贫困程度进行打分或者设置否决项。比如贵州省实施的"四看法"、宁夏回族自治区实施的"五看法"（李博、左停，2017）、云南省实施的"七评法"、安徽省实施的"六看六必问"（汪磊、伍国勇，2016）、其他地方实施的"X不进"（左停、贺莉，2017；李博，

第二章　走向衔接：从巩固拓展脱贫攻坚成果到实施乡村振兴战略

左停，2019）等。

随着精准识别精度的提高，精准识别的成本也越来越高。其成本主要来源于两方面：信息甄别成本和管理成本（彭桥等，2020）。当精准识别的精度由贫困村到贫困户，识别对象的规模将大大增加，不仅需要对贫困户的贫困深度、致贫原因等多个维度进行精准识别，还要制定科学合理、易于操作的识别标准和识别流程（葛志军、邢成举，2015；谢治菊，2017）。而贫困个体的某些信息具有隐蔽性特征（唐丽霞，2017），难以识别真伪或识别成本较大，从而出现非贫困个体骗取扶贫资源的现象，导致贫困对象识别的失误率较高。其中，对"临界农户"的确认尤其困难（汪三贵、Park，2010）。

（二）精准帮扶

精准帮扶是实现精准扶贫、精准脱贫的关键环节。在精准识别贫困人口之后，需要因户因人施策，采取精准帮扶措施。左停（2015）将其称之为"量体裁衣式的菜单式扶贫"。由于致贫因素的复杂性，我国政府提出了"五个一批"的综合扶持方式，涉及产业发展、就业、移民搬迁、生态、教育、医疗和社会保障等多个方面（汪三贵、刘未，2016）。既有研究主要从扶贫投入、扶贫供给结构优化和扶贫措施供给三个视角进行了讨论（左停等，2017）。

在诸多扶贫措施中，产业扶贫是我国精准扶贫战略框架下扶贫实践的重要方式，特别是2013年后，随着产业扶贫概念的明晰与政府推进思路的明确，针对产业扶贫展开的研究逐渐丰富，并侧重于探讨产业扶贫的减贫效应、策略与现实政策路径（顾天翊，2019）。产业扶贫具有多种形态（蒋永甫等，2016）。一种是内源式的产业扶贫，即通过贫困地区特色农业资源的开发，实现农业产业化发展以带动农村贫困人口脱贫致富；另一种是外生式产业扶贫，即通过兴办非农产业，实现贫困人口转移就业，进而达到贫困地区贫困人口的脱贫目标。

从政策层面来看，产业帮扶需要直面以下两个问题（胡伟斌等，2018）：一是脱贫攻坚到后期，剩下的对象往往是资源极其贫乏的地区，届时还能否培育出可持续的扶贫产业？二是产业扶贫的政策效用会不会仅仅是推动地区的发展，而并非为贫困人口所真正受益？对于上述两个问题的回答，既有研究认为，在产业扶贫中，基层政府的治理行为受到政府逻辑（科层制逻辑）、乡村逻辑（社会道德逻辑）、市场逻辑，以及不同治理主体间的合作逻辑的共同作用（于乐荣、李小云，2020；陆远权、蔡文波，2020；王志涛、徐兵霞，2020；白丽、赵邦宏，2015；闫春华，2019；沈宏亮等，2020；张延龙，2019；许汉泽、徐明强，2020；周海文等，2020；王志刚等，2020；姜庆志，2019；梁晨，2015；蒋永甫等，2018），进而影响产业扶贫成效。

一部分研究认为，在上述不同逻辑的作用下，产业帮扶对于减贫的作用效果明显。实证分析显示，产业扶贫表现出对贫困人口收入增长的显著效应（黄娟娟、孙计领，2020；巫林洁等，2019；陈守东、顾天翊，2019；胡晗等，2018；李小云、苑军军，2020；沈宏亮等，2020；李雨、周宏，2020）。从产业扶贫的作用效果来看，产业项目收益分配具有良好的扶贫效果，贫困户接受项目收益分配的脱贫稳固程度比不接受项目收益分配的脱贫稳固程度要高出20%左右（黄娟娟、孙计领，2020）。而且，产业扶贫项目主要是对贫困户的农业种植收入、畜禽养殖收入及总收入有显著影响（胡晗等，2018），并对深度贫困户和重度贫困户的增收效应较强，对边缘贫困户的增收效应相对较弱，有利于缩小不同贫困户间的收入差距（沈宏亮等，2020）。

从产业扶贫的影响方式来看，产业扶贫政策对贫困户收入具有正面影响（巫林洁等，2019），特别是在密集的政策供给与扶贫政策"组合拳"的影响下会表现出更加突出的贫困减缓效应（陈守东、顾天翊，2019）。即使是单一的产业扶贫政策，政府扶持政策越强的产业，往往也能对较低脱贫能力贫困户产生越明显的减贫效果；而且，在外来物质资产暂时替代人力资本的人工干预扶贫措施的作用下，依然会对农户收入增长有显著影响（李小云、苑军军，2020）。

产业扶贫中一个不可回避的问题是扶贫产业发展与贫困户发展之间的关系问题（刘杰等，2020）。这一问题可具体分为两个方面。第一个方面是产业扶贫是否真的有助于提升贫困群体自身的脱贫能力，从而实现可持续的脱贫。如果只有外部资源的大规模投入而带动的短期性扶贫产业，且

第二章 走向衔接：从巩固拓展脱贫攻坚成果到实施乡村振兴战略

这些扶贫产业没有能够实现贫困地区和贫困人口的内生性发展，产业扶贫效果的可持续性将会面临挑战。既有研究除了关注产业发展的益贫性以外，也重视产业扶贫对提升贫困人口的可行能力和抑制贫困脆弱性的影响。刘杰等人（2020）认为，产业扶贫对贫困户的最大作用不是增收而是增能，倡导产业扶贫发展应从效率导向转向成效导向，从权利和能力等多维视角考察产业扶贫的减贫效应。相关研究显示，产业扶贫对农户家庭的贫困脆弱性有显著的改善作用，使农户家庭的贫困脆弱性降低了15%左右，而且相比于中西部地区，东部地区的这种效应更加明显（王志涛、徐兵霞，2020）。在精准扶贫政策实施力度较大的地区，产业扶贫政策对脱贫农户生计脆弱性的抑制作用更加突出（李玉山、陆远权，2020）。

第二个方面是扶贫产业中的贫困群体参与问题。现有的研究对扶贫资源的"精准偏差""精英俘获""垒大户"等现象都有所揭示，如果贫困群体不能充分参与到扶贫产业中来，或扶贫产业对贫困群体产生了排斥效应，扶贫产业的贫困治理效应将会大打折扣，同样也会影响到扶贫产出的持续性。部分研究已经指出，产业帮扶的减贫效果受到多重逻辑的制约。在产业扶贫中，涉及政府、企业、村庄精英、贫困户等多个行动主体。不同主体的"俘获"都有可能导致产业扶贫出现偏差甚至是失败，如行政俘获、精英俘获、大众俘获等（金江峰，2019；邢成举，2017；黄承伟等，2017；杨浩、汪三贵，2016）。既有研究主要是从政企关系的角度解释了为什么产业扶贫出现各种偏差甚至是失败。有的研究认为，产业扶贫之所以出现各种偏差是因为过度依赖市场。在以效率为目标的市场主导范式下，贫困治理主要表现为两种模式（翟军亮、吴春梅，2019）：一种是较为单纯的市场主导的模式，典型模式为"公司+农户""公司+合作组织+农户""公司+基地+农户"等模式（梁晨，2015）；另一种是政府通过项目的形式来吸引市场主体参与，在实践中往往体现为招商引资的方式。由于市场主导范式遵循市场逻辑，实践中往往演化为市场主体对利润的追求而忽视其所肩负的贫困治理社会责任。从政府的角度来看，尽管政府将产业扶贫资金交给龙头企业运作减少了市场风险，也可以在短期内实现脱贫任务，但是从长远来看并不可持续（李博、左停，2016）；而且在缺乏对企业的监管和惩罚措施的情况下，会产生大量消极扶贫现象（闫东东、付华，2015）。

更多的研究从政企互动视角来分析其对产业扶贫实践的影响。研究者认为，政府和市场的行为影响了贫困户自我发展能力或贫困户的发展机会，进而影响了产业扶贫的效果。产业扶贫的目的是要实现"造血式扶贫"，即提升贫困户的自我发展能力。但是，产业的市场逻辑和政府的行政逻辑共同作为约束产业扶贫的外在结构性因素（陈恩，2019），政企合作模式表层化，以及目标与行动偏离（王昶、王三秀，2019），阻碍了贫困户内生动力的激发和自我发展能力的提升。比如，在一些地区出现的扶贫项目资金均投入到公司和大户手中的"垒大户"现象（梁晨，2015），造成了产业扶贫资源分配中贫困户的边缘化。进一步来看，政府和企业参与产业扶贫的行为改变了产业扶贫场域内的资讯交换渠道和资源传递方式，从而形成权力场域的固化，导致了组织行为体参与产业扶贫的隐形运行逻辑（杨永伟、陆汉文，2018）。又或是政府和企业形成了对产业扶贫的分利共谋的治理逻辑，导致产业扶贫出现目标替代、选择性应对和考核虚化等形式主义问题（李小艺，2020）。此外，扶贫资源供给的产业导向与贫弱农户内在的能力匮乏状况相互矛盾，使他们在此过程中面临资源获取门槛、产业参与门槛和获利门槛，最终因无法有效提高家庭消费、再生产和积累水平而面临脱贫门槛（梁栩丞等，2020）。在强激励下，基层领导干部往往倾向于选择容易出政绩、直观且立竿见影的项目，而避开那些会使农民真正获益的，但是需要投入精力多、时间长，却不容易出政绩的项目（马良灿，2014；孙德超、曹志立，2018）。

第二节　脱贫攻坚成果巩固与拓展：后扶贫时代的贫困治理

脱贫攻坚和巩固防贫在逻辑上是前后衔接的。自 2015 年我国全面实行精准扶贫行动以来，学术界不仅对扶贫中的种种现象与问题做出了回应，对瞄准偏差、扶贫治理等现实问题进行探索，还将目光向前，开始推

第二章 走向衔接：从巩固拓展脱贫攻坚成果到实施乡村振兴战略

测和构思后脱贫攻坚时代的可能情况和应对策略。自《改革》2016年刊登"2020年后的扶贫减贫战略"系列笔谈开始，学术界已经就2020年脱贫攻坚行动之后我国贫困形势的新变化（谷树忠，2016）、贫困发生的新特征（雷明，2016），以及贫困治理的新目标、新挑战、新路径和新措施都做了充分有益的探索（张琦，2016；左停，2016；王丽巍、安佳等，2020；吴高辉、岳经纶，2020；李棉管、岳经纶，2020），下文将按此脉络进行总结。

一、贫困形态将发生何种变化

纵向来看，虽然既有研究对2020年后我国贫困形势变化做出了不同判断（张琦、孔梅等，2020；方珂、蒋卓余，2018；白永秀、刘盼，2019；陈志钢等，2019；王晓毅，2017；魏后凯，2018），但是大多认同"贫困仍然存在且发生新变化"（杨力超、Robert Walker，2020；谷树忠，2016；汪三贵、曾小溪，2018；王博、朱玉春，2018；张琦，2016；高强等，2019；李迎生，2020）。这是因为，一方面，脱贫人口存在返贫的可能；另一方面，经济社会发展水平的变化会衍生出新的贫困形态（杨璐璐，2016；张琦，2016；豆书龙、叶敬忠，2019）。就贫困形态而言，既有研究主要从空间差异维度、贫困比较维度和可行能力维度等方面进行了阐述。

（1）从空间差异维度来看，空间分布（叶兴庆、殷浩栋，2019）、空间正义（岳经纶、方珂，2020；王国川、王小敏，2020）以及区域差异（徐进、李小云，2020；左停、李世雄，2020）等均会影响后脱贫攻坚时代我国的贫困形态。一方面，集中连片地区和特困地区的贫困问题仍然会在脱贫攻坚结束之后产生影响（谷树忠，2016；高飞、向德平，2018）。例如，青藏地区、西南喀斯特地貌地区、三大地理阶梯交界处即使在脱贫攻坚结束之后仍会是需要重点帮扶的地区（周扬等，2018）；传统的"三区三州"地区（黄征学等，2019）以及少数民族和边疆地区（叶兴庆、殷浩栋，2019）等也存在类似境况。另一方面，由于我国尚且处于并且仍将处于城镇化进程之中，城乡之间与区域之间的大规模人口流动将持续存在（雷明，2016）。但是，我国对流动人口的防贫保障措施和贫困治理措施受制于城乡和区域间的体制分割而处于相对缺失的状态，由此产生的流动性贫困或者说流动人口贫困将会与城乡贫困同时存在（邓大松等，2019；邢成举、李小云，2019）。

（2）从贫困比较维度来看，多重形态的相对贫困会在脱贫攻坚之后成为新时期贫困形势的重要部分（雷明，2016；杨璐璐，2016；魏后凯，2018；黄承伟，2019；邢成举、李小云，2019；杨力超、Robert Walker，2020；向德平、向凯，2020；岳经纶、方珂，2020；李棉管、岳经纶，2020；董帅兵、郝亚光，2020）。一方面，脱贫攻坚时期主要面向绝对贫困，当生存问题基本解决之后，贫困治理的重点将转向相对贫困，贫困边缘人口可能因贫困标准变化成为新的农村贫困人口（张晓山，2018；白永秀、刘盼，2019；郭劲光、俎邵静，2019；左停、赵梦媛，2020）。与绝对贫困比较起来，相对贫困更强调社会维度，在社会比较意义上更关注社会不平等和社会排斥问题。与绝对贫困的生计维持视角不同，治理相对贫困就需要更关注公共资源分配的公平性、市场和社会的包容性，需要建构起一个系统性的社会政策干预框架，其远比绝对贫困的治理更为复杂（李棉管、岳经纶，2020）。另一方面，从群体比较来看，特殊困难群体（如老人、儿童、妇女，特别是少数民族妇女等）的人力资本水平较低，抗贫能力低，致贫风险也较大，也是我国后脱贫攻坚时代需要关注的重点群体（万兰芳、向德平，2016；何瑾、向德平，2019；叶兴庆、殷浩栋，2019；白增博等，2020）。虽然在脱贫攻坚阶段，这些弱势群体就是政策关注的焦点，但是在后脱贫攻坚时代，仍需要对这些群体投入高度的政策关注。因为这些弱势群体的贫困脆弱性更为突出，后脱贫攻坚时代不但要持续强化社会救助及其他社会保护体系，而且要着眼于发展性的人力资本投资和公共服务的完善。

（3）从可行能力维度来看，多维贫困将成为后脱贫攻坚时代主要的贫困形态（陈志钢等，2019；邓大松等，2019；黄征学等，2019；杨力超、Robert Walker，2020），其中，因医疗、教育等导致的支出型贫困尤其值得关注（郭劲光、俎邵静，2019；宁雅芳，2020；杨璐璐，2016；王晓毅，2017；向德平、华汛子，2019；刘欢、韩广富，2020）。一方面，在

第二章　走向衔接：从巩固拓展脱贫攻坚成果到实施乡村振兴战略

医疗、教育领域的支出一般具有刚性，它们往往是导致家庭陷入贫困的重要原因；另一方面，在教育、医疗领域的投入又具有人力资源投资的效应，它们是斩断贫困代际传递的重要途径。而在这些领域的投资其实也反映了国家公共服务的基本理念。研究者指出，公共服务不足是导致贫困发生的重要原因（李小云、许汉译，2018；邢成举、李小云，2019），而且由于公共服务不足，民众难以应对工业化、城镇化、后工业社会来临等社会转型风险，从而生产出大量的"转型贫困"（唐任伍等，2020）。换句话说，我国仍处于现代化大潮之中，工业化、城镇化，以及社会及个人层面上发生的变化仍在进行且会持续相当长的一个时期，社会发展转型中难以避免的诸如产业结构、工作技能结构变化会造成新贫困不断出现，即转型过程中会产生次生贫困（黄承伟，2019）。

二、后脱贫时期的致贫因素与贫困治理障碍

贫困治理本身也是人类社会中非常复杂的政治及经济过程，这意味着贫困在多种社会经济因素影响下将不断地发生变化，认识贫困本身就非常复杂，简单地理解和试图解决贫困都是对这种复杂性的忽视，可能会影响到贫困治理的效果（汪三贵、曾小溪，2018；高强等，2019；杨力超、Robert Walker，2020）。既有研究对新贫困形势形成的原因与生成机制进行了深入探讨，主要有转型贫困的生产、贫困防治体系自身存在的缺陷、社会保障与公共服务三大类影响因素。

（一）转型贫困的生产

贫困问题的持续性表现为在不同的阶段有不同的贫困表现形态，也会有不同的致贫原因。暂且不论贫困的代际传递或贫困的再生产问题（白永秀、刘盼，2019；林闽钢，2012），从聚焦农村贫困问题拓展到城乡贫困问题，从绝对贫困治理拓展到相对贫困治理，从物质贫困治理拓展到多维贫困治理，这些贫困治理理念的转型本身就意味着贫困治理是一个持续的问题。

再比如因产业结构、技能结构、就业结构和收入结构等变化导致的

"转型贫困"。有的研究指出，脱贫攻坚中最关注长效脱贫的产业扶贫并未很好地关注到社会转型变化的问题，从而导致总体表现出可持续性差的问题（陈志钢等，2019；高强等，2019；韩广富、辛远，2020；王晓毅，2020；吕方，2020）。也有研究指出，我国人口结构的变化可能会恶化上述问题，主要表现为人口老龄化以及未富先老等，可能从"供给侧"影响人力资本水平和技能结构，导致我国贫困人口规模的反弹（李小云、许汉译，2018）。

（二）贫困防治体系自身存在的缺陷

目前，贫困治理中的贫困测量标准仍然主要是以单一收入维度为准，导致贫困识别效度随着贫困治理形势变化显示出局限性。最为明显的结果是贫困边缘群体难以被发现（陈志钢等，2019）。由于贫困线上和贫困线下群体的差异并不是绝对的"非贫困—贫困"之间的差异，贫困边缘群体和被认定的贫困群体实际差异非常小。但由于贫困治理范围的限制，在反贫困政策的"悬崖效应"下，部分贫困边缘群体的生活状况反而不如贫困群体（张琦，2016；胡洁怡、岳经纶，2016；魏后凯，2018；黄承伟，2019；左停、赵梦媛，2020）。对于接受政策帮扶的贫困人口而言，还可能存在内生发展动力问题，即使是已脱贫群体的可持续脱贫能力也有待提高（魏后凯，2018；张晓山，2018；白永秀、刘盼，2019；黄征学等，2019；豆书龙、叶敬忠，2019；白增博等，2020；黄承伟，2019；唐任伍等，2020）。换言之，贫困人口人力资本累积能力缺失产生贫困恶性循环的可能性仍然较大（郭劲光、俎邵静，2019；董帅兵、郝亚光，2020；韩广富、辛远，2020；刘健，2019；谢治菊，2018；黄承伟，2019；刘欢、韩广富，2020）。总之，农村脱贫群体普遍面临抗风险能力差和返贫风险大等问题（白增博等，2020）。

从行政体系的运作来看，自上而下的扶贫资源动员是我国贫困治理取得巨大成果的重要原因，在脱贫攻坚时代，这种资源动员模式具有必要性和紧迫性。后脱贫攻坚时代的来临，意味着我国的贫困治理和农村发展要从"超常规"的"运动式治理"走向制度化的常态治理。自上而下的贫困治理难免会出现与贫困人口的实际需求偏离，存在超常规资源投入下扶

第二章　走向衔接：从巩固拓展脱贫攻坚成果到实施乡村振兴战略

贫模式的可持续问题（黄承伟，2017；陈志钢等，2019；郭劲光、俎邵静，2019）。为了应对后脱贫攻坚时代的治理需要，以国家力量主导的扶贫政策体系也面临着向常态化和制度化减贫的挑战（曾小溪、汪三贵，2019；白增博等，2020；韩广富、辛远，2020）。有学者认为，"贫困治理"并不等同于"政府的贫困治理"，我国贫困治理中存在主体性紊乱的问题，表现为国家与农民之间的扶贫权利和义务的多重断裂（刘健，2019），它导致贫困治理中存在政治压力消解行政责任和法律责任，运动式中心性扶贫造成各主体责任错位以及基层政策执行变通等多种治理问题。此外，农民在贫困治理中的主体性缺失及其权责不对称，造成农民认为摆脱贫困与他们并无关系，滋生了"等靠要"等扶贫困境并严重影响了扶贫效果（董帅兵、郝亚光，2020；高强等，2019）。此外，传统上安贫乐道的贫困观念，实际上也在一定程度上阻碍了主体力量的培育与形成，最终影响了贫困治理（刘欢、韩广富，2020）。

（三）社会保障与公共服务

有的研究认为，社会保障与公共服务供给不充分与不均衡也会影响贫困治理成效。整体来看，我国社会保障政策体系建立在身份、职业和地区的多重分割之上，具有较为明显的"福利分层"色彩（岳经纶，2014；岳经纶、方珂，2019）。在其运行过程中，存在覆盖范围有限、社保体系碎片化和待遇水平差异化等问题，极大地限制了减贫作用的发挥（李小云、许汉译，2018；黄承伟，2019；王晓毅，2020；左停、徐卫周，2019）。在特殊和边缘贫困群体从农村向城市转移的情况下，上述作用更加明显（白永秀、刘盼，2019；郭劲光、俎邵静，2019；高强等，2019）。有的研究认为可以考虑建立以全社会为范围，以公民身份为基础，积极回应人民需求的新时期社会保障体制（岳经纶、方珂，2019；岳经纶、方珂，2020）。

与减贫防贫密切相关的基础设施和基本公共服务对于防止多维贫困具有明显的影响（豆书龙、叶敬忠，2019）。受到城乡差异与区域差异的影响，我国不同地区的民生福祉水平具有较大差异（王晓毅，2020）。其中最明显的表现是公共服务覆盖范围有限。例如，以农民工为代表的流动群体存在较大的贫困风险大（白永秀、刘盼，2019；陈志钢等，2019）。

三、贫困治理措施

在后脱贫攻坚时代，贫困作为一种社会现象和社会问题仍然会存在。贫困形势在整体上会向相对贫困和多维贫困转变。贫困群体、贫困区域及致贫原因都会更加多元化。相应的贫困治理措施也需要随之改变，以适应新时期的贫困形势，实现社会主义共同富裕的本质要求（雷明，2016；王晓毅，2017；王博、朱玉春，2018；左停、李世雄，2020）。有鉴于此，学术界从战略任务、体制机制建设、政策体系建设和保障措施供给等方面展开了大量有益的讨论。

（一）战略任务

一个国家的贫困状况会随着经济社会的发展而不断变化，国际贫困标准的持续提高就是这一规律的体现。我国的贫困标准也处于持续变化之中，以购买力计算，我国年人均纯收入2300元标准接近于1.9美元/（人·天）的国际较低标准，是一个可以参与国际比较的有效贫困标准。与此同时，我们需要思考和判断2020年后的社会经济状况以制定适应经济社会发展的贫困标准，是后脱贫攻坚时代贫困研究和贫困工作的首要问题（陈志钢等，2019；叶兴庆、殷浩栋，2019）。如果按照较高的国际贫困标准［如3.2美元/（人·天），甚至5.5美元/（人·天）］来测算，我国将会产生新的贫困人口，但这并不能否定我国政府在贫困治理中的成就，而是恰恰反映了中国政府在贫困治理中的担当（李棉管、岳经纶，2020）。

除了贫困标准的变化以外，就未来的贫困治理而言，更需要关注的话题是巩固拓展脱贫攻坚成果并构思新时期贫困治理的任务（邢成举、李小云，2019）。我国应长期坚持优化扶贫开发工作并继续坚持精准扶贫战略思想（汪三贵、曾小溪，2018；韩广富、辛远，2020；叶敬忠，2020），实现贫困治理理念和话语转变，实现从脱贫向防贫、从空间隔离到城乡统一、从脱贫攻坚到长效常态扶贫、从农村贫困人口概念到低收入人口概念、从脱离贫困到发展增收等战略话语的转变，实现贫困治理中价值理性

第二章　走向衔接：从巩固拓展脱贫攻坚成果到实施乡村振兴战略

与工具理性的有机统一，以社会政策整体转变达成"社会中国"一体化目标（岳经纶，2014；向德平、刘风，2018；高强等，2019）。

具体来看，贫困治理需要更加重视保障式扶贫，同时兼顾开发式扶贫，以实现整体向满足发展型需求型治理的转变（王晓毅，2017；万兰芳、向德平，2018；郭劲光、俎邵静，2019；江立华，2020；苏海、向德平，2020；李棉管、岳经纶，2020）。要将反贫困重心前移至将资源投入到个体预防贫困和提高自身能力上，比如教育和健康，处理好城乡贫困的关系、区域发展与相对贫困治理的关系、相对贫困治理和乡村振兴的关系、开发式扶贫和社会保障式扶贫的关系、国家相对贫困标准和各省标准的关系，以综合考虑贫困治理中本身存在的"相对关系"（雷明，2016；邢成举、李小云，2019；向德平、向凯，2020）。还应借鉴发达地区相对贫困治理经验，并加以总结，提炼扶贫攻坚的好经验、好做法，结合新技术，并利用大数据（如区块链）等新技术进一步优化精准扶贫，以帮助完善贫困治理体制，调整优化帮扶政策，提升治理效果（万兰芳、向德平，2016；王博、朱玉春，2018；程承坪、邹迪，2019；左停、刘文婧等，2019；谢治菊，2020；谢治菊、范飞，2020）。

（二）体制机制建设

既有研究从贫困统筹治理新体制、内生动力促进机制、城乡区域减贫联动机制、乡村治理体系和社会保障运作机制等多个视角提出了巩固与拓展脱贫攻坚成果的路径取向。

在构建运转高效的贫困统筹治理新体制方面，有的研究认为，我国应持续发挥政治和制度优势，在国家层面明确统筹部门，推动建立统筹协调的贫困治理机制，继续坚持中央统筹、省总负责、市县落实的责任清晰、合作出力、层级联动的贫困治理主体协同机制，强化资源共享和战略规划，将资源、项目、管理、标准、机构进行统筹整合。具体来讲，就是要构建以政策协调为支撑，多部门共同参与的工作协调机制，加强三方评估，明确奖惩机制，调动社会力量参与其中，以实现政府与社会力量在贫困治理中的共同参与，实现系统治理的减贫防贫新机制，为协同治理和综合发挥政策扶贫作用提供空间（张琦，2016；谢治菊，2019；黄征学、高国力，2019；江立华，2020）。

同时，通过引导贫困治理体系向可持续发展转型，从运动型向制度化转型，探索常规化、长效化和制度化的贫困治理机制，最终实现贫困治理和国家宏观政策的统筹整合（向德平、叶青，2016；曾小溪、汪三贵，2019；江立华，2020；李迎生，2020）。还有研究借鉴整体性治理思路，认为我国应重塑整体贫困治理，以克服碎片化问题和应对相对贫困治理的复杂性和艰巨性（李迎生，2020）。进一步来看，可以通过推动相对贫困治理路径的整合，打破固定的区域贫困治理思路，将公共服务供给、低保治理和相对贫困治理进行统一的动态管理，以构建统一的相对贫困治理体制（邢成举、李小云，2019；唐任伍等，2020）。

在内生动力促进机制方面，贫困治理全过程全环节都需重视内生发展动力（张晓山，2018；黄承伟，2017；魏后凯，2018；曾小溪、汪三贵，2019；谢治菊，2019；高强等，2019；向德平、华汛子，2019）。一方面，利用开发式扶贫政策，提高人力资本水平投资，鼓励劳动，以提高贫困群体自身抗贫困风险能力（张琦，2016；左停，2016）；另一方面，考虑引入行为、组织的创新，以及社会政策创新和技术上的治理创新，比如在文化扶贫过程中，对扶贫附加各类行为要求，加强专业社会工作力量的介入，帮助贫困户实现意愿校正，通过扶贫与扶志以增强农户自身积极性（谷树忠，2016；汪三贵、曾小溪，2018；腾芸、向德平，2019；张书维、梁歆佚、岳经纶，2019；谢治菊、刘峰，2020）。针对深度贫困地区则要有长远考虑，将长远打算和"短平快"方式结合，抓好脱贫攻坚和人力资本投资两大工作（汪三贵、曾小溪，2018）。

在城乡区域减贫联动机制方面，主要是要解决区域平衡和空间隔离问题。其一，通过推动建立全国统一贫困标准、制度和政策体系，破除城乡二元格局，从而建立城乡一体的反贫困体系（高飞、向德平，2018；万兰芳、向德平，2018；魏后凯，2018；李小云、许汉译，2018；江立华，2020；张琦，2016；唐任伍等，2020）。其二，考虑使用区域政策解决区域联动发展的外部制约问题，如与西部大开发战略联动、与东北振兴战略联动等（汪三贵、曾小溪，2018；程承坪、邹迪，2019；蒋和胜等，2020）。其三，工作重心应从顶层设计向基层探索转向，发挥地方积极性

第二章 走向衔接：从巩固拓展脱贫攻坚成果到实施乡村振兴战略

以优化贫困地区发展的积极性，提高贫困群体收入向益贫式治理转型（黄承伟，2017；邓大松等，2019；高强等，2019）。

在乡村治理体系建设方面，主要是要提高农村治理能力，以构建自治、法治、德治"三治合一"的乡村治理体系。我国需要改革现行工作体制，以实现部门整合并完善中央统筹、地方分权的贫困治理体系，优化政府部门联动机制，整合贫困治理的功能和资源（左停、刘文婧等，2019；谢治菊、许文朔，2020）。同时，需要注意建立责任共担机制，梳理建立权责明确的责任体系和全面完整的监督考核体系，推动建立多元参与的社会动员机制，以鼓励多元参与乡村贫困治理，夯实脱贫攻坚发展效果（谢治菊，2018；左停，2019；郭劲光、俎邵静，2019）。

在社会保障运作机制方面，考虑以基本权利保障为基础，重新构建社会保障体系，不断提高管理水平，在复杂的贫困形势下引入分类治理理念（程承坪、邹迪，2019；陈志钢等，2019；刘健，2019）。例如，对于农民工群体，主要是要完善市民化配套措施，包括推进城镇户籍改革，推进城乡社保并轨，建立城乡一体的劳动力和就业服务市场体系，从参与主体角度建立可持续的农民工发展能力分担机制，并优化农村集体产权改革和土地有序流转退出机制，确保农民无后顾之忧，总的趋势是将农民工纳入社会保障和治理体系中（郭劲光、俎邵静，2019；白永秀、刘盼，2019）。同时，重视农村劳动力转移和低收入群体充分就业政策（邹青、向德平，2017；张晓山，2018；左停、刘文婧等，2019；叶兴庆、殷浩栋，2019；蒋和胜等，2020；谢治菊、许文朔，2020）。

脱贫攻坚的主战场在农村，在后脱贫攻坚时代，则需要将城乡贫困问题统筹考虑。城市贫困的治理同样需要遵循分类治理的原则，并与乡村振兴战略相衔接（向德平、华汛子，2019；宁雅芳，2020）。对独居老人应探索制度化的家庭和社会共养方式；对脱贫意志不强者加强精神扶贫；对精神疾病群体则加强精神病治疗和康复管理，提供精准治疗康复；对残疾人和大病病人，则更需探索可持续的救助筹资方案（左停，2016；汪三贵、曾小溪，2018）。城乡社会保障的一体化已经是一个紧迫的公共管理议题，在社会保险、社会救助、公共服务等各个层面上实现城乡统筹甚至城乡一体化，在东部部分地区已经得到了初步的实现，而在更广大的中西部地区，这仍是一个值得关注的议题（白永秀、刘盼，2019；陈志钢等，2019）。此外，也可考虑建立具有发展前景的综合型社会救助制度，使开发式扶贫与低保以及积极预防的社会保护相结合，帮助实现社会保障和扶贫工作的有效衔接（左停，2016；郭劲光、俎邵静，2019）。在传统观念中，社会救助具有消极取向，它往往被贴上"资源消耗"的负面标签，事实上，社会救助也可以具有积极的社会投资取向，如果改变医疗救助、教育救助、住房救助等公共服务类社会救助的边缘化地位，使得它们能够在公共政策平台上发挥更重要的作用，则有可能使得社会救助具有发展取向（左停，2016；李棉管、岳经纶，2020）。

（三）政策体系建设

巩固拓展脱贫攻坚成果是一项系统工程，既需要借鉴脱贫攻坚时期的有益做法，又需要在新的阶段实现政策创新。具体来说，产业政策体系、公共服务和社会保障政策体系，以及激发脱贫人口内生动力的政策体系是巩固拓展脱贫攻坚成果政策体系中尤其需要关注的三个方面。

既有研究主要是从产业政策体系、公共服务与社会保障政策体系、激发贫困人口内生动力的政策设计三个方面提出了巩固与拓展脱贫攻坚成果的政策思路。

首先，完善产业政策体系建设。如前所述，产业扶贫是我国贫困治理中的核心举措，但产业扶贫与贫困群体的关系也是一个值得关注的问题，这一问题的核心在于产业扶贫是否真的有助于实现益贫式经济增长。因此，建设益贫式经济增长政策体系，提高反贫困产业的可持续发展能力是接下来一段时间我国脱贫地区产业发展的关键（董帅兵、郝亚光，2020）。按照产业发展的效率、公平与稳定有机统一的原则（王维、向德平，2019；叶兴庆、殷浩栋，2019；白永秀、刘盼，2019；唐任伍等，2020），重视资产收益分配机制，提升农村居民"造血"能力（吴重庆，2016；杨璐璐，2016；王晓毅，2017；向德平、刘风，2017；江立华，2020）。在产业选择方面，注重生态保护和开发带来的增长，使贫困治理和生态环保有机结合，促进农业与第一、第二、第三产业（特别是文旅产业）融合（谷树忠，2016；魏后凯，2018；孙久文、李星，2019；王国川、王小敏，

第二章　走向衔接：从巩固拓展脱贫攻坚成果到实施乡村振兴战略

2020；叶兴庆、殷浩栋，2020）。

其次，加强公共服务与社会保障政策体系建设。公共服务的有效供给可以在一定程度上避免特惠扶贫时期差异化对待的负面后果（曾庆捷，2020）。后脱贫攻坚时代的公共服务体系应当是"特惠"和"普惠"的结合，并更加重视"普惠型公共服务"的建设。一方面，针对不同群体的不同需求建立不同的政策，对弱势群体的关注不应当被削弱（万兰芳、向德平，2016；王晓毅，2017；黄承伟，2017；周扬、郭远智等，2018；王博、朱玉春，2018；董帅兵、郝亚光，2020；李棉管、岳经纶，2020）。例如，更多地考虑儿童、老人以及妇女等特殊群体利益，提高风险防御能力（左停、李世雄，2020）。另一方面，需要更加重视普惠型公共服务与社会保障政策的建设与投入。例如，在教育、医疗等领域的公共投入不但契合民众的普遍性需要，也是阻断代际贫困传递的核心办法（张琦，2016；雷明，2016；郭劲光、俎邵静，2019；孙久文、李星，2019；谢治菊，2020）。然而，到目前为止，脱贫地区与先进地区在教育、医疗等公共服务方面的可及性和质量等方面仍存在不小的差距。已有部分研究关注到农村医疗服务的可及性和质量问题，提出要注重推进乡村医疗卫生服务一体化管理，整合各部门资源，通过建立信息数据库等方式，提高救助与帮扶的精准性，周期性对贫困人口开展会诊（林闽钢，2020）。例如，虽然我国已经建立起普惠型的农村养老保险制度，这是一个重要的政策推进，但是在养老服务方面，农村与城市之间、脱贫地区与一般地区之间仍存在显著的差距，因此，完善多层次的农村养老服务体系并增强养老服务的可及性是一个重要的政策话题（白增博等，2020）。此外，在后脱贫攻坚时代，社会救助仍然是最后一张安全网，它的作用需要得到重视。在精准扶贫政策的主导下，我国社会救助的瞄准精度有了很大的提高，但部分研究揭示，由于识别技术、执行过程、乡土文化等因素的影响，我国社会救助在具体执行过程中仍存在一定程度的瞄准偏差（左停，2016；黄承伟，2017），因此，提高农村居民最低生活保障水平和瞄准扶贫还是一个值得持续关注的话题（左停，2016；黄承伟，2017）。

最后，激发贫困人口内生动力的政策设计。扶贫与扶志和扶贫与扶智是我国脱贫攻坚的基本方略，其核心意义在于激发贫困群体内生发展动力,在后脱贫攻坚时代,这一方略仍需强化,这是巩固拓展脱贫攻坚成果、预防和避免返贫的重要措施。在巩固拓展脱贫攻坚成果的过程中,有一个现实状况需要明确,即绝大部分的后期脱贫人口是因为缺乏甚至丧失劳动能力(如残疾、重度疾病、年老体弱等)而导致的贫困,对这些群体的脱贫巩固应该更多地考虑社会救助,而不应贴上污名化标签(李棉管,2017;岳经纶、程璆,2019)。对于有劳动能力的脱贫对象,则应该通过政策供给着力在改变观念、培育能力、提供参与机会等方面做出努力。一方面,可以从文化扶贫的角度来思考贫困人口内生动力的激发。有的研究认为,优化城乡文化资源配置以丰富农村相对贫困人口文化生活,同时发挥传统文化资源作用有助于巩固拓展脱贫攻坚成果(谢治菊,2018;白增博等,2020;刘欢、韩广富,2020)。另一方面,更具现实意义的做法是提供脱贫群体社会参与和市场参与的机会、条件和平台。在区域性开发式扶贫阶段,贫困群体的参与机会和途径不足的问题影响了贫困治理的效率,也正因为如此,更强调扶贫政策瞄准精度的精准扶贫战略才致力于解决扶贫政策的瞄准偏差问题。只有扶贫政策真正覆盖到贫困群体,贫困群体才可以获得公共参与和自我脱贫的机会。在巩固拓展脱贫攻坚成果阶段,要继续保持扶贫政策的精准性,并扩大脱贫群体市场参与和社会参与的空间。只有让脱贫群体在这种市场参与和社会参与中感受到了实实在在的改变,才能真正激发起他们主动发展、持续脱贫的动力。

(四)保障措施供给

针对巩固与拓展脱贫攻坚成果的保障措施,既有研究主要从法制化建设、财政金融体系创新、组织机制和人才队伍建设、理论研究等层面展开讨论。法制化建设涉及扶贫法律的制定,如贫困治理法等(周绍杰、杨骅骝,2019)。这需要各级人大出台相应法律,以明确各级各部门职责,以及从公民权利角度来更好地界定社会救济权,以便构建帮扶的长效机制(唐任伍等,2020)。此外,还可以进一步将扶贫的国家义务定位为法律职责,将道德权利法律化,实现权力责任对称化和政府与农民关系的制度化以及实现贫困治理主体间的权责利均衡化,推动农民主体性的构建,提高贫困治理效果(谢治菊,2018;刘健,2019)。

第二章 走向衔接：从巩固拓展脱贫攻坚成果到实施乡村振兴战略

扶贫财政体系和金融机制创新是巩固拓展脱贫攻坚成果的关键。在理念层面，要坚持财政支持的保底性和靶向性，将财政重点转向贫困人口社保并优化支出结构，加大公共服务投入，扩大面对贫困群体的小微金融的包容性，提供高质量的金融服务以满足多样化投融资需求和促进乡村产业健康发展（黄征学等，2019；陈志钢等，2019；左停、刘文婧等，2019）。在具体操作层面，中央需要提高资金统筹力度，不断优化财政支出结构，重视资金管理的统筹和改进；同时适度拓展扶贫资源适用方式策略，并基于实际需求合理调整扶贫资金适用范围，如将现金救助和服务救助相结合等以满足多样需求（万兰芳、向德平，2016；汪三贵、曾小溪，2018；左停、赵梦媛等，2020）。

强化组织建设并推动政府职能转变是巩固拓展脱贫攻坚成果的重要保障（向德平、叶青，2016；孙久文、李星，2019；黄征学等，2019）。同时，需要在组织和制度层面加强对贫困户的赋能充权，促进自治、法治、德治"三治合一"，提升群众改变命运的内生动力（吴重庆、陈奕山，2018；吴重庆、张慧鹏，2018；刘健，2019）。例如，在强化干部队伍建设和人才培养层面，要强化欠发达地区和农村地区公共服务人才队伍建设的共享程度，加强基层公务员参与巩固拓展脱贫攻坚成果的积极性（谢治菊，2019；高强等，2019；刘健，2019；叶兴庆、殷浩栋，2019）。又如，完善人才支撑机制，认识到脱贫致富带头人和本土化专业人才是长期发展的基础保障，发挥新乡贤作用，广泛吸收社会人才力量（岳经纶、陈泳欣，2016；张晓山，2018；赵迎芳，2020；刘欢、韩广富，2020；曾庆捷，2020）。

理论和政策研究可以为巩固拓展脱贫攻坚成果提供决策依据。后脱贫攻坚时代有诸多值得研究的现实问题（黄承伟，2019），比如探究新贫困的特点、新扶贫工作如何展开、新扶贫战略和扶贫体制有何种调整、新扶贫解决何种矛盾等新问题，以及围绕标准、任务、范围、方略、体制机制、政策体系等方面展开研究（李小云、许汉译，2018；周绍杰、杨骅骝，2019）；对老人、妇女、儿童等群体的照顾问题也需加以重视（岳经纶、范昕，2017），解答上述问题同样需要多元化的学科视角（谢治菊，2017）。

第三节 从脱贫攻坚到乡村振兴：乡村振兴战略实施的有关研究成果

在脱贫攻坚战的关键节点，2017年召开的党的十九大高瞻远瞩地提出了乡村振兴战略，开始为后脱贫攻坚时代的农村发展谋篇布局，显示了党和政府的政治远见和定力。2018年，《乡村振兴战略规划（2018—2022年）》发布，为乡村振兴设定目标、确定指标、确定步骤，标志着乡村振兴的顶层设计基本成型。党的十九届五中全会提出"实现巩固拓展脱贫攻坚成果同乡村振兴有效衔接"，标志着两项战略的有效衔接成为一个重要的政策议题。随着脱贫攻坚战于2020年胜利收官，乡村振兴战略于2021年全面推进。《中华人民共和国国民经济和社会发展第十四个五年规划和2035年远景目标纲要》对乡村振兴战略进行了进一步的强化。

乡村振兴战略是一项中长期国家发展战略，《乡村振兴战略规划（2018—2022年）》为乡村振兴设定了三个发展阶段：2020年，乡村振兴取得重要进展，制度框架和政策体系基本形成；到2035年，乡村振兴取得决定性进展，农业农村现代化基本实现；到2050年，乡村全面振兴，农业强、农村美、农民富全面实现。

从乡村振兴的战略目标来看，农业农村现代化是综合性的战略方向，具体的战略目标包括产业兴旺、生态宜居、乡风文明、治理有效、生活富裕五个方面，而这些战略需要通过五个方面的振兴来实现：产业振兴、人才振兴、文化振兴、生态振兴和组织振兴。也就是说，乡村振兴是"五位一体"的全面振兴，需要"统筹推进农村经济建设、政治建设、文化建设、社会建设、生态文明建设和党的建设"[①]。与脱贫攻坚的战略定位相比较，乡村振兴的战略定位更全面也更复杂，最终要实现农业全面升级、

[①] 参见《习近平论"三农"》，海外网百度百家号，2019年5月8日，见https：//baijiahao.baidu.com/s？id=1632910736651910020&wfr=spider&for=pc。

第二章 走向衔接：从巩固拓展脱贫攻坚成果到实施乡村振兴战略

农村全面进步和农民全面发展。

乡村振兴战略的提出具有深刻的现实依据（陈锡文，2018）。第一，我国的基本国情决定了乡村不能衰败。我国的特殊性在于人口总规模巨大，即使乡村人口的比重降到30%以下，总量也将达到几亿人。第二，我国发展的阶段性特征要求乡村必须振兴。经过改革开放以来的快速发展，我国经济增长已经进入了"新常态"，这意味着经济的增速会适当放缓，但对发展的质量要求会更高。作为新时代"三农"工作的总抓手，乡村振兴强调农业农村优先发展，这意味着对以往20年加快城市化战略做出方向性调整（温铁军，2018）。有学者认为从以下五个方面科学理解"乡村振兴战略"尤为重要（黄少安，2018）：第一，乡村振兴战略是中国过去农村发展战略的延续和提升；第二，要立足于工业化与城市化的大背景来理解"乡村振兴战略"；第三，"乡村振兴"是长期战略，不可能一蹴而就；第四，"乡村振兴"的主体是农民，主业是农业；第五，乡村振兴战略是与新型城镇化统筹的农村发展战略。

实施乡村振兴战略的着力点在于顺应和把握社会主要矛盾和"三农"主要矛盾的变化，统筹推进农村经济、政治、文化、社会、生态文明建设，走中国特色乡村振兴之路，从而有效破解农业农村发展不平衡不充分的问题，不断满足农民日益广泛的美好生活需要（蒋永穆，2018）。从乡村社会的发展现状来看，当下中国大部分乡村仍然承担着传统的粮食生产功能，只有小部分乡村已初具后生产主义的功能。在一个相当长的历史时段内，中国乡村将仍然处于"生产主义功能"与"后生产主义功能"在时间上、空间上相互并存的状态（刘祖云、刘传俊，2018）。也有学者认为，当前乡村建设存在四种差异极大的类型：一是为农民在农村生产生活保底的乡村建设；二是由地方政府打造的新农村建设示范点；三是满足城市中产阶级乡愁的乡村建设；四是借城市中产阶级乡愁来赚钱的乡村建设。不同类型的乡村建设所要达到的目标其实完全不同（贺雪峰，2017）。面对差异化的乡村发展现状，需要根据乡村振兴发展的现状诊断与空间分异格局因地制宜地实施乡村振兴战略。例如，环境好的乡村，可考虑资本与环境生态相结合，用"两山"理论实现保护与开发并行（吴九兴、黄贤金，2020）。综观来看，学界从诸多角度探讨了乡村振兴的路径选择，主要有以下三类研究视角。

一、资源整合视角

　　乡村振兴战略需要实现多种治理目标，实现目标客观上需要大量的资源投入，因此，已有研究中的一部分就在讨论如何有效挖掘乡村本土资源，科学引入外来资源并实现多种资源的整合利用，以为乡村振兴整体目标服务，而其中人才资源、产业资源与文化资源三个方面得到了充分的讨论（蒲实、孙文营，2018；陈秧分等，2018；吴晓燕、赵普兵，2019）。

　　一些研究着重强调人才资源对乡村振兴的基础作用。他们认为，实施乡村振兴战略，就需要建立农村人才吸纳机制，采取多样化的激励政策，鼓励引导各界人才投身乡村，重视培养造就乡村本土人才，强调实践导向以培养造就实干型乡村人才，让退休干部、社会贤达、农民工和创业者等乐于"载誉还乡"，把他们的思想观念、知识和财富服务于乡村的发展上来（钱再见、汪家焰，2019）；他们指出，乡贤人才往往扮演着"经济能人""正义好人"和"乡村领路人"的重要角色。乡贤群体的重要作用客观上需要乡村积极培育好、管理好新乡贤队伍，但同时也要对他们的行为予以引导和规制，以免他们成为乡村社会的特殊群体或强势群体，进而损害乡民的利益，违背吸纳他们参与乡村建设的初衷。这就需要政府、社会、乡村等多方合力，进一步优化新乡贤人才政策扶持机制，构建新乡贤人才孵化机制，创新新乡贤人才使用机制，形塑新乡贤人才涵育机制，真正让新乡贤"回得来""干得好""留得住"，为乡村振兴注入"源头活水"（吴晓燕、赵普兵，2019）。

　　基层组织与基层工作者在乡村振兴战略中依然起到核心作用。一方面，乡贤及乡贤理事会、乡贤参事会、乡贤议事会等乡贤组织是当下基层治理现代化的重要力量，他们是管理乡村公共事务的重要参与者，在乡村治理和推进乡村风尚文明建设中起着重要作用；但另一方面，这些乡贤组织绝不能替代村"两委"在乡村治理中的核心地位，更不能置于村"两委"之上。可采取不同措施对乡贤进行引导，如完善对乡贤反哺桑梓的激励方式，以完善乡贤参与治理的方式，以及预防"劣绅"产生（蒲实、

第二章 走向衔接：从巩固拓展脱贫攻坚成果到实施乡村振兴战略

孙文营，2018；吴晓燕、赵普兵，2019）。

农民作为乡村治理主体力量的地位需要得到重视。在引进外来人才的过程中也需要注意内外部人才的相对平衡性。简言之，乡村振兴应当坚持农民主体地位。充分调动广大农民的积极性、主动性和创造性，必须保障农民平等参与、平等发展、平等受益的权利，尊重农民首创精神，鼓励农民摒弃保守观念，积极参与公共事务（谢治菊，2019）。让农民成为实施乡村振兴战略的主要依靠者和受益者，增加农民发展机会和促进农民致富有机结合起来，致力于促进农民的全面发展（蒲实、孙文营，2018）。

而本土人才的培养则需要发挥教育的重要作用。应精准聚焦乡村教育，明确政策举措指向。特别要聚焦于乡村人力资本的厚植，立足于城乡一体化进程下乡村不同年龄社会群体生存、生活的教育需求，着眼乡村发展实际进行教育培训的多样态供给。实现教育与产业发展融合，瞄准三次产业融合发展，建设现代乡村职业教育，加强新型职业农民队伍建设，释放亿万农民的创造潜力，发展现代农业，亟待建立健全灵活、实用、多样、前沿的职业技术教育培训体系，常态化开展知识技术的更新升级。应着眼于办人民满意的教育，建设现代化乡村小规模学校。进行科学合理规划，结合先进的手段建立健全一套小规模学校布局调整的有效机制，强化资源集约利用，建设乡村文化教育多功能中心，在乡村建设中进一步发挥学校尤其是村小的多元化功能，将其建设成为以乡村文化教育为主体的多功能中心，以适应国家基础教育课程教学改革深化的要求，探索融合型乡村教育，即满足乡村多样化的需求（杜育红、杨小敏，2018）。

也有学者强调文化资源对乡村振兴的作用。改革开放 40 年来，制度安排诱导下的乡村文化在城乡关系从对立到融合发展的过程中，相应的乡村文化经历了衰落、变异到自觉的时空变迁。而在从"自觉到自信"的乡村文化振兴逻辑转换之下，也应尊重文化再生长的客观规律，着重梳理乡村文化对农民主体性培育，对乡村有效治理和乡村产业发展的重要作用，实现从文化资源到产业的发展通路，借此重塑乡村文化的主体性，提升其社会治理效应（高静、王志章，2019）。

乡村振兴离不开文化主体性，而文化主体性是乡村记忆（文化遗产）、文化景观、社会结构和非物质文化遗产（简称"非遗"）等多种文化事物的一个有机结合。乡村振兴战略的实施是国家权力与乡村社会关系再调整的过程，乡村社会的快速发展需要国家权力和资源的再嵌入，而乡村社会的可持续发展则需要国家引导和培育出乡村社会发展的自主性和内生动力。因此，要努力搭建公共性的文化活动平台，推进主体性建设，激发农村居民的文化自信与主体价值，提高农民认知水平，创新文化表达方式，充分发挥农民主体作用，把"保文化"和"保人"相结合，把留守乡村的人和存活的乡村文化有机结合起来（邢成举、罗重谱，2018；麻国庆，2019；吴理财、解胜利，2019）。

和谐有序的乡村治理也离不开优秀文化的支撑作用。通过挖掘和整合地方性公共文化资源，依靠优秀传统文化的宝贵资源，结合时代要求实现传统文化创新性发展，发挥其在乡村道德建设中的重要作用，宣传历史先贤事迹，传承优良文化开展合适的文化活动等，以提高乡村居民的社会资本，改善乡村人际关系，为开展符合民意的公共文化活动提供支持，可以增强乡村凝聚力，提升乡村文化自觉，从而重塑乡村信任，培育乡村公共精神，完善村民自治（唐任伍，2018；欧阳雪梅，2018；吕宾，2019）。在文化浸润乡村治理的过程中，乡村居民得以在文化体验中学习现代理性规则、科学技术和伦理道德，实现自我治理和自我提升（吴理财、解胜利，2019），而不同类型的优秀乡村文化的融合，也能通过糅合团体凝聚力促成乡村社会的组织形式创新，对培育新型社会组织有着正面作用（邢成举、罗重谱，2018）。

优秀的乡村文化资源可为乡村产业的多元化发展提供资源。一方面，文化产业开发可与乡村文化保护结合起来，乡村发展可以走文化产业化发展道路，可大力发展乡村旅游，也可以发展文化产业经营，以增加文化产业收益（刘祖云、张诚，2018），这个过程将文化作为新的生产要素引入发展之中，市场也得以在文化资源开发中发挥自己的积极作用，促进基础设施建设和经营方式转型提效等（邢成举、罗重谱，2018；欧阳雪梅，2018；沈一兵，2018）。另一方面，完善的文化基础设施对乡村发展同样有着带动作用，文化活动的开展需要实际的现实空间，为扩大乡村文化的公共空间而采取的各类措施，如建设公共文化基础设施，既为丰富乡村文化内容、挖掘传统文化创造有利条件，也为乡村基础设施的整体改善做出

第二章 走向衔接：从巩固拓展脱贫攻坚成果到实施乡村振兴战略

贡献（吕宾，2019）。

大量研究认为，产业发展对乡村振兴起着决定性的作用。已有的研究指出，乡村振兴并不是孤立开展的战略行动；相反，它是与我国现阶段社会经济发展态势与趋势紧密互动且相辅相成的。因此，实现产业发展也必须注意不同产业与不同要素之间的内在联系，以实现发展效果与质量的最优化（邢成举、罗重谱，2018；陈学云、程长明，2018；陈秧分等，2018）。

一方面，农业本身为产业发展和乡村振兴提供了基础性的资源支持。乡村发展需要明确农业是乡村最为重要的产业，理应在乡村振兴战略进程中对农业投入更多的关注。此外，需要坚持"以农为本"发展乡村产业的方向。在此基础上，应重视发展路径的优化配置以实现农业生产要素的高效利用。农业是促进第一、第二、第三产业融合发展的基础产业，可为发展农产品加工和新型服务业提供基础支撑。乡村振兴就是要将农村要素有效积聚和整合，以充分激发农业农村已有的要素活力，构建现代农业体系，发展多种形式适度规模经营，从而加快农业供给侧结构改革（陈学云、程长明，2018；刘合光，2018；陈秧分等，2018）。另一方面，在农业中可与其他产业相互结合的空间和要素资源也应得到重视。一些研究指出，农业存在可进一步挖掘延伸的产业空间，如各类与农业相关的生产性、生活性服务业等，都有助于发挥乡村宜居、休闲、康养等功能；与其他第一、第二、第三产业相互结合的重要产业资源，这类产业的有效发展有助于发掘乡村集体和家庭积累财产的"金山银山"，让乡村居民更多地获得不动产经营收入。此外，市场空间作为一种资源应该得到重视，城乡融合发展的不断深化有助于开拓产品市场，并同时利用国内外两个市场、两种资源，这有助于促进乡村产业包容、开放发展（宁满秀、袁祥州、王林萍、邓衡山，2018；周立、王彦岩、王彩虹、方平，2018）。

另外，科技与金融要素资源也是乡村产业发展兴旺的重要支持（张强、张怀超、刘占芳，2018；邢成举、罗重谱，2018）。一些学者指出，产业发展的投融资便利程度是乡村产业振兴中的重要问题。完善的农村金融管理与服务体制可为产业发展提供有力支持，因此，分别需要在规范和发展新型农村金融服务组织、构建农村金融风险分担和补偿机制、建立规范科学的农村金融市场资金回流机制上下功夫。对于乡村特色产业的特殊需求，可考虑创新农业保险制度为其发展保驾护航。同时，也需要以乡村发展为金融服务的开展创造环境，不断深化产权制度改革促进农村金融改革，但农村金融改革必须以供给侧结构改革为重点，必须针对性施策（陈放，2018；徐顽强、王文彬，2018）。

科学技术既是第一生产力，也是乡村产业兴旺的重要催化资源。产业发展需要有利用先进技术的合适环境，科学技术的有效利用将加快推进农业现代化的进程，新技术对构建现代农业生产体系、产业体系、经营体系、延长产业链，融入供应链，提升价值链起着重要的引领作用。而丰富的科学技术资源有赖于整合公共和民间科技创新力量，加大农业科技资金投入，完善国家农业科技创新体系，依靠科技创新激发农业农村发展活力（唐任伍，2018）。但也有学者指出，科学技术作为一种发展资源也存在利用门槛问题。比如在科技信息扩散上，必须重视互联网智能新技术与乡村产业发展的利用融合，以提升新型农业经营主体的信息获取能力和应用能力，才能有效提升农业信息平台所供给的信息与需求之间的契合度（刘合光，2018；韩旭东等，2018）。

二、制度结构视角

从乡村振兴过程中制度建设来看，一个重要的顶层设计思路是城乡融合体制机制创新。通过城乡关系的重塑，改变不利于乡村经济活动的城市偏向的公共政策，改革妨碍乡村发展的城乡二元体制，从而实现城市文明与乡村文明的共融共生和城乡共同发展与繁荣（刘守英、熊雪锋，2018）。也就是说，要改变过去主要由农村向城市单向流动的局面，创造城乡要素双向流动、相互融通的新格局，为缩小城乡差距创造制度环境（陈学云、程长明，2018），进而形成城乡基础设施一体化发展、乡村经济多元化发展和农民收入持续提高的新格局（张强、张怀超、刘占芳，2018）。通过做好顶层设计为乡村振兴提供制度保障，需要各地因地制宜地制定配套政策措施，从而强化顶层设计落地。同时，还需要强化地区产业、基础设施和政策支持等倾斜于落后地区（陈学云、程长明，2018）。

在乡村振兴过程中，涉及诸多制度调试与制度建立的需求。例如，朱

第二章 走向衔接：从巩固拓展脱贫攻坚成果到实施乡村振兴战略

启臻（2018）认为，城乡人才流动制度、基本公共服务制度、乡村金融制度、耕地及宅基地制度等都不同程度地影响着乡村的振兴。就宅基地制度而言，"离乡不离土"和"转内不转外"两种模式的存在，使得农村人口流动与宅基地难以割裂开来，从而给乡村经济与社会发展带来了"两难"问题，因此需要按照落实宅基地集体所有权，保障宅基地农户资格权，适度放活宅基地使用权的思路，推进农村宅基地制度改革创新，从而促进乡村转型发展和实现乡村振兴（张勇，2018）。此外，面对现行农地制度与农业发展方式不适应的现状（刘守英、熊雪锋，2018），需要以完善产权和要素市场化配置为重点的制度供给；提高土地的市场活力，实施"三权分置"的格局；增加农民财产性收入，壮大集体经济（黄建红，2018）。

除了完善制度建设以外，多元主体进入乡村公共空间进行乡村治理以实现乡村振兴，必然要求平衡国家主导的权力逻辑、市场力量主导的资本逻辑与村民主导的生活逻辑等多重逻辑，以实现乡村公共空间治理由政府主导向多元主体协同治理转变（颜德如、张玉强，2020）。学界就基层党组织、社会组织、农业企业等多个政策行动者在乡村振兴中的作用进行了讨论。有研究认为，要乡村振兴就要基层党组织作保障，而基层党组织也需要乡村振兴来巩固（霍军亮、吴春梅，2019）。还有研究认为，基层党组织治理能力决定乡村治理的成效，它是一个综合体系，政治领导力是根本，思想引领力是关键，群众组织力是保障，社会号召力是基础。在乡村治理实践中，存在治理结构协调性、治理主体融合性、治理体系法治化及治理方式创新性方面的挑战和困境。实施乡村振兴战略，基层党组织必须要树立先进治理理念、优化治理体系、提升治理能力、创新治理方法、营造治理环境，不断推动乡村治理现代化（蔡文成，2018）。另有研究认为，农村基层党组织是农村工作的政治基础，其组织力的提升是乡村振兴战略的关键。具体来讲，就是要注重以下两个方面的基层党组织建设（张瑜、倪素香，2018）：第一，基于民众需求提升农村基层党组织服务能力。例如，培育服务意识，着力提高农村基层党员干部的服务能力和依托基层社会组织获取社会需求信息的能力，等等。第二，基于效率导向优化农村基层党组织运行机制。例如，在制度化的沟通机制中，促进党员干部和群众广泛的互动协商，优化基层党组织和上级党组织之间的关系，以及遏制党员干部的"圈子文化"和小利益集团。

从社会组织参与乡村振兴来看，以社会组织参与乡村文化振兴为例，社会组织参与乡村文化振兴存在定位模糊、治理低效和激励有限等现实困境。为推动社会组织参与乡村文化振兴，需明确社会组织振兴乡村文化的角色，即政府提供社会组织文化建设所需要的平台和资金，而社会组织供给具体服务或项目；提高社会组织振兴乡村文化的筹资能力和人才管理能力；围绕促进乡村文化振兴这一目标制定科学合理的规章制度（徐顽强等，2019）。社会工作者则可以通过发挥其资源获取者角色、政策影响者角色、倡导者角色和管理者角色的作用，促使农村产业兴旺，推动生态农村建设，助力乡风文明建设，保证农村治理有效（萧子扬等，2019）。进一步来看，社会工作组织参与乡村振兴有五大路径：第一，尊重农民话语，建设"农民主体性导向的乡村振兴"新形态；第二，加强对社会工作的认可和嵌入，探索"社会工作+乡村振兴"新模式；第三，培育乡村振兴自组织，探索"发展性的乡村振兴"新理念；第四，发展农村原住社工，形成"植根本土的乡村振兴"新路径；第五，回顾乡村建设历史，发展"反思性的乡村振兴"新方法。

就市场参与乡村振兴而言，一个重要的方向是调整政府市场关系，发挥市场主导的作用，培育产品竞争优势和国际竞争力（李周，2017；丁志刚、王杰，2019）。对于企业家来说，有研究认为，主要是要发挥自身作用，联系农民，服务农民，打造强势农业（张红宇，2018）。具体来说，一要发挥关键作用，做大做强企业，促进强势农业发展；二要发挥示范作用，发展新技术、产业、业态、模式，形成加快推进农业农村现代化的新功能；三要发挥带动作用，实施专业化、标准化、集约化生产，组建农业产业联合体，引领小农户共享发展成果。

与上述研究强调单一主体在乡村振兴的作用相比，更多的研究聚焦于多元主体参与乡村治理对乡村振兴的影响。在乡村治理过程中，传统乡村管理模式显现出基层政权"悬浮化"、乡村管理"单一化"、自治组织"行政化"、村支"两委""不在场"与农民态度"冷漠化"，使得城乡二元制的结构性矛盾难以消解，导致城乡发展不平衡、农村发展不充分的局面（张新文、张国磊，2018）；还出现了认知锁定、经济锁定和治理锁定

第二章 走向衔接：从巩固拓展脱贫攻坚成果到实施乡村振兴战略

及其交叉重叠现象（周思悦等，2019），以及遭遇上级党委政府和"条条管理"部门干预过多等困境（田先红，2020）。乡村社会的治理有效，是下一步实现农村现代化的关键所在（陈锡文，2018）。为了充分发挥各类治理主体的作用，有研究认为，乡村治理机制的改革与完善既要在法治的框架内创新自治制度，同时也要夯实乡村治理的道德基础（张晓山，2017）。还有研究认为，应重构乡村共同体，以共同体为单位协调利益，建立起自治、法治、德治"三治合一"的治理模式（刘祖云、张诚，2018；唐任伍，2018；韩俊，2018）。另有研究认为，应坚持党的领导，加强基层党建；落实政府负责，打好脱贫攻坚，推进政府改革，切实转变职能；促进组织协同，加强乡村组织建设，加快乡村产业转型升级；推进法治保障，积极推进法制建设，建立健全乡村治理的法治保障体系（丁志刚、王杰，2019）。

三、农民主体视角

将农民组织起来，以农民为主体，让农民自己建设自己的美好生活，是乡村振兴的基本前提与条件；如何在新形势下将农民组织起来就成为乡村振兴的根本问题，即如何提高国家资源的利用效率，激发农民的主体性，让农民组织起来，成为当前"三农"问题和乡村振兴战略中的根本性问题（贺雪峰，2019）。有鉴于此，回归农民主体性，推动农村人口的回流，以及明确农民的主体定位、主体意识和主体能力是影响乡村振兴的重要变量（杨一哲、陶珊珊，2019）。为了激发农民主体性及其内生动力，既有研究提出了诸多政策思路。

有研究认为，一是要尊重农民主体地位，平衡内外参与者的积极性。二是要培育内生性社会组织，在参与互动中提高农民自我管理、教育和发展的自治能力，提高治理效果（赵光勇，2018）。从农民个体视角来看，迫切需要聚焦乡村生计系统中的"风险－脆弱性"问题，从增强风险安全意识、加强预警预报、提高抗逆保护、提升农户生计资本和开展救助保障等方面建立起一整套立体式、全过程的抗逆力应对措施和政策建议（左停等，2020）。还有研究认为，中坚农民的培育是乡村振兴解决主体内生动力和资源整合问题极为重要的出路（杨磊、徐双敏，2018）。具体来讲，包括引导不同中坚农民主体走向联合、构建中坚农民整合的多主体联合机制和支持中坚农民成为乡村治理的重要力量等路径。

但是也有研究认为，应将农民合作路径探索作为增强乡村内生发展动力的突破口（吴重庆、陈奕山，2018）。例如，通过基层党建来促进农民组织化；在基于小农自发合作的范围中深化合作，为村庄之间的组织资源合作搭建平台；联合不同村庄的合作组织，扩大合作范围，促进乡村主体性；坚持完善群众自治制度；等等。进一步来看，吴重庆和张慧鹏（2019）认为，小农组织化是个关键抓手。一要为小农合作提供组织资源，要由党和政府组织起来。二要为小农户赋能，激发小农户主体性。尊重农民主体性，在具体的产业选择等问题上尊重小农户意见，同时加强对小农户的培训与赋能。三要政府为小农户提供公益性的生产服务，促进小农户与现代农业的有机衔接。

从脱贫攻坚到乡村振兴，这是新的时代背景下中国农村发展战略的重大转型，也是涉及国家全局的重大战略转型。无论是脱贫攻坚还是乡村振兴，都是一个体系化的战略设计，而理念、政策、体制机制和技术路线分别构成了各自战略的完整内容。由于二者都是针对农村的国家级重大战略行动，面向对象与作用范围基本一致，且在时间上前后接续，理论上和现实上都不可能相互独立开展运行，因此，两项战略的衔接应该是系统性衔接，而不是某一方面的"嫁接"，应以整体性服务于农村发展的根本目标，促成"三农"问题的妥善解决。到目前为止，关于脱贫攻坚和乡村振兴两项战略衔接的理论研究成果已经出现，但相关的经验研究还显得非常不足。鉴于广东省在脱贫攻坚和乡村振兴两项战略衔接实践上的先行先试，本书以广东为对象开展经验研究，力图为相关讨论提供重要的立论与对话基础。

第三章 实现有效衔接的基本内涵与路径

脱贫攻坚与乡村振兴相辅相成、一脉相承，具有深刻的内在关联。对于贫困地区来说，全面脱贫是乡村振兴的前提和基础，是实施乡村振兴战略初期的优先任务，是必须攻克的堡垒，也是在补齐乡村振兴的最大短板；实施乡村振兴则是巩固拓展脱贫攻坚成果，使已经摆脱绝对贫困的人口不返贫，进而走向共同富裕的根本路径。准确认识脱贫攻坚与乡村振兴的内在统一性，有利于从宏观上把握二者衔接的可能性、基础条件及协同推进的重点方向。

第一节 实现有效衔接的基本内涵

一、脱贫攻坚与乡村振兴两项战略的比较

从脱贫攻坚走向乡村振兴是党和政府关于农村发展战略的重要部署。从根本目标上来说，脱贫攻坚和乡村振兴都服务于"三农"问题的解决和农村健康发展，这是两项战略有效衔接的深层次基础；就发展阶段而言，脱贫攻坚是乡村发展的底线要求和底线目标，而决胜脱贫攻坚又为乡村振兴提供了物质基础、组织机制和技术条件，这是实现巩固拓展脱贫攻坚成果同乡村振兴有效衔接的现实条件。但同时需要明确的是，脱贫攻坚和乡村振兴毕竟是两项存在差异的战略。在直观意义上，脱贫攻坚是整合多渠道资源，集中解决一个核心问题；而乡村振兴则要求整合多渠道资源同时实现多个目标，而且是更高层次的目标。因此，巩固拓展脱贫攻坚同乡村

振兴有效衔接的实现既需要深刻的理论研究也需要系统性的制度创新。

(一) 两项战略的差异性

从顶层设计看,巩固拓展脱贫攻坚成果同乡村振兴有效衔接是顶层设计从点到面的转变。乡村振兴作为新时代"三农"工作的总抓手,在根本上要从全局和战略角度,准确把握和处理城镇化、工业化过程中与乡村发展过程中产生的不可避免的主要矛盾,统筹"三农"工作,进而实现农业农村的现代化和乡村治理的现代化,这是一个长期、全面、复杂的系统工程。习近平总书记指出:"在现代化进程中,如何处理好工农关系、城乡关系,在一定程度上决定着现代化的成败。从世界各国现代化历史看,有的国家没有处理好工农关系、城乡关系,农业发展跟不上,农村发展跟不上,农产品供应不足,不能有效吸纳农村劳动力,大量失业农民涌向城市贫民窟,乡村和乡村经济走向凋敝,工业化和城镇化走入困境,甚至造成社会动荡,最终陷入'中等收入陷阱'。"(中共中央党史和文献研究室,2018)相较乡村振兴,脱贫攻坚顶层设计重点突出,紧扣贫困人口的"两不愁三保障"和稳定增收,精准发力,在相对短的时间内彻底消除绝对贫困,为全面建成小康社会托底。因此,脱贫攻坚与乡村振兴衔接,要考虑到两项战略目标的不同(汪三贵等,2020)。

从战略目标看,脱贫攻坚和乡村振兴两大战略目标不同,脱贫攻坚以消除绝对贫困为目的,重点是解决"两不愁三保障"的问题,目标是到2020年,确保现行标准下农村贫困人口实现脱贫,贫困县全部摘帽,解决区域性整体贫困,为实现全面建成小康社会提供保障;而乡村振兴是在增强脱贫可持续的基础上,缓解相对贫困,重点解决不平衡不充分的问题,以实现农业农村现代化为总方针,以实现产业兴旺、生态宜居、乡风文明、治理有效、生活富裕为总要求,到2050年乡村全面振兴,农业强、农村美、农民富全面实现。因此,认识到两项战略在目标和维度上的区别对推进两项战略的有效衔接是有意义的。研究者指出两项战略的侧重点不同,脱贫攻坚从致贫因素出发,侧重于个体性的具体施策;乡村振兴侧重于系统的顶层设计,旨在促进乡村整体提升。同时,脱贫攻坚重点在于解决不平衡问题,乡村振兴则主要是在发展不充分问题上发力来解决不平衡

第三章 实现有效衔接的基本内涵与路径

问题（章文光，2019）。

在战略目标上两项战略也存在短期和长期、紧迫性和渐进性的不同。打赢打好脱贫攻坚战是一场带有政治性的硬任务，是实现全面建成小康社会的底线目标，具有很强的紧迫性；而乡村振兴战略则是一项为实现"第二个百年目标"的战略部署，目标具有长期特征，更加强调其战略指引和科学规划。从战略时序安排来看，脱贫攻坚的紧迫性和乡村振兴的渐进性特征十分明显。脱贫攻坚战略从2015年开始到2020年结束，其工作重心在于参照"两不愁三保障"的脱贫标准稳步实现全面脱贫；实施乡村振兴战略则是一项长期的战略任务，持续时间为2018—2050年，其工作重心在于实现农业农村现代化，建设全面振兴的乡村。习近平总书记指出，"实施乡村振兴战略是一项长期而艰巨的任务，要遵循乡村建设规律，着眼长远谋定而后动，坚持科学规划、注重质量、从容建设，聚焦阶段任务，找准突破口，排出优先序，一件事情接着一件事情办，一年接着一年干，久久为功，积小胜为大成。要有足够的历史耐心，把可能出现的各种问题想在前面，切忌贪大求快、刮风搞运动，防止走弯路、翻烧饼"（中共中央党史和文献研究室，2018）。正因为乡村振兴任务涉及面广、量大、任务重，持续时间和实施周期较长，因而分为三个不同的阶段分期实施，各项目标任务都从长计议，加之缩小地区和城乡差距不可能一蹴而就，需要各地方政府有更多的耐心循序渐进地推进地实施乡村振兴各时期的任务。

此外，两大战略的对象不同。脱贫攻坚战略的对象是建档立卡贫困户，主要是在现行标准下的贫困人口，且主要集中在连片特困地区和深度贫困地区，具有一定的特殊性和阶段性特征；乡村振兴战略的作用对象是整个农业、农村、农民，惠及城乡所有人口，涉及政治、经济、社会、文化、生态和党建等方面，是全方位的振兴，具有整体性和关联性等特征。因此，在打赢打好脱贫攻坚战中，强调的是"精准""到户到人、对标找短、靶向整改、精准销号"，体现的是特惠，并具有较强的福利性质。而乡村振兴强调的是全面振兴，是农业全面升级、农村全面进步、农民全面发展。所以，从精准到共享、从特惠到普惠、从福利到发展的理念衔接，是脱贫攻坚与乡村振兴能否有效衔接的关键。为此，需要强化短期发展与长远发展的有机结合，充分统筹发展实际和未来需要，牢固树立绿色发展理念，强化理念衔接，持续引领乡村的繁荣发展。

（二）两项战略的一致性

从实现我国社会主义现代化目标来看，乡村振兴战略目的在于从根本上解决"三农"问题，协调城乡区域全面发展，而脱贫攻坚旨在解决我国目前所存在的区域性贫困问题，它们有着相同的目标，都致力于为农民创造更加美好的生活，都是为了实现共同富裕的社会主义本质目标。习近平总书记明确地指出，"打好脱贫攻坚战是实施乡村振兴战略的优先任务"（中共中央党史和文献研究室，2018）。精准脱贫是助力全面建成小康社会的攻坚战，乡村振兴是全面建设社会主义现代化国家的重大战略，二者具有内在的协调一致性，对于实现"两个一百年"奋斗目标，具有重大意义（高强，2019）。脱贫攻坚也是构建长效脱贫机制，谋划2020年后减贫思路的基础（豆书龙、叶敬忠，2019），即两项战略均是建设中国特色社会主义现代化强国、不断回应人民美好生活期盼的必然选择（吕方，2020）。同时，脱贫攻坚是实现乡村振兴的重要基础，因为乡村振兴的前提是摆脱贫困，脱贫攻坚本身即乡村振兴的重要组成部分。因此，脱贫攻坚是我国当前农村工作的主要任务，它与统筹城乡发展一起，共同筑实了中国特色社会主义乡村振兴的基底。只有如期实现农村贫困人口全部脱贫，才能实现全面建成小康社会的目标，才能为实施乡村振兴战略打下坚实基础。此外，两项战略的目标是一体的，都是为了解决新时代我国不平衡不充分发展的主要矛盾，脱贫攻坚主要是为了解决发展中的不平衡问题，乡村振兴主要是通过解决不充分来解决不平衡问题，协调发展，推进新时代中国特色社会主义现代化建设（高莉娟，2019）。

研究者们对脱贫攻坚与乡村振兴之间的"过渡性"进行了充分的阐释。脱贫攻坚是乡村振兴的优先目标和重要前提，也将为实施乡村振兴战略构筑坚实基础（李国祥，2018；陆益龙，2018；王超、蒋彬，2018）；乡村振兴是脱贫攻坚的持续战略，是对脱贫成果的巩固。同时，脱贫攻坚和乡村振兴之间也是一种互涵式的关系，乡村振兴对精准脱贫起到了强化内生动力、降低制度费用的作用，而精准脱贫弥补了乡村振兴的最低短板，二者相互耦合、协同发展（庄天慧等，2018；陈小燕，2019；边慧敏等，2019）。此外，两项战略的主体也是一致的，脱贫攻坚与乡村振兴两大战略的实施都需要以农民作为主体，正如习近平总书记指出："脱贫致富终究要靠贫困群众用自己的辛勤劳动来实现"，"乡村振兴要尊重广大农民意愿，激发广大农民积极性、主动性、创造性"，由此，在两大战略的实施中都离不开农民的主体作用；同时，脱贫攻坚和乡村振兴两大战略的政策制定主体、帮扶主体和实施主体均为政府，但政府更多的应该是引导、动员作用，最终战略的实施要依靠农民主体及社会多方面共同参与，促进乡村的繁荣发展。

由此可以看出，脱贫攻坚与乡村振兴在战略目标上具有持续推进的内在联系（汪三贵等，2020），但二者是具有梯度跟进上的差异的（左停等，2019）。因此，在推进脱贫攻坚与乡村振兴战略实施交汇的特殊时期，要着力解决好观念衔接、规划衔接、政策衔接、工作落实衔接等方面的问题（张琦，2019）。

二、两项战略衔接的原则

（一）有效协同政府和市场作用机制

世界银行报告强调公共部门和私人部门具有良好协调关系才能有助于更好地服务于贫困人口。同时，基于新结构经济学的理论也指出"有效市场"和"有为政府"从理论上是可以相互协调的，共同发挥市场机制与政府行为之间的关系，产生协同效应，注重市场机制在要素配置、产权保护、主题激励等方面的积极作用，发挥政府在推进乡村发展中的指引与规划协调作用。习近平总书记指出，乡村振兴必须要处理好"充分发挥市场决定性作用和更好发挥政府作用的关系"（中共中央党史和文献研究室，2018）。相对于脱贫攻坚中政府起主导核心作用，在乡村振兴中更加强调以市场为核心，因为乡村振兴是一个全面的发展提升的含义，更好地利用市场机制，引入企业、合作社、个人等多重主体积极参与乡村发展，形成一个充分的市场竞争格局，发挥企业家精神，从乡村产业发展振兴入手，带动乡村全面振兴。另外，乡村振兴也是一项政府主导的全面发展计划，更需要政府的有力支持，特别是在市场主体发育慢、能力弱的地区，政府如何在有效衔接及乡村振兴中发挥引导培育的作用是值得探讨的重要问题；同时，政府在做好两项战略的衔接中也要充分意识到自身功能的"进"与"退"，如何协调好自身与市场主体之间的关系也是值得深入研究的重要问题。此外，政府在协调两项战略时，务必承担脱贫攻坚成果的"看门人"职责，防止走出贫困的居民在全面振兴战略中再次处于劣势地位。

（二）不同治理体系理论的借鉴

在脱贫攻坚阶段拥有一套全国共识的治理体系标准，主要包括"五个一批""十大扶贫工程""三位一体扶贫格局""四支队伍落实""五级书记抓扶贫"等脱贫攻坚与精准扶贫的思路，整体上形成的一套严谨的贫困治理体系，在脱贫攻坚中发挥了巨大作用。但是，如何进行贫困治理体系的理论概括，以及脱贫攻坚的治理体系理论如何用于乡村振兴战略的理论借鉴还需要进一步深入研究。当乡村振兴工作开始取代脱贫攻坚时，原本适用的治理体系由于治理目标的转变开始有所不同，对于更突出横向协调治理的乡村振兴战略如何产生更具适用性的治理体系也成了亟须总结与探索的问题。

（三）充分发挥社会救助作用，守好底线公平，巩固拓展脱贫攻坚成果

2018年，中共中央、国务院印发的《乡村振兴战略规划（2018—2022年）》确立了农村按照"兜底线、织密网、建机制"的要求，全面建成"覆盖全民、城乡统筹、权责清晰、保障适度、可持续的多层次社会保障体系"；对重特大疾病救助、特困人员救助、残疾人服务、低保等社会救助事项做了具体部署，即"做好农民重特大疾病救助工作，健全医疗救助与基本医疗保险、城乡居民大病保险及相关保障制度的衔接机制"，提升社会救助供养制度的托底保障能力。同时，社会救助对象也是脱贫攻坚与乡村战略实施的最短板，如何协调好各项制度之间的有机协同以及调动不同政策体系之间的能动性，实现好两项战略的有效衔接以及其他救助制

度（特别是乡村救助制度安排如何发挥应有的作用）都至关重要。

三、两项战略衔接的政策意涵

（一）健全从特惠向普惠转变的政策支持

在脱贫攻坚战胜利收官的背景下，如何实现高质量、可持续脱贫成为新的重大议题。在现阶段，一方面，需要因地制宜、分类施策建设，防止返贫的监测和预防机制；另一方面，需要拓展贫困治理的范围，从特定对象走向农村普惠群体。一是强化"造血"能力提升机制。将贫困户参与培训的情况和效果与扶贫考核挂钩、与物质帮扶挂钩，激励贫困户参加培训；建立帮扶式培训对接机制，开展有针对性的培训，提高贫困人口就业和增收能力。二是完善"全面保障"巩固机制。建立贫困人口健康跟踪机制，定期排查和诊疗地方病，防止因病致贫、因病返贫；建立贫困人口生产生活跟踪机制，及时发现和解决其面临的难题，让贫困人口通过自身努力致富。三是构建"福利依赖"制约机制。在不吊高胃口、不滋生新的"悬崖效应"前提下，及时摸清非贫困村和边缘贫困户现状，尽快研究制定出台"边缘户""边缘村"帮扶实施意见，将贫困"边缘户""边缘村"纳入扶贫范围，构建贫困户分级评价标准，转变贫困户"全有"、临界贫困户"全无"的扶贫资源分配模式，使扶贫资源的惠及程度与贫困程度成正比，探索建立贫困户脱贫与边缘贫困户帮扶"双轨并行"试验区。

（二）形成从"被动扶"到"主动兴"政策转变

实现从"要我脱贫"向"我要脱贫"的转变，从"要我振兴"向"我要振兴"的转变，关键在于主体内生动力得到有效激发。一是典型引领示范。借鉴脱贫攻坚实践中的扶贫与扶志、扶智经验，通过宣传自力更生、脱贫致富，以及乡村自治组织树立振兴样本点，发挥典型示范引导的作用；以新时代文明实践中心为平台，开展脱贫攻坚和乡村振兴等扶志教育以及创新自助扶贫方式等，提高农民主体地位和责任意识。二是实施乡风文明行动。总结推广乡风文明行动的经验、模式，制订出台乡风文明行动的实施方案,因地制宜地制订适应新时代易操作、可落实、能见效的乡规民约、家训,让"等靠要""懒人文化"在乡村绝迹,让乡风文明诠释乡村振兴,实现脱贫攻坚与文化振兴相衔接。三是建立农民意愿表达机制。在制定巩固拓展脱贫攻坚成果同乡村振兴有效衔接的政策、方案过程中,要建立和完善农民意愿表达机制,打造创新群众参与、交流通道平台,充分尊重并倾听农民意愿;同时,建立农民建言献策奖励机制,鼓励广大农民积极为脱贫攻坚与乡村振兴建言献策。

(三)形成以政府主导向多方协同参与转变的政策观念转变

要实现脱贫攻坚与乡村振兴的统筹衔接,需切实做实做细做好"人、地、钱"等要素投入保障。一要"人"尽其才。将扶贫第一书记、驻村工作队、致富带头人培育、干部培训等政策制度,延伸推广到巩固拓展脱贫攻坚成果同乡村振兴有效衔接工作中来,重点实施留住贫困地区脱贫攻坚帮扶干部的人才,探索村党组织书记跨村任职机制,选优配强村级党组织书记,培育新型职业农民,鼓励外出农民工、退伍军人等人群返乡创业,实施新乡贤参与脱贫攻坚和乡村振兴计划,造就一支懂农业、爱农村、爱农民的"三农"工作队伍。二要"地"尽其用。延续脱贫攻坚时期用地优惠政策,探索总结农村承包地"三权分置"试点经验,完善和落实农村承包地"三权分置"办法,推广多种形式的适度规模经营;加快完成农村集体建设用地使用权确权登记颁证,出台允许农村集体经营性建设用地入市的细则、办法;在合法合规的前提下,探索农村宅基地"三权分置"具体操作细则,加快推进农房"房地一体"不动产统一登记和农民住房财产权抵押贷款工作,加大土地规划调整,盘活农村存量建设用地。三要"钱"尽其效。延续脱贫期间专项资金转移支付、金融信贷等政策,整合归并各类涉农资金,设立巩固拓展脱贫攻坚成果同乡村振兴有效衔接的"资金池",统筹用于乡村振兴和精准脱贫攻坚的产业发展、基础设施建设等;创新投融资机制,探索建立封闭运行的统筹巩固拓展脱贫攻坚成果同乡村振兴有效衔接贷款风险金制度,出台关于支持社会资本更多更好地参与巩固拓展脱贫攻坚成果同乡村振兴有效衔接的意见,形成财政优先保障、金融重点倾斜、社会积极参与的多元投入格局。

第二节 实现有效衔接的基本路径

本书认为,实现巩固拓展脱贫攻坚成果同乡村振兴有效衔接可以从以下四个基本路径(维度)推进:第一,理念的衔接。具体而言,即底线保障与高质量发展,物质维持与全面生活。其中,脱贫攻坚是底线维持的理念,如"两不愁三保障";乡村振兴是高质量发展的理念,如"农业农村现代化是实施乡村振兴战略的总目标"。脱贫攻坚是物质保障的理念,着重从收入或支出的角度保障贫困群体基本生活;乡村振兴是全面生活的理念,即产业兴旺、生态宜居、乡风文明、治理有效、生活富裕。第二,政策的衔接。比如,产业扶贫与产业振兴的衔接、内源性发展与人才振兴的衔接、扶贫组织机制与组织振兴的衔接、扶贫新业态与生态振兴的衔接、保障性扶贫与公共服务振兴的衔接。第三,体制机制的衔接。以脱贫攻坚为中心工作的"行政动员"工作机制构建了一种国家介入乡村的新体制和新模式。以"第一书记""驻村扶贫工作队"为主要形式的正式权力介入和以东西部协作扶贫、结对帮扶为主要形式的社会帮扶机制同时作用于农村社会,在一定意义上改变了农村社会的组织形态。在乡村振兴战略中,脱贫攻坚阶段建立起来的体制机制怎样继续发挥作用或发生怎样的改变值得研究。第四,技术手段的衔接。脱贫攻坚和精准扶贫战略实施过程中已经发展出一套行之有效的社会管理技术,包括建档立卡的动态管理和大数据运用、整村推进的参与式社会管理技术等。这些扶贫技术在乡村振兴中如何得到有效应用并持续改善,是一个富有价值的研究议题。

一、有效衔接的理念路径

任何社会行动都需要以一定的价值理念为基础,在推进巩固拓展脱贫攻坚成果同乡村振兴有效衔接中同样需要理念维度的指引。农村居民生活质量得到全面提升和得到高质量发展的理念具有鲜明的理念价值，是实现社会主义公平正义、"以人为本"的全面发展的重要价值观。

脱贫攻坚和乡村振兴都是中国现代化建设中的重要任务，首先需要解决理念和认识问题。实现巩固拓展脱贫攻坚成果同乡村振兴有效衔接，需要各级党委和政府在工作理念和态度上一以贯之地予以重视。无论是"以脱贫攻坚统揽经济社会发展全局"还是"坚持农业农村优先发展"，体现的执政理念都是一致的，也是现实的，反映了民生问题和"三农"问题等仍然是社会建设和国家现代化的短板，巩固拓展脱贫攻坚成果同乡村振兴有效衔接，本质上就是要解决我们国家存在的城乡、区域和不同人群之间的发展不平衡、不充分的问题。巩固拓展脱贫攻坚成果同乡村振兴有效衔接是一个发展大局的问题，关系到我国社会主义现代化建设与中华民族伟大复兴的成败。从我国精准扶贫战略实施的历程来看，脱贫攻坚以解决"两不愁三保障"为核心，着重从收入或支出的角度保障贫困群体基本生活，是底线保障的理念；而面向新时代的乡村振兴战略以农业农村现代化为总目标，致力于实现产业兴旺、生态宜居、乡风文明、治理有效、生活富裕，是向高品质生活和高质量发展看齐的理念。如何从以底线保障为主的脱贫攻坚战略过渡到以全面发展为核心的乡村振兴战略成为当前农村发展中的重要问题，是实现巩固拓展脱贫攻坚成果同乡村振兴有效衔接的首要任务。从底线保障的脱贫攻坚到高质量发展的乡村振兴战略转变，需要从思想和理论观念上做到两项重大战略的衔接。

（一）有效衔接的理念基础

1. 社会政策理念的发展

"社会政策"指的是国家为了实现福利目标而在公民中进行资源再分配的各种有意识的干预活动。通常来说，经典的社会政策主要包括政府在以下五大领域为其公民提供福利和服务的活动：第一，社会保障给付，解决贫穷问题；第二，医疗卫生服务，解决疾病问题；第三，住房提供和补贴，解决"脏乱差"问题；第四，教育服务，解决无知问题；第五，就业服务，解决失业问题。

这一共识的形成与1942年英国政府推出的、对社会政策发展具有重大影响的《贝弗里奇报告》密切相关。该报告的核心内容是社会福利是社会集体应尽的责任,是每个公民应享受的权利;提出要通过实施社会政策来消除贫穷、疾病、无知、肮脏和无所事事五大社会问题(即所谓"五大恶")。

社会福利是人民追求幸福生活的方法,事关人民美好生活的实现。从字面上看,中文的"福利"和英文的"welfare"或"wellbeing",都有"幸福""福祉"的含义,尽管"welfare"自20世纪90年代以来有被妖魔化的趋势,并且日益被"wellbeing"一词所取代。而"社会福利"中的"社会"概念,则意味着一种实现幸福的方法或者机制,也就是通过社会性的、集体的方式、合作的方式来解决个人在社会中遭遇的问题,从而实现幸福。从这个意义上讲,"社会福利"概念本身就具有追求幸福的内涵。此外,"社会福利"一词不仅含有以社会合作的方式达成幸福的意思,而且也表明这种幸福的达成具有社会主义、社会改革的精神。这是因为社会福利具有通过社会改革或者群体相互合作以促进人类幸福的性质,因而表现出了一种不同于资本主义条件下通过自由竞争机制达成幸福的新机制。简言之,社会福利是社会主义的重要内涵。

实施脱贫攻坚和乡村振兴战略是政府介入社会政策和社会福利领域的结果,是政府协助人民应对贫困、振兴乡村的战略安排,也是贫困人口和广大乡村居民获得幸福的制度性合作机制。巩固拓展脱贫攻坚成果同乡村振兴有效衔接要始终贯彻社会政策和社会福利理念,表现为通过政府干预,实现资源再分配,从而增进贫困人口和广泛乡村居民幸福感的具体实践。其中,在两大实践中贯彻社会政策和社会福利理念具体表现为贯彻美好生活理念。

党的十八大以来,党中央高度重视人民美好生活需要的满足。习近平总书记强调,人民对美好生活的追求和向往是中国共产党始终不渝的奋斗目标。[①] 2017年10月,党的十九大报告有14次提到"美好生活",并指出中国特色社会主义进入新时代,"我国社会主要矛盾已经转化为人民日

---

① 参见《习近平:人民对美好生活的向往就是我们的奋斗目标》,人民网,2012年11月16日,见 http://cpc.people.com.cn/18/n/2012/1116/c350821-19596022.html。

益增长的美好生活需要和不平衡不充分的发展之间的矛盾"。人民的需要从"物质文化生活需要"变为"美好生活需要"。对美好生活的向往逐渐成为当前我们清晰而明确的奋斗目标。习近平同志庄严宣示:"增进民生福祉是发展的根本目的。"① 他强调指出,"带领人民创造美好生活,是我们党始终不渝的奋斗目标。必须始终把人民利益摆在至高无上的地位,让改革发展成果更多更公平惠及全体人民,朝着实现全体人民共同富裕不断迈进"②。2020年10月,党的十九届五中全会再次强调:"人民对美好生活的向往就是我们的奋斗目标。"会议审议通过的《中共中央关于制定国民经济和社会发展第十四个五年规划和二〇三五年远景目标的建议》将"人民生活更加美好,人的全面发展、全体人民共同富裕取得更为明显的实质性进展"作为到2035年基本实现社会主义现代化远景目标之一。《中共中央关于制定国民经济和社会发展第十四个五年规划和二〇三五年远景目标的建议》提出,"十四五"时期经济社会发展必须遵循坚持以人民为中心的原则,坚持人民主体地位,坚持共同富裕方向,始终做到发展为了人民、发展依靠人民、发展成果由人民共享,维护人民根本利益,激发全体人民积极性、主动性、创造性,促进社会公平,增进民生福祉,不断实现人民对美好生活的向往。

党的十九大报告指出:"人民美好生活需要日益广泛,不仅对物质文化生活提出了更高要求,而且在民主、法治、公平、正义、安全、环境等方面的要求日益增长。"这深刻揭示了人民美好生活的基本内涵,结合起来可以概括为:美好生活是人们对"当下"较高物质生活水平及民主、正义、公平、和谐的生存境况在价值感知和情感体验上自觉生发的一种"美好"评价,体现为党的十九大报告所强调的"获得感、幸福感、安全感更加充实、更有保障、更可持续"。美好生活首先是物质财富获得、满足的体验,没有物质财富的丰富,满足人民的各种生存发展需要,也就无从谈

---

① 《"每日一习话" 多谋民生之利、多解民生之忧》,央广网百度百家号,2020年12月26日,见https://baijiahao.baidu.com/s?id=1687097861543861514&wfr=spider&for=pc。
② 《人民日报署名文章:江山就是人民 人民就是江山——习近平总书记关于以人民为中心重要论述综述(3)》,新华社百度百家号,2021年6月27日,见https://baijiahao.baidu.com/s?id=1703734891335354252&wfr=spider&for=pc。

论美好生活。此外，新时代美好生活的体验还包括生存环境舒适、发展机遇平等、社会秩序规范、法制使用得当、公平正义落实、精神文化教育提高等。因此，美好生活是全面发展的生活。

改革开放以来，中国经济高速发展，经济总量跃居世界第二，改变了我国经济、社会、文化落后的局面，整个社会的物质财富得到了极大提高，中国发生翻天覆地的变化。然而，我国发展不平衡不充分的问题愈发突出，成为当下社会的主要矛盾。脱贫攻坚战略和乡村振兴战略正是政府在美好生活理念下对主要矛盾的应对。脱贫攻坚和乡村振兴都是中国现代化建设中的重要任务，都是党和政府为了创建农村居民美好生活的伟大实践。因此，巩固拓展脱贫攻坚成果同乡村振兴有效衔接，各级党委和政府必须继续贯彻美好生活的理念，在保证贫困人口基本物质生活水平的基础上，实现全体农村居民在物质生活水平和民主、法治、公平、正义、安全、环境等方面的全方位飞跃。

2. 社会主义公平正义理念

社会主义公平正义理念是支撑巩固拓展脱贫攻坚成果同乡村振兴有效衔接的核心价值观。脱贫攻坚战略和乡村振兴战略的实施都是为了创造一个更加公平的社会，保障人民能够分享经济社会发展成果。

何谓公平正义？在马克思主义理论体系中，对于公平正义的含义很早就有过科学论述。马克思认为，一切人，或至少是一个国家的一切公民，或一个社会的一切成员，都应当有平等的政治地位和社会地位。在马克思主义理论体系中，公平是正义的基础和核心，由公平达致正义。

实现社会公平正义是中国共产党的一贯主张。党的十八大以来，党和国家高度重视通过社会政策实现社会公平。党的十八大报告以马克思主义有关公平正义的理论为指导，结合中国社会经济发展的实际，对公平正义的含义做出了重要的阐释。党的十八大报告明确指出，"公平正义是中国特色社会主义的内在要求。要在全体人民共同奋斗、经济社会发展的基础上，加紧建设对保障社会公平正义具有重大作用的制度，逐步建立以权利公平、机会公平、规则公平为主要内容的社会公平保障体系，努力营造公平的社会环境，保证人民平等参与、平等发展权利"。党的十九大报告强调，"必须多谋民生之利、多解民生之忧，在发展中补齐民生短板、促进社会公平正义,在幼有所育、学有所教、劳有所得、病有所医、老有所养、住有所居、弱有所扶上不断取得新进展,深入开展脱贫攻坚,保证全体人民在共建共享发展中有更多获得感,不断促进人的全面发展、全体人民共同富裕"。党的十九大报告同时也做出了一个重大政治判断:我国社会主要矛盾已经转化为人民日益增长的美好生活需要和不平衡不充分的发展之间的矛盾。这一关于社会主要矛盾转化的科学论断准确把握了人民群众对公平正义的期待。2020年10月,党的十九届五中全会在提出"十四五"时期经济社会发展必须遵循的原则时明确"促进社会公平,增进民生福祉"的内容,在提出"十四五"时期经济社会发展主要目标时明确"社会主义民主法治更加健全,社会公平正义进一步彰显"的任务。

公平正义是全面建成小康社会的重要标准。"让改革发展成果更多更公平惠及全体人民"的要求,就是强调通过建立健全各项制度,完善社会政策,努力分好"蛋糕"。我国现阶段存在的有违公平正义的现象,许多是发展中的问题,是能够通过不断发展,通过制度安排、法律规范、政策支持加以解决的。为此,"必须紧紧抓住经济建设这个中心,推动经济持续健康发展,进一步把'蛋糕'做大,为保障社会公平正义奠定更加坚实物质基础"①。公平正义也是中国梦的重要内容。中国梦要紧紧依靠人民来实现,就必须提供给人民公平正义的发展环境。按照改革开放以来对于公平正义新的理解,我们要实现的公平是提供给每一个人公平的参与机会,每一个劳动者都具有平等的权利,竞争的规则是公平的,在法律和规则面前人人平等。近年来,中国社会政策设计,正是遵循着这种新的公平正义理念的引导,从割裂经济效益与社会效益,追求结果绝对均等,转变为追求社会效益最大化。

公平正义要如何实现?党的十九大指出,解决发展不平衡不充分的问题,既要坚持发展,做大"蛋糕",也要解决好发展的均衡性,分好"蛋糕",着力解决发展不平衡的问题。习近平总书记指出,"全面建成小康社会突出的短板主要在民生领域,发展不全面的问题很大程度上也表现在不

---

① 《习近平:切实把思想统一到党的十八届三中全会精神上来》,中国共产党新闻网,2014年1月2日,见 http://theory.people.com.cn/n/2014/0102/c49169-24000494.html。

第三章　实现有效衔接的基本内涵与路径

同社会群体民生保障方面",也深刻提醒必须"作出更有效的制度安排,使全体人民朝着共同富裕方向稳步前进,绝不能出现'富者累巨万,而贫者食糟糠'的现象"[①]因此,巩固拓展脱贫攻坚成果同乡村振兴有效衔接,必须以公平正义为核心指导理念贯穿始终。

一方面,经过几十年的快速发展,脱贫攻坚的对象本质上具有"贫中之贫"的特征,为了解决他们的发展问题,脱贫攻坚战中采用了一些超常规帮扶举措(如金融扶贫、产业扶贫、易地搬迁等),这些措施在当前的氛围下,包括其他的辅助性手段(如电商扶贫、消费扶贫等),产生了一定的帮扶效果,但长远来看,他们要实现稳定的高质量脱贫,仍需面对市场经济中必然存在的障碍和风险。在巩固拓展脱贫攻坚成果同乡村振兴有效衔接的工作中,短板或者核心的关切还是在贫困地区、贫困小农。要实现脱贫攻坚的政策向乡村振兴政策的平稳衔接,抓好梯度跟进和优化升级,利用脱贫攻坚形成的坚实基础,积极促进乡村经济的质性转化和发展,均离不开对社会主义公平正义理念的贯彻。另一方面,脱贫攻坚作为一个阶段性的战略任务,总体上是对贫困户贫困村的生计改善和支持,其核心任务是实现"两不愁三保障"等民生方面的目标。尽管脱贫攻坚也包括贫困地区区域性发展的一些任务,脱贫攻坚过程中也提出扶志、扶智的要求,但是,脱贫攻坚主要保障的是贫困户的基本民生。在时间节点上,脱贫攻坚于2020年胜利收官。然而,政府也已经清醒地看到,各地尽管实现了脱贫攻坚,但由于各地的起点不同,脱贫攻坚以后的现实状况是不一样的,这种现实状况与乡村振兴的目标距离也不一样。乡村振兴是一个中长期的全国性的宏大战略,其任务目标包括产业兴旺、生态宜居、乡风文明、治理有效、生活富裕等方面。与脱贫攻坚相比,乡村振兴工作目标的区域差异更大,尤其是欠发达地区的压力更大。东部地区起步较早,西部地区刚刚脱贫,因此,与脱贫攻坚相比,乡村振兴的工作任务目标在区域之间有更大的不平衡。如何合理地设立不同地区的乡村振兴的工作目标,是一个重要的政策和实践问题,同样也离不开社会主义公平正义理念

[①]　习近平:《在党的十八届五中全会第二次全体会议上的讲话(节选)》(2015年10月29日),《求是》2016年第1期,第3—10页。

的贯彻。

因此，巩固拓展脱贫攻坚成果同乡村振兴有效衔接，必须以公平正义为核心指导理念，重视推进社会公平正义的作用，主动解决和应对长期发展以来存在的地区差异、城乡差异、工农差异，让人民群众更多享受改革发展成果，让社会主义制度的优越性得到更充分体现。

3. 福利多元与社会投资

福利多元主义是为解决福利国家危机问题而提出来的一种新的理论范式，它主张引入非政府力量来弥补政府部门的缺陷，反对过分强调国家在福利供给中的作用，从而提升其他部门的福利提供功能，发展一种多元混合的福利制度。

在我国开展扶贫攻坚工作的各个阶段，政府都扮演了主导的角色，社会、市场和家庭的作用相对弱势。然而，随着脱贫攻坚战略的收官和乡村振兴战略的实施，如果单纯由政府主导扶贫开发及乡村振兴工作，从长远来看会制约我国贫困人口长效脱贫机制的建立和运行，也难以完全激发乡村的可持续发展动力，同时不利于满足乡村振兴全方位的高质量发展要求，影响脱贫攻坚成果的巩固拓展和乡村振兴战略实施的有效衔接。换言之，一方面，福利多元主义有利于缓解政府在巩固拓展脱贫攻坚成果同乡村振兴有效衔接中的过重压力。长期以来，解决各种脱贫攻坚问题、化解农村发展的社会矛盾对政府能力提出了极大挑战，对政府工作造成了极大压力。而市场主体及社会组织的出现恰恰能够起到"缓冲"和"减压"的作用，同时增强脱贫攻坚成果巩固及乡村振兴战略实施的驱动合力，多角度激发乡村地区的内生动力，从而促进可持续发展。另一方面，福利多元主义有利于回应脱贫攻坚成果巩固及乡村振兴战略实施有效衔接中多元化、多层次的现实要求。乡村振兴战略包含产业兴旺、生态宜居、乡风文明、治理有效、生活富裕的总要求，必须充分发挥市场、社会、家庭、个体等多主体的积极性方可实现。因此，各级党委和政府在促进二者有效衔接的过程中，有必要确立起福利多元主义理念，提高对于乡村居民福利供给的有效性。

社会投资的目标是适应知识经济和服务经济，其政策实践主要包括对人力资本的发展和充分利用人力资本。社会投资理念包括两个核心论点：

加大人力资本投资和促进劳动力市场的充分参与。社会投资理念强调国家对人进行投资，尽可能地使他们能够有能力参与到劳动力市场中，而不是依赖社会救助生活。与传统的社会福利思想及政策相比较，社会投资导向的社会福利政策及其实践呈现以下三种优点：第一，它是积极的、主动的，通过对人力资本的投资，福利对象可以通过自己的努力去获得福利保障，从而激活了人的能动性，发掘了人的潜能，获得了改变自己处境的机会和条件；第二，它是间接的、注重过程的，它不是直接给予弱势群体一定的财富，而是注重培养他们争取机会和条件的能力，并通过能力的提高来满足福利的需求；第三，通过投资人力资源，提升弱势群体的就业技能，并以此增加他们的就业机会和实际收入。从这个意义上说，社会投资作为一种新型的社会福利手段，是实现社会福利的积极方式和积极途径。

巩固拓展脱贫攻坚成果同乡村振兴有效衔接需要贯彻社会投资理念。在实施脱贫攻坚战略的过程中，社会政策支持中存在几个难点：一是在强化社会救助的同时，激发被救助对象的内生动力问题。二是当前农村已经实现社会保障主要项目的制度全覆盖，但保障水平仍然不够，因病致贫等威胁始终存在。如何建立一个广覆盖的、有效的、可持续的社会保险保护网络，有效预防贫困，是脱贫攻坚给乡村振兴留下的一个重大挑战。三是在政策选择上，既要考虑瞄准性质的社会救助政策，又要考虑普惠性质的社会福利和社会服务政策；既要考虑短期的"救急难"性质的政策，又要考虑长远的"社会投资"性质的社会发展政策。过去扶贫中的一些做法（比如"以工代赈"）和脱贫攻坚中形成的一些做法（比如"公益性岗位"）应该考虑如何从公共财政角度形成长效机制。因此，在巩固拓展脱贫攻坚成果同乡村振兴有效衔接中，各级党委和政府要保持和贯彻社会投资理念，加大对农村居民的人力资源投资，加大其在劳动力市场的充分参与，从而实现脱贫攻坚成果的长效巩固和乡村振兴战略的良好开局。

（二）协调与整合：理念衔接的可能路径

脱贫攻坚为乡村振兴打下了良好基础，但贫困县摘帽绝不是乡村发展的"刀剑入鞘"，相反，脱贫攻坚成果是乡村振兴的新起点。因此，从脱贫攻坚到乡村振兴可能的路径是亟须研究和总结的重要议题。

1. 以乡村振兴的全新理念巩固拓展脱贫攻坚成果

我国脱贫攻坚取得了巨大成效，贫困人口"两不愁三保障"基本实现，这得益于脱贫攻坚中形成的一整套行之有效的扶贫工作机制和政策制度安排，如中央统筹、省负总责、市县抓落实的工作机制，驻村定点扶贫机制，产业、就业、易地移民搬迁、健康、教育、社会保障兜底、基础设施等专项扶贫机制，企业帮扶机制，等等，均体现了巨大的体制机制优势，不仅为乡村振兴提供了组织载体和机制模式经验，还为实施乡村振兴提供了巨大的基础优势，减轻了压力。但是，脱贫攻坚形成的固定式的成功理念，可能只有一部分为乡村振兴所直接借鉴；另一部分需要调整改造后借鉴；还有一部分则需要退出。绝不能照搬照抄，也绝不能简单地"嫁接"到乡村振兴中去。

随着乡村振兴战略的深入实施，农业产业链、价值链、创新链不断融合，乡村文化等公共服务设施不断完善，在借鉴脱贫攻坚的制度机制的路径上可以开拓出针对乡村振兴行之有效的新的制度安排。这就需要地方政府在从脱贫攻坚到乡村振兴的路径转变中，清除用扶贫的理念对待乡村振兴，转变战略思想，更好地促进两大战略衔接的现实路径。

2. 脱贫攻坚的成功经验在乡村振兴战略中合理借鉴

我国脱贫攻坚取得的巨大成就是基于党中央采取的一系列超常规举措，广泛动员社会力量，集中人力、物力和财力，如实施了精准扶贫战略下的考核机制、退出机制、社会帮扶、驻村帮扶以及"五个一批"等脱贫措施，这些策略是基于特定贫困人口群体为主的"有选择的"理念实施的，这在贫困人口相对比较集中、贫困问题比较突出的情况下是非常必要的；同时，这种广泛动员式的扶贫措施，在解决绝对贫困阶段容易形成社会共识，容易调动社会资源，集中解决"两不愁三保障"突出问题（左停等，2020）。而乡村振兴战略需要由广泛社会动员向常规制度化发展治理理念转变，需要建立一个与现代农业发展、民生建设、社会保障和区域经济发展一样内嵌的、稳定的常规性发展治理逻辑，不能将脱贫攻坚战略的理念原封不动地从乡村贫困人口拓展至乡村振兴下的覆盖全部乡村人口的运动式治理理念。

3. 勇于创新，以全新的实践实现两项战略的衔接与发展

在推进乡村振兴战略实施中，并不是"另起炉灶"，完全以高质量发展理念重构乡村治理与发展的"新"方向，而是要基于脱贫攻坚的成果，进行理念的深化与继承发展。所以，脱贫攻坚是乡村振兴的基础和前提，乡村振兴是脱贫攻坚的巩固和深化，必须增强融合推进的意识，梳理继承与融合的理念，防止"推倒重来"的治理模式，杜绝资源的浪费，巩固好脱贫成果，从现实出发巩固"两不愁三保障"脱贫成果，总结出在乡村振兴战略实施中可以继续发挥作用的发展理念，确保脱贫人口不返贫，不产生新的贫困人口。同时，拓展帮扶对象、帮扶标准，通过动态调整帮扶对象，提出更高的帮扶标准，调整完善帮扶政策，变政策"悬崖效应"为"缓坡效应"，为高质量的乡村振兴战略实施奠定基础，并对各地区推进脱贫攻坚与乡村振兴衔接的经验进行总结，将成效明显、具有普遍性的改革创新经验上升到制度层面，形成具有普遍指导意义的理念支持。

二、从系统扶贫到全面振兴：有效衔接的政策路径

当前，我国正处于脱贫攻坚与乡村振兴统筹衔接的历史交汇期，在新的历史背景和发展契机下，需要坚持以乡村振兴为统揽，健全常态化机制，整合有效资源，紧跟脱贫攻坚形势，做好巩固拓展脱贫攻坚成果同乡村振兴有效衔接、深度融合。党的十九大报告提出实施乡村振兴战略，并提出了"坚持农业农村优先发展"和产业兴旺、生态宜居、乡风文明、治理有效、生活富裕的总要求，"五个振兴"的要求为我们实施乡村振兴战略进一步指明了方向路径。从"五个振兴"的要求的实现路径来看，农业农村基础设施和公共服务是乡村振兴总体任务的强力支撑，是实现农业强、农村美、农民富的重大抓手，将贯穿农业农村现代化的全过程。从聚焦广大农民对美好生活向往的迫切需求来看，则应提升居民福祉水平，重视生活性公共服务问题的解决。

（一）产业兴旺是重点

产业兴旺是乡村振兴的重点，是实现农民增收、农业发展和农村繁荣的基础。实现农村产业兴旺，需要坚持党建引领，把握好实施乡村产业兴旺的重点与方向，因地制宜打造农村新产业、新业态，推进第一、第二、第三产业融合发展。

1. 产业兴旺要坚持党建引领

基层党组织是乡村振兴各项政策的最终执行者，也是最贴近乡村生活最了解当地实际情况的参与者。在实施产业兴旺的过程中，要发挥好党的基层组织的引领作用，带动乡村实现产业兴旺。第一，需要有一个强而有力的村"两委"队伍，尤其是在产业基础比较薄弱的地区，更需要一个有远见和执行力的领导团队激励当地村民投身乡村振兴的产业建设中去。对于不得力的村"两委"班子，则需要结合基层民主的过程进行轮换或调离，同时，上级政府也应该注意给予基层干部需要的权力和资源，以支持他们发挥作用。第二，需要发挥群众的主体力量，广大农民是产业兴旺最根本的动力来源，也是乡村产业兴旺发展的终极目标。所以，党建引领的最大成果应该是能够动员起当地的农民自愿地参与产业建设，并且始终坚持把产业发展落实到促进农民增收上来。切实提高农村民生保障水平，不断提升农民群众的生活质量，这也是"让广大人民群众共享改革发展成果"理念的具体体现。

2. 产业兴旺要坚持三产融合发展

要将农村第一、第二、第三产业融合发展放在首位，作为重点，以增强对农村新产业、新业态和新动能的支撑。一方面，通过对农村第一、第二、第三产业之间的融合渗透和交叉重组，助力农村产业再造，实现资源、要素、技术、市场需求在农村区域的整合重组，进而调整农村产业空间布局，催生农村新产业、新业态；另一方面，通过延伸农业产业链和价值链，实现农业初级产品生产、农产品加工业、农村服务业的有机融合，构建现代农业产业体系、生产体系、经营体系，提升农业农村产业的驱动力、根植力和发展力，为产业振兴奠定坚实基础（沈月、张佳琪，2019）。与此同时，三产融合有助于吸引大量的农民工、中高等院校毕业生、退役士兵和科技人员等到乡村返乡创业，催生大量农业生产性和生活性服务业发展，进一步促进农业的规模化、集约化、专业化和标准化生产，化解小生产与大市场之间的矛盾，将更多的农村资源要素留在乡村，将更多的城市资源要素引入乡村，使乡村人气更旺、建设更好、发展更和谐。

3. 产业兴旺要坚持因地制宜

要充分利用当地的资源、条件、要素等的比较优势，发展特色产业，打造乡村品牌。要坚持一切从实际出发，不能照搬照抄，更不能用一个模式去套。落实到某一个具体的乡村，则要坚持宜种则种、宜养则养、宜林则林、宜游则游、宜工则工、宜商则商、宜搬则搬。具体而言，在实施产业兴旺的过程中要坚持规划先行。有必要对乡村现有的资源情况、产业发展情况、地理条件、人口条件等先进行一个系统的全面的调查，同时也需要对邻村的产业以及邻近城镇的需求有所了解。在此基础上，确定本村的比较优势、现有资源和劣势不足，明确未来产业发展的主攻方向，并科学地系统地制订发展规划、阶段任务和行动方案（程渭山，2018）。在方案执行的过程中也需要定期实地考察，及时反馈和调整不符合当地实际的规划，以保证当地特色资源的效用最大化。

4. 产业兴旺要坚持扶贫资产管理规范化

为防范扶贫资产闲置流失，确保其持续发挥效益，就要用好、管好扶贫资金和扶贫资产。第一，厘清扶贫资产投入权属。各级政府、部门、行业、企业和社会各界在对贫困地区的产业项目投入中，形成了各类资产分散在各部门或"流落民间"、产权不清、管理混乱的现象。因此在与乡村振兴战略相衔接时，需要对各类扶贫投入进行资产的彻底清查工作，明确投入来源，厘清产权归属，确保各级各类扶贫项目投入的资产产权清晰、责任明确。第二，建立健全资产报告制度。对各级财政投入形成的扶贫资产，要确保列入政府资产监管范围。对社会资金投入的产业或其他项目形成的资本和各类实物资产，应由资金投入主体与项目承接平台签订协议；或以公司章程等法律形式明确权利义务关系，保障市场主体投资利益回报。第三，加强扶贫资产管理维护。在厘清扶贫资产权属的基础上，建立健全相关资产后续管理制度，明确保管、使用和维护各环节责任（李书奎等，2020）。

（二）生态宜居是关键

乡村振兴，生态宜居是关键。良好的生态环境是农村最大的优势和宝贵财富。必须尊重自然、顺应自然、保护自然，推动乡村自然资本加快增值，实现百姓富、生态美的统一。

1. 保护自然生态环境，统筹山水林田湖草生态系统治理

不仅山水林田湖草是一个相互联系不可分割的有机整体，人与自然也是一个生命共同体。所以，我们在保护自然的过程中，也是在处理人与自然的关系，需要把山水林田湖草作为一个生命共同体系统地、全面地、发展地保护、修复和管理（成金华、尤喆，2018）。具体而言，针对不同要素有不同的保护措施，但同时又要注意整体、系统地推进。健全耕地草原森林河流湖泊休养生息制度，分类有序退出超载的边际产能。科学划定江河湖海限捕、禁捕区域，健全水生态保护修复制度。实行水资源消耗总量和强度双控行动。开展河湖水系连通和农村河塘清淤整治，全面推行河长制、湖长制。开展国土绿化行动，推进荒漠化、石漠化、水土流失综合治理。强化湿地保护和恢复，继续开展退耕还湿。完善天然林保护制度，把所有天然林都纳入保护范围。扩大退耕还林还草、退牧还草，建立成果巩固长效机制。继续实施"三北"防护林体系建设等林业重点工程，实施森林质量精准提升工程。继续实施草原生态保护补助奖励政策。实施生物多样性保护重大工程，有效防范外来生物入侵。

2. 构建人文生态环境，稳步推进农村人居环境改善

农村人居环境整治是建设美丽乡村的重要基础，是实现乡村振兴的重要内容。2018年，《乡村振兴战略规划（2018—2022年）》提出开展农村人居环境整治行动，全面提升农村人居环境质量。但是，在美丽乡村建设过程中，农村人居环境整治面临着导向不明、系统性不足、主体参与不够等问题。因此，需要明确以乡村绿色发展为导向，加强对农村突出环境问题的综合治理，加强农业农村面源污染防治，开展农业绿色发展行动，实现投入品减量化、生产清洁化、废弃物资源化、产业模式生态化（卞素萍，2020）。在农业生产的过程中，推进有机肥替代化肥、畜禽粪污处理、水污染治理、土地污染治理、废弃农膜回收、病虫害绿色防控等一般化措施。

3. 营造人与自然的共生关系，正确处理开发与保护的关系

经济发展和环境保护之间并非不可调和、二者取一的关系，"绿水青山就是金山银山"。运用现代科技和管理手段，可以将乡村生态优势转化为发展生态经济的优势。全面推进农业绿色发展，提供更多更好的绿色生态产品和服务，促进生态和经济良性循环。加快发展森林草原旅游、河湖湿地观光、冰雪海上运动、野生动物驯养观赏等产业，积极开发观光农业、游憩休闲、健康养生、生态教育等服务。创建一批特色生态旅游示范村镇和精品线路，打造绿色生态环保的乡村生态旅游产业链。

（三）乡风文明是保障

乡风文明是乡村振兴的保障，作为全党工作重中之重的"三农"问题长久无法得以解决的一个很重要的原因就是治理体系和能力亟待加强。而农民作为乡村的主体，其精神文明发展远落后于时代发展，会导致乡村振兴的实施效果不尽人意。通过乡风文明建设提高农民的道德修养和文化素质，可以促进他们身为主体的积极性和创造性，从而为乡村振兴提供源源不绝的内生动力（徐学庆，2018）。《乡村振兴战略规划（2018—2022年)》明确把乡风文明作为乡村振兴的重点之一，并从加强农村思想道德建设、弘扬中华优秀传统文化和丰富乡村文化生活三个方面提出了具体要求。

1. 开展乡风文明建设，必须突出思想道德建设这一核心

"思想是行动的先导"，乡村振兴中每个参与者的行动才能促成乡村整体的发展。所以农民群众的思想道德修养和科学文化素质将直接反映至乡风文明建设的成果。要坚持教育引导、实践养成、制度保障三管齐下，深化中国特色社会主义和中国梦宣传教育，让社会主义核心价值观成为群众恪守的信念和行动的自觉。同时，配合当地淳朴的乡规民约、良好的家风家训，在破除陋习迷信的同时也促进人们对乡村集体的认同和归属，增强农民作为乡村振兴主体的主人翁意识，促进广大农民的主动参与；还应积极引导乡风文明和现代文明、法律法规的融合，开展普法宣传教育，引导农民更好地融入现代社会的发展（吴玲玲、郑兴明，2020）。

开展乡风文明建设，必须突出优秀传统文化这一根基。一方面，乡村优秀传统文化是乡土文明的结晶，传承优秀传统文化，可以陶冶农民的精神生活，引领农村良好社会风尚。习近平总书记在多次讲话中提到"记得住乡愁"，所以在乡村振兴的过程中应该尽可能地保留村庄原始风貌和传统民俗文化，保护好、传承好民风民俗等村落的"文化根脉"（范玉刚，2019）。另一方面，应赋予传统文化新的时代内涵，发挥传统文化在新时代的价值，引导乡村传统文化和现代城市文明相适应。要深入挖掘乡村特色文化符号，盘活地方和民族特色文化，丰富农村文化业态。要发展乡村特色文化产业，推动文化、旅游与其他产业深度融合、创新发展。实施乡村振兴战略，迫切需要深化对乡村价值的认识与理解，深入挖掘、继承泥土里酝酿的独有文化，增强对传统乡土文化的认同感和信心。

2. 开展乡风文明建设，必须突出乡村文化生活这一载体

乡村文化生活是乡风文明的载体，是广大农民群众提高素质和修养的平台。要健全乡村公共文化服务体系，活跃农村文化市场，为广大农民提供高质量的精神食粮。加强农村科普工作，推动全民阅读进家庭、进村组，提高农民科学文化素养。广泛开展群众文化活动，推动农村市场转型升级，让农村群众的精神文化生活丰富起来。坚持"引进来"和"传下去"相结合，鼓励更多的文化资源进村（吴玲玲、郑兴明，2020）。经过多年建设，乡村公共文化服务体系初具雏形。随着物质生活的日渐充足，农民对精神生活的需求愈加丰富，未来需要引进更多新的建设力量以更好地满足农民新的文化需求。

（四）治理有效是基础

乡村振兴，治理有效是基础。乡村治理体系是国家治理体系的重要组成部分，要实现乡村振兴，必须完善和发展乡村治理体系。健全自治、法治、德治"三治合一"的乡村治理体系，既离不开农村基层党组织建设的凝聚力，也需要在自治和德治的基础上增强法治建设，这是健全乡村治理体系的硬性保障。

1. 治理有效必须加强农村基层党组织建设

"一个村子建设得好,关键要有一个好的党支部。"① 加强农村基层党组织建设是实现治理有效、乡村振兴的必然选择。加强基层党组织建设,发挥其在乡村治理中的核心作用,一是要提高乡村基层党组织领导和协调能力,农村基层党组织应该有很强的决心和动力去带领当地人们实现乡村振兴,能够贯彻落实中央的目标并且灵活地运用当地资源推进政策执行;二是要整合当地各类治理资源,动员各类主体,形成党委领导、政府负责、社会协同、公众参与、法治保障的现代乡村治理体系;三是健全乡村监督机制,开展常态化、规范化的监督,严惩小微权力腐败,优化乡村治理环境(霍军亮、吴春梅,2019)。

2. 治理有效亟须健全自治、法治、德治"三治合一"乡村治理体系

自治、法治、德治相结合的乡村治理体系,为更好地解决乡村治理中出现的问题指明了方向,为实现乡村治理体系现代化、满足乡村人民美好生活需要、加强基层民主法治建设、坚持乡村自治制度提供了有效路径。健全自治、法治、德治"三治合一"的乡村治理体系的核心是要深化村民自治的实践,激发农民参与乡村自治的热情,发挥农民主体作用。通过乡村民众对村庄事物进行自我管理、教育和服务,实现民主选举、民主决策、民主管理和民主监督,创造"乡村共治"的局面,从而增强治理体系的内在动力和维系动力。法治是乡村治理的强力保障,用法律规则约束主体行为,建立起乡村普世的一套行为规范可以减少不良行为的发生。要坚持法治为本的观念,树立依法治理的意识,明确乡村治理过程中相关主体的法律责任,构建和完善乡村治理的法治体系。在乡村治理中,德治发挥着不可替代的作用。德治所营造的正能量文化氛围可以为乡村治理提供文化支持。一方面,要发挥好新乡贤的作用,对于"乡贤文化",要取其精华去其糟粕;另一方面,要弘扬社会主义核心价值观,发扬艰苦奋斗、勤俭节约等传统美德,注重培育符合时代发展要求的道德规范,营造新的乡村德治氛围(林星等,2021)。

---

① 《习近平这10句话,不只是说给宁夏听的》,人民网,2016年7月23日,见http://politics.people.com.cn/n1/2016/0723/c1001-28579373.html。

3. 治理有效关键在于强化农村"三农"人才队伍建设

人才的缺乏是实现治理有效、乡村振兴的短板,目前的"三农"工作队伍也存在着对中央政策不熟悉、嫌弃农村生活条件而不愿深入、嫌弃农民文化低思想落后等问题(莫广刚,2019)。必须重视人才队伍的建设,要培养一支符合新时代要求的、懂农业、爱农村、爱农民的"三农"工作队伍。一是要树立重视人才的观念,推动简政放权,充分发挥人才在乡村振兴中第一驱动力的作用;二是要构建农业农村人才培养管理体制,建立人才培育引进机制,探索和创新符合乡村振兴需要的人才培养模式;三是要完善农业农村人才评价机制,探索建立适合"三农"人才的考核评价制度,对人才进行公正客观评价,同时,完善人才激励制度,完善晋升、奖惩、工资待遇等配套制度,加大对人才在社会保障方面的政策支持,解决"三农"工作队伍的后顾之忧。

(五)生活富裕是根本

生活富裕既是乡村振兴的最终目的,也是实现全体人民共同富裕的必然要求。习近平总书记强调,要构建长效政策机制,通过发展农村经济、组织农民外出务工经商、增加农民财产性收入等多种途径,不断缩小城乡居民收入差距,让广大农民尽快富裕起来。[①] 生活富裕是当前阶段实现共同富裕的基本形式,它与消除贫困、改善民生、不断满足人民日益增长的美好生活需要一起,充分体现了我国处于社会主义初级阶段的基本国情和主要矛盾。

1. 实现生活富裕,必须提高农民收入

在新的经济形势下,农民要增收,第一,要发展新产业、新业态,打破城乡二元经济,推动第一、第二、第三产业融合。通过鼓励和引导新型农业经营主体延长农业产业链,对农产品进行深加工,把农业附加值留在农村内部;同时,合理布局生产、加工、包装,打造品牌,打造完整的农村电商产业链(姜晶、崔雁冰,2018)。第二,可以通过户籍制度改革及

---

① 参见《习近平对深化农村改革有何最新部署》,新华网,2016年4月29日,见http://www.xinhuanet.com/politics/2016-04/29/c_128945969.htm。

其配套制度,为农民进城务工创造良好环境,促进其收入增长。

2. 实现生活富裕,必须完成脱贫攻坚的任务

要聚焦深度贫困地区和特殊贫困群体,以精准脱贫为主线,改善贫困地区发展条件,解决特殊贫困群体的实际困难。激发贫困人口内生动力,夯实贫困人口稳定脱贫的基础,不断巩固拓展脱贫攻坚成果,为实现乡村生活富裕打好基础。扎实开展精细、精确、精微的"绣花式"扶贫,按照贫困户劳力状况、收入来源要素"四类分类"要求,采取"有劳力且有一定技术、有剩余劳力且可输转、有一定劳力在本地打零工、无劳力预备兜底"的办法,对贫困户进行精准分类、精准扶贫,助推脱贫攻坚取得实效(史志乐、杨铭宇,2020)。

3. 实现生活富裕,必须促进农民的全面发展

一方面,优先发展农村义务教育,结合健康乡村战略,推动城乡教育和健康事业一体化发展,全面提高农民的文化素质和身体素质;另一方面,创新乡村人才引进机制,为学有余力的农村学子提供机会和条件继续深造,加大对外来人才和外出返乡人才的支持力度,解决他们遇到的资金、技术和用地问题,让他们带领农民增收致富。此外,还可以给予农村现有的技术能手、致富明星适当奖励,充分激发他们的动力,形成带动作用。

(六)公共服务是支撑

基础设施建设和公共服务供给是乡村振兴的强力支撑,公共服务具有满足公共需要、保障公民权利、增进人民福祉、改善社会福利的社会效益和政治效能。新时代下我国主要矛盾已经演化为"人民日益增长的美好生活需要和不平衡不充分的发展之间的矛盾",不平衡主要指城乡发展不平衡,不充分主要指农村发展不充分。当前,农村的基础设施供给无法支撑农业现代化需求,农村的公共服务供给无法满足农民的美好生活需要。农业农村基础设施建设和公共服务供给虽然不在乡村振兴战略的"五个振兴"总要求行列中,却是实施"五个振兴"必不可少的动力引擎。

对于产业兴旺而言,农业农村基础设施建设和公共服务供给是其基本要素条件。农村基础设施建设完善、产业体系搭建有助于吸引更多的现代化农业生产、加工、经营企业落地;同时,新产业、新业态的发展建设也与基础设施更新相伴发生,建设创新产业园、特色旅游地的过程也提升了当地的基础设施。提供更优质的公共服务则有利于人才引进以及解决人才的生活问题,让人才留得住。

对于生态宜居而言,农业农村基础设施建设和公共服务供给是美丽乡村建设的重要平台。加强乡村的道路水电网络等基础设施建设、推进生态保护和环境整治、还农民群众一个和谐美丽的自然生态是建设宜居乡村的题中之义。

对于乡风文明而言,农业农村基础设施建设和公共服务供给是其阵地保障。精神文明需要以物质载体为依托,而开展乡风文明建设也离不开物质平台。为了提高广大农民群众的思想道德修养和科学文化素质,需要加快农村文化教育事业发展,打造图书室、宣传栏、文化活动室等基础设施,为教育宣讲提供平台。

对于治理有效而言,农业农村基础设施建设和公共服务供给是治理有效的后盾支持。加强对乡村的公共服务供给,贯彻落实建设服务型政府的要求,让群众真正感受到"为人民服务的政府",从而增强农民对乡村基层政府的信任,可以提升农民参与乡村振兴的主动性、积极性和配合程度,从而提升治理的有效性,构建起各类主体共同治理的体系。

对于生活富裕而言,农业农村基础设施建设和公共服务供给是其动力来源。生活富裕,本质上需要增加农民看得见的收入,让农民切身体会到生活在变好。基础设施建设和公共服务供给不但直接让农民看得见、摸得着、感受得到,更可通过搭建好产业兴旺的平台带动当地经济发展,促使当地农民有源源不绝的收入来源,形成收入增长的长效机制。

三、从行政动员到制度建设:有效衔接的体制机制路径

2020年12月3日,中共中央政治局常务委员会召开会议,听取脱贫攻坚总结评估汇报,习近平总书记主持会议并发表重要讲话,他指出:"党的十八大以来,党中央团结带领全党全国各族人民,把脱贫攻坚摆在

治国理政突出位置,充分发挥党的领导和我国社会主义制度的政治优势,采取了许多具有原创性、独特性的重大举措,组织实施了人类历史上规模最大、力度最强的脱贫攻坚战。"①

事实上,中华人民共和国成立以来,政府一直在我国的扶贫开发实践中扮演着主导性角色。重要的区别在于,党的十八大之前,扶贫开发虽然已经被纳入政府的政策议程中,但更多是作为政府常规性事务的组成部分。党的十八大开始,扶贫工作被提升到治国理政的突出位置,政府在脱贫攻坚工作中的注意力空前提高,开始大幅增加扶贫投入,并出台更多的惠及贫困地区和贫困人口的政策措施。换言之,政府发起了一场超常规的贫困治理运动,并最终助推脱贫攻坚战的全面胜利。不过,仅仅是依靠政府的大量财政投入,并不能很好地解释脱贫攻坚工作取得的成就,更重要的是同样大量财政投入下的扶贫工作在其他国家并没有取得像中国这样大的成就;另外,发展经济学中的涓滴效应(trickle-down effect)理论同样无法给出令人满意的答案,因为经济增长与脱贫之间的关系并非线性的,经济增长并不会像水流一样涓滴到下层来使得整个社会受益。在一些体制下,经济增长有时候甚至扩大了收入分化(万广华、张茵,2006)。因此,需要超越财政扶贫理论和涓滴效应理论,从中国社会特有的行政体制优势中寻找答案。本书将中国脱贫攻坚工作成就的根源归结为一种"行政动员"的工作机制,这一机制涵盖了组织领导机制、资金保障机制、人力资源机制、绩效评估机制、对口帮扶机制和行业扶贫机制等不同维度的内容。

(一)组织领导机制:党建引领与基层政权建设

在脱贫攻坚时期,我国建立了中央统筹、省负总责、市县抓落实的脱贫攻坚责任体系,通过"五级书记抓扶贫"的贫困治理工作机制,充分发挥党在脱贫攻坚工作中的引领作用,为脱贫攻坚工作提供了坚强的政治保障。在脱贫攻坚工作的具体推进过程中,基层(党)组织作为国家政权在

---

① 《习近平主持中央政治局常委会会议》,人民网百度百家号,2020年12月4日,见https://baijiahao.baidu.com/s? id = 1685098418195788109&wfr = spider&for = pc。

基层社会的代表和扶贫政策的最终执行者，其队伍建设得如何就成为打赢脱贫攻坚战的关键因素。税费改革以来，我国农村社会的村集体式微、村庄"空心化"现象日趋严重，基层政权的"悬浮"特征使得国家和社会的距离疏远（周飞舟，2006），进而使得扶贫政策的执行和落地产生相应的困难。在脱贫攻坚工作中，强化基层政权的建设，尤其是强调发挥党建引领的作用，正是试图通过再次建立起国家和农民的紧密联系，使得扶贫政策能够真正进入乡村社会并发挥作用（霍军亮、吴春梅，2019）。

脱贫攻坚阶段，基层政权的建设可以归结为如下几点：第一，就是第一书记扶贫负责制度，由选派的优秀干部驻扎在贫困当地担任第一书记或村党支部副书记，全程参与当地基础政权运作，与当地农民共同生活一起劳作，有利于发挥优秀干部的积极性、主动性和奉献精神，促进他们更好地投入工作；第二，在基层党组织的建设过程中，上级始终把握着驻村干部的选派权力，由市县对候选人进行培养考察，当出现能力不足或其他重大失误情况时，市县党委能够迅速反应并做出调整，借此还可以整顿当地党组织队伍，保证驻村干部能力过硬；第三，通过一把手问责的政治问责制落实扶贫责任，县扶贫办可以通过"考核不过关会影响单位、影响一把手"和一票否决制来给驻村干部施加压力，以便落实扶贫责任（王雨磊、苏杨，2020）。

通过强化基层政权建设，尤其是强调通过党建引领的方式来推进脱贫攻坚工作，是一种具有中国特色的扶贫方式。强调党建是由中国共产党全心全意为人民服务的宗旨决定的，全心全意为人民服务是党的宗旨，而脱贫攻坚工作正是中国共产党努力践行这一宗旨的体现。通过强化基层组织的党建工作，能够充分发挥党组织的政治优势和组织优势，从而为全面打赢脱贫攻坚战提供强有力的保证。

（二）资金保障机制：中央加大财政转移支付

党的十八届三中全会提出推进国家治理体系和治理能力现代化的总目标以来，我国不断加快减贫制度建设，形成了具有中国特色的贫困治理体系，贫困治理能力也不断提高。其中，大规模的财政扶贫资金的投入使用为推进贫困治理体系与治理能力的现代化提供了基本物质保障。"到2020

年现行标准下的农村贫困人口全部脱贫"①,要实现这一宏伟目标,当时需要庞大的财政资金投入。

从 2010 年到 2020 年,中央财政专项扶贫资金投入规模逐年持续增长,由 222.7 亿元增加到 1461 亿元。从 2016 年起,中央财政专项扶贫资金每年增加投入 200 亿。此外,扶贫财政资金的来源也从单一走向了多元化。从最初仅依靠"单一化"的财政资金,到通过财政手段引导、带动"多样化"的金融和社会资金投入,形成由财政扶贫资金、扶贫信贷资金、农民和农村小企业入"社"及村民入"组"缴纳的资金、社会捐赠资金以及海外援助和馈赠资金等组成的扶贫资金来源结构(于树一等,2020)。

除了资金注入的规模越来越大,财政资金使用的方式和自由度也得到了很大的改善。财政专项制度使得精准扶贫得以实现,依靠扶贫专项资金向贫困革命老区、贫困民族地区、贫困边疆地区和连片特困地区倾斜,使得财政资金使用更加聚焦,扶贫步调能够保持一致。同时,中央财政专项扶贫资金项目审批权限下放到县级,增强了县政府对扶贫资金使用的统筹能力和自由度,避免了资金分散到部门造成的资金浪费和分摊不均问题,使得县级地方政府能够更有计划、更加灵活地统筹全县的扶贫开发项目(王雨磊、苏扬,2020)。

(三)人力资源机制:基层扶贫工作队伍建设

2015 年,中共中央组织部、中央农村工作领导小组办公室、国务院扶贫开发领导小组办公室印发了《关于做好选派机关优秀干部到村任第一书记工作的通知》,由此形成了驻村第一书记扶贫负责制度。事实上,向农村派驻工作队是中国共产党长期以来的做法,有助于加强基层组织建设,增强基层组织的号召力和凝聚力。这种工作方式被认为可以及时地处理农村亟须解决的问题,同时有助于贯彻党的方针政策和推动农村经济社会的协调、稳定发展。作为运动式治理的一种方式,工作队的介入在快速而有效地实现国家意志之时,还被证明具有发动农民、重构乡村政治精

---

① 《习近平出席决战决胜脱贫攻坚座谈会并发表重要讲话》,新华社百度百家号,2020 年 3 月 6 日,见 https://baijiahao.baidu.com/s?id=1660422170175953141&wfr=spider&for=pc。

英、改变原有社会秩序格局的潜力（陈益元、黄琨，2013）。驻村工作队也是我国打赢脱贫攻坚战的重要人才支持机制，尤其是在脱贫攻坚进入冲刺阶段后，党和国家采用制度嵌入和精英下沉的"扶贫包干"模式，选派优秀干部直接嵌入深度贫困地区，突破其资源约束和能力瓶颈，因村施策地帮助贫困村摆脱贫困陷阱。

从宏观的角度来看，驻村干部制度的实质是为贫困村注入领导力。因为村庄的贫困在很大程度上是基层党组织的软弱涣散、领导力不足导致的，所以通过驻村干部提升基层组织能力和基层干部的领导能力是实现治贫的关键（王亚华、舒全峰，2017）。同时，驻村工作制度也是实现精准扶贫的关键，若将之前的扶贫策略比作"大水漫灌"，精准扶贫就是"滴灌"，而驻村工作队就是实现"滴灌"的管道。因此，驻村工作队队员能够通过提升识别精度和帮扶精度来改善扶贫质量（王晓毅，2016）。

从微观的角度来看，驻村工作队伍则是通过与基层政权进行互动，促进村庄组织建设融合基层社会，从而实现扶贫的目的。谢小芹（2016）用"接点治理"来概括驻村工作队的治贫机制，认为驻村干部是国家政策和地方实践的连接点，可以融合国家、基层组织和社会三者的利益与诉求，进而有利于扶贫工作的开展。驻村工作队与村"两委"作为国家治理和基层治理的两股力量共同应对"村"与"户"这两个治理对象。在"双轨双层"模式下，驻村干部增强了村庄在项目、资金、技术和信息上的能力，而村干部则利用熟人社会的信息优势协助驻村干部改善了村庄的治理（刘建生等，2019）。不过，并不是所有的驻村工作队都能够取得积极的效果。驻村干部作为一种外部力量，如果没有地方村干部的接纳与支持，缺乏乡土权威与地方性知识的驻村干部，往往难以深入村庄，更做不到促进国家与社会之间的真正连通。有时候，驻村干部可能会遭遇乡镇干部和村干部之间的"共谋"以及乡土社会的排斥，从而导致驻村帮扶制度的失效（许汉泽、李小云，2017）。

（四）绩效评估机制：扶贫工作的监管与考核

党的十八大以来，政府在扶贫领域投入了大量的人力、物力和财力，大规模的资源投入必须辅之以精准的考评机制来检验扶贫资源产生的绩效。在脱贫攻坚工作中，考核主体以数字为计量核心、以建档立卡为实施手段，将治理对象、治理行动和治理效果都予以量化。将治理任务分解为若干个扶贫指标，再以年度考核和总考核的形式，校验各级各类帮扶主体是否达到既定的考核要求。省级能够通过一把手问责的政治问责制将扶贫责任落实，而县扶贫办只能通过"考核不过关会影响单位、影响一把手"和一票否决制来给驻村干部施加压力。从既有情况来看，问责的结果并不重要，重要的是问责过程中的压力促使驻村干部采取行动（王雨磊、苏杨，2020）。

在考核之外，扶贫领域的监管同样是保障脱贫攻坚工作的制胜法宝。在脱贫攻坚战的实施进程中，精准扶贫领域的贪污腐败现象偶有出现，不仅极大地损害了党和国家在人民群众眼中的形象，也使得扶贫资源的配置出现错位，无法发挥应有的价值。2016年以来，中央纪委强化扶贫领域监督执纪问责，持续开展多轮次、滚动式重点督办，各级纪检监察机关以纪律保障扶贫，严肃查处扶贫领域腐败问题。在精准反腐的环境下，精准扶贫的资源可以得以有效使用，精准扶持到贫困人口。同时，精准反腐反映出中央的决心，净化基层政府环境，增加民众对政府的信任，从而提高贫困人群对脱贫攻坚的支持和参与，激发内生动力，使精准扶贫工作顺利过渡到"啃硬骨头、攻坚拔寨"的冲刺期，实现脱贫攻坚战中贫困人口脱贫、贫困村出列、贫困县摘帽的各项精准脱贫目标（莫光辉，2017）。

（五）对口帮扶机制：扶贫资源的跨区域调动

区域发展不平衡是我国经济和社会发展面临的难点问题之一，也是制约我国经济社会全面协调可持续发展的核心障碍。为了解决区域发展不平衡的问题，20世纪90年代以来，我国就已经开始布局东西扶贫协作的相关事宜，要求东部发达地区对口帮扶中西部贫困地区，而后这一政策安排得以制度化，形成稳定的东西协作扶贫工作格局。脱贫攻坚战打响后，除原来省际的扶贫协作之外，省内不同地市之间的对口帮扶工作格局也得以建立，其帮扶的主要模式包括"一对一"或者"多对一"。与省际对口支援模式不同，省内对口帮扶由省级政府主导，市县级政府实施，省级政府拥有对市级官员的任命权，是一种在同级政府层面展开的特殊对口支援模式；其具有涉及的政府层级少、决策反馈及时、执行链条清晰、双方责任明确等优势，可以显著促进被帮扶地区（特别是经济基础较差地区）的经济增长（王珏强、王凡凡，2020）。

脱贫攻坚时期，无论是东西协作扶贫还是省内对口帮扶，其在范围和力度上都有空前的提升。围绕打赢脱贫攻坚战的战略目标，在国家层面，中央政府将扶贫任务向省级政府、中央各部委、央企分派；在省级层面，省一级政府则又将扶贫任务向省内各地市、地方国企、省级职能部门等机构分派。无论是向下级政府分派，还是向部门或央企分派，这种分派都以"地方服从中央、下级服从上级的国家权力结构和等级制度"为依据（杨龙、李培，2018）。通过层层的任务分派，东西协作扶贫和省内对口帮扶成为在较短时间内取得脱贫攻坚战胜利的重要法宝。

无论是跨省的东西协作扶贫，抑或是省内不同地市间的对口协作帮扶，其本质都是通过将资源从较发达地区调配到欠发达地区，以资源跨域调配的方式帮扶相对落后地区摆脱贫困的状态。这种政策安排切实体现了社会主义的奋斗目标和根本原则：共同富裕。通常来讲，对口帮扶包括产业帮扶、教育帮扶、医疗帮扶、科技帮扶、人才帮扶等内容，扶贫政策目标的实现也是从上述几个方面入手。依托经济较发达地区的资金、技术、管理等资源，结合欠发达地区的诸如旅游资源、农业种植等地方性优势，从而实现帮扶双方优势互补，助推贫困地区经济发展。

（六）行业扶贫机制：专业力量夯实扶贫根基

2018年2月，习近平总书记指出，必须坚持充分发挥政府和社会两方面力量作用，构建专项扶贫、行业扶贫、社会扶贫互为补充的大扶贫格局（中共中央党史和文献研究室，2018）。行业扶贫是"三位一体"大扶贫格局的重要部分，是政府主持扶贫开发工作的有力举措。行业扶贫是指除了专门扶贫机构，政府其他各职能部门制定本行业向贫困地区和人口倾斜的政策以及组织实施定点扶贫项目（王小林、张晓颖，2021）。各行业部门调动自己所能配置的公共资源，通过政策引导、投资倾斜、重点扶持等手段，改善贫困地区在基础设施、产业发展、文化教育等方面的生产生活条件。

早在2011年5月,中共中央、国务院颁布的《中国农村扶贫开发纲要(2011—2020年)》中就列举了行业扶贫的内容,涉及产业、科技、基础设施、文化教育、公共卫生、社会保障等;同年11月底召开的中央扶贫开发工作会议进一步明确了部门行业扶贫工作的任务与要求。脱贫攻坚战打响之后,行业扶贫的力度进一步加大,几乎所有政府职能部门均参与到脱贫攻坚工作中来。

行业扶贫的最大特色就是发挥不同职能部门的专业优势,在自己擅长的职能领域向被帮扶的地区注入专业化的力量。脱贫攻坚时期,围绕教育、医疗、就业、住房、创业、旅游、交通、种植、养殖等内容,相关职能部门先后出台一系列政策措施对涉及贫困人口生产生活的方方面面进行帮扶,比如减免贫困家庭子女的学费并为其提供生活补助,全额报销贫困对象的医疗费用,为有劳动能力的贫困对象提供就业培训和就业机会,向有创业意愿的贫困对象提供小额贷款支持,挖掘贫困地区独特的旅游资源,补齐贫困地区交通设施短板,提供农业技术支持,等等。通过专业化的力量,为贫困地区和贫困对象提供全方位支持,可以有效帮助贫困地区和贫困家庭实现脱贫。这种专业化力量的支持不仅仅是为了完成脱贫的短期目标,而且是为了帮助贫困对象实现稳定脱贫、不返贫的长期目标;不仅能够帮助贫困对象顺利摆脱贫困,而且能够有效阻断贫困的代际传递,增强贫困地区和贫困对象发展的内生动力。

四、从精准扶贫技术到高效乡村振兴技术:有效衔接的技术路径

实现巩固拓展脱贫攻坚成果同乡村振兴有效衔接离不开技术路径。这里的技术是指技术手段,具体可划分为信息技术和治理技术。信息技术是指和统计、检测、分析等相关的系统技术,而治理技术则是多与制度、机制相关的体系,包括具体的工作方式与安排等(任超、谢小芹,2018)。

在脱贫攻坚和精准扶贫战略实施过程中,各地已经探索和发展出诸多行之有效的技术手段,比如用于建档立卡动态管理的信息管理系统,促进农村产业发展的电子商务技术,辅助政府决策的大数据技术,提升农村社

会治理水平的参与式整村推进扶贫技术，等等。这些技术手段在提高贫困对象识别精准度，支撑政府部门扶贫决策，提升贫困地区基层干部信息化运用能力与社会治理水平，带动贫困户增收，以及全景式记录脱贫攻坚战过程等方面发挥了巨大作用。脱贫攻坚在技术方面积累的成效，为实现巩固拓展脱贫攻坚成果同乡村振兴在技术维度上的有效衔接提供了有益的经验。

脱贫攻坚技术在乡村振兴中应用与改善的途径包括以下四个方面：一是脱贫攻坚中贫困人口管理技术将继续在乡村振兴阶段发挥重要作用。贫困人口管理技术能够对贫困边缘人口进行动态监测，帮助实现巩固拓展脱贫攻坚成果同乡村振兴有效衔接。二是脱贫攻坚中建立的电子商务平台有利于促进乡村振兴阶段生活富裕、产业兴旺等目标的实现。三是脱贫攻坚中的社会治理技术可以在乡村振兴阶段继续推广和改良，提升社会主体参与乡村治理的层次和深度。四是脱贫攻坚中的大数据技术可以在乡村振兴阶段发挥更大的效用，促进乡村振兴管理水平的提升和"智慧农村"的实现。

（一）脱贫攻坚技术推进实现巩固拓展脱贫攻坚成果同乡村振兴有效衔接

《中共中央关于制定国民经济和社会发展第十四个五年规划和二〇三五年远景目标的建议》指出，要"健全防止返贫监测和帮扶机制，做好易地扶贫搬迁后续帮扶工作，加强扶贫项目资金资产管理和监督，推动特色产业可持续发展"。时任国务院扶贫办主任刘永富指出，"中国将从2021年起设立过渡期，保持脱贫攻坚政策总体稳定，对脱贫群众扶上马送一程。对脱贫不稳定户和边缘易致贫户建立动态监测和帮扶机制，提前采取针对性帮扶措施，防止返贫和产生新的贫困"（刘永富，2020）。

因此，在脱贫攻坚任务完成后，要继续运用贫困人口管理等技术对贫困不稳定户和边缘易致贫户的生活情况实施动态监测，并对针对该类群体的配套帮扶措施进行记录，提升脱贫成果巩固的管理服务效率。同时，可继续依托扶贫开发系统、民政核对系统及精准识别机制、数据共享机制、动态管理机制、贫困退出机制等，从家庭成员结构、生产生活条件、健康状况、劳动力状况等方面对脱贫不稳定户和边缘易致贫户进行全方位的跟踪、监测和评估。一旦该类群体的生活情况恶化，就能够第一时间预警，为后续帮扶措施的调整提供信息支撑。

为了加强有效衔接的技术路径，还可以从以下四个方面进行完善。

（1）打破部门壁垒，完善信息互联共享机制。组建由省政府主管领导担任组长、扶贫领域的各行业部门作为成员的数据共享推进工作组，加快推动数据共享工作。明确由扶贫部门统筹设立工作专班，牵头负责制定专门的规范性文件，加强数据共享的统一规划和协调，加快推进包括住建、民政、教育、医疗、人社在内的各个行业部门的信息互联共享工作。建立联席会议制度，定期沟通和协商，对数据共享的范围、方式、频率等加以明晰和制度化。

（2）强化信息化建设统筹力度，整合分散系统。坚持减贫治理信息化建设的省级统筹。充分发挥省级扶贫部门在全省减贫治理信息化建设中的主导作用，树立整体性思维，坚持整体规划、统一标准，为数据在省域范围内的互联和共享夯实根基。

挖掘扶贫信息深度，提升信息利用价值。构建数据模型，运用多元回归、聚类判别和时间序列的方法，构建多维度和多阶段的贫困测算模型，精准识别相对贫困人口，并对其致贫原因予以归类（李杰义、左秀雯，2019）。通过对贫困人口的扶贫救助政策的梳理和整合，构建起相对贫困人口政策分流框架体系，将"对象库"和"政策库"信息相互匹配，实施信息、政策、技术和项目的互动推送。

（3）优化扶贫信息平台设计，增强政策制定的科学性。秉持用户友好型的操作原则，立足于便利工作人员的理念进行优化设计，提升工作人员在信息录入、处理和使用过程中的使用体验，使系统模块的界面设计更加简洁、易懂；增加逻辑识别功能，防止在数据录入过程中过多地出现基础数据错误现象；提升数据读取速率，优化数据批量导出功能；等等。

（4）强化减贫治理信息化队伍建设，提升人才服务管理水平。重视贫困地区内生力量的挖掘，注重外来人才的引入，尤其是信息技术人才、管理专业人才的引进；注重镇街一级人才的扎根，培育人才，留住人才；注重提升人才服务和配套保障，解决人才进驻的后顾之忧。

（二）脱贫攻坚技术促进乡村振兴阶段生活富裕与产业兴旺的实现

在脱贫攻坚战略阶段，电子商务技术发挥了巨大的减贫效应。脱贫攻坚中采用的电子商务技术及积累的相关经验，可以在乡村振兴阶段继续沿用，从而实现脱贫攻坚成果巩固和乡村振兴在技术层面的有效衔接。唐红涛、李胜楠（2020）等研究指出，电子商务能够显著推进脱贫攻坚和乡村振兴，并推动两者有效衔接。具体表现在三个方面：第一，电子商务技术能够促进脱贫攻坚成果巩固拓展；第二，电子商务技术不仅能够带动贫困户增收，还能够惠及乡村全体农民，有利于实现生活富裕；第三，电子商务可以促进农村产业发展，有利于实现乡村产业兴旺。

首先，电子商务技术有利于促进脱贫攻坚成果巩固拓展。脱贫攻坚阶段，电子商务在促进贫困户增收中发挥了关键作用。脱贫攻坚结束后，电子商务可以继续发挥减贫效应，通过增收、节支和增能三大途径帮助已脱贫对象持续增收，不断激发已脱贫对象的积极性并提升其发展能力，防止其返贫，巩固拓展脱贫攻坚成果。

其次，电子商务技术发挥的功能和效益还可以惠及农村全体农民，推动其实现生活富裕。长期以来，乡村地区由于缺乏公路、电网、通信、物流、金融等基础设施和条件，经济发展停滞，农民陷入贫困。发展电子商务，可以弥补乡村地区信息差异，实现信息互通，改善乡村发展的闭塞环境。一方面，电子商务为农民提供农产品销售渠道，促进农民增收；另一方面，电子商务可为农民提供农资采购渠道，节省农户物资采购的时间成本、交通成本，节省农民开支（唐红涛、李胜楠，2020）。

最后，脱贫攻坚中的电子商务技术能够促进乡村产业发展，实现产业兴旺。具体而言，电子商务技术可以扩大农产品销售市场，延长农产品产业链，增加农产品销路，反哺乡村市场交易体系、金融体系的发展。

根据杜永红（2019）和全国政协委员张帆（2020）等的建议，未来还可以从以下三个方面对脱贫攻坚中的电子商务技术在乡村振兴阶段的完善进行思考：一是强化政策保障。乡村振兴阶段可以采取补助、贴息等财政手段，鼓励社会资本下乡，支持互联网平台参与乡村振兴。二是强化运营保障。可以通过打造农村电子商务服务中心、物流园区、集散网点等保障农产品的储存、流通和配送，让农产品走出去，解决"卖难"问题。三是提供人才保障。打造电子商务技能人才可以提升乡村振兴的内生动力。通过向乡村全域投放专业人才、培训新型职业农民、构建线上电商人才孵化体系等手段可以为乡村电子商务发展提供人才保障，助推乡村可持续发展。

第四章 实现有效衔接面临的主要挑战

党中央和国务院在重要会议和文件中对实现巩固拓展脱贫攻坚成果同乡村振兴有效衔接的屡次提及,表明实现巩固拓展脱贫攻坚成果同乡村振兴有效衔接的问题在政策的顶层设计层面越来越趋于明晰化。特别是在脱贫攻坚取得胜利后,对上述问题的回应已然成为当务之急。然而,值得注意的一点是,政策层面的表述倾向于提出实现巩固拓展脱贫攻坚成果同乡村振兴有效衔接的客观要求,但对实现巩固拓展脱贫攻坚成果同乡村振兴有效衔接面临的主要挑战却着墨不多。换言之,尽管政策层面的要求和方向是明确的,但实现上述目标面临的挑战却遭遇了"现实拷问"。脱贫攻坚目标的实现并不代表贫困治理任务的终结,多重风险叠加与多种挑战并存的现实情境仍然给"有效衔接"蒙上了一层阴影,进而阻碍乡村振兴全新篇章的开启。尽管政策文本中已经奠定了实现巩固拓展脱贫攻坚成果同乡村振兴有效衔接的基调,但政策空间的开辟尚需治理任务的明确引导。面向挑战的具体治理任务不仅可以回应理论关切和现实需要,也可以直接锚定衔接维度和衔接路径。

第一节 脱贫攻坚的主要成果及其巩固与拓展

2020年12月3日,中共中央政治局常务委员会召开会议,听取脱贫攻坚总结评估汇报。习近平总书记在会议上指出,党的十八大以来,经过8年持续奋斗,我们如期完成了新时代脱贫攻坚目标任务,现行标准下农村贫困人口全部脱贫,贫困县全部摘帽,消除了绝对贫困和区域性整体贫困，近 1 亿贫困人口实现脱贫，取得了令全世界刮目相看的重大胜利。同时，脱贫攻坚的重大胜利，为实现第一个百年奋斗目标打下坚实基础，极大增强了人民群众获得感、幸福感、安全感，彻底改变了贫困地区的面貌，改善了生产生活条件，提高了群众生活质量，"两不愁三保障"全面实现。[①] 可以说，习近平总书记的讲话全面概述了脱贫攻坚的主要成果，精准阐释了脱贫攻坚的重要意义。要实现脱贫攻坚成果巩固拓展同乡村振兴有效衔接，首先需要解决如何巩固与拓展脱贫攻坚成果的问题。

一、脱贫攻坚成果的巩固

（一）巩固"两不愁三保障"的脱贫成果

从脱贫攻坚成果的巩固来看，首要内容就是巩固"两不愁三保障"的脱贫成果，确保脱贫人口不返贫，不产生新的贫困人口。为了实现这一目标，有必要考察脱贫攻坚期内"两不愁三保障"的实现程度。

首先，在义务教育方面，《教育部办公厅关于打赢脱贫攻坚战进一步做好农村义务教育有关工作的通知》（教育厅函〔2019〕10号）、《教育部办公厅关于印发〈禁止妨碍义务教育实施的若干规定〉的通知》（教基厅〔2019〕2号）、《关于解决建档立卡贫困家庭适龄子女义务教育有保障突出问题的工作方案》（教发〔2019〕9号）等一系列文件的发布，为保障贫困地区义务教育工作的落实奠定了坚实的政策基础。同时，相关部门努力改善贫困地区的基本办学条件，加强乡村教师队伍建设，完善学生资助工作，构建了比较完善的教育扶贫制度体系。目前，建档立卡贫困人口已全面实现教育基本公共服务全覆盖，有力地阻断了贫困的代际传递。

其次，在住房安全和饮水安全方面，200万建档立卡贫困户的危房改造任务已完成，基本解决贫困户住房不安全问题；水利部推进贫困人口饮水安全保障工作，目前已完成6000万农村贫困人口供水保障任务，全面

---

① 参见《中共中央政治局常务委员会召开会议　听取脱贫攻坚总结评估汇报　中共中央总书记习近平主持会议》，中国人大网，2020年12月4日，见http://www.npc.gov.cn/npc/c30834/202012/555fc914280e4e70823301438777390b.shtml。

解决了贫困群众喝水难题。

最后,在基本医疗方面,贫困人口托底医疗保障、贫困人口大病和慢性病精准救治、贫困地区医疗卫生服务能力提升、贫困地区传染病和地方病综合防治、贫困地区健康促进、深度贫困地区健康扶贫等六大攻坚行动得到了全面贯彻,把农村贫困人口全部纳入基本医保、大病保险和医疗救助范围。贫困人口的常见病、慢性病在县、乡、村三级医疗机构能够得到及时诊治,患大病重病后基本生活有保障。此外,对贫困人口实行大病集中救治、慢性病签约服务管理和重病兜底保障的分类救治办法也取得了显著成效。城乡居民基本医疗保障等制度覆盖全体农村贫困人口,农村贫困人口医疗负担明显减轻。

总体而言,"两不愁三保障"的目标是在多项扶贫机制的共同作用下实现的,在新时期巩固"两不愁三保障"的成果就需要健全完善这些既有的扶贫机制。具体来说,当前应该根据《中共中央关于制定国民经济和社会发展第十四个五年规划和二〇三五年远景目标的建议》的要求,建立农村低收入人口和欠发达地区的帮扶机制,保持财政投入力度总体稳定,接续推进脱贫地区发展;健全防止返贫监测和帮扶机制,做好易地扶贫搬迁后续帮扶工作;加强扶贫项目资金资产管理和监督,推动特色产业可持续发展;健全农村社会保障和救助制度;坚持和完善东西部协作和对口支援、社会力量参与帮扶等机制,进一步巩固"两不愁三保障"的脱贫成果。

(二)坚持"脱贫不脱政策"

脱贫攻坚成果的巩固应该坚持的一项重要原则是"脱贫不脱政策"。也就是说,在实现巩固拓展脱贫攻坚成果同乡村振兴有效衔接的过渡期内,应当继续实施那些有助于对贫困和低收入人群发挥可持续帮扶作用的系列政策措施。实际上,脱贫攻坚期实施的许多政策措施,比如产业扶贫政策、教育扶贫政策、健康扶贫政策等,不仅在脱贫攻坚期发挥了重要作用,在"过渡期"还将对防止致贫返贫、缓解相对贫困起到重要作用:产业扶贫政策沿着开发式"造血"扶贫道路,以其广阔的覆盖面实现贫困人口的持续增收;教育帮扶政策有助于阻断贫困的代际传递,为贫困人口赋权，提升贫困人口的自我发展能力；健康扶贫政策有助于防止因病致贫、因病返贫，提高贫困地区的医疗服务能力和贫困人口的医疗受益水平。这些有效的政策措施应继续加以坚持，并根据情况变化不断完善。

（三）吸收、借鉴脱贫攻坚期的帮扶体制机制

可以将脱贫攻坚期形成的行之有效的帮扶体制机制充分吸收、借鉴到"过渡期"对低收入人口和欠发达地区的帮扶工作中，并吸收、借鉴到乡村振兴战略的实施工作中。实践证明，中央统筹、省负总责、市县抓落实格局下"五级书记"合力攻坚的责任落实体系，系统布局、内容翔实的政策支撑体系，稳定持续、层次立体的投入保障体系，社会各级共同参与的组织动员体系，以及联合专项督查巡查的监督考核体系，等等，都是脱贫攻坚期行之有效的宝贵经验，也是需要巩固的脱贫成果之一。

二、脱贫攻坚成果的拓展

相比于脱贫攻坚成果的巩固，"拓展"的内涵更需要准确把握。具体而言，拓展脱贫成果的含义集中体现在帮扶对象、帮扶标准和帮扶政策这三个方面。

（一）帮扶对象的拓展

帮扶对象的拓展，即扩大帮扶的主体范围。在脱贫攻坚期，通过各种有效的帮扶措施和手段实现稳定脱贫的群体要从帮扶政策中退出。对于存在返贫致贫风险的不稳定群体、边缘群体、脆弱群体，应纳入帮扶范围。此外，乡村全面振兴的应有之意是让所有农村居民共享发展的成果。因此，对《中共中央关于制定国民经济和社会发展第十四个五年规划和二〇三五年远景目标的建议》中提到的"农村低收入人口"以及纳入"防止返贫监测和帮扶机制"的群体，不是建档立卡贫困人口的简单复制和扩大，而应根据相对贫困治理的方向和乡村振兴战略的推进进行动态调整。

(二) 帮扶标准的拓展

脱贫攻坚期的标准"两不愁三保障"是基于全面建成小康社会、实现第一个百年奋斗目标而提出的帮扶标准。"十四五"时期是我国实现第二个百年奋斗目标的起步时期，必须为全面建设社会主义现代化国家开好局、起好步。同时，这一时期我国进入相对贫困治理阶段，相对贫困的影响因素既有经济性因素、产业更替周期性因素，还有贫困人口自身的脆弱性及公共产品供给因素。在这样的背景下，实现低收入人群和欠发达地区更高质量的发展，需要更全面、更高水平的帮扶标准。

(三) 帮扶政策的拓展

脱贫攻坚期的部分帮扶政策带有一定超常规的突击性和运动性特征，造成了帮扶对象和非帮扶对象在政策享受方面的"悬崖效应"，政策的选择性客观上在两类对象中产生了一种新的相对不平等。这种状况使得政策可推广性受限，需要对政策设计加以调整优化，拓展政策的包容性。

综合该部分内容可以发现，巩固拓展脱贫攻坚成果为乡村振兴提供了前提和基础，乡村振兴又能够实现脱贫攻坚成果的巩固和深化。通过对脱贫攻坚成果的巩固和拓展，脱贫攻坚期形成的有效的政策、机制和做法才能接续和过渡到乡村振兴战略中来，进而实现巩固拓展脱贫攻坚成果同乡村振兴有效衔接。

第二节　巩固拓展脱贫攻坚成果同乡村振兴有效衔接面临的主要挑战

如习近平总书记所言，尽管我们如期完成了新时代脱贫攻坚的目标任务，但当前我国发展不平衡不充分的问题仍然突出，巩固拓展脱贫攻坚成果的任务依然艰巨。[①] 具体而言，当前巩固拓展脱贫攻坚成果同乡村振兴有效衔接面临的主要挑战主要体现在以下四个方面。

一、理念的有效衔接面临的挑战

（一）从"被动脱贫"想法到"主动振兴"理念的转变面临的困难

脱贫攻坚战略和乡村振兴战略在政策内涵上是连续统一的，脱贫攻坚强调通过"五个一批"重大工程和项目措施，精准解决贫困人口"两不愁三保障"问题，乡村振兴战略强调按照产业兴旺、生态宜居、乡风文明、治理有效、生活富裕的总要求，统筹推进农村经济建设、政治建设、文化建设、社会建设、生态文明建设和党的建设。总体来看，脱贫攻坚与乡村振兴在农村产业发展、基本公共服务提供、自然环境保护等方面的政策是连续的。

乡村治理从脱贫攻坚转向乡村振兴，体现了向贫困地区人民提供基本物质保障转向提高其生活质量的政策理念。在脱贫攻坚取得的已有成果的基础上，如何确保已脱贫人口不返贫，并且能够在乡村振兴战略中实现全面发展，仍然是一项艰巨的任务。中国目前仍有不少脱贫人口处于"相对贫困"状态，徘徊于贫困临界线边缘，自身发展动力仍未有效形成，并且农村地区低收入人口占比高，整体发展环境相对落后，这些贫困现状为乡村振兴战略实施提出了挑战。

脱贫攻坚任务的工作重心在于贫困户群体，因而扶持政策有针对性和特惠性的特点，对于贫困边缘户群体，不少地区通过相应的帮扶政策显著改善了其贫困处境。但在脱贫攻坚进程中，也有部分地区和民众为获取扶贫资源，以隐瞒收入、虚报信息等方式争戴"贫困帽"，这说明贫困户自我发展意识和能力较弱，过分依赖政府政策扶持，自身发展动力不足，仍

---

① 参见《巩固拓展脱贫攻坚成果 落实"四个不摘" 有效防止返贫》，央广网百度百家号，2020年12月17日，见 https：//baijiahao.baidu.com/s?id=1687232869725225985&wfr=spider&for=pc。

处于"精神贫困"状态,难以从"被动扶贫"的想法转变为"主动振兴"的理念。一旦针对贫困户的扶持政策被取消,一些贫困边缘户又有可能陷入贫困。因此,巩固拓展脱贫攻坚成果,实施乡村振兴战略必须要在理念层面鼓励贫困户,发挥其主观能动性,实现"主动振兴"。

脱贫攻坚的政策内容与目标群体既定且明确,有严格标准,并且在贫困户与非贫困户、贫困村与非贫困村、贫困县与非贫困县之间有严格的执行界限(高强,2019)。而乡村振兴政策取向相对于脱贫攻坚来说具有普惠性,旨在城乡融合发展中实现产业振兴、文化振兴、组织振兴等的全面振兴,注重关联性与整体性。因此,脱贫攻坚与乡村振兴存在政策取向上的差异,要做好二者的有效衔接,直接取消已有的特惠性政策不可取,以指标化方式落实乡村振兴战略同样不可取。各地政府应当延续脱贫攻坚政策理念,以提高贫困地区人民生活质量为目标,统筹产业、就业、教育等各类政策,借扶持政策激发相对贫困人群的内生发展动力,实现特惠性政策与普惠性政策的平稳过渡。

(二) 区域、城乡等现实差异违背社会公平正义理念

目前,我国社会的主要矛盾体现在人民的美好生活需要与不平衡不充分发展的冲突,地区差异与城乡差异也成为我国走向社会主义现代化面临的现实问题,这些差异严重降低了部分群众的幸福感,违背了社会公平正义理念,与人民追求美好生活的愿景不相符合。

当前,脱贫攻坚战已取得全面胜利,农村发展环境有所改善,但我国城乡关系处于调整的关键期。一方面,我国经济发展进入新常态,经济增长速度减慢,城市发展带动乡村的辐射效应减弱;另一方面,农村地区生产要素资源市场化利用率低、浪费现象普遍存在,基础设施建设相对城市落后,城乡公共服务水平差距仍然存在。城乡发展不平衡仍然是我国面临的最大的不平衡问题,城乡发展失调成为阻碍农村地区发展的主要原因,这决定了乡村振兴战略要在脱贫攻坚成果基础上继续探索城乡关系健康发展路径,将解决城乡差异问题看作实现农村地区全面振兴的前提。

尽管在脱贫攻坚任务要求下,脱贫任务圆满完成,但应当清楚地认识到贫困地区发展同样面临着失衡矛盾。比如,东部沿海城市带地区的农村

与中西部地区的农村发展步调存在差异。由于区位优势影响，东部沿海城市带地区的农村更易接收大城市的经济辐射作用，因而脱贫难度小，且发展环境优越；而中西部地区的农村因为缺乏区位优势和错失乡村工业化的机遇，难以凭借简单的政策扶持快速、有效地实现全面振兴。因此，与脱贫攻坚相比，乡村振兴的发展目标和工作方式面临更大的差异，尤其是在欠发达地区，如何合理确立不同区域未来的发展方向，针对不同对象开展工作，是一个重要的社会政策制定和执行问题。

（三）存在目标群体参与不足与"福利陷阱"等问题

当前我国国家综合实力显著提高，但仍处于社会主义初级阶段，低收入人口基数大的现实决定了我国高质量发展的困境，也决定了巩固拓展脱贫攻坚成果任务的长期性。党和国家一直高度重视农村、农业、农民发展不足的问题，长期以来，集中资源解决贫困治理难题、缓解社会发展不平衡的矛盾成为各级政府的工作重点，也给政府造成了极大的工作压力。而且，政府完全主导脱贫攻坚任务容易导致忽视人民的主体性，不利于激发贫困地区人民的内生发展动力。贫困地区人民作为脱贫攻坚和乡村振兴的目标群体，对脱贫攻坚和乡村振兴战略的认可和支持直接决定着战略规划能否落实，但在现实中普遍存在政府唱"独角戏"，人民参与度低的现象。作为认同主体的农民群体，整体文化素质较低，自身认知能力和理解能力较差，受自身综合素质的制约，他们对乡村振兴战略认知存在很大的困难（杜向辉，2020）。

脱贫攻坚通过"五个一批"解决"两不愁三保障"问题，以兜底扶贫政策消除绝对贫困，使群众受益，提高贫困户的幸福感和获得感。但某些脱贫政策被有些地区不当使用，成为"福利陷阱"。某些贫困户自我发展意识薄弱，主观能动性不强，安于贫困现状，以"等靠要"思想依赖政府，指望政府解决自身生存问题。脱贫攻坚的目标是形成稳定的自我发展能力，而不是一味吊高胃口，超能力提供福利。更加值得注意的是，由于农村地区整体基本公共服务供给不足，在某些地区，一般农户在医疗、教育、就业等领域的服务需要还得不到充分满足。但对于某些贫困户而言，他们对医疗、教育、就业等基本公共服务的需要则可以通过贫困户的资格而得到满足,从而造成贫困农户与普通农户之间形成新的"悬崖效应"(岳经纶,2021)。

二、政策的有效衔接面临的挑战

(一)产业政策:从农业扶贫过渡到产业发展存在难题

乡村振兴,产业兴旺是关键,产业发展的终极目标,是要让广大民众共享发展成果,农民收入提高,农民群众生活质量得到保障。习近平总书记多次强调要在资金投入、要素配置、公共服务等方面采取有力举措,加快补齐农业农村发展短板,不断缩小城乡差距,让农业成为有奔头的产业,让农民成为有吸引力的职业,让农村成为安居乐业的家园。但是正如习近平总书记所言,发展扶贫产业,重在群众受益,难在持续稳定。[①] 在脱贫攻坚的进程中,产业扶贫取得了显著成效,但其可持续发展仍面临着严峻挑战。

首先,深度贫困地区产业发展难度大。深度贫困地区多数缺乏地理优势,经济基础薄弱,社会发育缓慢,产业发展的市场主体能力弱小。发展产业前期投入成本高,效益回收周期长,见效慢,不符合自由市场规律,扶贫产业发展本身就困难重重。并且,大多数扶贫产业属于低端产业,产业结构、品种结构单一,扶贫企业创新发展的能力不足,产业竞争力不强(王介勇等,2020)。

其次,产业发展高度依赖政府政策资源。脱贫攻坚任务指标要求各地政府集中资源和力量开展脱贫工作,因而政府政策支持力度大,政府的信贷、税收等政策成为贫困地区产业兴起和发展的充分必要条件。但在中央不断加大对扶贫资金使用的监督追责制度约束下,有些深度贫困地区的地方政府产业扶贫政策措施趋于保守(朱海波、聂凤英,2020)。当前,多数贫困地区产业发展仍处于起步阶段,后续将会持续依赖政策

[①] 《确保贫困群众持续稳定增收——习近平总书记陕西考察重要讲话引发热烈反响》,《人民日报》2020年4月25日,第6版。

支持，如何在乡村振兴阶段把握政策扶持力度也成为地方政府需要思考的问题。

最后，产业同质化现象突出，产品市场竞争力较弱。贫困地区多基于自身的自然生态环境，依赖当地特色资源发展种植养殖业与乡村旅游业，小农经营方式居多，多为季节性供应产品，产业结构不合理。并且，贫困地区交通、环保等基础配套设施落后，产业生产、运输和销售的成本相对较高，难以形成集聚效应，产品的市场化程度低、竞争力弱。

（二）生态政策：生态系统保护制度不健全与异地搬迁新考验

我国贫困地区多位于重点生态功能区、生态环境脆弱区，限制开发或者资源匮乏是造成这些地方贫困的重要原因（周侃、王传胜，2016）。然而，保护好生态环境和让贫困群众脱贫致富两者并不矛盾，乡村振兴提出的"生态宜居"要求表明，厘清生态扶贫与生态振兴的关系以及有效衔接路径十分重要。当前贫困地区生态发展主要面临以下挑战。

1. 生态系统保护制度不健全

脱贫攻坚工作中，大力倡导绿色产业发展提出了"坚持保护生态，实现绿色发展"等原则性要求，但实践中缺乏明确的实施标准，导致地方政府"重产业、轻环保"，生态环境保护让步于产业建设。特别是某些深度贫困地区，人口和经济社会发展条件欠佳，生态资源环境承载能力较弱，地方政府在脱贫攻坚任务下大力发展种植养殖业，超出了当地的生态环境承载力。虽然能够一时取得明显的脱贫效果，但被破坏的生态环境的问题不利于贫困地区长久可持续发展。

2. 易地搬迁面临新考验

2016—2020年，中国易地扶贫搬迁960多万贫困人口，帮助其实现就业增收和摆脱贫困处境。目前，易地搬迁贫困人口的贫困退出工作已全部完成，有劳动力的搬迁家庭实现了至少1人就业，搬迁群众收入水平得到显著提升（李聪，2021）。但易地搬迁普遍只是简单地改善居民居住条件、促进短期增收等，而忽视了搬迁人口收入稳定增长、融入新环境等难题。当贫困户搬迁到新环境中，原有的社会网络关系被打破，在人生地不熟的情况下，很难构建新的身份认同，因此，不少易地搬迁者拒绝搬迁，不配合政府工作；同时，不少地方政府财力不足，导致其不太重视搬迁地的基础设施建设，使得针对搬迁农民的公共服务设施配套不足，严重影响了搬迁入住群众的生产和生活，难以满足群众的美好生活需要；另外，异地搬迁安置农民的就业和后续产业发展困难较大，短期内难以形成户籍、土地、税费等方面支持群众生存和发展的配套政策体系，在缺乏产业支撑的情况下，搬迁农民的就业难题大，生活收入来源匮乏。

（三）文化政策：精神文明建设不足与文化产业发展落后

乡土社会中，乡村为文化建设提供场域，而文化为乡村建设提供精神动力。乡村文明建设是乡村振兴战略的有机组成部分，主要内容为乡村社会文化、风俗习惯的振兴。传统乡村社会中的村规民约、生活习俗、行为方式、思想觉悟、生活风尚等是乡民精神信仰、价值观念、思维方式的集中体现，是乡村社会的"隐性文化"（李军明、向轼，2018），因而，乡村文明建设内容繁多，是一项复杂而庞大的系统工程。

城镇化进程中，乡村文化式微已经成为公认的事实，制约了乡村振兴战略发展。工业文明的发展逐渐瓦解了乡村传统的内生结构，乡村原有的生活方式和生活环境被改变，乡村社会文化共同体逐渐消失，传统的乡村文化价值因而受到冲击，给村民带来不同程度的价值迷失和认同危机。特别是在村民收入提高的背景下，个人主义、功利主义、实用主义在乡村蔓延，过度追求物质利益和享受，攀比、炫富等不良作风大行其道。优良的传统道德规范和公序良俗受到冲击，乡土文化难以为乡村发展助力。

脱贫攻坚强调充分挖掘乡村传统文化和特色文化，开发民族文化，发展特色文化产业，以带动当地经济发展。但在文化产业发展的过程中，不少地区重视经济利益高于文化保护，假借文化开发之名，实则攫取经济利益，扩充地方财政。某些地区提倡"特色小镇"建设，花费人力、物力、财力打造出千篇一律的"网红小镇"，只能短暂吸引游客，而无法使特色小镇成为当地群众的坚实依赖。这种简单的文化复制方式，难以为地方带来长期发展，反而浪费地方的宝贵资源。因而，做好巩固拓展脱贫攻坚成果同乡村振兴有效衔接，必须重视文化产业的健康持续发展。

第四章　实现有效衔接面临的主要挑战

（四）人才智力支持政策：人才素质提升慢与人才结构不完善

做好巩固拓展脱贫攻坚成果同乡村振兴有效衔接，需要更加完善的乡村人才振兴体系，为乡村振兴提供人才支持。脱贫攻坚通过高强度的政策支持和资源导入极为有力地增加了贫困地区和贫困人口的物质资本和金融资本积累，但乡村人才资本积累速度相对较慢，乡村人才发展能力提升不够明显（四川省社会科学院课题组、郭晓鸣，2021）。特别是在深度贫困地区，教育基础设施建设落后，人们整体受教育水平较低，自然地理条件环境恶劣，人才素质提升难度大，更需要依赖人才政策支持，完善乡村地区人才结构，提升人才素质。

贫困地区整体受教育水平低，教育投资观念淡薄，师资投入力度不足，学校教育质量较低，难以培养出优秀人才。脱贫攻坚过程中，不少地方政府组织了技能培训，但基本都存在培训周期短、培训内容浅显、培训效果不理想等问题，特别是技能培训多针对低技术含量的体力劳动，贫困户依然很难达到现代化农业的要求，人才整体素质提升速度较慢，难以满足乡村振兴阶段人才发展的需要。

贫困地区人才振兴面临的另一个重要挑战是人才结构失衡。一是贫困地区人才年龄结构失衡。贫困地区多为"空心化"严重地区，留守村庄的多为老龄人口，青年人多外出务农，与农业生产脱节。脱贫攻坚时期，部分村庄依靠当地自然资源发展产业，吸引了部分人才回乡，缓解了人才年龄结构失衡的问题。但不少贫困地区自身环境欠佳，导致难以发展长期产业，且村级产业发展前景有限，发展环境较差，导致落实人才回乡政策存在难题。二是人才专业结构失衡。目前，乡村人才多集中于种植养殖等生产环节，而在农产品加工、农村电商、经营管理等方面的专业人才缺失；而且乡村人才培训较少关注高附加值的特色产业，在跟进产业发展趋势方面也存在不足，比如在农村电商、乡村旅游等新产业方面缺乏系统培训，导致乡村地区专业人才结构体系建设不完善，加剧了乡村人才振兴的困境。

（五）公共服务政策：社会保障救助体系不全面与扶持政策不到位

在脱贫攻坚与乡村振兴有效衔接的过程中，与贫困地区人民利益最相关的问题是农村基本公共服务的提供。改善贫困地区基本公共服务质量，解决农民关心的公共服务问题，是提高人民幸福感和生活满意度的直接途径。其中，贫困地区人民最关心的公共服务问题在于农村社会保障救助体系的完善。

在脱贫攻坚政策下，当前农村已经实现社会保障主要项目的制度全覆盖，但保障水平仍然不够，因病致贫等威胁始终存在，如何建立一个广覆盖的、有效的、可持续的社会保险保护网络来有效预防贫困，是脱贫攻坚给乡村振兴留下的一个重大挑战（左停，2020）。对于深度贫困地区人口来说，虽然已经实现脱贫，但其脆弱性的属性没有发生改变，主要表现在脱贫人口受教育水平低、老龄化问题较严重、患慢性病比例较大等方面。因此，脱贫人口依然存在较大的返贫风险，而完善的社会保障救助体系以及返贫检测和帮扶机制在乡村振兴阶段十分必要。

脱贫攻坚政策和乡村振兴战略的实施，特别是社会保障救助体系的建设都需要坚实的投入保障机制和政策支持机制。为完成脱贫攻坚任务，党和国家集中社会力量解决贫困问题，以政府专项扶贫资金、社会帮扶资金等财政投入支持贫困治理工作。脱贫攻坚战虽取得全面胜利，但后续的产业发展、基础设施建设等依然需要大量的资金投入，特别是在当前经济发展进入新常态、地方政府财政压力大的背景下，如何维持乡村振兴资金投入的持续性和地方政府政策的帮扶成为脱贫攻坚与乡村振兴实施的又一挑战。

三、体制机制的有效衔接面临的挑战

（一）社会动员机制：社会动员常态化与乡村集体行动能力下降

乡村振兴的推进需要动员社会资源的投入参与，尤其是农村社会的力量。当前，中国农村普遍面临着基层政府动员能力不足、集体行动能力下降的困境。一方面，如今中国农村"原子化"现象加剧，村庄越来越开放，人口流动频繁，农村社会由"熟人社会"向"半熟人社会"转型，过去农村依靠宗族和村社构建的社会规范逐渐解体，农村缺乏承接国家帮扶资源的行动主体（贺雪峰、刘岳，2010；张瑜、倪素香，2018）；另一方面，税费改革取消农业税后，中国农村基层政权治理能力被削弱，基层财源减少，地方政府难以实现农村公共产品有效供给（贺雪峰，2008）。而近年来，精准帮扶政策的实施在有效减贫的同时，也引发了部分非贫困户尤其是临界非贫困户的不满，贫困户与非贫困户之间产生隔阂，原有社区内部的利益平衡被打破，互助共济的传统受到冲击（郭晓鸣、高杰，2019），加剧了乡村内部集体动员、集体行动能力的下降。

脱贫攻坚阶段，脱贫任务成为各地方政府的中心任务，形成了一种超常规的新型社会动员机制，有利于充分发挥社会主义集中力量办大事的优势，一定程度上缓解了乡村基层集体行动能力下降的问题。然而，这种新型政策动员机制的号召力会随着时间的推移逐渐减弱（陆益龙，2018）。与脱贫攻坚不同，乡村振兴战略是长期性、复杂化的，其需要配套的社会动员机制是内生化、常态化的（涂圣伟，2020）。在乡村基层组织集体行动能力下降的背景下，后脱贫攻坚时代防范贫困人口返贫和缓解相对贫困工作的可持续性难以保证，更加难以有效动员足够的资源推进乡村振兴战略任务的完成。基于此，要实现巩固拓展脱贫攻坚成果同乡村振兴有效衔接，必须构建起乡村基层社会动员长效机制，立足民众需求，着力提升农村基层党组织的组织力，提高集体行动能力。

（二）组织领导体制：组织结构不清晰与驻村帮扶融入难

组织领导体制是实施乡村振兴战略的关键支点，也是精准扶贫与乡村振兴有效衔接的一大难题。

首先，在组织领导结构上存在组织衔接问题。脱贫攻坚时期，中央统筹层面组建了扶贫开发领导小组，由国务院扶贫办主导负责；目前乡村振兴阶段，国务院虽然也建立了乡村振兴领导小组进行组织协调，但负责机构多将乡村振兴五大目标内容（产业兴旺、生态宜居、乡风文明、治理有效、生活富裕）分配给了地方农业农村局、环保局、组织部等相关职能部门，这就不可避免地带来了不同组织部门间协调整合的困境（豆书龙、叶敬忠，2019；岳国芳，2020）。同时，脱贫攻坚时期组织领导体制运行中，中央、省、县的责任与分工明确，而市级政府定位不清晰（高强，2019）。因此，乡村振兴阶段组织体制建构中，需要注意避免市级政府的缺位，发挥其应有的职能职责。

其次，在驻村帮扶团队组织上存在"融入难"问题。精准脱贫阶段，驻村帮扶工作队作为国家权力的"神经末梢"，将外部力量嵌入乡村基层，结合内外部资源优势，有效减少精英俘获，提高乡村基层治理能力。但当前驻村帮扶工作模式还处于"嵌入"模式，村庄对驻村帮扶工作队的期望多集中于工作队所拥有的外部资源上，导致驻村干部精力集中于引入外部资源，而忽视了发掘乡村内部优势资源，驻村帮扶组织从"嵌入"村庄到"融入"村庄仍有一段距离（王维、向德平，2020）。在下一步乡村振兴的过程中，需要驻村帮扶工作队进一步融入乡村基层社会，加强与村干部、村民的联系，整合内外部资源，激发乡村内生发展动力。

（三）资金保障机制：有限资金供给与巨大资金缺口

资金投入是乡村振兴推进的重要保障，要实施乡村振兴战略，必须要解决"钱从哪里来"的问题。而目前乡村振兴普遍面临资金缺口大、资金利用效率低、筹资能力不足的问题。据测算，就全国而言，要达到乡村振兴目标，人均投资将达到3万元左右。如果以2016年年底乡村常住人口5.89亿计算，总投入将超过20万亿元（何广文、刘甜，2018）。取消农业税费后，国家对农村的财政支持从"国家—基层政权—农户"的模式转变为"国家—农户"的直接对接模式，增加了农业资金利用的分散化（杨慧莲等，2018）。我国农业财政支出是多部门分块管理，这种管理职能交叉导致了资金协调不足或重复投入的问题，降低了资金利用效率（刘艳，2018）。除此之外，由于农业生产抗风险能力差、农村土地和宅基地尚未激活、城乡信息不对称、农业产业链相关经营主体利益联结机制未建立等原因，金融机构的涉农意愿低迷（刘银行、李雨，2019）。

脱贫攻坚阶段，政府专项扶贫资金、相关涉农资金、社会帮扶资金等多元化投入,保障了脱贫攻坚战的完成(涂圣伟,2020),而且在精准脱贫阶段,部分地区为如期完成脱贫目标,将财政资源大幅向贫困治理领域倾斜,这种做法只能短期内凸显脱贫成果,缺乏可持续性(王刚、白浩然,2018)。在宏观经济增速放缓、地方债务负担较重的当下,如何有效筹措和撬动资金,保证有足够资金持续投入到脱贫攻坚成果巩固和广大乡村建设发展,是未来乡村振兴面临的巨大挑战。

(四)人力资源机制:乡村劳动力流出与专业人才留不住

人才是乡村振兴的内生动力,而目前农村农业人才的规模、素质都与乡村振兴内在需求存在较大差距。改革开放后,城乡发展的差距使得越来越多的年轻人进城谋发展。这部分青壮年人群的流失导致乡村人才长期处于"贫血"状态(蒲实、孙文营,2018),乡村"空心化"问题严重。此外,在脱贫攻坚时期,部分自然条件恶劣地区为尽快完成脱贫任务,鼓励群众外出务工,更加剧了乡村凋敝、土地荒芜、人口老龄化等问题(马喜梅,2020)。农村基层干部的老龄化严重,人才储备青黄不接,社会治理缺乏后备人才队伍;青壮年劳动力流失,专业技术人才缺乏,产业发展受到掣肘;乡村年轻人远离村庄,乡土文化精神淡化,乡村人情关系异化,传统乡村构建在熟人社会上的温情逐渐消逝。这些都对乡村振兴的有效推进带来了巨大的阻力。

脱贫攻坚时期,各地乡村通过各种政策引进人才,但如何留下人才是一大难题。乡村生活条件艰苦,当前引进人才在工资和职称待遇方面政策倾斜有限,人才即便引进来,留不住、养不起的问题依然无法解决(邓婷鹤、聂凤英,2020)。随着脱贫攻坚任务的完成,部分精准帮扶人员出现厌倦、懈怠、抵触情绪,不利于后续工作的持续推进(覃文俊等,2020)。乡村振兴阶段,必须进一步完善人才"输血""造血"机制,提高人才待遇,优化本地人力资本结构。

(五)工作衔接机制:运动式扶贫遗患与有效衔接工作机制脱节

在脱贫攻坚与乡村振兴工作机制衔接方面,首先面临的是脱贫攻坚工作中遗留的问题。当前脱贫政策多以应急性政策为主，在一些脱贫政策设计和实践中缺少对前瞻性、系统性、可操作性和长效性的考量（马喜梅，2020），带有一定"压力型""项目制"和"运动式"色彩（郑吉峰，2018）。面对基层权责不匹配、有限的治理资源以及压力型体制下短促扶贫运动的严格考核要求，基层政府需要在其中找到平衡：完成任务以满足上级的检查，但又不是完全遵循上级的要求行事（雷望红，2017），由此导致诸如"精心应付"（魏程琳、赵晓峰，2018）、"数字脱贫"与"文本脱贫"，以及用大量资源包装出少数"示范点"以应对考核验收的问题（邢成举，2016），为后脱贫攻坚时代脱贫成果持续性问题埋下了隐患。

基于此，在精准脱贫与乡村振兴的工作衔接中，必须要注意精准脱贫后续收尾工作的妥善完成。但一些贫困县脱贫摘帽后出现消极懈怠情绪，并没有及时将巩固拓展脱贫攻坚成果、防止返贫问题纳入工作部署。这样一来，脱贫攻坚与乡村振兴两套工作体制相互独立，缺乏前后承接、沟通协调的机制，导致了扶贫产业项目与乡村产业项目重复建设，又同时忽视配套设施建设等现象（高强，2019）。因此，不同政策责任主体需要加强工作交接中的沟通交流，明确工作内容，做好有效衔接工作安排，避免出现工作的重复和遗漏。

（六）绩效评估机制：单向度绩效目标向多维度绩效目标转变

绩效评估是明确方向、激励约束的重要制度安排，而脱贫攻坚和乡村振兴的绩效目标存在显著差异。从内容上看，精准扶贫工作的目标指向是单维度的，而乡村振兴的发展目标是综合性多维度的，不仅包括对脱贫攻坚的巩固拓展，而且要紧扣乡村振兴的"二十字"方针，即产业兴旺、生态宜居、乡风文明、治理有效、生活富裕。除了绩效评估内容的多维度，评估方式中也要强调农民主体地位和其他社会主体的参与（郑瑞强等，2018）。

脱贫攻坚具有突击性和紧迫性，是短期内必须实现的政治目标，而乡村振兴则是一项需要长期坚持的历史性任务，更加强调其战略指引和科学规划（贾晋、尹业兴，2020）。当前对乡村振兴的绩效评估存在结果导向问题，缺少绩效辅导。衔接阶段，要更多地关注乡村振兴与精准扶贫协同推进过程中的绩效水平变化，及时分析评估结果，并将其运用到有效衔接工作的调整中，保障二者绩效水平的协同共进。

四、技术手段的有效衔接面临的挑战

（一）乡村治理技术化转向与数字基础设施薄弱

随着电子信息技术迅猛发展，乡村治理实施方式逐渐向技术化方向发展，以技术平台为载体，有利于保障治理的高效率和精准性。在国家推进脱贫攻坚和信息化发展过程中，乡村地区信息基础设施建设水平不断提升。但是，在部分偏远农村地区，光纤网络、4G网络等信息基础设施尚未实现全覆盖，互联网接入能力还较低，移动网络信号不佳（冯献等，2020）。信息基础设施建设是实施数字治理、发展信息化服务的基础，而数字基础设施薄弱影响了这些农村地区大数据的采集、整理和运用。

同时，在当下乡村数字化技术化推广过程中，其主要资金来自政府，缺乏社会资源的参与，缺少第三方专业运营维护团队的支持，导致目前乡村数字化项目发展水平较低。即使搭建了数字平台，后期平台运营维护、风险应对机制的建设依旧存在问题，共建共享共治的数字化治理格局有待建立。

（二）技术治理结构协作性与传统治理结构的部门化

受官僚科层体制的束缚，实践中各乡镇政府部门以"部门本位"意识为主导，各部门各自为政，缺乏信息互通意识。各部门之间也缺乏有效的信息交换平台，加之乡村治理中数据采集标准不一，从而形成部门间"数据孤岛"，提高了治理成本。

同时，乡村振兴相关的不同主体间缺乏信息交换。一是乡镇与上级市县治理主体之间，多为乡镇向地方党委政府的单向信息传输（赵敬丹、李志明，2020）；二是政府与企业、高校、社会组织等其他主体之间也未形成乡村信息数据共享的体系，乡村内部相关数据的采集往往出现多个主体交叉重复进行或者所有主体都未涉及的情况（沈费伟，2020），不同治理主体间"数据壁垒"现象较为严重，对数据资源的挖掘和加工还有待提升。

（三）技术治理的工具化与实际治理的变通性

精准扶贫过程中，数字治理技术的推广确实有效提高了政府办事效率，增强了信息透明度，规范了干部工作绩效，但技术先天附带的"事本主义"、工具理性特征也始终存在（黄巨臣，2019）。乡村生活实际中，农民的社会交往是以差序格局、人伦关系为基础的，他们的生活不靠数字来标注，这导致技术治理落地农村时可能产生"水土不服"（王雨磊，2016）。过分强调治理过程中数字的实现，反而占据了村干部大量的工作时间，使其没有更多的精力深入村民生活（韩鹏云，2020）。在精准扶贫中，由于村组贫困人口数据的缺乏和国家所设定的贫困标准过于理想化，将本应同等受惠于某些政策的个人、群体等排除在政策受益范围之外（钟裕民，2018）。扶贫资源向建档立卡贫困户倾斜，对收入略高于贫困线的"边缘人群"产生了明显的挤出效应，导致出现"悬崖效应"（邓婷鹤、聂凤英，2020）。

技术治理的问题并不仅仅存在于脱贫攻坚过程中，目前在乡村振兴的治理实践中，数字指标要求也越来越多。一方面，存在形式主义的问题，大量人力物力的损耗却没有带来真实治理绩效的提升，造成"数字悬浮"；另一方面，技术治理带来的管理非人格化，压抑了村庄内部自主意志的表达，村民群体内组织动员能力弱化，造成村干部和村民之间的"悬浮"。

（四）现代技术落地需求与乡村组织衰落

现代技术最先广泛应用于发达城市，而乡村拥有着与城市截然不同的社会环境，因此，要想现代技术顺利落地，就需要相应的组织作为承接载体。在乡村社会中，"乡村社会"和"乡民"都不能成为乡村技术"生长"的载体，而只有处于这两者之间的乡村组织才能通过规则与集体行动，为现代技术的发展提供组织环境（刘祖云、王丹，2018）。由于农村人口的大量流出，许多乡村渐渐演变为"空巢社会"，乡村原有的社会经济功能被削弱，乡村组织大多处于半瘫痪状态。本应发挥组织技术赋能作用的乡村组织缺位，直接导致了现代技术无法在乡村有效落地的窘境（沈费伟，2020）。要发展现代技术，实现乡村振兴，就必须先经历乡村重振阶段，恢复乡村的内生发展能力，吸引年轻劳动力回流，激活乡村组织，才能使得现代技术真正可以"扎根"乡村。

（五）新技术发展需求与村民意识素质差距

当前农村村民素质普遍较低，劳动力老年化、女性化特征明显。多数村民的思维方式和行为习惯更倾向于保守，安稳守旧观念深入人心，使得其对新技术发展缺少认知，对新事物接受速度慢，甚至产生抵触心理（沈费伟，2020）。对于已经富裕的村民来说，他们的生活重心已不在农村，对农村公共事务建设缺少关注；对于经济能力稍弱的村民来说，其主要关注点在于自身直接收益的提升，对技术推广"搭便车"心理严重（高国伟、郭琪，2018）。

除了主观意识层面，客观上的知识文化素质不高也直接阻碍了村民对新技术的理解运用。由于缺乏足够的数字化技能培训与宣传，多数村民对数字化治理的认识仅停留在利用微信等信息发布手段上（冯献等，2020）。乡村教育水平的低下、高素质人才的缺乏也导致新技术发展缺乏良好的氛围引导。

第五章　实现有效衔接的广东部署与规划

广东作为我国经济最发达的地区之一，在实现巩固拓展脱贫攻坚成果同乡村振兴有效衔接中也走在前列。根据《中共中央　国务院关于实现巩固拓展脱贫攻坚成果同乡村振兴有效衔接的意见》精神，结合广东省实际，中共广东省委、省人民政府在2021年3月制定了《中共广东省委　广东省人民政府关于实现巩固拓展脱贫攻坚成果同乡村振兴有效衔接的实施意见》（粤发〔2021〕10号），并于2021年7月7日正式发布。《实施意见》就广东省巩固拓展脱贫攻坚成果同乡村振兴有效衔接工作提出具体意见，包括建立健全巩固脱贫攻坚成果长效机制、加强农村低收入人口帮扶、全面推进乡村振兴和深化拓展区域协作等方面。同时，广东省各级政府也在领导体制、工作体制、机构队伍、规划项目、政策举措、考核监督等方面对巩固拓展脱贫攻坚成果同乡村振兴有效衔接做出了重要部署和规划。

第一节　广东实现有效衔接的部署和准备工作

2017年10月18日，习近平总书记在党的十九大报告中提出乡村振兴战略。2018年1月，《中共中央　国务院关于实施乡村振兴战略的意见》第一次正式提出"做好实施乡村振兴战略与打好精准脱贫攻坚战有机衔接"的工作。2018年6月，《中共中央　国务院关于打赢脱贫攻坚战三年行动的指导意见》再次提出"统筹衔接脱贫攻坚与乡村振兴"的要求。2021年3月22日，《中共中央　国务院关于实现巩固拓展脱贫攻坚成果同乡村振兴有效衔接的意见》正式发布。根据中央精神，在脱贫攻坚战取得了全面胜利之后，广东省开始部署巩固拓展脱贫攻坚成果同乡村振兴有效衔接，并进行了一系列的准备工作。

一、成立各级乡村振兴战略领导小组

2021年5月，广东省委农村工作办公室更名为省委农村工作（实施乡村振兴战略）领导小组办公室[①]，标志着广东省委实施乡村振兴战略领导小组正式成立。该办公室属于广东省委的内设机构，领导小组主要负责研究制定省级乡村振兴战略规划，部署重大政策、落实重大行动和推进重要工作，协调解决实施乡村振兴战略重点难点问题。

继省级实施乡村振兴战略领导小组成立后，广东省内各市也相继成立了各自的实施乡村振兴战略领导小组，并由市委主要负责同志担任组长。例如，广州市委实施乡村振兴战略领导小组由市委书记担任组长。领导小组主要负责本市的乡村振兴战略规划、决策、工作等的安排和部署，以及解决战略实施过程中遇到的问题。

除了省级和市级外，一些地方还成立了区级甚至是镇级的乡村振兴战略领导小组，如广州市增城区成立了中共广州市增城区委实施乡村振兴战略领导小组，珠海市斗门区成立了中共珠海市斗门区委实施乡村振兴战略领导小组，广州市花都区钟落潭镇成立了中共广州市花都区钟落潭镇委实施乡村振兴战略领导小组，等等，这些领导小组的主要工作是定期召开会议讨论该地区乡村振兴的相关事务。

二、挂牌成立乡村振兴局

2021年2月25日，国家乡村振兴局正式挂牌成立，这是继2018年机构改革后党中央对农业农村机构做出的又一重大调整和充实，标志着党对

---

① 参见《来了！广东省乡村振兴局正式挂牌》，《广州日报》百度百家号，2021年5月10日，见https://baijiahao.baidu.com/s? id=1699339819278035635&wfr=spider&for=pc。

"三农"工作领导的进一步加强和乡村振兴工作力量的进一步强化。按照中央部署,广东省委决定将广东省扶贫开发办公室重组为广东省乡村振兴局,统筹做好守住底线防止返贫、健全机制强化帮扶、整治环境建设乡村、繁荣文化完善治理、深化拓展东西协作五项重点工作。2021 年 5 月 10 日上午,广东省乡村振兴局正式挂牌,由省农业农村厅厅长担任省乡村振兴局局长。该局主要负责在省委农村工作(实施乡村振兴战略)领导小组的领导下,开展巩固拓展脱贫攻坚成果、全面推进乡村振兴战略等有关工作。之后,广东省各地市乡村振兴局陆续挂牌成立。2021 年 7 月 29 日,广州市乡村振兴局挂牌成立。至此,广东省 21 个地级市乡村振兴局全部挂牌成立。① 各地乡村振兴局局长均由本地农业农村局局长兼任,为正处级。除深圳市成立乡村振兴和协作交流局外,其他 20 个地级市都以乡村振兴局命名。各地市乡村振兴局的职能主要包括推进巩固拓展脱贫攻坚成果同乡村振兴有效衔接工作,负责东西协作与省内对口帮扶,加快农业农村现代化发展,等等(见表 5-1)。

表 5-1 广东省及各地级市乡村振兴局一览表

名称	成立时间	级别
广东省乡村振兴局	2021 年 5 月 10 日	厅级
广州市乡村振兴局	2021 年 7 月 29 日	处级
深圳市乡村振兴和协作交流局	2021 年 7 月 26 日	处级
珠海市乡村振兴局	2021 年 7 月 1 日	处级
东莞市乡村振兴局	2021 年 7 月 15 日	处级
佛山市乡村振兴局	2021 年 7 月 1 日	处级
江门市乡村振兴局	2021 年 6 月 10 日	处级
惠州市乡村振兴局	2021 年 5 月 28 日	处级
肇庆市乡村振兴局	2021 年 6 月 1 日	处级
清远市乡村振兴局	2021 年 6 月 2 日	处级

---

① 参见《全员到齐!广东 21 个市级乡村振兴局全部挂牌》,凤凰网,2021 年 8 月 20 日,见 http://gd.ifeng.com/c/88pcT0AAzUz。

续表 5-1

名称	成立时间	级别
中山市乡村振兴局	2021年6月8日	处级
汕头市乡村振兴局	2021年6月30日	处级
韶关市乡村振兴局	2021年5月26日	处级
湛江市乡村振兴局	2021年6月3日	处级
茂名市乡村振兴局	2021年5月27日	处级
梅州市乡村振兴局	2021年5月31日	处级
汕尾市乡村振兴局	2021年6月29日	处级
河源市乡村振兴局	2021年5月6日	处级
阳江市乡村振兴局	2021年5月28日	处级
潮州市乡村振兴局	2021年6月3日	处级
揭阳市乡村振兴局	2021年6月11日	处级
云浮市乡村振兴局	2021年5月31日	处级

三、召开有效衔接工作会议

为推进巩固拓展脱贫攻坚成果同乡村振兴有效衔接工作，广东省召开了一系列的工作会议，传达中央会议精神，讨论推进巩固拓展脱贫攻坚成果，以及推进乡村振兴的重点工作方案等。2021年3月16日，省委实施乡村振兴战略领导小组会议召开，深入学习贯彻习近平总书记在中央农村工作会议、全国脱贫攻坚总结表彰大会上的重要讲话精神。会议还审议了《中共广东省委　广东省人民政府关于全面推进乡村振兴加快农业农村现代化的实施意见》《中共广东省委　广东省人民政府关于实现巩固拓展脱贫攻坚成果同乡村振兴有效衔接的实施意见》等文件。[①]

2021年4月，广东省委农村工作会议暨全省实施乡村振兴战略工作推

---

① 参见《广东省委实施乡村振兴战略领导小组会议召开》，中国共产党新闻网广东分网，2021年3月17日，见 http：//gd.people.com.cn/n2/2021/0317/c123932-34624833.html。

进会召开，会议提出了要增强政治责任感和历史使命感，做好"三农"工作，推动全省"三农"工作迈上新台阶；凝聚全社会力量，以更大决心和更有力举措全面推进新发展阶段的乡村振兴。

2021年7月，广东省人民政府新闻办公室召开新闻发布会，解读《中共广东省委　广东省人民政府关于全面推进乡村振兴加快农业农村现代化的实施意见》，把实施意见的主要内容概括为"守住'两个底线'，开好'两个新局'，激发'两个动力'，强化'一个全面'"①。

此外，广东省还召开了一些省级专项工作会议。2021年1月，广东省第二扶贫协作工作组召开研究部署巩固拓展脱贫攻坚成果同乡村振兴有效衔接会议，会议由广东省第二扶贫协作工作组组长、广西壮族自治区人民政府副秘书长邝兵主持，传达和学习了习近平总书记在中央经济工作会议、中央农村工作会议上的重要讲话和广东省委组织部有关文件精神，并学习了广东省东西部协作工作座谈会等有关文件精神，部署了当前的工作重点。2021年6月，广东省民政厅召开全省巩固拓展脱贫攻坚成果同乡村振兴有效衔接暨社会救助工作调度视频会议。

除了省级召开的工作会议外，广东省各市也在省级会议精神和相关政策文件等的指导下，陆续召开推进巩固拓展脱贫攻坚成果同乡村振兴有效衔接的相关工作会议。例如，清远市于2021年2月召开巩固拓展脱贫攻坚成果同乡村振兴有效衔接工作会议，提出新时期清远应该从探索创新入手，在完成有效衔接工作任务的同时，通过不断探索，整合各方力量，在推动国家城乡融合发展试验区的建设上，在全国全省创造新时代的"清远经验"；潮州市委于2021年6月召开了农村工作会议暨全市实施乡村振兴战略工作推进会，强调要将乡村振兴和脱贫攻坚作为市委"1+5+2"工作部署的重点工作统筹推进，持续强化重农兴农格局，使脱贫攻坚战取得全面胜利，富民兴村产业取得新成绩，乡村建设取得新进展，乡村治理取得新突破。此外，一些城市之间也召开联席会议，商议城市间的对口帮扶工作，例如，2020年11月召开的广州—梅州党

---

① 《最新解读！关于全面推进乡村振兴，广东这样干！》，澎湃新闻·澎湃号·政务，2021年7月17日，见 https：//m.thepaper.cn/baijiahao_13626680。

第五章　实现有效衔接的广东部署与规划

政联席工作会议。

四、颁布有效衔接政策文件

2021年年初，广东省政府工作报告把实现巩固拓展脱贫攻坚成果同乡村振兴有效衔接确定为全省重点工作任务。① 2021年3月16日，省委实施乡村振兴战略领导小组会议召开，广东省委书记、省委实施乡村振兴战略领导小组组长李希主持会议并讲话，广东省省长、省委实施乡村振兴战略领导小组常务副组长马兴瑞，广东省委副书记、深圳市委书记、省委实施乡村振兴战略领导小组副组长王伟中出席会议。会议深入学习贯彻习近平总书记在中央农村工作会议、全国脱贫攻坚总结表彰大会上的重要讲话精神。会议还审议了《中共广东省委　广东省人民政府关于全面推进乡村振兴加快农业农村现代化的实施意见》《中共广东省委　广东省人民政府关于实现巩固拓展脱贫攻坚成果同乡村振兴有效衔接的实施意见》等文件草案。② 之后，广东省也出台了与乡村振兴相关的一系列文件（见表5-2）。

表5-2　广东省有效衔接相关政策文件一览表

政策名称	颁布时间	主要内容
《中共广东省委　广东省人民政府关于全面推进乡村振兴加快农业农村现代化的实施意见》	2021年3月	实现巩固拓展脱贫攻坚成果同乡村振兴有效衔接，大力实施乡村建设行动，加快完善城乡融合发展的体制机制和制度体系，加强党对"三农"工作的全面领导

---

① 参见《2021年广东省政府工作报告（全文）》，腾讯网，2021年1月28日，见 https：//xw.qq.com/amphtml/20210128A01R8600。
② 参见《广东省委实施乡村振兴战略领导小组会议召开》，中国共产党新闻网广东分网，2021年3月17日，见 http：//gd.people.com.cn/n2/2021/0317/c123932-34624833.html。

续表 5-2

政策名称	颁布时间	主要内容
《广东乡村振兴先进集体和先进个人通报表扬工作方案》（粤乡振组〔2021〕3号）	2021年4月	为树立榜样，鼓励先进，以省委实施乡村振兴战略领导小组名义表扬一批推进乡村振兴"3年取得重大进展"的先进集体和先进个人。表扬工作坚持向基层一线倾斜，设立"先进集体奖"和"先进个人奖"两大类奖项，表扬111个先进集体、304名先进个人，并建议在省委农村工作暨全省实施乡村振兴战略工作推进会上进行表扬，给予获奖集体和个人证书、奖牌
《中共广东省委 广东省人民政府关于实现巩固拓展脱贫攻坚成果同乡村振兴有效衔接的实施意见》（粤发〔2021〕10号）	2021年6月	建立健全巩固脱贫攻坚成果长效机制，加强农村低收入人口帮扶，全面推进乡村振兴，深化拓展区域协作，加大政策支持衔接力度，全面加强党中央的集中统一领导
《广东省乡村振兴驻镇帮镇扶村工作方案》（粤委办发电〔2021〕60号）	2021年6月	开展"党政机关+企事业单位+科研力量"组团式驻镇帮镇扶村工作
《广东省农田整治提升行动方案（2021—2025年）》（粤农农〔2021〕151号）	2021年6月	到2025年，结合复耕整治、高标准农田建设等方式恢复和新增耕地20万亩①，为我省保障粮食安全和在全面建设社会主义现代化国家新征程中走在全国前列、创造新的辉煌奠定坚实基础

---

① 1亩=666.67平方米。

续表 5-2

政策名称	颁布时间	主要内容
《广东省民政厅 广东省财政厅 广东省乡村振兴局关于印发〈巩固拓展脱贫攻坚兜底保障成果进一步做好困难群众基本生活保障工作实施方案〉的通知》（粤民发〔2021〕88号）	2021年8月	在保持农村社会救助兜底，保障政策总体稳定的基础上，统筹发展城乡社会救助制度，加强低收入人口动态监测，完善分层分类的社会救助体系，适度拓展社会救助范围，创新服务方式，提升服务水平，切实做到应保尽保、应救尽救、应兜尽兜，不断增强困难群众获得感、幸福感、安全感

根据2021年3月广东省委实施乡村振兴战略领导小组会议的精神，广东省计划在"十四五"时期出台《广东省乡村振兴驻镇帮镇扶村工作方案》《广东省关于调整完善土地出让收入使用范围优先支持乡村振兴战略的贯彻实施意见》《关于新阶段加强东西部协作工作的实施方案》《广东省打好种业翻身仗三年行动方案》《2021年广东省粮食生产行动方案》《广东省农田整治提升行动方案（2021—2025年）》《广东省农村人居环境整治提升五年行动方案（2021—2025年）》《广东乡村振兴先进集体和先进个人通报表扬工作方案》《关于强化乡村振兴工作推进落实的若干措施》等九个重点工作配套文件。[①] 截至2021年10月，《广东省乡村振兴驻镇帮镇扶村工作方案》《2021年广东省粮食生产行动方案》《广东乡村振兴先进集体和先进个人通报表扬工作方案》和《广东省农田整治提升行动方案（2021—2025年）》四个政策文件已出台。此外，《广东省乡村振兴促进条例（草案）》也于2021年10月开始在官网上公开征集意见，其内容包括乡村建设、产业发展、共同富裕等多个方面的内容。[②]

在省级政策文件颁布后，各市也参照省级政策，相继颁布了相关政策

---

① 参见《重磅！广东拟出台9个重点工作配套文件，全面推进乡村振兴》，广东省农业农村厅门户网站，2021年3月22日，见 http://dara.gd.gov.cn/nyyw/content/post_3247144.html。

② 参见《广东省乡村振兴促进条例（草案）》，广东省司法厅门户网站，2021年10月26日，见 http://sft.gd.gov.cn/hdjlpt/yjzj/answer/15180。

文件。例如，江门市根据《中共广东省委 广东省人民政府关于实现巩固拓展脱贫攻坚成果同乡村振兴有效衔接的实施意见》，颁布了《江门市关于印发〈关于扎实推进巩固拓展脱贫攻坚成果同乡村振兴有效衔接的实施方案〉的通知》（江乡振组〔2021〕5号）；同时，还根据《广东省乡村振兴驻镇帮镇扶村工作方案》，制定颁布了《江门市驻镇帮镇扶村"三结对"帮扶发展村级集体经济经营性收入薄弱村工作方案》。广东省在各级政策出台的过程中，正逐渐形成较为完善的巩固拓展脱贫攻坚成果同乡村振兴有效衔接政策体系。

五、完善乡村振兴财政支持体系

财政支持是乡村振兴战略取得胜利的重要保障。《中共广东省委 广东省人民政府关于实现巩固拓展脱贫攻坚成果同乡村振兴有效衔接的实施意见》要求稳定现有财政投入政策，并根据乡村振兴需要和财力状况建立稳定增长的投入保障机制，同时，深入推进省级涉农资金统筹整合改革，赋予市县更多的统筹权限。还要求健全金融支持帮扶产业发展、带动低收入人口增收的挂钩扶持政策，引导金融机构加大涉农信贷业务力度，支持开发性金融和政策性金融在业务范围内为脱贫地区乡村振兴提供中长期信贷服务。[①] 实施乡村振兴战略以来，广东省设立了乡村振兴专项资金、涉农资金、驻镇帮镇扶村资金以及金融机构的服务等，用于支持乡村产业发展、基础设施建设、困难人员资助等。

（一）乡村振兴专项资金

2021年3月，《广东省财政厅关于下达广东省乡村振兴战略专项资金（大专项+任务清单）的通知》（粤财科教〔2021〕34号）要求实施科技支撑乡村振兴专项，加快农业科技园区提质增量，推进创新型县市培养与

---

① 参见《中共广东省委 广东省人民政府关于实现巩固拓展脱贫攻坚成果同乡村振兴有效衔接的实施意见》，广东省人民政府门户网站，2021年7月7日，见http://www.gd.gov.cn/gdywdt/gdyw/content/post_3339710.html。

建设,促进农业专业镇建设与提升,完善创新创业服务体系,引导建设农业创新平台(基地),培育农业高新技术企业;同时,立刻下达了2021年广东省乡村战略专项资金共1.7亿元。①

(二) 涉农资金

根据2020年8月修订的《广东省财政厅关于印发〈广东省涉农资金统筹整合管理办法(2020年修订)〉的通知》(粤财农〔2020〕106号)的规定,涉农资金主要分为农业产业发展、农村人居环境整治、精准扶贫精准脱贫、生态林业建设、农业救灾应急和农业农村基础设施建设六大类。② 在资金的使用上,涉农资金根据实施主体的不同,可以采取项目制、因素法进行资金分配方式。其中,由省业务主管部门采用项目制方式确定具体项目,由县区统筹实施的项目资金按照"大专项+考核清单+绩效目标"模式分配,资金整体下达至县区,市级不指定具体项目,资金分配额度适当向涉农资金统筹整合效果好、使用绩效高的地区倾斜。

(三) 驻镇帮镇扶村资金

根据2021年10月广东省财政厅、省农业农村厅、省乡村振兴局共同发布的《广东省财政厅 广东省农业农村厅 广东省乡村振兴局关于印发〈广东省乡村振兴驻镇帮镇扶村资金筹集使用监管办法〉的通知》(粤财农〔2021〕126号),在2021—2025年,为粤东西北地区12市和肇庆市所辖的901个乡镇平均每个乡镇每年提供2000万元的财政资金,由省级、珠三角帮扶市、被帮扶市按照6:3:1分担比例筹集,作为开展驻镇帮镇扶村工作的主要财政资金保障。在这个过程中,帮扶资金同样按照"大专

---

① 参见《广东省财政厅关于下达广东省乡村振兴战略专项资金(大专项+任务清单)的通知》,广东省财政厅门户网站,2021年3月29日,见http://czt.gd.gov.cn/gkmlpt/content/3/3250/mmpost_3250744.html#86。

② 参见《广东省财政厅关于印发〈广东省涉农资金统筹整合管理办法(2020年修订)〉的通知》,广东省财政厅门户网站,2020年8月26日,见http://czt.gd.gov.cn/tzgg/content/post_3073427.html。

项+任务清单+绩效目标"的模式下达。

《广东省乡村振兴驻镇帮镇扶村资金筹集使用监管办法》还要求，省级、珠三角帮扶市、被帮扶市要将应承担的帮扶资金列入本级预算，确保足额安排，并及时拨付到位。其中，珠三角各帮扶市所需承担的资金按照省农业农村厅（省乡村振兴局）明确的帮扶资金筹集任务确定，鼓励各帮扶市根据财力增长情况逐步增加帮扶资金的投入。被帮扶市及属地县（市、区）要根据本地区乡村振兴驻镇帮镇扶村工作需要及自身财力情况，切实加大财政资金投入力度。[①]

（四）金融机构的服务

除了上述三个资金支持之外，广东省财政厅还把促进农村金融发展作为财政支持"三农"工作的重要着力点[②]，从落实普惠金融，扩面、增品、提标，构建全省农业融资担保体系，发挥农业供给侧结构性改革基金引导作用，强化政府和社会资本合作等方面入手，积极创新机制，有效引导"银保担基资"（银行、保险、担保、基金、社会资本）等金融资源，全方位支持"三农"工作，以求全力推进全省现代农业产业发展，推进乡村振兴战略。

六、建立联席会议制度

广东省在落实巩固拓展脱贫攻坚成果同乡村振兴有效衔接的过程中，还建立了联席会议制度。为推动脱贫攻坚及乡村振兴战略，广东省本级成立了多个联席会议。作为非常设机构，这些联席会议主要讨论的是在乡村振兴过程中的专项问题，如乡村农房管控、农村风貌提升和宅基地管理问题、现代农业产业园建设工作问题等（见表5-3）。

[①] 参见《乡村振兴驻镇帮镇扶村资金怎么用？怎么管？办法来了》，《广州日报》百度百家号，2021年10月25日，见 https://baijiahao.baidu.com/s? id=1714557215530272035&wfr=spider&for=pc。

[②] 参见《广东财政：积极引导金融资源大力支持乡村振兴》，南方新闻网百度百家号，2021年2月10日，见 https://baijiahao.baidu.com/s? id=1691272981114632442&wfr=spider&for=pc。

表5-3 广东省级与乡村振兴相关的联席会议制度一览表

名称	成立时间	职能
广东省乡村农房管控、风貌提升和宅基地管理工作联席会议	2020年4月20日	加强组织领导,统筹做好我省乡村农房管控、风貌提升和宅基地管理工作
广东省实施地质灾害防治三年行动方案联席会议	2020年5月	按照《广东省人民政府办公厅关于印发广东省地质灾害防治三年行动方案(2020—2022年)的通知》(粤办函〔2019〕402号)的工作要求,指导督促各地、各有关单位按照分工推进地质灾害防治工作,确保各项工作任务按时保质落实到位
广东省现代农业产业园建设工作联席会议	2020年12月	统筹推进全省现代农业产业园建设工作,充分发挥成员单位的职能作用,着力解决现代农业产业园建设的要素支撑等重大发展问题,研究协调重大事项,组织审议相关文件和政策
广东省粮食安全保障工作部门间联席会议	2021年3月	落实粮食安全省长责任制,研究分析全省粮食生产、流通和市场形势,向省委、省政府提出支持粮食生产和储备、促进粮食市场保供稳价、推动粮食物流和产业发展等方面的政策建议,确保广东粮食安全
广东省推进农村集中供水工作联席会议	2021年7月	协同推进农村供水工作,协调解决农村集中供水工作中遇到的重大问题,督促指导各地、各有关部门落实好工作任务
广东省高标准农田建设工作联席会议	2021年9月	深入实施藏粮于地、藏粮于技战略,巩固和提高粮食生产能力,统筹谋划全省高标准农田建设

七、建设综合信息服务平台

为贯彻《中共广东省委 广东省人民政府关于实现巩固拓展脱贫攻坚成果同乡村振兴有效衔接的实施意见》，广东省乡村振兴局牵头部署和筹建乡村振兴综合服务信息平台。该平台旨在升级改造原脱贫攻坚建档立卡信息平台，对接政府部门的乡村振兴信息系统，实现信息互通。这些系统既可以为乡村的规划制定、产业发展、资产管理、土地利用、村庄建设、乡村治理、防贫监测等提供数据化智能化服务，又可以在项目立项审批、资金使用管理、帮扶成效评估等环节实现全流程数字化管理。广东省乡村振兴综合服务信息平台重点建设任务包括以下六个方面。

（1）建设融合集成数据采集系统。即按照乡村振兴多维度指标体系和农村低收入人口指标体系，建立健全乡村振兴综合服务信息数据共享工作机制，设置省级行业数据接口，对接现阶段涉及"三农"行业部门、社会企业、金融机构等与乡村振兴相关的业务管理系统，通过集成数据系统批量导入相关数据，形成乡村振兴基础数据库，实现数据同步共享。

（2）建立乡镇发展诊断模型。即根据各种途径采集的乡镇信息数据，通过乡村振兴多维度指标体系，科学诊断乡镇发展现状，从而找出乡镇发展短板，为各级政府部门制定帮扶项目计划提供依据。

（3）完善业务信息化管理服务系统。即建设与相关行业数据关联的呈现展示系统，包括产业兴旺业务系统、生态宜居业务系统、乡风文明业务系统、治理有效业务系统、生活富裕业务管理系统、防贫监测管理系统。

（4）建设项目资金智能管理服务系统。即建立乡村振兴项目库，对项目资金安排、实施进度、工作成效实现动态跟踪管理。按照乡村振兴"五位一体"指标体系，建立项目绩效评估成果库，通过成效评估模型对乡镇帮扶项目进行有效评估，将成效较好的项目纳入成果库，并作为标杆向全省推广宣传；对成效不明显或较差的项目，总结经验，重新调整帮扶计划或作为下一轮帮扶项目。在这个系统中，社会企业和金融机构也可通过项目绩效评估结果，制订社会帮扶项目计划，实现投入资金与项目成效关联的智能化管理和服务。

(5) 形成多元用户信息化管理服务系统。即在全省统一的业务平台基础上,考虑地方个性化业务需求,各市可叠加建设市级可视化管理系统,对接以乡镇为单元的基层综合网格化管理系统,打通乡村经济产业体系和乡村治理体系的数据信息。

(6) 建立数据统计分析报表制度。按照拟定的帮扶项目计划,设计数据统计分析报表,形成乡镇申报、市县审核、省审批备案的电子流程模板报表,确保提供数据的真实性、准确性、时效性。同时,提高数据运营分析能力,针对每阶段报表数据进行定期分析研判,提供各级乡村振兴工作帮扶决策,尤其是年度绩效考核参考,确保数据的鲜活性、时效性、统一性和权威性。①

第二节 广东实现有效衔接的目标

广东省是中国特色社会主义的排头兵、先行地、实验区,完全有责任、有能力在促进巩固拓展脱贫攻坚成果同乡村振兴有效衔接方面发挥引领示范效应,为全国有效衔接的实现积累经验。2021年年初,广东省政府工作报告提出,要实现巩固拓展脱贫攻坚成果同乡村振兴有效衔接,从提高农村低收入人口生活水平着手,在致力于推动"千镇万村"振兴的过程中,实现人民的共同富裕。

一、脱贫攻坚成果巩固拓展

《中共广东省委 广东省人民政府关于实现巩固拓展脱贫攻坚成果同乡村振兴有效衔接的实施意见》将巩固拓展脱贫攻坚成果作为第一个要在

---

① 参见《关于印发〈广东省乡村振兴综合服务信息平台"十四五"建设实施方案〉的通知》,广东省乡村振兴局网,2021年5月12日,见http://www.zqdz.gov.cn/zqdznyj/gkmlpt/content/2/2606/post_2606173.html#7050。

2025 年实现的目标，这意味着广东省要致力于保障脱贫成效，增强脱贫的稳定性。换言之，在贫困县摘帽后，还要密切关注脱贫县的脱贫责任落实、投入力度、队伍稳定、防止返贫等情况。贫困县党政正职要保持稳定，做到摘帽不摘责任；脱贫攻坚主要政策要继续执行，做到摘帽不摘政策；扶贫工作队不能撤，做到摘帽不摘帮扶。在"十四五"时期，作为过渡期和衔接期，要严格落实"四个不摘"要求，现有帮扶延续、优化、调整，以确保政策的连续性。同时，还要求守牢不发生规模性返贫底线，以家庭为单位，对脱贫不稳定户、边缘易致贫户、突发严重困难户进行监测，实行动态清零。①

二、农村低收入人口分类帮扶机制逐步完善

农村低收入人口分类帮扶机制逐步完善，也是广东实现巩固拓展脱贫攻坚成果同乡村振兴有效衔接的目标之一。这项目标要求在"十四五"期间乃至今后一个时期内，在对象识别上，要参考民政部门关于低收入家庭的认定标准和实施办法，对城乡贫困对象进行整合和分类，提出符合广东省实际情况的贫困线标准，并据此建立低收入群体识别体系。在防贫监测上，要建立健全防止返贫监测和分类帮扶机制，健全防止返贫大数据监测平台，实现动态帮扶和动态清零。在帮扶方式上，实行分层分类帮扶，对有劳动能力的农村低收入人口，要融合扶智理念，提高低收入人口的内生发展能力，使其参与就业，依靠双手勤劳致富。对脱贫人口中丧失劳动能力且无法通过产业就业获得稳定收入的人口，则以现有社会保障体系为基础，实行救助供养。对脱贫不稳定户、边缘易致贫户，以及因病、因残、因灾、因意外事故等刚性支出较大或收入大幅缩减导致基本生活出现严重

---

① 参见《中共广东省委 广东省人民政府关于实现巩固拓展脱贫攻坚成果同乡村振兴有效衔接的实施意见》，广东省人民政府门户网站，2021 年 7 月 7 日，见 http://www.gd.gov.cn/gdywdt/gdyw/content/post_3339710.html。

困难的家庭，开展常态化监测预警。① 同时，还要在完善分类帮扶机制的基础上，统筹制定并实施住房、教育、医疗、社会保障、就业增收等方面的帮扶政策，从而逐步提高低收入人口的生活水平和发展能力，为缩小贫富差距、实践共享发展、促进公平正义、实现共同富裕提供有力支撑。

三、乡村产业质量效益和竞争力明显提高

实现巩固拓展脱贫攻坚成果同乡村振兴有效衔接，需要明显提高乡村产业质量效益和竞争力。为此，需要在打造岭南现代农业产业体系的过程中提高乡村产业质量效益和竞争力，让农业成为有奔头、能致富的产业，也使农民群众的收入更为稳定。要实现这个目标，一是要推动各级财政投入与补齐全面建成小康社会"三农"领域短板，完成乡村振兴"3年取得重大进展"的目标任务；② 落实农业补贴政策和支持"三农"减税降费的相关政策，并完善以政策性农业保险为基础的农业保险保障体系。③ 二是实施广东省乡村振兴科技计划，强化农业科技创新驱动，突破核心关键技术，推进广东国家现代农业产业科技创新中心、国家荔枝种植资源圃和广东省岭南现代农业科学与技术实验室建设，促进新一代信息技术与现代农业深度融合，建设精细农业。④ 三是培育乡村美丽经济、生态产业、康养娱乐、休闲旅游等新产业、新业态，充分发展新型村集体经济，提高村集体收入。

---

① 参见《中共广东省委 广东省人民政府关于实现巩固拓展脱贫攻坚成果同乡村振兴有效衔接的实施意见》，广东省人民政府门户网站，2021年7月7日，见http：//www.gd.gov.cn/gdywdt/gdyw/content/post_3339710.html。

② 参见《广东省人民政府办公厅关于印发〈农业农村部 广东省人民政府共同推进广东乡村振兴战略实施2020年度工作要点〉的通知》，广东省人民政府门户网站，2020年7月30日，见http：//www.gd.gov.cn/zwgk/wjk/qbwj/ybh/content/post_3061875.html。

③ 参见《广东省人民政府办公厅关于印发〈农业农村部 广东省人民政府共同推进广东乡村振兴战略实施2020年度工作要点〉的通知》，广东省人民政府门户网站，2020年7月30日，见http：//www.gd.gov.cn/zwgk/wjk/qbwj/ybh/content/post_3061875.html。

④ 参见《广东省人民政府办公厅关于印发〈农业农村部 广东省人民政府共同推进广东乡村振兴战略实施2020年度工作要点〉的通知》，广东省人民政府门户网站，2020年7月30日，见http：//www.gd.gov.cn/zwgk/wjk/qbwj/ybh/content/post_3061875.html。

四、生态宜居美丽乡村建设取得重大进展

建设生态宜居的美丽乡村是乡村振兴的重要内容，也是实现巩固拓展脱贫攻坚成果同乡村振兴有效衔接的目标之一。① 这就要求广东省各行政村持续开展"三清三拆三整治"行动和农村生活垃圾分类处理专项行动，加快推进农村破旧泥砖房清理整治，使村庄保洁覆盖面达到100%；梯次推进农村生活污水治理，深入实施"千村示范、万村整治"工程，推进省级新农村示范片、示范带建设和示范市、县、镇、村创建，抓好农房管控和乡村风貌提升，打造岭南乡村风貌带，建设美丽农村；② 加快推进畜禽粪污资源化利用，加强秸秆综合利用，减少化肥农药使用，增强农膜回收和养殖尾水治理；推进耕地分类管理和修复利用以及种植结构调整，指导推进农业绿色发展先行区建设。

五、乡风文明水平显著提高

广东省将乡风文明水平显著提高作为实现巩固拓展脱贫攻坚成果同乡村振兴有效衔接的目标之一，要求不断扎实开展自治、法治、德治相结合的乡村治理体系建设试点示范，深入开展农村精神文明创建活动，推进新时代文明实践中心建设。③ 不断挖掘岭南、潮汕、客家乡村的历史文化、农耕文化、人文底蕴、农家情趣、名人事迹、家风古训，对其开展传承保护和活化利用，建设一批乡村文创项目和基地，培养一批乡村传统文化传

---

① 参见《中共广东省委 广东省人民政府关于实现巩固拓展脱贫攻坚成果同乡村振兴有效衔接的实施意见》，广东省人民政府门户网站，2021年7月7日，见http：//www.gd.gov.cn/gdywdt/gdyw/content/post_3339710.html。

② 参见《广东省人民政府办公厅关于印发〈农业农村部 广东省人民政府共同推进广东乡村振兴战略实施2020年度工作要点〉的通知》，广东省人民政府门户网站，2020年7月30日，见http：//www.gd.gov.cn/zwgk/wjk/qbwj/ybh/content/post_3061875.html。

③ 参见《广东省人民政府办公厅关于印发〈农业农村部 广东省人民政府共同推进广东乡村振兴战略实施2020年度工作要点〉的通知》，广东省人民政府门户网站，2020年7月30日，见http：//www.gd.gov.cn/zwgk/wjk/qbwj/ybh/content/post_3061875.html。

承人，创作一批乡土文化作品，依托融媒体平台，打造优秀岭南文化品牌，以文化人、滋养乡情，提升人民群众的认同感、归属感。属地乡镇要依托圩镇文体中心、体育运动场、图书馆等场地，加大宣传展示力度，培育文明乡风、良好家风、淳朴民风，提振农村精气神。加强精神文明建设，深入开展移风易俗行动和"星级文明户"创建，革除陈规陋习，抑制封建迷信，弘扬体现乡土特色和时代精神的乡村文化。

六、农村基层组织建设不断加强

农村基层组织建设不断加强是广东实现巩固拓展脱贫攻坚成果同乡村振兴有效衔接的一个重要工作目标。具体来讲，就是要通过加强全省农村地区基层党组织的领导，配强领导班子，创新领导方式，落实服务宗旨，不断提升基层组织的战斗力和回应性，使农村基层党组织成为顺利开展乡村治理工作的坚强战斗堡垒。落实好驻镇帮镇扶村工作，派驻驻村第一书记和工作队。加强对农村基层干部的激励关怀，提高工资补助待遇，改善工作生活条件，切实帮助解决实际困难，打造"不走的农村基层组织"，着力提升全省乡村治理能力。此外，还要不断强化农村本地人才的培养，把具备管理才能、素质较高、乐于为百姓办事的人才吸引进村"两委"班子。

第三节　广东实现有效衔接的政策体系

实现脱贫攻坚与乡村振兴有效衔接，要充分借鉴和利用脱贫攻坚积累的成功经验，为乡村振兴战略的起步做好准备（汪三贵、冯紫曦，2021）。衔接的重点内容主要体现在产业发展、生态环境、精神文明、基层治理、引才留才五个方面。

一、产业衔接：推动产业扶贫向产业振兴转变

在脱贫攻坚时期，产业扶贫作为扶贫开发的战略重点和主要任务，在我国脱贫攻坚战取得全面胜利的过程中起到了举足轻重的作用。在新阶段，国家层面的政策要求推动"产业扶贫"向"产业振兴"转变。广东省在遵循国家层面政策要求的同时，结合广东省的特色，提出了因地制宜开展"产业振兴"的政策体系。

（一）保障重要农产品的有效供给

实现农村产业兴旺，一是要保障农村重要农产品的有效供给。为此，要求严格控制农田的使用，守住耕地红线，打好种业翻身仗。要求落实基本农田保护制度和农用地分类管理制度，严格控制农用地转为建设用地和耕地转为林地、园地等其他类型农用地，坚决遏制耕地"非农化"和防止耕地"非粮化"。[①] 二是要落实"米袋子"省长责任制和"菜篮子"市长负责制，深入实施"南粤粮安工程"，并支持粤港澳大湾区"菜篮子"工程。[②] 建设好粮食生产功能区和重要农产品生产保护区，加强高标准农田建设，增加粮食种植面积，推动广东丝苗米产业发展。落实和完善养殖用地管理，加快标准化、规模化、工厂化、园区化、生态化养殖场建设，推动养殖业转型升级。三是加强国家农产品质量安全县建设，提升乡镇监管能力，试行食用农产品合格证制度，提高农产品质量安全水平。

（二）加速推动第一、第二、第三产业融合

2021 年 6 月发布的《广东省人民政府办公厅关于印发〈农业农村

---

① 参见《中共广东省委 广东省人民政府关于实现巩固拓展脱贫攻坚成果同乡村振兴有效衔接的实施意见》，广东省人民政府门户网站，2021 年 7 月 7 日，见 http：//www.gd.gov.cn/gdywdt/gdyw/content/post_3339710.html。

② 参见《2020 年度广东乡村振兴战略实施十大工作要点公布》，中国发展网百度百家号，2020 年 8 月 11 日，见 https：//baijiahao.baidu.com/s? id =1674740988733354198&wfr=spider&for=pc。

部　广东省人民政府共同推进广东乡村振兴战略实施 2021 年度工作要点〉的通知》(粤办函〔2021〕189 号) 等政策文件要求加速推动第一、第二、第三产业融合[1]，鼓励农村地区从过去单一的种养产业扶贫转化到产业融合的路径上来，通过发展区域特色产业、延长产业链条、培育新产业和新业态等方式实现产业振兴。广东省是我国经济最发达的地区之一，经济实力雄厚且技术先进；同时，地处南岭以南、南海之滨，是全国光、热和水资源丰富的地区，也是农耕文明的发源地之一。应该充分发挥广东省独特的气候条件、资源禀赋、现代科技的比较优势，因地制宜发展岭南特色农业，打造"粤字号"品牌农产品，实现特色产业与推动经营模式、组织模式创新的有机融合，并通过构建"公司+专业合作社+农户"以及产业联合体模式切实推动第一、第二、第三产业融合发展。另外，还要充分挖掘乡村资源潜在价值，积极发展农耕体验、教育示范、共享农庄、农耕博物馆、民宿酒店等新产业、新业态，将乡村旅游产业培育成带动农户增收致富的富民产业（张克俊等，2020）。

(三) 加快现代农村产业园建设

实现产业振兴，还要加快现代农村产业园建设。2020 年和 2021 年推进广东乡村振兴战略工作要点均要求利用广东省的区位优势，对接粤港澳大湾区和深圳先行示范区"双区"大市场，打造独具岭南特色的深海网箱养殖、农产品冷链物流等优势产区现代农业产业园和一批特色产业现代农业产业园，形成国家级、省级、市（县）级现代农业产业园、农业科技园区梯次发展格局。[2][3] 同时，省政府还鼓励县级以上人民政府创造条件打

---

[1] 参见《广东省人民政府办公厅关于印发〈农业农村部　广东省人民政府共同推进广东乡村振兴战略实施 2021 年度工作要点〉的通知》，广东省人民政府门户网站，2021 年 6 月 28 日，见 http://www.gd.gov.cn/zwgk/wjk/qbwj/ybh/content/post_3330727.html。

[2] 参见《广东省人民政府办公厅关于印发〈农业农村部　广东省人民政府共同推进广东乡村振兴战略实施 2020 年度工作要点〉的通知》，广东省人民政府门户网站，2020 年 7 月 30 日，见 http://www.gd.gov.cn/zwgk/wjk/qbwj/ybh/content/post_3061875.html。

[3] 参见《广东省人民政府办公厅关于印发〈农业农村部　广东省人民政府共同推进广东乡村振兴战略实施 2021 年度工作要点〉的通知》，广东省人民政府门户网站，2021 年 6 月 28 日，见 http://www.gd.gov.cn/zwgk/wjk/qbwj/ybh/content/post_3330727.html。

造跨县集群产业园、拓展特色产业园等,并要求参照工业园区建设标准落实"七通一平"(即公路、电力、给水、排水、电话、电视、网络等通畅通达和场地平整),完善基础设施配套建设。①

二、生态衔接:推动生态扶贫向生态振兴转变

黛瓦白墙话桑麻,青山绿水寄乡愁。良好的生态环境是农村的最大优势和宝贵财富。在脱贫攻坚时期,生态扶贫政策既促进和加强了农村地区生态保护,又为乡村振兴的绿色发展打下了坚实基础。在与乡村振兴有效衔接时期,广东省率先开展美丽乡村建设行动,牢固树立"绿水青山就是金山银山"的理念,坚持绿色发展。

(一)建立"一户一宅"农房管控机制

居住条件是改善人居环境的重要内容。《农业农村部 广东省人民政府共同推进广东乡村振兴战略实施 2021 年度工作要点》提出要落实农村住房建设质量安全管理制度和相关技术标准体系,建立以"一户一宅"为基础的农房管控制度和农村低收入群体安全住房保障机制。② 主要加强农村建房全程监管和农房建设质量监管,严禁违背农民意愿大拆大建;推进农村风貌提升,支持有条件的地区整村推进农房外立面改造;③ 加强新建农房风貌规范管控与引导,将农房外观融合岭南传统文化元素,促进乡土材料、乡土工艺与现代建材相结合。同时,还要完善宅基地和农村建房审批监管制度,依法开展农村宅基地审批、建房审批管理和批后监管及服务;加强传统建筑、传统村落的保护和使用,提升农房设计水平和建设质量,依法整治违法违规建房。

---

① 参见《广东省乡村振兴促进条例(草案)》,广东省司法厅门户网站,2021 年 10 月 26 日,见 http://sft.gd.gov.cn/hdjlpt/yjzj/answer/15180。
② 参见《广东省人民政府办公厅关于印发〈农业农村部 广东省人民政府共同推进广东乡村振兴战略实施 2021 年度工作要点〉的通知》,广东省人民政府门户网站,2021 年 6 月 28 日,见 http://www.gd.gov.cn/zwgk/wjk/qbwj/ybh/content/post_3330727.html。
③ 参见《2025 年珠三角地区 80% 以上存量农房完成微改造》,《信息时报》网,2020 年 8 月 27 日,见 http://www.xxsb.com/content/2020-08/27/content_116737.html。

(二) 实施美丽乡村建设攻坚行动

从 2016 年广东全面打响村庄人居环境综合整治三年攻坚战以来, 广东省各村庄的环境已有了明显的改善。在巩固拓展脱贫攻坚成果同乡村振兴有效衔接时期, 美丽乡村建设行动依然是广东的重要任务。《中共广东省委 广东省人民政府关于实现巩固拓展脱贫攻坚成果同乡村振兴有效衔接的实施意见》、《广东省实施乡村振兴战略规划（2018—2022 年）》、广东省政府工作报告和"千村示范、万村整治"工程都对美丽乡村建设提出了要求。主要包括: 以整个农村为实施范围, 对农村污水处理、厕所改造、垃圾清运等进行综合整治, 并在新农村聚居点、农民集中居住区实施清洁行动, 因地制宜开展农村小菜园、小果园、小花园、小公园"四小园"建设, 改善村容村貌。进而催生美丽经济, 加快发展旅游休闲与创意体验农业, 建设一批全国休闲农业重点县, 塑造"粤美乡村"旅游品牌。支持农户、村集体和各类新型经营主体打造并运营特色乡村民宿, 培育发展乡村旅游、生态康养、研学科普、农耕体验等新业态。将乡村资源、生态优势转化为经济发展优势, 将生态美丽和生活富裕有机融合, 让农民吃上"生态饭"。

（三）统筹山水林田湖草生态系统治理

山水林田湖草生态系统治理也是农村"生态振兴"的重要环节。在新时期, 必须尽快完善资源管理制度, 根据当地的实际情况, 使山水林田湖草生态系统更加完善, 达到互惠共生的效果。要坚持系统观念, 以区域、流域为单元, 统筹各自然生态要素, 实行整体保护、系统修复和综合治理, 突出自然地理单元的完整性、生态系统的关联性和修复目标的综合性。还要按照山水林田湖草生态系统的实际情况, 宜林则林, 宜耕则耕, 宜草则草。

三、文化衔接：推动文化扶贫向文化振兴转变

经过脱贫攻坚时期的"文化扶贫", 广东农村的社会结构发生巨大变

革，然而农村仍然保留了一些传统习俗乃至陋习。因此，在巩固拓展脱贫攻坚成果同乡村振兴有效衔接的新阶段，广东省要实现乡村的"文化振兴"，就要不断发现并挖掘村庄文化，丰富乡村文化生活，推进农村移风易俗。

（一）挖掘乡村历史文化

挖掘村庄历史文化，是新时期实现"文化振兴"的基础。《广东省实施乡村振兴战略规划（2018—2022年）》提出，第一，要深入挖掘并发扬农耕文化中蕴含的优秀思想观念、人文精神、道德规范，弘扬勤劳勇敢、艰苦奋斗、勤俭节约、邻里相帮等文化传统。第二，进一步挖掘乡村非物质文化遗产资源，传承民间戏曲、民俗活动、民间音乐、传统手工艺等乡土文化。通过广泛开展"非遗"进乡村活动，宣传乡村非物质文化遗产，培养"非遗"传承人，建设文化生态保护区，从而形成乡村"非遗"整体性、可持续保护。第三，利用岭南驿道文化，挖掘乡村特色文化符号，盘活特色文化资源，走特色化、差异化发展之路。以形神兼备为导向，保护乡村原有建筑风貌和村落格局，深挖历史古韵，弘扬人文之美，重塑诗意闲适的人文环境和田绿草青的居住环境，重现原生田园风光和原本乡情乡愁。第四，加强红色革命遗址保护利用，传承红色基因，因地制宜地建设村史馆、农耕文化馆、家风家训馆、好人馆。[①]

（二）丰富乡村文化生活

丰富乡村文化生活，也是新时期实现乡村"文化振兴"的重要要求。要实现这项要求，需要建设覆盖镇村的基层综合性文化服务场所，促进优质公共文化资源向乡村延伸。例如，推进农家书屋延伸服务和提质增效，完善乡村公共体育服务体系，推动农村文化体育活动场所全覆盖；积极发挥新媒体的作用，完善农村广播电视公共服务覆盖体系，探索农村电影放

---

① 参见《省委、省政府印发〈广东省实施乡村振兴战略规划（2018—2022年）〉》，广东省发展和改革委员会政府网站，2019年7月31日，见http://drc.gd.gov.cn/fzgh5637/content/post_2575321.html。

映的新方法、新模式,使农民群众能便捷地获取优质数字文化资源;结合广东特色,加强龙舟制作技艺、广东剪纸、粤绣等农村"非遗"的挖掘与保护,促进乡村"非遗"的传承和传播,推动优秀岭南农耕文化遗产传承保护和合理适度利用,鼓励文艺工作者推出反映农民生产生活尤其是乡村振兴实践的优秀文艺作品。① 另外,还要开展多种形式的群众文化活动,推进岭南传统节日振兴。

(三)推进农村移风易俗

"千年陋习需剪断,崇尚文明不容缓,厚养薄葬是正道。"在实现有效衔接的过程中,乡村应该继续开展摒弃婚丧嫁娶大操大办、高额彩礼、厚葬薄养等移风易俗活动,促进村民传统观念和习俗的彻底转变;应以建设文明乡风为总要求,"内化于心,外化于行",将文明乡风、淳朴民风、良好家风转化为村民自身的内在需求;积极打造文明乡村建设示范点,建设乡贤文化,让传统民族文化与现代文化深度融合,明确现代文化的主导地位,促进乡风文明;应注重在实践中培育文明乡风,积极开展"四好村"创建活动。在乡村振兴阶段,需结合农村地区的实际情况,通过举办农民夜校等方式开展法律法规、感恩奋进、勤俭节约等主流价值观的教育,进而充分发挥农民对村庄发展的积极推动作用。

四、组织衔接:推动党建扶贫向组织振兴转变

脱贫攻坚时期,乡村工作是一线干部的舞台。在这一时期内,贫困村的驻村工作队、第一书记和帮扶干部等,在贫困村退出和贫困户脱贫中发挥了积极作用,同时,广东省的一线干部们也积累了大量的乡村治理的成功经验。新时期要推动"党建扶贫"向"组织振兴"转变,需要充分发挥党建促扶贫的"溢出效应",提升乡村治理现代化水平,切实打通服务

---

① 参见《省委、省政府印发〈广东省实施乡村振兴战略规划(2018—2022年)〉》,广东省发展和改革委员会政府网站,2019年7月31日,见http://drc.gd.gov.cn/fzgh5637/content/post_2575321.html。

群众的"最后一公里"。

（一）持续发挥党组织的领导作用

发挥党组织的领导作用，是巩固拓展脱贫攻坚成果同乡村振兴有效衔接时期的必然要求。《中共广东省委　广东省人民政府关于实现巩固拓展脱贫攻坚成果同乡村振兴有效衔接的实施意见》要求"健全省负总责、部门联动、市县镇抓落实的工作机制，省市县镇村五级书记抓巩固拓展脱贫攻坚成果和乡村振兴，加快构建责任清晰、各负其责、执行有力的乡村振兴领导体制"[①]。为此，需要充分发挥各级党委农村工作领导小组牵头抓总、统筹协调作用，使农村基层党组织成为顺利开展乡村治理工作的坚强战斗堡垒。此外，还要坚持和完善向重点帮扶村选派驻村第一书记和工作队制度。强化农村本地人才的培养，把具备管理才能、素质较高、乐于为百姓办事的人才吸引进村"两委"班子；从激励关怀、工资待遇、生活条件等方面着手，留住基层干部，打造"不走的农村基层组织"，着力提升全省乡村治理能力。

（二）继续向薄弱村选派驻村第一书记

为扎实推进巩固拓展脱贫攻坚成果同乡村振兴有效衔接，加快实现乡村全面振兴，广东省颁布《广东省乡村振兴驻镇帮镇扶村工作方案》，提出继续向薄弱村选派驻村第一书记，并组建驻镇帮扶工作队，队长为第一书记，负责开展"党政机关＋企事业单位＋科研力量"组团式帮扶行动。通过实施"136"行动（编制"一个规划"，强化"三个帮扶"，促进"六个提升"），补乡村短板，强乡村弱项，促进乡村经济提升，推进"千镇万村"同建同治同美。[②] 在这个过程中，可以将"第一书记""驻村干部"和"单位帮扶"制度常态化，充分发挥扶贫阶段派驻各地贫困村帮

---

① 参见《中共广东省委　广东省人民政府关于实现巩固拓展脱贫攻坚成果同乡村振兴有效衔接的实施意见》，广东省人民政府门户网站，2021年7月7日，见http：//www.gd.gov.cn/gdywdt/gdyw/content/post_3339710.html。

② 参见《权威解读｜广东省乡村振兴驻镇帮镇扶村工作方案》，广东省乡村振兴局网站，2021年7月1日，见http：//www.gdfp.gov.cn/photo/202107/t20210701_1078971.htm。

扶干部的"领头羊"作用和对相对贫困群众的日常性帮扶作用。更重要的是，还可以把扶贫阶段形成的驻村帮扶制度在乡村振兴阶段接续下来，形成长效机制。

五、人才衔接：推动人才帮扶向人才振兴转变

在脱贫攻坚时期，为解决贫困地区缺乏人才这个关键问题，常在扶贫队伍中"就地取才"，发挥贫困村帮扶干部的作用。新时期，"第一书记""驻村干部"常态化，育才、引才、用才机制健全，将更有利于农村贫困人口劳动力转移就业和收入增加，推进乡村振兴，积累人才资源和发展经验。

（一）健全"育才、引才、用才"机制

《中共广东省委　广东省人民政府关于实现巩固拓展脱贫攻坚成果同乡村振兴有效衔接的实施意见》《广东省乡村振兴驻镇帮镇扶村工作方案》等文件都强调了人才的重要性，提出要健全"育才、引才、用才"机制，实现人才振兴。一是要"育才"，也就是激发贫困主体的内生动力。要做好贫困群众等乡村振兴主体的思想引导工作，"鱼""渔"均授、"智""志"双扶，实施"粤菜师傅""广东技工""南粤家政""农村电商""乡村工匠""高素质农民"等系列培育工程，提高农民技能。推广"以工代赈"做法，吸纳更多的农村人口就地就近就业，让其真正成为有自觉、有自信的财富创造者和乡村振兴参与者。二是"引才"，即外引乡村规划师、乡村学校教师、乡村医生、乡村文化工作队伍、乡村文艺团队等紧缺人才，鼓励外出能人返乡创业。三是"用才"。通过完善相应激励制度，吸引外来高端人才"留下来"，让有号召力的"带头人"、有行动力的"追梦人"、懂技术的"土专家""田秀才"、善经营的"新农人""农创客"等八方英才大显身手、大展才华，在乡村振兴伟业中书写新时

代人生华章。①

（二）深化"头雁"工程

在广东省委加强基层党建三年行动计划中，"头雁"工程是一项重要行动。它要求对基层党组织书记进行培训，使他们具备以下三种素质：第一，在思想上和行动上与党中央最新要求保持高度一致，做到不忘初心、牢记使命，带领基层干部群众谋实干、促发展，加快新时代"三农"步伐，积极探索具有广东特色的乡村振兴之路。第二，具备基层党组织书记的创新致富"带头人"能力。具体做法是将在新时代下谋划发展村集体经济、利用"互联网+"提升农村品牌经营、发展农村产业、提高村民生活水平等课程纳入培训重点内容，让基层党组织书记学会如何充分挖掘乡村历史文化遗产，打造乡村旅游，形成山水田园综合体。第三，具备"群众事无小事"的办事理念，加强有关基层治理、信访维稳、新型冠状病毒肺炎（简称"新冠肺炎"）疫情防控等方面知识培训，这也是提升乡村干部在乡村治理效能中行动力的有效补充。通过"头雁"工程，确保乡村干部拥有想干事、多干事的热情，具备能干事、干好事、干成事的能力。

（三）提高农村教育质量

提高农村教育质量，关键在师资。2021年的广东省政府工作报告中提到，要加强师德师风建设，实施新一轮"强师工程"，提升教师队伍建设水平。② 需要保障和改善乡村教师待遇、完善公费师范教育等，鼓励和支持城市学校教师和高等学校毕业生到农村地区学校任教，并在职称评定、工资福利、住房安置、职务聘任等方面给予政策倾斜。同时，巩固拓展教育扶贫成果，也是提高农村教育质量的重要因素。在脱贫攻坚阶段，农村主要关注的是义务教育阶段贫困人口的辍学问题，并且针对贫困县的

---

① 参见《协同推进全面脱贫与乡村振兴有效衔接》，搜狐网，2021年1月26日，见 https://www.sohu.com/a/446842035_120214184。

② 参见《2021年1月24日广东省省长马兴瑞在广东省第十三届人民代表大会第四次会议上作政府工作报告》，广东省人民政府门户网站，2021年1月28日，见 http://www.gd.gov.cn/gkmlpt/content/3/3185/post_3185688.html#45。

义务教育适龄儿童实施了"两免一补"政策。贫困县也采取了许多有效的措施来"控辍保学",防止贫困家庭的适龄儿童因贫、因厌学、因上学不便等原因辍学。这些措施完全可以在乡村振兴阶段继续用于较为偏远的农村地区,也可以将工作重点放在提高学前教育普及率和高中教育入学率上,从而提高整个农村地区各教育阶段的入学率和完成率(汪三贵、冯紫曦,2021)。

第四节 实现有效衔接的广东特色行动

在脱贫攻坚阶段,广东省坚持把打赢脱贫攻坚战作为重大责任和第一民生工程,在完成两轮扶贫"双到"(规划到户、责任到人)解决绝对贫困问题的基础上,率先开启了对解决相对贫困问题的探索。在巩固拓展脱贫攻坚成果同乡村振兴有效衔接时期,广东省创造性地开展了驻镇帮镇扶村工作和"双百工程"两项特色行动,并致力于打造岭南特色乡村风貌带,为加速推进有效衔接"添砖加瓦"。

一、开展驻镇帮镇扶村工作

2021年6月,广东省制定印发《广东省乡村振兴驻镇帮镇扶村工作方案》,创新性探索乡村振兴驻镇帮镇扶村工作新机制,将驻镇帮镇扶村工作作为巩固拓展脱贫攻坚成果、全面推进乡村振兴的重要举措,该举措通过向镇级派驻第一书记和驻村工作队,实行分级分类帮扶,是全面推进乡村振兴的主抓手和主平台。驻镇帮镇扶村工作主要是在镇级层面统筹镇村产业发展、基础设施、公共服务的建设,推动镇村一体谋划,从而实现强镇兴村,助力乡村振兴。

(一)开展驻镇帮镇扶村工作的目标

《广东省乡村振兴驻镇帮镇扶村工作方案》在明确扎实推进巩固拓展

脱贫攻坚成果同乡村振兴有效衔接，加快实现乡村全面振兴总目标的同时，将驻镇帮镇扶村的目标任务分三个阶段来完成，先完成短期目标，然后是完成中期目标和长期目标。其中，短期目标为"到2022年，全省脱贫攻坚成果进一步巩固拓展，镇村同建同治同美取得显著成效"①。中期目标为"到2027年，全省乡村振兴取得战略性成果，镇村面貌实现根本改变"②。长期目标为"到2035年，全省农业高质高效、乡村宜居宜业、农民富裕富足目标总体实现，乡村基本实现现代化"③。

（二）驻镇帮镇扶村工作的安排

广东省的驻镇帮镇扶村工作要求各地区根据自身的实际情况，创新性地组建驻镇帮镇扶村工作队，负责协调推进所驻乡镇巩固拓展脱贫攻坚成果同乡村振兴有效衔接的工作。原则上每个工作队不少于3人、每3年轮换一次。同时，也采用了分类分级帮扶和组团式帮扶两种方式。在分类分级帮扶中，广东省通盘考虑结对双方综合实力和帮扶能力，综合地域、面积、脱贫人口和农村人口数量、经济实力等因素，把将粤东、粤西、粤北地区12市和肇庆市901个乡镇，即共1127个乡镇分为三类：第一类为综合实力相对较弱的600个乡镇，称为重点帮扶镇，由省直和中直驻粤单位、珠三角6市（广州、深圳、珠海、佛山、东莞、中山）、属地市直属单位按2∶5∶3的比例进行帮扶；第二类是综合实力相对较强的301个乡镇，称为巩固提升镇，由所在县（市、区）自行组团帮扶；第三类是将剩下的珠三角7市所辖226个乡镇列为先行示范镇，由所属地市结合实际，全面推进强镇兴村，率先实现城乡融合和乡村全面振兴。

在组团结对帮扶中，主要是整合强化帮扶力量，采取"党政机关+企事业单位+科研力量+志愿者+金融助理"的模式进行组团结对帮扶。在

---

① 《权威解读｜广东省乡村振兴驻镇帮镇扶村工作方案》，广东省乡村振兴局网站，2021年7月1日，见http：//www.gdfp.gov.cn/photo/202107/t20210701_1078971.htm。
② 《权威解读｜广东省乡村振兴驻镇帮镇扶村工作方案》，广东省乡村振兴局网站，2021年7月1日，见http：//www.gdfp.gov.cn/photo/202107/t20210701_1078971.htm。
③ 《权威解读｜广东省乡村振兴驻镇帮镇扶村工作方案》，广东省乡村振兴局网站，2021年7月1日，见http：//www.gdfp.gov.cn/photo/202107/t20210701_1078971.htm。

省级层面，广东省安排了121个省直和中直驻粤有关单位作为牵头单位、153个企事业单位作为成员单位组建121个团队，一对一定点帮扶粤东、粤西、粤北12市和肇庆市的重点帮扶镇。在市级层面，安排珠三角6市对口帮扶300个重点帮扶镇，属地市直属单位则帮扶其余179个重点帮扶镇。对301个巩固提升镇，则由属地县（市、区）参照省的做法，落实组团式结对自行帮扶，从而确保粤东、粤西、粤北12市和肇庆市901个乡镇组团式结对帮扶全覆盖。

（三）落实驻镇帮镇扶村工作的工作任务

在印发《广东省乡村振兴驻镇帮镇扶村工作方案》的同时，广东省还颁布了《广东省乡村振兴驻镇帮镇扶村重点工作任务清单》，将"五个提升""五个加强"列为重点工作任务。

"五个提升"即提升脱贫攻坚成果水平，提升镇村公共基础设施水平，提升镇域公共服务能力，提升乡村产业发展水平，提升抓党建促乡村振兴水平。第一，在脱贫攻坚成果水平方面，具体要求是在"十四五"时期严格落实"四个不摘"要求，健全防止返贫动态监测和帮扶机制，不断完善分层分类社会救助和帮扶体系，牢守不发生规模性返贫底线。要完善养老保障和儿童关爱服务，健全基本医疗保险、大病保险、医疗救助三重保障制度体系；为调动农村民众的内生性动力，实施"粤菜师傅""广东技工""南粤家政""农村电商""乡村工匠""高素质农民"等新型农民培育工程，促进劳动力由"苦力型"向"技能型"转变；要加强扶贫资产管理，巩固拓展扶贫资产收益机制。第二，在公共基础设施方面，要提升镇村公共基础设施水平，坚持高起点规划、高标准建设理念，完善乡村水、电、路、气、邮政通信、广播电视、物流、防灾减灾等基础设施建设，健全城乡基础设施统一规划、建设、管护长效机制；实施美丽乡镇建设攻坚行动和推进镇（街）的智慧化改造。第三，在镇域公共服务方面，要提升镇域公共服务能力，把镇（街）建设成为服务农民的区域中心，统筹优化配置教育、医疗、文化等公共资源，强化服务农民的功能；妥善解决好农村妇女、老人、儿童"三留守"问题；实施"双百工程"和加强精神文明建设。第四，在提升乡村产业发展水平方面，要求坚持市场化方向，按照"宜农则农、宜工则工、宜商则商、宜游则游"的发展思路，实施"五个一"工程，以不断推动乡村经济的发展。第五，在抓党建促乡村振兴方面，要深入贯彻落实省委基层党建三年行动计划，深化"头雁"工程并健全"留住人才"机制，激发村民参与乡村治理的积极性和创造性，引导村民群众主动参与治理，营造共建共治共享乡村治理新格局。

"五个加强"则为加强组织领导，加强规划引领，加强资金保障，加强人才支持，加强监督考核。第一，在组织领导上，由党委副书记开展调研工作，履行职责。组团成立的驻镇帮扶工作队，主要负责协助驻镇帮镇扶村工作。第二，在规划引领上，按照"十四五"规划要求，系统谋划、科学编制镇域乡村振兴规划。第三，在资金保障上，要求用好各级衔接推进乡村振兴专项资金、涉农资金等财政资金，用好用活金融服务乡村振兴政策等。第四，在人才支持上，要求尽量满足乡村在医疗、教育、农业、科技等方面的专业人才。第五，监督考核上，要求各镇（街）党委政府每年向所属市（区）报告开展驻镇帮镇扶村工作完成情况，各市（区）每年向市委、市政府报告驻镇帮扶、推动乡村振兴工作情况。考核结果作为干部选拔任用、优先奖优、问责追责的重要参考。

二、落实"广东兜底民生服务社会工作'双百工程'"，助力乡村振兴

"广东兜底民生服务社会工作双百工程"是广东省在全国率先提出的"用两年时间实现全省社会工作服务站（点）100%覆盖、困难群众和特殊群体社会工作服务100%覆盖"的目标。它是2017年由广东省民政厅联合相关部门，积极探索以专业社工充实基层兜底民生服务力量而实施的广东社工"双百计划"演变而来。2021年1月，在广州召开的"广东兜底民生服务社会工作双百工程"动员部署会认为，"双百工程"不仅是全面推进乡村振兴的重要举措，也在社会服务领域为全国做出了引领和示范。

（一）落实困难群众主动发现与精准帮扶，巩固脱贫攻坚成果

"广东兜底民生服务社会工作双百工程"要求社会工作者（简称"社

第五章 实现有效衔接的广东部署与规划

工")及时掌握服务对象的基本情况及服务需求,通过走访、见人、见事,了解服务对象的家庭结构、经济状况、健康状况、政策享有等基本信息,为服务对象建档立卡造册。2021年1月,《关于印发"广东兜底民生服务社会工作双百工程"实施方案的通知》(粤民发〔2021〕3号)要求凸显群众精神、心理、文化等方面的需求,要求社工运用社会工作专业知识,提供专业服务,纾解服务对象的负面情绪,促进服务对象与家庭成员的良性互动,尤其是对低保对象、特困人员、残疾人、困境儿童和留守儿童、特殊困难老年人、留守妇女等群体。同时,还要求社工积极链接资源,通过支持、推荐、劝说等方式使村民积极参加"粤菜师傅""广东技工""南粤家政"等工程,促进劳动力由"苦力型"向"技能型"转变,从而充分激发群众内生性动力。从这些方面可以看出,"广东兜底民生服务社会工作双百工程"中的社工是巩固脱贫攻坚成果的基层工作者之一,他们以社会工作专业理念、方法和技能,精准定位,统筹开展服务,协助落实惠民政策,畅通党和政府联系服务群众的"最后一米",是实现巩固拓展脱贫攻坚成果同乡村振兴有效衔接中的重要力量。

(二)给予"双百"社工职业培训和就业优惠,完善育才、引才机制

2021年1月发布的《关于印发"广东兜底民生服务社会工作双百工程"实施方案的通知》规定了"双百"社工职业培训标准和具体就业优惠。在社工培训(育才)方面,一是要求每个社工都要参加不少于15小时的岗前培训,熟悉岗位职责要求,了解社会工作基本理论、知识技能;二是在社工参加工作后,政府将聘请社会工作专家,对社工进行每人每年不少于48小时社会工作专业知识培训,推动社工掌握实务操作技能;三是开展政策培训,即针对社工日常工作需求,开展社会救助、儿童福利、养老服务、妇女关爱服务、残疾人服务等政策培训,以全面提升社工政策认识水平和政策落实能力。在引才方面,《关于印发"广东兜底民生服务社会工作双百工程"实施方案的通知》规定,对在边远山区、革命老区等开展服务的社工,在党政机关、群团组织、事业单位招录相关职位工作人员时,同等条件下可优先录用。这样的引才机制,能吸引更多年轻的社工

参与到"广东兜底民生服务社会工作双百工程"中,为乡村振兴工作队伍注入鲜活的力量。

三、打造岭南特色乡村风貌带

2019年4月,广东省委实施乡村振兴战略领导小组印发《广东省关于深入推进"千村示范、万村整治"工程的行动方案》,提出要以点带面、连线成片建设岭南特色乡村风貌示范带,要求各地在完成"四沿"区域(沿交通线、沿边界线、沿旅游景区、沿城市郊区)乡村风貌示范带规划和农村人居环境整治的基础上,基本建成广东乡村风貌示范带。近年来,广东省各市都通过积极开展人居环境整治、岭南特色乡村建设和催生"美丽经济"等行动,建设可复制、可推广的岭南特色乡村风貌带。

(一)加强人居环境整治力度

加强人居环境整治是打造岭南特色乡村风貌带的重要内容。近年来,广东省各市开展了各项人居环境整治工作,提高了乡村生态和人居环境,创新了人居环境整治方式,为提高乡村风貌和村民生活质量提供了可借鉴的行动方式。

在处理农村"脏乱差"现象方面,广东重点实施"三清三拆三整治",即"清理村巷道及生产工具、建筑材料乱堆乱放,清理房前屋后和村巷道杂草杂物、积存垃圾,清理沟渠池塘溪河淤泥、漂浮物和障碍物;拆除危房、废弃猪牛栏及露天厕所茅房,拆除乱搭乱建、违章建筑,拆除非法违规商业广告、招牌等;整治垃圾乱扔乱放,整治污水乱排乱倒,整治'三线'(电力、电视、通信线)乱搭乱接"[①]。2020年11月3日至12月14日,由广东省委农村工作办公室牵头,会同省自然资源厅、生态环境厅等10个省直相关单位,对全省169个涉农县(市、区)开展农村人居环境整治三年行动验收,其中,珠海市斗门区、汕尾陆河县等154个县

[①] 参见《广东全域开展农村人居环境整治》,中华人民共和国农业农村部,2018年8月24日,见http://www.moa.gov.cn/xw/zwdt/201808/t20180824_6156318.htm。

(区)被评为"优秀"。①

除了处理"脏乱差"外，广东各市还扎实推进美丽家园、美丽田园、美丽河湖、美丽园区、美丽廊道"五个美丽"行动，进行农村环境卫生整治，生态环境保护，村域水体整治，园区环境整治，沿交通线、沿旅游景点区和沿城市郊区等"三沿"区域的人居环境整治，以及加快开展"四小园"建设等，其中，较为典型的是肇庆市高要区构建的享有"干净整洁村""美丽宜居村""特色精品庄村"美誉的"高要模式"。② 广州市从化区在推进"五个美丽"过程中，开展了从田间地头、城中村、工业园区，到河涌池塘和农房等的全要素、全方位纳入整治的行动。③

（二）开展岭南特色农村建设

为更好地推进岭南特色乡村风貌带的建设进程，广东省还致力于挖掘广东优秀传统文化，针对各地的特点进行了历史文化渊源的梳理，并对各地历史文化遗迹进行保护与发展，划定保护范围，制定保护措施，建立传统村落档案，形成传统村落风貌，以便更好地展现岭南特色文化风貌。

在农村住房方面，《广东省人民政府关于全面推进农房管控和乡村风貌提升的指导意见》（粤府〔2020〕43号）鼓励在农房建设和改造过程中充分呈现岭南特色乡村风貌和新时代广东乡村风貌。近年来，各地开始加强新建农房的建设规划与引导，鼓励充分挖掘岭南、潮汕、客家乡村的历史文化、农耕文化、人文底蕴、农家情趣、名人事迹、家风古训，将农房外观融合这些岭南传统历史文化元素，促进乡土材料、乡土工艺与现代建材相结合，形成具有岭南文化特色的农村住房风貌。为此，广东省住建厅还编制了《岭南新风貌·广东省农房设计方案图集》和《广东省社会主义新农村住宅设计图集》，以供各地参考与借鉴，并按需求进行农房改造。

---

① 参见《广东省农村人居环境整治三年行动考核结果出炉：珠海斗门位居珠三角第二!》，广东社会热点新闻，2021年5月5日，见https://baijiahao.baidu.com/s? id = 1698907928306376518&wfr = spider&for = pc。

② 参见《高要五个"美丽行动"打造美丽乡村》，转引自肇庆市人民政府，搜狐网，2019年8月13日，见https://www.sohu.com/a/333338670_120207549。

③ 参见《从化区全域推进"五个美丽"行动，建设粤港澳大湾区最美乡村》，广州市人民政府门户网站，2019年12月3日，见http://www.gz.gov.cn/xw/jrgz/content/post_5612644.html。

在开展岭南特色农村建设的过程中,广东省还重视乡村文化建设,建设具有岭南特色的圩镇文体中心、体育运动场、图书馆等场地,并将这些场地与岭南特色农房相结合,拓展了岭南特色风貌带的内涵,加强了乡村精神文明建设。以梅州为例,当前梅州市已经建立了乡镇(街道)文化站112个,农村(社区)文化室2040个,农家书屋787个。又如,惠州市博罗县建设了博罗县非物质文化遗产展示馆,展示馆展示了包括罗浮山豆腐花制作技艺在内的37项"非遗"项目,对民俗文化的宣传起到了积极作用。

人居环境的改善和岭南特色文化建设的开展,催生了"美丽经济",尤其是促进了乡村旅游业的发展。广东的大多数乡村,是集文化底蕴和优美环境于一身的乡村,不少地区都独具特色。近年来,广东各地结合乡村自身的特点,打造了一个又一个旅游区、度假村。例如,江门的海宴镇、梅州的百侯镇因其侨乡特色而充满异域风情,深受消费者喜爱。又如江门市塘口镇因其碉楼风光而闻名。此外,也有地方利用当地文化特色而打造的乡间民宿,例如,珠海市斗门区莲洲镇光明村将光明小学旧址打造成了停云小镇,结合民宿、餐饮、文创、有机农业等产业,把游客"引进来",让农产品"走出去",带动了集体经济的发展。

第六章　实现有效衔接的党建引领

农村基层党组织在制度建设、群众动员、资源统筹等方面的作用助推脱贫攻坚战的胜利。接力脱贫攻坚之后，乡村振兴战略作为一项全局性、系统性和复杂性的举措，如何在更广阔的农村社会动员并组织农民进行乡村治理，实现巩固拓展脱贫攻坚成果同乡村振兴有效衔接，是党和政府亟须回应的政策议题。2021年，《中共中央　国务院关于全面推进乡村振兴加快农业农村现代化的意见》（2021年中央一号文件）提出，要构建责任清晰、各负其责、执行有力的乡村振兴领导体制，层层压实责任。除了"五级书记抓乡村振兴"的工作机制，2021年中央一号文件还特别强调了农村基层党组织领导作用。步入新时代以来，中国共产党开始实施精准扶贫，聚焦农村脱贫攻坚，领导全体农民不断取得脱贫致富一个又一个胜利。在推进脱贫攻坚与乡村振兴实现有效衔接的事业进程中，必须继续坚持党的全面领导，强化基层党组织乡村治理中的统筹、协调与服务等职能，将基层党建的政治优势、组织优势和制度优势更多、更好地转化为治理效能，这既是脱胎于脱贫攻坚战胜利的治理经验，也是更好地推动脱贫攻坚转向全面实施乡村振兴战略的根本要求。

作为中国改革开放的前沿阵地，广东敢为人先，积极探索并创新党建引领巩固拓展脱贫攻坚成果同乡村振兴有效衔接的进路。除了宏观层面的机构设置、政策制定、财政体系保障、联席会议等举措之外，在微观层面，广东以强化基层党组织建设为起点，构建起覆盖农村基层社会的组织网络体系，并通过强化组织内部制度建设、优化人力资源配置及强化意识形态教育来提升基层党组织的战斗力，筑牢党员发挥先锋模范作用的政治保障。在夯实组织根基的基础上，围绕产业兴旺、生态宜居、乡风文明、治理有效、生活富裕的乡村振兴总方针，广东各级、各地政府因地制宜，充分尊重地方性知识，推动基层党组织有机嵌入村庄社会，通过有效发挥党员示范带动与动员作用，吸纳多元主体参与乡村振兴，整合涉农资源，找回农民主体性，以及将技术元素融入乡村治理等途径，显著提升乡村治理实效，形成了新时代党建引领有效衔接的广东经验。本章从梳理党建引领有效衔接的依据和作用机制出发，将广东实现组织振兴的路径加以呈现，梳理省内不同地方的治理实践，阐释各地在探索党建引领有效衔接方面的进路，最后总结提炼党建引领有效衔接的广东经验。

第一节 党建引领有效衔接的依据与作用机制

回顾中国的革命、建设及改革的伟大历程，基层党组织有效发挥引领作用是中国共产党取得不断胜利的重要法宝。进入新时代以后，诞生于中国革命和改革年代的党建引领农村工作的优秀传统在打赢脱贫攻坚战中继续发挥着关键性作用。乡村振兴关乎中华民族伟大复兴的全局。党建引领有效衔接契合新时代党的使命与责任，是遵循基层党组织的意图与能力会影响国家战略推进的经验要求，也是提升乡村振兴实效的需要（梅立润、唐皇凤，2019）。因此，在实现有效衔接的过程中，必须要始终加强党对农村工作的领导，发挥党总揽农村工作全局、协调各方的作用，通过提升农村基层党组织的战斗力，在整合与配置农村各类资源的过程中将农民有效地组织起来，保证巩固拓展脱贫攻坚成果同乡村振兴有效衔接。

一、新时代的基层党建与有效衔接

"立党为公，执政为民"是中国共产党的执政理念。通过党建引领有效衔接，助力农村美、农民富、农业强目标的实现，让广大农民群众共享社会经济的发展成果是中国共产党人的初心和使命。当前，"三农"问题是破解农村发展难题、破题有效衔接工作、实现乡村振兴的关键着力点，而基层党建则是保障有效衔接有源源不断的动力支撑的重要基础。步入新时代，农村工作的复杂性程度进一步提升，这种复杂性决定了只有牢牢把握党的领导，通过基层党组织积极发挥在价值引领、资源动员等方面的关键作用，才能寻找到破解制约农村工作问题症结的有效途径，为实现有效衔接提供方向和指引。而有效衔接的顺利实现也将进一步改善国家和农民的关系，并强化中国共产党在农村社会的根基与执政的合法性。

（一）以人民为中心发展理念的必然要求

"为什么人、靠什么人的问题，是检验一个政党、一个政权性质的试金石。"[①] 中国共产党的性质决定了党始终坚持全心全意为人民服务的根本宗旨，作为一个极具使命感的政党，正是这种使命使得中国共产党的领导成为中国特色社会主义最本质的特征和中国特色社会主义制度的最大优势。在有效衔接的过程中，注重加强农村基层党建，以党建引领乡村振兴，契合新时代中国共产党的使命与责任。进入新时代以后，习近平总书记多次强调人民至上，要坚持以人民为中心的发展思想。[②] 党的十九大更明确指出："中国共产党人的初心和使命，就是为中国人民谋幸福，为中华民族谋复兴。"在有效衔接工作的推进过程中，农民群众既是治理行动的真正参与主体，也是衔接成果的享有者，广大农民群众从吃饱穿暖到吃得健康的转变，是对以人民为中心的发展理念的最好诠释。从脱贫攻坚到乡村振兴，通过全方位的任务体系设计以及适当调整国家资源配置逻辑，可以增强乡村发展的充分性，缓解城乡发展不平衡不协调的结构性矛盾，提高乡村振兴战略的实施成效（梅立润、唐皇凤，2019），从而更好地满足广大农民群众日益增长的美好生活需要。

（二）破解中国"三农"问题的现实需要

农村基层党组织是破解"三农"问题的行动主体。对于农村来说，农

---

① 《习近平在中央党校（国家行政学院）中青年干部培训班开班式上发表重要讲话》，中共中央党校（国家行政学院）网，2019 年 3 月 1 日，见 https://www.ccps.gov.cn/zl/zqbzl/tt/201903/t20190304_130052.shtml。

② 参见《习近平在参加内蒙古代表团审议时强调，坚持人民至上，不断造福人民，把以人民为中心的发展思想落实到各项决策部署和实际工作之中》，中国青年网百度百家号，2020 年 5 月 23 日，见 https://baijiahao.baidu.com/s?id=1667439384962631168&wfr=spider&for=pc。

村基层党组织既是凝聚民心、发动群众、引领发展的核心,又是农村社会治理的领导者与实践者;对于农民来说,农村基层党组织为广大农民提供利益表达渠道,在调整、化解各类关系或利益冲突进而实现利益整合的过程中,成为农民根本利益的代言人与维护者;对于农业来说,农村基层党组织是提高农业竞争力、生产力及创新力的有力推动者。在从脱贫攻坚向乡村振兴战略转变的关键时期,通过提升基层党建质量来抓牢"三农"领域的改革发展机遇,可以更好地把握农村社会领域的重大转型与变革,达到农民对美好生活的向往与期盼;同时,"三农"工作成效高低也会影响农村基层党建的质量。对农民的精准帮扶、对农业的科技投入以及对农村的人居环境等整改举措,是基层党组织助力有效衔接政策目标达成的重要体现。农村基层党组织在鼓励、动员广大农民群众广泛参与、有序组织,带领农民推动农业农村发展,实现对乡村进行有效治理的过程中,不仅可以实现乡村振兴战略中"治理有效"的目标要求,还可以对提高基层党建质量形成有效的反馈与促进。

(三) 中国农村工作的基本原则

习近平总书记曾指出,党的根基在基层,一定要抓好基层党建,在农村始终要坚持党的领导。[①] 从宏观层面而言,抓好农村工作必须抓基层党建。不同于脱贫攻坚,乡村振兴战略在工作目标、对象等方面的差异性,决定了实现有效衔接意味着农村工作要从全局出发,做到抓重点、抓稳定、抓长远,即要把农村基层党组织建设摆到全面推进乡村发展大局的突出位置,将其打造成有效衔接时期农村工作的重要抓手,在落实党的战略方针及政策要求过程中实现有效衔接,并为乡村全面振兴夯实组织根基。从微观层面而言,抓基层党建就是为乡村谋发展。巩固党在农村地区的工作基础,需要在广泛动员和紧密联系群众的基础上,通过健全党管农村工作领导体制机制和党内法规,确保党能够在农村工作中拥有领导权,能够

---

① 参见《习近平在参加党的十九大贵州省代表团讨论时强调 万众一心开拓进取 把新时代中国特色社会主义推向前进》,中华人民共和国中央人民政府门户网站,2017 年 10 月 19 日,见 http://www.gov.cn/zhuanti/2017-10/19/content_5233122.htm。

在广大农村地区不断夯实认同基础,从而强化公众对党执政的认同。

(四) 政权建设与合法性的要求

绩效是组织生存与发展的生命力之源,任何一个组织都需要绩效来维持组织的生存和运转。在现代政治生活中,对绩效的强调与追求已经成为一种共通性的行动准则,甚至成为政治合法性的重要来源(梅立润、唐皇凤,2019)。有效衔接工作是乡村振兴战略全面推进的先导性目标要求,亦承载着中国共产党在新时代实现全面建成小康社会和社会主义现代化强国的核心使命与责任,实现脱贫攻坚向乡村振兴战略的顺利过渡,是中国共产党当前的重要关切。实施乡村振兴战略作为中国共产党为实现中华民族伟大复兴所做出的关键性决策,大量的资源将在乡村振兴战略实施的过程中下沉到基层。因此,通过有效衔接工作,探索实现顶层设计与各项决策的顺利贯彻实施以及资源的合理配置与使用的可行性路径,是全社会对承担伟大历史使命的中国共产党的共同期待。

二、党建引领有效衔接的作用机制

党的十九大报告指出,要按照产业兴旺、生态宜居、乡风文明、治理有效、生活富裕的总方针大力实施乡村振兴战略。这实质上关于有效衔接工作的顶层设计,需要在有效衔接时期探索不同领域任务目标的实现路径并初步搭建起相应的治理框架。尽管上述不同领域要求差异化的工作理念和方式方法,但作为统筹有效衔接工作的领导核心,基层党组织可以通过履行价值引领、资源整合、人才培养、动员激励以及提供组织保障等职能来提升基层组织的战斗力、保障先进性,统筹涉农资源的使用,破解制约农村社会经济发展的症结,探索实现农村美、农业强、农民富的目标路径。

(一) 价值引领

农村基层党建是党开展农村工作最坚实的后盾,因此,加强农村基层党组织建设是做好引领有效衔接的基本工作。这就要求党的基层组织队伍需要具备能够成为领导核心的先进性、纯洁性与创造性，其重点在于增强基层党组织的凝聚力、团结力、领导力、推动力和治理能力。中国共产党的历史是一部厚重的奋斗史，历代的中国共产党人在革命、改革和社会主义建设中表现出了开天辟地、敢为人先的首创精神，以及坚定理想、百折不挠的奋斗精神，这种精神资源是新时期党领导开展农村工作宝贵的精神财富。伟大的建党精神在有效衔接工作中的实践，将对参与农村社会治理的多元主体产生显著的价值引领作用。

（二）资源整合

农村基层党组织作为村庄治理场域中的枢纽型组织，能够有效地发挥资源动员和链接的作用。从脱贫攻坚到乡村振兴，工作的范围扩大到整个农村地区，而乡村振兴战略的推进必然伴随源源不断的资源投入，因此寻找进行资源统筹和高效配置的方法是农村基层党组织在有效衔接时期的重点工作。扩大党组织和党在农村社会的工作覆盖面，在辖区范围内所有自然村建立村党组织领导下的各类村民事务治理组织，作为党和政府在基层社会的"代理人"，通过实现党对各类村级组织的有效嵌入，可以有效发挥党组织在实现资源供需匹配中的枢纽性作用，从而提高涉农资源的使用效率。

（三）人才培养

党建可以在基层组织队伍优化、培养乡土人才，以及吸收新鲜血液等层面夯实有效衔接工作的人才基础。村干部作为宝贵的人力资源，是村庄发展的支柱，能够代表并带领村民共同参与乡村振兴战略的实施中。实现对基层干部的科学选聘和使用，可以打造拥有坚定政治理想、保持先进性、战斗力强的基层工作队伍。通过基层党组织建设，基层党组织成为带领群众脱贫致富的战斗堡垒，还可以充分激发本乡本土人才活力，培养并留住乡土人才。基层党组织同样可以通过提升基层服务能力、落实生活保障，以及提升职业发展空间等措施积极引导人才"上山下乡"。

（四）动员激励

动员激励机制侧重于通过建立科学的奖励和惩罚措施，激励农村工作的主体能够更加积极有效地参与到有效衔接的工作中来。这种激励机制可以分为党内外两个维度。就党内激励而言，依托现有的党内法规，结合地方工作实际，通过制订更加具体的奖惩工作方案，推动基层党组织及党员同志积极发挥主观能动性，发挥先锋模范的带头作用，努力为参与农村工作的组织和个人提供相关的服务。就党外的激励而言，可以将服务意识强、年轻有为的后备干部、致富能手等优秀人员作为重点培养对象。对积极参与乡村振兴工作的组织可以给予相应的政策优惠，从而激励更多的社会力量参与到巩固拓展脱贫攻坚成果同乡村振兴有效衔接的工作中来。

第二节　基层党建与组织振兴

党的组织建设既是实现有效衔接的关键切入点，也是全面实施乡村振兴战略的重要支撑。以组织振兴促进治理有效，是对新时代乡村治理提出的更高要求，也是顺利实现乡村振兴战略的治理基石（李辉，2021）。习近平总书记强调，实施乡村振兴战略，关键是"发挥好乡村党组织的作用，把乡村党组织建设好，把领导班子建设强"[1]。新时代村党组织自身力量的强大是有效衔接的根本保障，为了实现对乡村治理的有效领导，村党组织也需要强化自身建设。在广东建强基层组织的治理实践中，基层党建从治理网络重构、治理机制规范、治理主体优化等层面入手，通过完善组织体系和组织制度建设，为党顺利嵌入乡村社会，实现对乡村治理的有效领导奠定了组织基础。同时，通过优化基层党组织队伍的配置，强化对基层党组织成员的思想知识培训，为提升基层党组织的执行力、保障党的

---

[1] 《把乡村振兴战略作为新时代"三农"工作总抓手》，新华网百度百家号，2019年6月1日，见 https://baijiahao.baidu.com/s?id=1635100605931631675&wfr=spider&for=pc。

领导力以及有效发挥党建引领有效衔接提供了人才支撑。

一、完善组织体系架构

健全的基层党组织架构是履行好引领职能的基础。通过推行党组织优化设置在先，推动党的组织设置向基层延伸、向面上覆盖，可以确保乡村治理一切工作都在党组织领导下进行，从而提升基层党组织对有效衔接的引领能力。在两大战略的转换期，广东省努力探索建立"村到组、组到户、户到人"的三级党建网格，不同层次网络的组织架构、职能均有所不同。第一，行政村（社区）作为第一级网格，根据党员人数设立党委或党总支，领导统筹网格内党的建设和基层治理；第二，村民小组（自然村、住宅小区）作为第二级网格，设置党支部，重在加强党员教育管理，落实党员先知先议；第三，村民小组下再设置第三级网格，以党员村民居住分布、生产生活传统为依据划分并设置户联系党小组，重在直接联系服务群众。通过织密基层党组织体系，实现了组织建在网格上、党员融入群众中的目标。

在佛山市南海区，全区290个村（社区）党组织、2123个村民小组（自然村、住宅小区）党支部，共建立5052个党小组[①]，形成了以村级党组织为领导核心、村民小组（自然村、住宅小区）党支部为战斗堡垒、党小组为"神经末梢"、党员为"根系"的引领乡村治理主干体系。在云浮，当地政府践行"做强镇街、做优村居、做活村小组"的理念，不断完善农村基层组织体系。通过推行"镇—村—组"的党建网格化模式，设立合作社、农业企业等产业链党支部337个，组建自然村党支部617个、党小组2423个[②]，确保有效衔接工作涉及的内容均可以实现党的组织和工作的覆盖，从而成功构建起党建引领乡村治理的内部网络（郝炜，2021）。

[①] 参见《党建引领：领航新征程 聚力谱新篇》，南海新闻网，2021年10月28日，见https://nanhaitoday.com/nhxww/articles/2021/10/28/1304b6fcc5424ad79616d8b05e865fb9.html。

[②] 参见《聚焦基层党建三年行动计划，云浮这么干!》，澎湃新闻·澎湃号·政务，2020年9月19日，见https://www.thepaper.cn/newsDetail_forward_9260845。

二、规范组织制度建设

规范的组织内部运行制度是组织顺畅、高效运转的重要保障。在组织建设中，广东积极开展管理增效行动，通过制定组织运作和工作开展的制度性规范，以组织自身的建设夯实有效衔接引领的根基。在搭建覆盖基层社会的三级网格基础上，明确三级网格的职责。一级网格实施重要事权清单管理，如明确各类组织人选、集体资产管理、重大项目、村规民约等重要事权，明确党组织"主持制定方案、审议通过、监督实施"全流程把关。二级网格推行党支部强基增能，例如，针对村集体经济组织，落实党支部书记参加经济社社委会、党员参加股东会议制度；针对小区治理，推行由小区党支部书记担任业委会主任、社区党组织牵头、小区党支部参加的居委会、业委会、物业企业三方联席会议机制。三级网格落实联系服务群众任务，例如，组织辖区党员以党小组网格为单元、以户为单位联系群众，做到惠民政策必讲、实际困难必听、中心工作必讲、意见建议必听，"两委"得失必讲、评议评价必听。① 在明确三级网络职责的基础上，通过细化流程，明确程序，保证办事有章可循。例如，佛山市三水区通过梳理细化行政村、村民小组重要事权清单的具体流程，推动形成标准化、规范化、制度化的操作程序；云浮市全面推行"三个在先""四项机制""四议两公开"等制度，落实村级"小微权力"清单，建立党组织与其他组织联席会议制度，将党务、组务等规范化管理延伸到村民小组一级，增强党组织在有效衔接工作中的领导权和话语权。

三、优化人力资源配置

人才是目前乡村治理工作中的薄弱环节，是短板中的短板（魏后凯，2018）。人才短缺瓶颈直接制约着乡村的发展，是破题两大战略有效衔接

---

① 参见《广东南海织密党建网格引领乡村善治》，广东省农业农村厅门户网站，2019年7月15日，见 http://dara.gd.gov.cn/nyyw/content/post_2537416.html。

的关键，也将直接影响乡村振兴战略的实施。只有满足基层组织人力资源配置的数量和质量要求，党建引领有效衔接及至乡村振兴战略的实施，才能保持源源不断的活力和创造力。近年来，广东强化村党组织书记"选育管用储"，落实"党员人才回乡计划"，按照不低于1∶2的比例建立村党组织书记储备人选4.6万名。统筹选派、管理、使用第一书记，从2018年起连续5年每年选派不少于1000名优秀党员干部驻村担任第一书记。[①]现阶段，广东创新选派干部帮扶基层的方式，探索从"驻村帮扶"到"驻村帮镇扶村"，致力于更好地发挥帮扶干部在统筹规划、提升资源配置效率方面的作用；探索开展非户籍委员选举试点，2017年选举1581名非户籍常住居民进入社区（村）"两委"班子[②]，为外来人口参与社会治理提供新途径。通过优化村"两委"班子的结构，扩大了基层党组织领导权的认同范围，将基层党建引领建立在更加广泛的百姓认可的基础上（曹海军、曹志立，2020）。

在佛山市南海区，政府开展基层队伍扩容行动，全面实施机关党员到社区报到工作，1.1万名区直机关事业单位党员向社区党组织报到，认领服务岗位；并将4200多名志愿者、3600多名"两代表一委员"和群团组织负责人等纳入管理。[③] 在阳江，当地政府创新探索基层选人用人机制，建立乡村振兴督导员机制。市委"调兵遣将"、择优选配，从市直有关单位选派一批政治上过硬、综合能力强、乐于扎根基层的年轻科级干部到县（市、区）担任乡村振兴督导员，协助县（市、区）党委书记专抓乡村振兴工作。在推动人才下沉基层的同时，当地政府也注重建立相应的激励机制，把在乡村振兴工作中考察识别的成果作为干部选拔任用的重要依据，提拔副处级领导干部重点向投身乡村振兴工作一线的优秀镇委书记倾斜，提拔正处级领导干部重点向县（市、区）分管乡村振兴工作的优秀干部倾斜。全市每年统筹20%的副处级领导干部职位，用于提拔任用在乡村振兴

---

① 课题组调研资料（2021年9月）。
② 参见《全科网格：嵌入党组织"芯片"，激活基层治理动能》，《南方》杂志网，2021年4月12日，见 https://www.nfzz.net.cn/node_84fe7118b4/5d7a741677.shtml。
③ 课题组调研资料（2021年9月）。

工作中表现优秀的科级干部。①

四、强化意识形态培训

坚定的政治立场和先进的思想觉悟是夯实基层堡垒、保障党员发挥先锋模范带头作用的重要保障,这需要通过不断的全面的教育来加以实现。为强化培养基层党员队伍的知识学习,广东省全面实施农村党员的集中教育培训全覆盖,通过依托全省1609个乡镇(街道),举办各类培训22.5万场次,培训基层党员干部552.6万人次。同时,全面创新推动党的创新理论"飞入寻常百姓家",通过建立省、市、县级党员教育基地192个②,高标准建设"广东党建云"平台,开通"网上学堂""广东党建"微信公众号,引导农村党员群众听党话、感党恩、跟党走。在云浮,当地政府积极推动学习培训下沉,依托全市1100多个镇街党校及分教点,广泛开展"领导上讲台、干部去宣讲、党员进党校"活动,把村级党组织书记、自然村党支部书记(党小组长)、村民小组长和农村党员纳入全员轮训范围,推动2000多名机关领导干部下沉基层一线,讲授专题党课6800多场次,带动1.3万多名基层党员讲"微党课",5.6万多名党员群众在家门口接受教育③,推动两大战略有效衔接的国家意志在云浮落地生根、深入人心。

第三节 党建引领有效衔接的广东实践

在新时代,有效衔接的顺利实现有赖于全面加强党对有效衔接工作的领导力,依赖党的组织力量把好乡村治理的方向盘,解决乡村发展薄弱环节(王文力、王文旭,2020)。2018年10月,习近平总书记在广东视察

---

① 课题组调研资料(2021年9月)。
② 课题组调研资料(2021年9月)。
③ 课题组调研资料(2021年9月)。

期间，提出的工作要求之一便是"加强党的领导和党的建设"①，这也为广东的乡村治理工作指明了方向。2020年12月，中共中央、国务院印发《中共中央　国务院关于实现巩固拓展脱贫攻坚成果同乡村振兴有效衔接的意见》，进一步明确了党在做好巩固拓展脱贫攻坚成果同乡村振兴有效衔接中的主体性地位。在汕尾、茂名、佛山、广州，当地政府结合具体的治理场景和治理实际，分别从产业、生态、乡风、技术层面出发，成功打造出党建引领有效衔接的地方品牌，有效带动推动当地群众生活幸福感与获得感的提升，也为"十四五"时期全国推动乡村振兴战略的实施提供了广东经验。

一、汕尾：党建队伍凝聚产业发展合力

产业发展的关键在于调动、组织并有效利用乡村治理参与主体的多样化资源。广东省汕尾市陆河县水唇镇螺洞村党支部始终将基层党组织建设、党员队伍建设贯穿于有效衔接工作的方方面面，通过发挥"党员先锋队、返乡干部智囊团、致富能手"三支队伍的带头作用，在村集体产业发展中探索"三类分法"的收益分配方式，带动全体村民"跑"出党建引领乡村振兴的"加速度"。经过三年多的实践，螺洞村逐步迈上发展快车道，实现了美丽嬗变，先后获得"国家3A级景区""国家旅游重点村""中国美丽休闲乡村"和"中国蜜蜂特色村庄"等荣誉称号。

（一）用好"三支队伍"，凝聚党建合力

螺洞村党支部坚持党建引领，充分发挥"党员先锋队、返乡干部智囊团、致富能手"三支队伍的带动作用，凝聚起有效衔接工作中的党建合力。

（1）整合党员资源，发挥基层党员的"先锋队"作用。村党支部因地制宜，通过鼓励党员干部带头办、致富能人领头办等方式，成立专业合

---

① 《新时代改革开放必须继续加强党的领导和党的建设》，求是网，2019年2月28日，见http://www.qstheory.cn/llqikan/2019-02/28/c_1124176082.htm。

作社，带领群众发展产业，脱贫致富。螺洞村如今已被授予"中国蜜蜂特色村庄"荣誉称号，养蜂产业成为激励性产业扶贫项目。据统计，螺洞村贫困户的年人均纯收入，由脱贫前的不到 4000 元，发展到 2020 年的 23000 元，增长了 4.75 倍。

（2）发挥驻村返乡干部的"智囊团"作用。在螺洞村，拥有对口扶贫工作队、全脱产专职驻村干部、返乡走亲干部等 15 位同志。村党支部切实发挥这些同志在服务基层、服务群众、服务发展中的"智囊团"作用，围绕乡村振兴，结合"入网知心""驻村连心""返乡走亲"，邀请这些知识水平较高且对政策有着较好领悟和理解能力的同志，为螺洞村的发展建言献策。

（3）发挥致富能手的"生力军"作用。村党支部按照"三培三带"工作思路，把致富能手培育成党员，带动农村党员队伍的建设；把党员培育成致富带富能手，带动农村经济发展；把党员致富、带富能手培育成村组干部，带动村"两委"班子建设。通过"村推镇选县考察"培养选拔制度，2019 年至 2021 年 3 月，螺洞村从致富带头人中培养发展了 2 名党员和 5 名入党积极分子；2021 年村级换届，1 名致富能手进入了村"两委"干部队伍。同时，党支部还加强致富带头人的教育培养工作，2019 年以来，螺洞村党支部累计组织 9 次农村致富带头人外出培训，帮助致富带头人开阔了眼界、拓宽了发展思路。

（二）推行"三类分法"，增强内生动力

螺洞村党支部通过实施多种分红的办法，实现了全村群众参与相关产业分红，极大巩固了脱贫攻坚成果并增强了致富的内生动力和可持续性。

（1）"贫困等级"分红，实现精准帮扶。由村"两委"牵头对全村 328 个农户进行筛选，分出精准扶贫户、低保户、残疾户、边缘户、重病户等共 46 户，合作社拿出 5% 的资源股向 72 户特殊群体倾斜，通过"差异分级"的收益分配方法，使村集体资源取之于民、用之于民。

（2）"以老带新鼓励性"分红，实现村民抱团致富。2018 年年底，螺洞村出台了《螺洞公司土地入股奖励实施方案》，根据带动资源入股数量的多少，置换分红资金或资源股，鼓励"以老带新"，充分、有效地调动了村民参与乡村振兴的主动性、积极性。通过这种"以老带新"的方式，螺洞村共流转了近 1000 亩连片青梅地，助力螺洞村成为"国家旅游重点村"，乡村旅游产业发展方兴未艾。

（3）"综合评价"分红，激励村干部主动作为。螺洞村制订了《螺洞村集体经济创收增效奖励分配方案》，将村干部的待遇与集体经济的增长密切衔接。每年，村"两委"对全体村干部和村小组长的工作进行全面、公开考评，并将考评结果张榜公示，接受群众监督。根据考评结果，支村"两委"拿出集体经济的部分收益分红，用于激励村"两委"干部、村小组长。2020 年，村"两委"干部、村小组长共获得集体经济奖励 10 万元，激励了村干部在全村的经济社会发展中主动作为，破除了以往发展村集体经济"等靠要"的思想。①

二、茂名：因地制宜形塑美丽宜居乡村

美丽宜居乡村不是追求"千村一面"的同质化建设，而是要在尊重地方性知识的基础上，坚持因地制宜，深入挖掘地方特色资源，充分放大优势，让每个乡村"各美其美"。近年来，茂名市将乡村环境治理作为有效衔接工作推进的着力点之一，实施"千村示范、万村整治"工程，通过科学规划把握美丽宜居乡村的建设进路，努力凝聚村庄集体的智慧，全域推进生态宜居美丽乡村建设。

（一）科学规划统筹，引领美丽乡村建设

规划是乡村建设的关键指引，乡村风貌改造应坚持规划先行、依规而建。茂名市对全域范围内的美丽乡村建设制定了详细的建设规划，大力开展以"小菜园、小果园、小花园"为主体的"小三园"建设，利用清拆出来的闲置宅基地、荒地，变废为宝，美化绿化村庄环境。截至 2020 年 6 月 30 日，茂名市"三清三拆三整治"和村庄规划完成率 100%，村道路

---

① 参见《用好"三支队伍"螺洞村实现美丽嬗变——陆河县水唇镇螺洞村党支部致力乡村振兴》，《汕尾日报》2021 年 3 月 23 日，第 5 版。

面硬化完成率99.38%，集中供水完成率98.67%，生活垃圾收运处置体系覆盖100%行政村，保洁覆盖率达100%。此外，茂名市政府还借力拆旧复垦，缓解资金压力。自开展拆旧复垦工作以来，茂名市累计立项面积11820亩，验收面积5471亩，实际交易面积1010亩，交易金额为62049万元；同时，梯次推进打造"特色精品村"项目，已建成信宜毛家村、高州杏花村、高州桥头村、化州湖艳村、电白谭儒村、茂南木头塘村等人居环境整治示范村61个。①

（二）凝聚集体智慧，赋能乡村环境治理

化州湖艳村紧紧围绕打造特色精品示范村、文明实践示范村定位，在湖艳村外出经商党小组、园林经济党小组的引领下，充分发挥"一员、两会、三团"（即党员、妇女联合会、村民理事会、学生团体、青年团体、志愿者团体）的作用，积极实施"六规合一"（即村庄、产业、土地、旅游、环境、公共设施配套等规划合为一体），推行"123"工作法（"一洁""一圈""两评""两花""三包""三桶""三硬底"），有效凝聚乡贤们的智慧和力量，并积极动员在家村民、外出乡贤、学生等群体以主人翁的意识，带动身边群众积极参与环境治理。当前，参与村庄环境整治的群众达98%，实现了"美丽家园自己建，美丽环境自己管"，湖艳村也获得"广东省卫生村""茂名市卫生村""化州市文明村""化州市十大美丽乡村"等荣誉称号。②

（三）挖掘历史文化资源，创新环境治理模式

因地制宜是建设美丽宜居乡村必须坚持的重要原则。挖掘地方优势资源，创新乡村环境治理模式，是高州杏花村近年来推进有效衔接工作的重要主题。在思考杏花村村容村貌整治的过程中，基层政府充分尊重当地的历史文化，保持村庄原始肌理，在保留修复陈济棠旧居、传统老建筑的基

---

① 参见《茂名市扎实推进乡村振兴战略 谱写美丽乡村新画卷》，茂名市人民政府门户网站，2020年8月7日，见http://www.maoming.gov.cn/ywdt/rdyw/content/post_800127.html。
② 参见《广东化州湖艳村，一个生态宜居宜游的美丽乡村》，《广州日报》网，2020年6月3日，见https://www.gzdaily.cn/site2/pad/content/2020-06/03/content_1284066.html。

础上，按照白墙、黛瓦、黄院墙的岭南新中式风格，因地制宜对村庄进行艺术化、生态化、功能化改造。杏花村还将农村人居环境整治与中小河流治理、农房管控风貌提升等工作一起谋划，完成了垃圾分类、污水处理、村巷道硬化、"四小园"建设、绿化亮化建设等。此外，通过"党员、理事会、乡贤"三带头，建立奖补方法的形式，杏花村得以全面发动村民进行村居风貌提升，带动周边村连片改造，除杏花村87户外，还带动周边6个村庄230户村民参与改造提升。[①]

三、佛山：文明乡风滋养乡村振兴之路

乡风根植于乡土社会的历史性规范、原则、习俗等文化积淀中，挖掘并振兴蕴含在村庄社会中的非正式制度，有助于降低乡村治理的成本，更好地实现两大战略的有效衔接。自有效衔接理念提出以来，佛山市禅城区张槎街道下朗村持续发力推动乡村移风易俗，以"仁和"为核心，以构建"政风、乡风、民风、家风"为工作着力点，有力推动了村内陈规陋习和不良风气的转变，塑造新时代乡村精气神，让村里的各项事业驶上振兴的快车道。下朗村打造文明乡风的独特实践也得到了中央的认可，2021年9月，农业农村部公布第二批全国村级"文明乡风建设"典型案例名单，下朗村赫然在列。

（一）强化党建引领，推动"仁和政风"

宗族色彩明显是下朗村的一个重要特征。面对村内各小组宗族派别问题复杂，阻挠村集体重大事项推进，进而导致村里的发展事业停滞不前的困境，下朗村从强化党建着手。一是加强党组织建设，把握民情民意。优化农村党组织设置，从不同姓氏的党员、村民代表抓起，通过搭建一支三姓团结协作、战斗力强的村"两委"队伍，逐步解决不同姓氏之间的矛盾和纠纷。二是邀请有威望的资深党员凝聚共识。邀请在村内享有高度威望

---

① 参见《分界镇杏花村大力开展特色精品村建设成效显著》，高州市人民政府门户网站，2021年1月6日，见http://www.gaozhou.gov.cn/xwdt/bmzjdt/content/post_842052.html。

的模范老党员"现场说法",宣讲"和则两利"的道理,传递"仁和政风"正能量,潜移默化地转变村民的思想认识,凝聚"团结一心谋发展"的共识,村里的重大事项越来越顺利地得到表决通过。

(二)提升村容村貌,构建"仁和乡风"

长期以来,下朗村村民有重物质利益轻精神文明、重经济发展轻环境保护的思想,村容村貌一直未能得到有效改善。对此,下朗村着力构建"仁和乡风"。一是以村规民约方式制订长效机制,建立环境卫生保障机制,加强村内保洁队伍、卫生外包公司的管理和监督;同时,建立奖惩机制,制定《下朗村村容村貌和环境卫生管理自治管理暂行规定》,引导村民爱护村内环境卫生,参与人居环境整治行动。二是以工作实效推动村民转变认识,通过多渠道筹集专项经费,全面加大人居环境整治力度,对村内脏乱差"黑点"进行全面清理,因地制宜打造下朗"四小园"特色生态板,村容村貌发生了翻天覆地的变化;村容村貌的改变也提升了村民的精神面貌以及爱护环境的自主性。

(三)强化协调服务,凝聚"仁和民风"

作为典型的城中村,下朗村也面临外来人口多、成分复杂、流动性大,以及本地人和外来人口矛盾频发等治理难题。下朗村以构建"仁和民风"为突破口,有力促进村民和新市民的融合,"不分本地人和外地人"成为村中新风尚。一方面,从制度设计入手,在制订《村民自治章程》时,将"睦邻关系"作为重要内容,明确要求村民之间要相互尊重、相互理解、相互帮助、和睦相处,建立良好的睦邻关系;另一方面,请外来人员参与本地治理。下朗村在禅城区张槎街道首创吸纳外来务工党员到村委中担任非户籍委员,参与基层治理,促进非户籍委员发挥桥梁纽带作用,让村党委决策时更多地关注外来人口。此外,为更好地满足群众需求,促进居民融合,村内还组建了一批健康社团组织,不分村民和新市民,共同常态化、项目化组织开展群众喜闻乐见的文娱活动、节庆活动和惠民服务,把乡风文明送到家门,送入民心。

（四）丰富各类活动，孕育"仁和家风"

为有效杜绝随着物质生活水平提升出现在村内的某些歪风邪气（如赌博、摆阔等），下朗村及时介入，着力开展家风建设，让"仁和家风"在每个家庭中薪火相传。一是鲜明倡导良好风尚。在《村民自治章程》中，将"村风民俗"作为单独章节，就红白喜事的置办进行明确倡导；在《村规民约》中，明确实行奖学金制度，凡就读全日制学校的普通高校学生，根据其学历水平予以不同额度的奖励，鼓励村民努力提高科学文化知识水平和技能。二是弘扬尊老、敬老的传统美德，丰富村民文化生活，每年举办重阳敬老慰问、敬老宴席及文艺演出活动，每月给符合条件的老人发放一定数量的慰问金。三是赋予传统习俗新内涵，大力推动不良风俗向优良风俗转变，赋予传统风俗"烧炮"以新的内涵。[①]

四、广州：技术赋能乡村社会治理有效

信息技术可以打破特定的时间和空间限制，在乡村治理的过程中，赋能乡村治理客体更好地参与村庄事务治理，同时也使得基层组织对自下而上的群众利益诉求具有更迅速、更精确的回应性。根据广州市超大城市基层党建"五化五同步"新模式的指引，广州市从化区积极探索如何把中华优秀传统理念"里仁为美"与农村淳美的风俗深度融合，以农村党建工作为龙头，以农村基层治理建设为主线，以基层治理大数据为支撑，以现代互联网技术为载体，创新打造具有"三全三零、三精三好"（即全方位、全覆盖、全天候，零距离、零阻碍、零推诿，数据精确、分类精细、服务精准，好共建、好共治、好共享）功能的"仁里集"平台[②]，实现了党建引导与便民服务的理念融合，乡村治理水平得到显著提升。

---

① 参见《第二批全国村级"文明乡风建设"典型案例 广东省佛山市禅城区下朗村：塑造时代新村风 迈上振兴快车道》，中华人民共和国农业农村部官方网站，2021年12月10日，见http://www.moa.gov.cn/xw/bmdt/202112/t20211210_6384536.htm。

② 参见《打造一体化乡村服务平台，从化探索基层社会治理新路》，《广州日报》网易号，2020年12月12日，见https://www.163.com/dy/article/FTM89NLN05149N9E.html。

第六章　实现有效衔接的党建引领

（一）实现党建引导与便民服务的理念融合

（1）搭建民心民声互动平台，实现诉求便捷化。"仁里集一键通"功能中建立了"我要知道"和"我要说话"板块。村民通过实名注册后，可以在"仁里集一键通"上学习党的路线方针政策，了解本村的党务、政务及财务等相关信息，还可以反映自己的相关诉求和存在问题；村委会后台会进行相应的处理，并转发有关部门。此外，将镇（街）领导班子成员、驻村干部、村"两委"干部、党小组长和村民小组长纳入平台统一管理，形成解决群众意见诉求的长效管理机制。

（2）建立服务网络体系，实现服务人性化。平台开通了"村级直办"网络服务，将7类23项与村民日常生活息息相关的业务融入"仁里集"平台，并详细地说明了办理相关事项的流程和所需资料。平台直接对接区镇的综合服务中心，村民可通过手机零距离直接办理，构建了部门、镇（街）、村（社区）三级联动服务体系，实现了"让数据多跑路，让群众少跑腿"的初衷。

（3）完善党员帮扶机制，实现便民常态化。系统对每一个村民的资料进行收集和整理，并为党员划分红色责任田。建立健全"党员＋群众"帮扶制、首问责任制、办事公开制等工作制度，形成了"党员带头、群众监督"的良好工作格局。

（二）实现精细党建与基层治理的制度融合

（1）有效运用平台建立村民信息大数据库。通过农村党员干部挂钩联系农户等制度，对全区农村实行网络化全覆盖管理。农户信息采集和更新内容随时与镇（街）、区级"仁里集"挂钩，与联系服务群众大数据平台无缝对接，确保高效运转。

（2）有效运用平台推动基层治理"10＋9"工程。在落实上级基层治理任务的基础上，结合从化实际，开展了"仁里集""智能治理＋堡垒先锋"工程、素质提升工程、基层大数据库平台工程等，同时建立和完善了相对应的规章制度，并利用"仁里集"网络教育平台对全区218条行政村党组织书记、村委会主任进行了实时轮训。①

（3）有效运用平台化解基层治理源头性问题。利用"仁里集平台+群众参与"，打通了村民咨询、投诉、参与公共活动以及区各级党组织向村民征询意见的渠道。

在深入推进区、镇（街）、村（社区）三级网格化管理中，"仁里集"平台突破了传统的思维模式、管理模式和服务模式，政府通过搭建信息发布、交流互动、参与决策、政务服务、电商交易服务等平台，有效拉近了基层党组织和村民的距离，村民则通过平台就能知道村里的大小事务。这种"互联网+党建"的治理模式充分利用了现代信息技术的高效、快捷等优势，发挥了基层党组织的核心引领作用，强化了基层服务型党组织的功能（宗成峰、朱启臻，2020）。党员干部线上加强与村民互动，线下积极为村民解决生产生活困难，实现线上模块与线下公共服务站等全面为村民提供全天候服务的目标，初步形成了"家家在网中，户户见干部"的乡村治理新格局。

第四节　党建引领有效衔接的广东经验

作为改革开放的前沿阵地，广东在实现巩固拓展脱贫攻坚成果同乡村振兴有效衔接的工作领域敢于先行先试。近年来，全省各地在乡村治理领域积极探索、大胆实践，形成了一大批可复制推广且各具特色的党建引领有效衔接的广东经验。一方面，在组织内部建设中，通过推动基层党组织设置从单一型向多元型的转变，建立起覆盖农村基层社会的党建网络，并通过人力资本的优化配置提升基层党组织的战斗力；另一方面，通过构建利益共同体找回农民的主体性，成功组织农民参与到村庄公共事务的治理

---

① 参见《我区依托"仁里集"云平台打造立体化农村公共服务体系》，广州市从化区人民政府门户网站，2019年12月19日，见http://www.conghua.gov.cn/zwgk/chyw/content/post_5460617.html。

中，并探索将技术运用到乡村振兴的各个领域，将基层党建的制度优势和基层党组织的组织优势成功转化为乡村治理效能。数据显示，截至 2021 年 10 月，广东省共有 10 个镇、96 个村获评"全国乡村治理示范村镇"荣誉称号，97 个镇、993 个村创建成省乡村治理"百镇千村"示范镇村。①

一、健全基层组织建设，提升乡村社会领导力

党的基层组织是领导有效衔接工作的核心，是确保乡村振兴战略贯彻落实的关键，也是党的全部工作和战斗力的基础。加强党的基层组织建设首要目的是强化和凸显党的基层组织的政治功能。为有效破解市场化改革，随着乡村的开放与流动，传统高度封闭集中的党组织设置与管理方式遭遇挑战，从而导致基层党组织不同程度地出现了软弱无力的问题，广东根据农村经济社会新变化，在总结脱贫攻坚治理经验的基础上，紧密结合乡村振兴的实际需要，改革以行政区划为主的单一的传统党组织设置模式，因地制宜、因时而异创新党组织设置，推动党组织向各个领域延伸。

在实现党组织对基层社会全覆盖的基础上，广东致力于提升组织内部的治理，以不断增强基层党组织服务的创造力、凝聚力和战斗力。一方面，从组织制度建设入手，如探索建立村级清单管理制度、联席会议机制等，保障基层工作人员在政策执行的过程中有章可循，以此规范基层党组织日常工作的运转，同时辅以形式多元、内容丰富的党员知识教育和培训活动，为发挥党员的先锋模范作用提供思想依托。另一方面，从保障基层党组织成员的权益入手，建立起关心爱护基层干部的兜底制度、保障措施，打破基层干部晋升的"天花板"，让基层干部事业上有干头、干事上有劲头、干成事有奔头；同时，针对衔接工作的重点领域、关键环节、突出短板，建立健全考核激励机制，强化规划的引领及目标考核的"指挥棒"作用。

---

① 参见《广东 10 个镇、96 个村获评全国乡村治理示范村镇荣誉称号》，新浪网，2021 年 11 月 2 日，见 https://k.sina.com.cn/article_1652484947_627eeb53020019g45.html。

二、优化干部队伍配置，夯实人力资本支撑

脱贫攻坚战锻造了一支强有力的基层干部队伍，而如何实现人才的稳定性和持续供给，保障乡村振兴战略全面推进有充足的人力资本支撑，是有效衔接工作必须予以回应的政策议题。广东积极创新乡村干部工作，按照"既要政治过硬，也要本领高强"的根本要求，选优配强村党组织书记，强化"领头羊"作用，实施农村带头人队伍整体优化提升行动，建立农村党员定期培训制度，创造性开展选派干部工作，优化选派第一书记工作长效机制，推动县乡有关部门年轻优秀干部下沉到乡村振兴一线"接地气"。2021年，广东开始探索"驻镇帮镇扶村"这一崭新的干部下派帮扶机制，通过有机整合"党政机关+企事业单位+科研力量"综合帮扶资源力量，实施"组团式"帮扶。不同于脱贫攻坚时期的驻村帮扶，驻镇强镇有效地发挥了辐射集聚效应，推动镇村同建同治同兴，有助于加快县乡村统筹发展。

同时，注重干部队伍思想解放和观念转变，加强乡村工作队伍建设。按照"懂农业、爱农村、爱农民"的基本要求，加强"三农"工作干部队伍的培养、配备、管理、使用，加强"三农"工作干部队伍的培训提升，提高"三农"工作干部队伍"一懂二爱"的综合素养，全面提升新时代"三农"干部队伍能力和水平，以充分发挥党员干部先锋模范、示范引领的作用来突出强化党建引领乡村振兴的作用（王礼鹏，2018）。此外，广东还积极培育新时代新兴职业农民，提升新兴职业农民的经营能力和水平，推动农民成为有吸引力的职业。把人力资本开发放在首要位置，通过举办职业技能培训班、经营管理培训班，以及到示范园区、企业与农场观摩学习、考察和现场教学等方式，培育农业职业经理人和农业经营管理人才；调动农村经济能人、大学生、退伍军人等乡村人才参与乡村振兴战略，提升新兴职业农民的工资福利待遇，加强农耕文化培育和精神文明建设，让他们能够得到社会尊重和认可，让农村能够留住人才。

三、尊重农民主体地位，打造村庄利益共同体

以基层党建引领有效衔接，必须把握好经济发展这条主线，即通过提升群众组织力，激发其内生动力（唐建明，2021）。面对长期在"三农"工作中农民的主体性地位不高乃至缺失，导致其在产业发展、乡村治理中的参与意愿低、能力不高的问题，广东积极探索激发农民参与村庄治理的积极性、主动性和创造性的途径。提升农民的组织化水平是广东尝试激发农村主体性的一个关键突破。面对农村利益结构分化的困境，如果不将农民组织起来，仅靠个体的分散农户，振兴乡村是没有任何可能性的（贺雪峰，2019）。如何组织农民？通过产业发展构建利益关键机制是主要的切入点。在广东各地探索产业发展的过程中，基层政府改变以往主导项目决策与发展的局面，在项目发展的初期更多地倾听农民的建议，让项目真正符合农民的利益诉求，这是基础性要求。在项目执行的过程中，通过对村集体经济组织进行股份合作制改造升级，建立产权明晰的管理机制和科学合理的收益分成机制，保证了农民在参与产业发展的过程中有更加稳定的收入预期，使农民的经济利益得到有效保障。

在产业发展之外，村庄事务治理也是调动农民主体的重要途径。上级政府逐渐缩小对村庄事务治理的干涉，同时引导乡村社会建立多类型社区（乡村）社会组织，如乡贤理事会、村民议事会等，把村里村外的农民有效地组织起来，村民自己可以对村庄事务做出决策。上述实践充分地实现了乡村自治的要求，有效地破解了村庄的"半熟人化"给基层治理带来的诸多难题，干群关系趋于和谐，农民参与村庄公共事务的积极性和水平也得以提升。组织农民的过程也是对农民进行增能赋权的过程，而这正是有效破解农村治理困境、提升农民主体性的根本保证。通过提升农民的组织化程度，将农民凝聚成一个利益共同体，推动农民逐渐树立主体意识、责任感和担当意识，使农民意识到自己是村庄发展成果的享受者和风险共担者，从而成功促使他们积极主动参与到乡村振兴的工作中来。

四、更新治理理念机制，实现乡村社会善治

有效衔接需要建立根植于农村治理场景的合理的治理体制机制，推进乡村治理现代化也是推进国家治理体系和治理能力现代化的重要内容。从脱贫攻坚到乡村振兴的转变，不仅意味着工作对象、内容和方式的变化，更需要治理理念和治理机制的与时俱进，尤其是乡村振兴战略目标的综合性和复杂性决定了单凭乡村内部力量根本无法承担这一任务，而需要转变政府的工作思路，动员尽可能多的社会力量参与（郝炜，2021）。进入战略转换期，在治理理念层面，借着从"行政主导"到"党建引领"的改革东风，广东深入贯彻落实政府职能转变的要求，树立以人民为中心的基层治理理念，加快创新党建引领乡村治理的体制机制，在组织理念上推动基层党组织实现从"管理导向"向"服务导向"的转变，服务型政府的建设也能有效赋能后续乡村振兴战略的全面推进。

在治理机制层面，一方面，根据实际需要，广东各级、各地政府将脱贫攻坚工作中形成的有效做法加以总结，并相应运用到推进乡村振兴战略的不同领域中，建立健全上下贯通、一抓到底的乡村振兴工作体系；另一方面，政府致力于搭建和完善基层治理的制度规范，在党建引领下深入改革探索，坚持自治、法治、德治、智治"四治合一"，逐步完善农民的利益表达、民主决策和监督机制，从而构建起包含着农民、集体经济组织、社会组织、乡贤主体、企业及其他市场主体广泛参与、共建共治共享的乡村治理新格局。

五、技术赋能有效衔接，推动治理效能提升

作为科技大省和科技强省，广东积极发挥"智治"的优势，将信息化、技术化运用在乡村治理的各个领域，让技术在组织建设、民意表达、服务供给、产业发展、政企社合作的不同层面赋能有效衔接工作。广东致力于对基层治理组织内部治理体系进行调整、变革与重组，并依靠大数据驱动构建崭新的治理机制和服务模式。如广东依托电信公司在部分乡镇开

第六章　实现有效衔接的党建引领

展 5G（第五代移动通信技术）智慧乡镇建设试点，通过打造智慧乡镇门户、政务办公系统、综合治理体系、惠民服务等平台，赋能乡村治理的高质量发展。通过信息技术在基层社会的运用，政府有效地提高了基层组织的回应速度和办事效率；同时，通过数据分析、运算来调控各种资源，也实现了运用最优、最少的资源解决尽量多的基层社会公共事务的目标。尤其是在为民服务领域，政府积极与互联网企业如京东、华为等展开政企数字化合作，一批数字化农场在农村生根开花。借助大数据溯源平台，在农作物种植、采后处理、加工、包装、物流、冷链、销售等全产业链构建过程中运用数字化，有效地扩大了农产品销售的渠道和范围。

广东依托大数据和信息技术打造的农产品"12221"市场体系就是典型代表。该体系内容具体如下：搭建一个农产品的大数据，以大数据指导生产，引领销售；组建和培养销区采购商、产区经纪人两支队伍；拓展销区和产区两大市场；策划"采购商走进产区"和"农产品走进大市场"两场活动；实现品牌打造、销量提升、市场引导、品种改良、农民致富等一揽子目标。当前，全省正共同推进该市场体系建设。可以说，现代型乡村治理格局的雏形已现，技术元素已经贯穿在现阶段广东乡村振兴的各个领域。以互联网为代表的现代技术的运用，不仅增强了党建引领能力，有利于提升农村基层党建工作水平，同时也有助于整合乡村发展资源，有利于构建多元主体共同参与的乡村治理的模式。

党的领导是脱贫攻坚最大的政治优势，也是实现巩固拓展脱贫攻坚成果同乡村振兴有效衔接必须坚持的根本原则。站在中国共产党成立 100 周年的历史交汇点，广东锐意进取、奋起有为，深刻践行以人民为中心的发展理念，遵循由内到外的工作思路，从治理网络重构、治理机制规范、治理主体优化等层面出发，探索组织覆盖、制度规范和能力引领的治理路径，将党的优势融入村级治理的实践之中，在有效巩固拓展脱贫攻坚成果的同时，夯实了乡村振兴战略的组织根基，并锻造出一支能够有效发挥引领作用的基层党员队伍。围绕产业兴旺、生态宜居、乡风文明、治理有效、生活富裕的乡村振兴主题，基层党组织和党员干部立足不同区域的地方特色与优势，积极嵌入到村庄社会中，重构已经呈现退化趋势的基层治理网络，通过整合资源与推动合作等行动，将乡村治理中的资源、主体和行动重新组织起来（曹海军、曹志立，2020），最终有效地将党建引领的制度优势和组织优势更多地转化为广大农民群众的利益实现，极大地提升了广大人民群众的幸福感与获得感，同时也成就了具有较强的可复制性、可操作性的新时代党建引领有效衔接的广东经验。

第七章 实现有效衔接的社会力量

凭借特有的灵活性和多元性等优势,社会力量已成为政府解决社会问题的重要补充力量。在脱贫攻坚阶段,我国构建起了"政府主导、社会参与、市场协同"的大扶贫格局,社会力量成为政府力量的重要补充。动员全社会力量广泛参与脱贫攻坚,是打赢打好打胜脱贫攻坚战的重要工作机制和基本经验之一。在巩固拓展脱贫攻坚成果同乡村振兴有效衔接的新阶段,不仅要加强政府的主导地位,还需要进一步引导激励社会力量参与,发挥社会力量庞大的资源优势,将"大扶贫格局"发展为"大振兴格局"(李怀瑞、邓国胜,2021)。作为改革的先行地,广东积极探索创新,尝试赋予社会力量更大的空间和舞台,积极发挥社会力量在巩固拓展脱贫攻坚成果同乡村振兴有效衔接中的作用,为社会力量参与巩固拓展脱贫攻坚成果同乡村振兴有效衔接积累丰富的经验,为社会力量参与巩固拓展脱贫攻坚成果同乡村振兴有效衔接提供广东经验。

第一节 社会力量在有效衔接中的作用

一、社会力量在推动实现有效衔接中的重要地位

动员全社会力量广泛参与脱贫攻坚,是打赢打好打胜脱贫攻坚战的重要工作机制之一。2021年是"十四五"开局之年,是巩固拓展脱贫攻坚成果同乡村振兴有效衔接、全面建设社会主义现代化的起步之年。在新的阶段,延续过去成功的经验,更加广泛地动员社会力量参与巩固拓展脱贫

攻坚成果同乡村振兴有效衔接，举全党全社会之力推动乡村振兴，是促进农业高质高效、乡村宜居宜业、农民富裕富足的必然要求。

2018年，中共中央、国务院相继发布《中共中央 国务院关于实施乡村振兴战略的意见》《乡村振兴战略规划（2018—2022年）》，正式提出了乡村振兴战略的顶层设计，并明确指出要"健全社会力量参与机制"，进一步引导激励社会各界更加关注、支持和参与脱贫攻坚，为打赢脱贫攻坚战提供有力支撑。2021年，脱贫攻坚目标任务如期完成，巩固拓展脱贫攻坚成果同乡村振兴有效衔接进入政策叠加期、历史交汇期。为进一步推进现代农业建设的深度、广度，《中共中央 国务院关于实现巩固拓展脱贫攻坚成果同乡村振兴有效衔接的意见》《中共中央 国务院关于全面推进乡村振兴加快农业农村现代化的意见》等相关文件指出，要在5年过渡期内继续发挥集中力量办大事的优势，广泛动员社会力量参与，积极引导社会力量推动实现有效衔接，形成巩固拓展脱贫攻坚成果、全面推进乡村振兴的强大合力。

我国在开展扶贫工作的过程中，构建了以"政府主导、社会参与、市场协同"的大扶贫格局。然而，在这一过程中，政府的专项扶贫和行业扶贫仍然是脱贫攻坚的主要内容，社会、市场所发挥的作用相对较弱，形成一种"政府独揽"的局面。一方面，随着脱贫攻坚的结束和乡村振兴战略的实施，"政府独揽"的方式难以解决一些制约稳定脱贫和长远发展的根本因素，也难以有效激发乡村发展的内生动力，可能会进一步影响巩固拓展脱贫攻坚成果同乡村振兴有效衔接；另一方面，"政府独揽"式的扶贫开发有助于解决大范围、集中性的贫困人口脱贫问题，而对于精准解决具有分散性、特殊性的贫困问题，却存在一定的局限性（李梅等，2019）。

脱贫攻坚的结束并不意味着贫困的终结，实现巩固拓展脱贫攻坚成果同乡村振兴有效衔接的难题将逐渐聚焦于相对贫困、面临返贫风险的脱贫群体以及集中连片特困地区（高强，2019；董帅兵、郝亚光，2021）。一方面，在巩固拓展脱贫攻坚成果同乡村振兴有效衔接的过程中，相对于政府的集中性帮扶，企业、社会组织等社会力量解决防贫减贫问题的针对性更强、方式更为多样、覆盖范围更加广泛，能够发挥与政府力量优势互补的作用；另一方面，脱贫攻坚与乡村振兴的战略任务存在不同。脱贫攻坚主要从致贫因素出发,通过具体化的帮扶措施实现个体的脱贫;而乡村振兴更加侧重于系统的顶层设计,面向市场和社会各主体,旨在实现可持续的脱贫和发展(章文光,2019)。因此,推动巩固拓展脱贫攻坚成果同乡村振兴有效衔接和动态融合,不仅要充分发挥政府力量的优势,还要广泛动员社会力量,鼓励更多的专家、学者、民营企业、社会组织参与到乡村振兴工作中来,为乡村振兴发展提供不竭动力。

社会力量参与推动实现有效衔接,是指充分利用社会力量带来的多样化资源,通过一系列的制度安排优化资源配置,形成推动巩固拓展脱贫攻坚成果同乡村振兴有效衔接的强大合力。社会力量主要包括企业、社会组织和公民个体等,其主体的多元性特征凸显了社会资源的包容性和生命力(李颖,2015)。企业的参与是发挥市场力量、提高资源配置效率的重要方式,具有较强的灵活性,能满足多样化的偏好,是政府力量的有力补充。一方面,企业参与推动实现有效衔接是其履行社会责任的重要体现;另一方面,企业也能在树立自身积极形象的同时,获取更多的稀缺资源,实现生产要素的有效循环(潘健平等,2021)。社会组织是市场配置资源的有效补充,具有整合社会资源的优势,能够将小而散、杂而乱的社会力量进行整合以形成合力,有效引导资源向特定人群流动,有助于解决社会资源错位、缺位等问题,实现有效资源的公平配置(李颖,2015;向雪琪、林曾,2017;袁岳驷,2019)。公民个体则可以通过爱心捐赠、志愿服务等方式,为推动有效衔接添砖加瓦。企业、社会组织、公民个体是一个相互衔接、有机整合、环环相扣的链条,在政府力量的引导下实现了动态互动和融合。总之,推动巩固拓展脱贫攻坚成果同乡村振兴有效衔接,需要提升各类社会力量的参与力度,强化多元投入格局,打造政府、市场和社会共同参与的大格局。

二、社会力量推动实现有效衔接的路径

巩固拓展脱贫攻坚成果同乡村振兴有效衔接是一项系统性工程,而在脱贫攻坚阶段形成的经验成果必然也要与乡村振兴进行衔接,使更多的人受益(邢成举等,2021)。乡村振兴是一个中长期的全国性的宏大战略。

《中共中央 国务院关于实现巩固拓展脱贫攻坚成果同乡村振兴有效衔接的意见》指出，在过渡期内要从解决"两不愁三保障"为重点转向实现乡村产业兴旺、生态宜居、乡风文明、治理有效、生活富裕，为社会力量参与有效衔接进一步指明了方向和路径。为实现在过渡期的有效衔接，要把"大扶贫格局"发展为"大振兴格局"，整合社会资源，构建社会力量参与乡村振兴的长效常态机制（邢成举等，2021；李怀瑞、邓国胜，2021）。具体而言，社会力量参与有效衔接可通过以下路径实现。

（一）产业兴旺

巩固拓展脱贫攻坚成果同乡村振兴有效衔接的核心在于产业，产业兴旺是解决一切农村问题的前提，是乡村振兴的题中之义。产业兴旺是促进农民稳定增收和"造血"能力的有效措施（左停等，2019）。在脱贫攻坚阶段，许多地区结合当地特色和自身优势摸索出各种有效的产业扶贫经验，为实现有效衔接指明了前进方向，但距离实现产业兴旺的目标还有一定的距离。一方面，当前社会资本参与乡村产业投资的效率较低，并且缺少政府的合理规划引导，常常出现投资领域集中度过高和恶性竞争的问题，产业持续发展能力不足（董翀，2021）；另一方面，当前产业发展过度依赖政府，可持续性不强。例如，某些产业投资和消费渠道过度依赖帮扶干部的行政动员，不利于当地产业的可持续发展（刘明月等，2021）。因此，巩固拓展脱贫攻坚成果同乡村振兴有效衔接需要更好地发挥政府的规划和引导作用，鼓励社会力量有序参与乡村产业建设，在乡村从事多样化的经济活动，推动第一、第二、第三产业融合发展。同时也需要逐渐改变现有过度依赖政府的局面，推动形成以农民为主体、企业带动和社会参与相结合的乡村产业发展格局。

（二）生态宜居

生态宜居是乡村振兴的关键，生态宜居包含乡村生态和乡村宜居两方面的内容。尽管我国大力扶持生态宜居乡村建设，加强农村人居环境整治，但农业农村生态宜居项目投资周期长、风险高、回报率低等因素，导致社会资本参与生态宜居乡村建设的积极性不高（孔祥智、卢洋啸，

2019）。此外，农村生态治理主体呈现出主体相对弱化、单一化、参与积极性不高的特征（萧子扬，2020）。因此，在乡村宜居方面，应不断健全生态宜居建设项目分类投入机制：对于如乡村道路铺设等收益较低的项目，由政府主导实施；对于如乡村污水处理设施等有部分收益的项目建设，由政府和社会资本作为主要投入主体；对于以经营性为主的项目建设，如乡村电网等，由企业作为投入主体，地方政府对贫困地区给予适当补助（孔祥智、卢洋啸，2019）。在乡村生态方面，应进一步探讨社会力量参与农村生态治理的可行性，借助环保性生态组织、社工组织、爱心志愿者等多方主体的力量，共同构建农村生态环境保护联盟。

（三）治理有效

乡村治理是国家治理的重要基石，是基层治理最重要的体现。长期以来，乡村人才队伍建设滞后，农村治理体系建设动力不足（李艳荣，2020），加之农村"空心化"和个体化程度的加剧，基层组织治理能力无法满足日益增长的治理需求等问题的存在，制约着乡村治理的有效性（刘祖云、张诚，2018）。社会力量的参与则为乡村治理建设提供了有益补充；通过打造以政府为主导、村民为主体、社会组织协同的多元主体合作共治格局，能够大大提升乡村治理的效能，推动实现自治、法治、德治"三治合一"的有机结合（林星等，2021）。因此，巩固拓展脱贫攻坚成果同乡村振兴有效衔接需要为社会多元主体的乡村治理机制的健全发展提供空间，为农村基层服务体系建设注入新鲜血液，积极发展农村社会工作和志愿服务活动，进而形成社会力量参与乡村治理的长效常态机制。

（四）乡风文明

乡风文明是乡村振兴的保障。在社会转型期，由于法治与德治协同机制的缺失、乡村礼与法之间的对立与冲突，农村延续了数千年的乡土传统并未完全改变，"熟人社会"是农村社会结构的主导形态，存在过度人情往来、严重家庭纠纷、高价彩礼等问题，导致农村社会治理混乱（萧子扬，2020）。因此，一方面，政府应重视社会力量在农村思想道德建设中的作用，提升农民精神风貌，倡导科学、守法生活；充分发挥新乡贤的模范带头作用，深入推进移风易俗，开展专项文明行动，及时引导村民形成合理的婚姻观、社会交往观；与法律类组织协会合作开展"送法下乡""法律援助"等活动，进一步提升农民的法律意识。另一方面，应推动城乡公共文化服务体系融合发展，增加优秀乡村文化产品和服务供给；引导企业家、文化工作者、退休人员、文化志愿者等投身乡村文化建设，丰富农村文化产品供给，重塑乡村文化生态。

（五）生活富裕

公共服务和基础设施建设落后是制约农村生活富裕的重要影响因素，加快补齐农村公共服务和基础设施短板是当前一段时间极其紧迫和重要的任务。巩固拓展脱贫攻坚成果，关键在于破解城乡二元结构，着重补齐乡村社会在公共服务、基础设施、社会保障等方面的短板（董帅兵、郝亚光，2021），促进社会公平正义，增进农民福祉，使农民走上共同富裕的道路。脱贫攻坚结束后，城乡基本公共服务和基础设施差距仍然较大，无法满足农民对美好生活日益向往的需求。对此，要引导和撬动社会资本注入农村，优化乡村营商环境，加大农村基础设施和公用事业领域开放力度，吸引社会组织、企业等社会力量参与乡村基础设施建设和基本公共服务供给，逐步缩小城乡差距。

第二节　推动实现有效衔接的广东社会力量

在脱贫攻坚时期，广东积极引导社会力量参与帮扶，形成了许多可复制、可推广的经验。脱贫攻坚结束后，广东作为国家乡村振兴战略的主战场与先行地，积极探索推动引导社会力量参与的新模式，尝试赋予社会力量更大的空间和舞台，有效激发社会力量在推动实现巩固拓展脱贫攻坚成果和乡村振兴有效衔接中的积极性。

第七章 实现有效衔接的社会力量

一、构建社会帮扶大格局,深化拓展帮扶空间

广泛动员社会力量参与脱贫攻坚,构建全社会参与的大扶贫格局,是广东扶贫事业中浓墨重彩的一笔。党的十八大以来,广东省委、省政府不断创新扶贫开发的体制机制,推动扶贫开发由"大水漫灌"向"精准滴灌"转变,帮扶方式由党政统揽的"独角戏"向社会参与"大扶贫"转变,保证了脱贫攻坚目标如期高质量完成,省内脱贫攻坚取得决定性胜利。一方面,通过出台《中共广东省委 广东省人民政府关于实现巩固拓展脱贫攻坚成果同乡村振兴有效衔接的实施意见》《农业农村部 广东省人民政府共同推进广东乡村振兴战略实施 2021 年度工作要点》等文件,强调健全社会力量帮扶精准对接机制,实施"党政机关+企事业单位+科研力量+志愿者"组团式帮扶,从顶层设计上确立了构建社会帮扶大格局的目标要求;另一方面,通过省委、省政府领导带队走访企业、召开动员会议、召开重点企业座谈会、接见爱心企业家代表并颁发"广东扶贫济困红棉杯"等动作,在行动上贯彻了构建社会帮扶大格局的目标要求。[①]

帮扶主体的多元化,是社会帮扶大格局中最大的特点。在政府的引导下,不同的社会力量有序参与到社会帮扶中,并在其中充分发挥了各自的优势和特点。例如,以广东省扶贫开发协会、广东省狮子会为代表的社会扶贫组织,在动员社会力量参与有效衔接及帮扶困难群体上做出了重要贡献;以碧桂园、万科为代表的房地产企业,充分发挥了其在产业、资金、就业上的优势,成为企业参与有效衔接的模范样本;以中山大学为代表的高校事业单位,利用其在技术、医疗、教育等方面的优势以及丰富的校友资源,使连州市丰阳镇柯木湾村脱胎换骨;以梁碧华为代表的企业家回乡创办企业,践行了"先富带动后富"的理念。越来越多的企业、社会组织、事业单位以及个人积极投身于帮扶事业,为巩固拓展脱贫攻坚成果同

---

① 参见《顾幸伟:为巩固拓展脱贫攻坚成果同乡村振兴有效衔接贡献"粤力量"!》,广东省乡村振兴局网,2021 年 8 月 29 日,见 http://www.gdfp.gov.cn/fpyw/jdxw/202109/t20210903_1084487.htm。

乡村振兴有效衔接添砖加瓦。

此外，社会扶贫大格局还体现在帮扶形式的多样化。鉴于帮扶工作的复杂性，广东结合实际情况发展出多种社会帮扶形式，包括公益帮扶、消费帮扶、投资帮扶、旅游帮扶等。消费帮扶具有灵活性、直接性，是社会力量推动实现有效衔接的一个重要形式。在消费帮扶领域，广东多年来积攒了许多切实可行的经验做法。一方面，广东通过开展"消费帮扶助振兴""6·30消费帮扶云上行"等系列活动，推动社会力量采取"以购代捐""以买代帮"等方式助力贫困地区的农产品外销，为农村电商经营开辟营销渠道；另一方面，广东积极组织引导村民参加农博会、农贸会、展销会等大型活动，并广泛组织动员企业、社会组织、民众等主体共同参与宣传。例如，深圳市通过打造"圳品"帮扶新模式，探索消费帮扶新机制，以"县域乡村特色产业"为重点，高标准构造"政府引领、市场主导、社会参与"的可持续消费帮扶模式，2020年全年采购销售达107亿元，位列全国副省级城市和全省第一，并成功获评"2021年全国消费帮扶助力乡村振兴优秀典型案例"。① 此外，广东积极构建消费扶贫新格局，以"东西协作进湾区，消费帮扶迎新春"为主题，开启2022年消费帮扶系列活动，为东西部协作发展赋能。②

随着有效衔接的推进，广东在"大扶贫格局"的基础上，进一步引导社会力量从过去的产业、消费等领域拓展到生态宜居、乡风文明等领域，着力构建政府、市场、社会、个人齐心协力的"乡村振兴大格局"。例如，惠州市首创"一村一法律顾问"制度，整合法律资源，在每个行政村中配备一名专业律师，以民众的需求为导向，免费提供法律援助和服务，定期宣传法律知识，协助村委制定、修改和完善村规民约，引导村民积极参与乡村治理活动，把基层民主自治引入法制化轨道，补齐了乡村治理中的法治短板。近年来，惠州市1280个村居已经全部实现"一村一法律顾问"，完成法律咨询23万次，协助调解各类矛盾纠纷2万多宗。此后，广东省

---

① 参见《打造全国消费帮扶"深圳样板"，怎么做?》，广东省乡村振兴局微信公众号，2021年3月13日，见https：//mp.weixin.qq.com/s/4YG5kMcbPl9yp8zB2X5-sA。
② 参见《广东消费帮扶系列活动启动！数百款年花现场PK》，广东省乡村振兴局微信公众号，2022年1月9日，见https：//mp.weixin.qq.com/s/-aKyMqMUht4HtaKPQwIOPw。

出台《中共广东省委办公厅 广东省人民政府办公厅关于开展一村（社区）一法律顾问工作的意见》，成功将"惠州经验"推向全省，并统一定名为"村（社区）法律顾问"。目前，广东全省近 2.6 万个村（社区）实现法律顾问全覆盖，开展法制讲座超过 55 万场，为村民提供法律咨询 232 万人次[①]，真正将乡风文明建设落到了实处，推动实现自治、法治、德治"三治合一"的有机结合。

二、搭建扶贫济困平台，整合社会帮扶资源

作为改革开放的排头兵，广东的经济社会发展在整体上取得了辉煌的成就，但省内区域之间、城乡之间、群体之间的发展差距仍较大。如何通过汇集聚合帮扶资源，打赢脱贫攻坚这场硬仗，从而缩小发展差距，是一个横亘在广东面前的难题，而社会力量则有助于汇集聚合帮扶资源，形成实现脱贫攻坚的合力。

2010 年以来，广东将每年的 6 月 30 日定为广东扶贫工作日。以广东扶贫工作日为平台，通过开展爱心捐赠、以购代捐、扶贫访贫慰问、"广东扶贫济困红棉杯"认定等各式各样的活动，广泛鼓励、动员社会各界帮扶贫困地区和贫困户，助力扶贫济贫事业。[②]

与此同时，广东还深入开展"万企帮万村""百企服千户"等活动，引导企业以"一企帮多村""多企帮一村"的形式结对帮扶贫困村，以提供资金、吸纳就业等方式帮扶贫困户，构建村企合作共赢机制。2021 年 9 月 8 日，广东省民营企业"万企兴万村"行动动员大会在清远市召开，与会的 21 个民营企业同全省各地市共 21 个帮扶村签订了为期 3 年的《广东省民营企业"万企兴万村"行动乡村振兴村企共建协议书》，探索实现有效衔接新路径。

据统计，2010 年至 2021 年 8 月，广东省以"广东扶贫济困日""万

---

① 参见《惠州探索"一村一法律顾问"，协助调解矛盾纠纷 2 万多宗》，惠州政法微信公众号，2020 年 7 月 24 日，见 https：//mp.weixin.qq.com/s/yJlod7GY4SHCst0Unpx4rA。
② 参见《〈2020 年"广东扶贫济困日"活动工作要点〉印发》，广东扶贫济困日微信公众号，2020 年 3 月 26 日，见 https：//mp.weixin.qq.com/s/Po23tWDPjdRv0FH2XHxbdQ。

企兴万村"活动为平台,吸引了1000多家社会组织、近万家企业、100多万志愿者、2000多万爱心人士参与,累计募集社会资金373.31亿元,对接慈善项目近5000个,帮扶400多万贫困人口建档立卡。[1]

为实现有效衔接,广东继续依托"广东扶贫济困日""万企兴万村"等平台,构建常态化、长效化、可持续的社会参与机制。一方面,积极引导和发动各类企业、社会组织、爱心人士参与乡村产业振兴、人才振兴,因地制宜发展乡村特色产业,推动人力资源要素向农业农村流动;另一方面,引导社会力量参与有效衔接的方向从简单的捐赠转向村社协同治理的深度融合。此外,继续深入研究"广东扶贫济困日"在乡村振兴"产、学、研、育"上的重要作用,从助力解决贫困问题向实现产业兴旺、生态宜居、乡风文明、治理有效、生活富裕转变,进而形成制度性理论成果,开创"广东扶贫济困日"活动工作新格局。[2]

三、积极培育社会力量,为乡村振兴提供人才支撑

人才,是乡村振兴发展的一项基础性工作。在新的发展阶段中,如何培养造就更多的适应现代农业发展、农村产业振兴、美丽乡村建设所需的各类人才,更好地推动巩固拓展脱贫攻坚成果同乡村振兴有效衔接,是新时代乡村建设的一项重要课题。广东积极发挥社会力量中的人才优势,汇集社会各界精英投入到乡村振兴这一宏伟的事业中,大力培育新型职业农民,加强农村专业人才队伍建设,破解人才瓶颈制约,造就更多的乡土人才。

一方面,广东依托"扬帆计划"建设省、市、镇(村)三级人才驿站282个、配套服务基地116个,搭建起"总站+分站+服务基地"的特色化服务平台,形成助力巩固拓展脱贫攻坚成果和乡村振兴有效衔接的脉络体系。其中,人才驿站是广东人才队伍建设的一大特色,是一个集引才

---

[1] 参见《顾幸伟:为巩固拓展脱贫攻坚成果同乡村振兴有效衔接贡献"粤力量"!》,广东省乡村振兴局网,2021年8月29日,见http://www.gdfp.gov.cn/fpyw/jdxw/202109/t20210903_1084487.htm。

[2] 参见《〈2020年"广东扶贫济困日"活动工作要点〉印发》,广东扶贫济困日微信公众号,2020年3月26日,见https://mp.weixin.qq.com/s/Po23tWDPjdRv0FH2XHxbdQ。

引智、信息共享、公共服务于一体的综合性人才培育基地。广东以乡村人才驿站为抓手,结合基层工作实际,统筹乡村建设人才需求,通过引进院士、特聘专家、行业领军等人才,多层次、多形式开展各类培训活动,充分发挥"头雁效应",为实现乡村振兴添砖加瓦。另一方面,广东积极出台"广东技工"工程实施方案,深入推进"粤菜师傅""广东技工""南粤家政"三项工程的实施,推动"粤菜师傅""广东技工""南粤家政"工程高质量发展,建立"粤菜师傅"地方特色标准,健全"广东技工"职业技能等级认定制度,完善"南粤家政"规范管理制度。据统计,截至2020年,"三项工程"累计开展培训640万人次,"粤菜师傅""南粤家政"工程累计带动就业创业超200万人次。[①]

除了专业技能人才的选拔和培养,广东还积极号召和引导乡村本土人才参与到乡村建设中来。广东不断摸索建立健全符合乡村特点的人才培养、引进机制,强化人才服务乡村振兴的激励约束机制,因地制宜培养更多的本土人才在基层、乡村一线干事创业。例如,肇庆市积极开展"归雁"工程,扶持回乡创业乡贤和能人创业带富,如德庆县的梁碧华等"归雁"创办企业,带动德庆、封开及高要"两县一区"发展特色种植业,实现领头一人、带富一方。

实现巩固拓展脱贫攻坚成果同乡村振兴有效衔接是一场接力"长跑",随着农业农村现代化建设步伐的加快,所要培养的人才也越发丰富多元,不仅需要本土农业人才,更需要借助社会力量的参与注入"新鲜血液"。例如,清远市积极探索、大胆探索,在全国首创"乡村新闻官"制度,招募聘任回乡创业的"新乡贤"以及一些政治素养好、政策水平高、大局意识强、有较强语言表达能力和新闻宣传意识的人才充当"乡村新闻官",播报农事、宣传政事,用乡土语言讲好本土故事,帮助农民致富,建构城乡一体化话语体系,打通基层宣传"最后一公里"。

除此之外,广东还创新性地将社会工作服务与乡村振兴发展相结合,补齐农村建设民生发展短板。"广东兜底民生服务社会工作双百工程"是

---

① 参见《乡村振兴人才如何培养?广东有这些妙招》,广东省乡村振兴局微信公众号,2021年11月1日,见 https://mp.weixin.qq.com/s/IgUv6pgxzrnD3hdjUEcSmw。

在全面总结广东社工"双百计划"的实践经验基础之上组织实施的一项重大民生工程,要求到2022年年底全省村(居)建成社会工作服务点,实现全省社会工作服务点100%覆盖、困难群众和特殊群众社会工作服务100%覆盖,全力配合乡镇人民政府全面推进乡村振兴工作,打通为民服务"最后一米",为实现乡村振兴赋能。

按照"双百工程"的部署要求,社工将进村入户开展走访,协助村(居)委精准识别困难群众和特殊群众,因地制宜寻找合适的救助政策和救助方式;同时,社工还将扎根社区(村),结合群众需求,积极带领社会组织、社区志愿者参与服务,链接整合公益慈善资源,进一步健全完善兜底民生服务,助力实现乡村振兴。

第三节　广东社会力量参与有效衔接的典型案例

一、广东省扶贫开发协会:社会组织参与有效衔接的典范

广东省扶贫开发协会是由企业、社会团体、事业单位等机构和人士自愿组成的联合性、非营利性的、具有社团法人资格的省级社会扶贫组织。该协会成立于2010年,由广东省农业农村厅主管,接受广东省社会组织管理局的监督,下设有广东省南方扶贫开发研究院、广东省国粤扶贫开发服务中心及《广东扶贫》杂志社(现名"广东扶贫全媒体中心")等机构。2019年,该协会单位会员队伍发展壮大到2000家,扶贫志愿者达到10000人。[①]

广东省扶贫开发协会以助力脱贫攻坚、促进共同富裕为宗旨,辅助政府广泛动员社会力量,引导社会多元主体开展扶贫开发,在实施扶贫开发、开展扶贫济困活动、打造扶贫品牌项目、实施扶贫宣传与理论研究、

---

① 参见《这项扶贫创新行动,可持续、易复制》,中国社会组织动态百度百家号,2019年12月23日,见https://baijiahao.baidu.com/s?id=1653697204494184862&wfr=spider&for=pc。

承接政府职能转移和公共服务、加强组织建设与规范管理等方面取得的成效显著，为广东乃至全国打赢打好脱贫攻坚战、全面建成小康社会、促进巩固拓展脱贫攻坚成果同乡村振兴有效衔接做出了积极贡献。[①] 广东省扶贫开发协会成立10多年来，积极动员企业参与"广东扶贫济困日"活动，筹集活动资金超过30亿元；累计资助贫困学生1万人次，援建中小学校200所；累计筹集健康扶贫资金和物资1亿元，减免医药检测费2亿元；累计成功引进扶贫企业510家，培育扶贫示范基地110家，关联脱贫农户20万户，户年均增收超过1万元；累计落地扶贫项目超过1000个，引导社会资本总投入超过60亿元。[②] 2021年6月，该协会被广东省委、省政府授予"广东省脱贫攻坚先进集体"称号。

社会组织应该如何参与到扶贫开发、乡村振兴事业才能发挥最大的效用呢？通过多年的探索实践，广东省扶贫开发协会在服务企业、服务政府、服务群众中积极探索，趟出了一条新路，形成了社会组织参与扶贫和促进巩固拓展脱贫攻坚成果同乡村振兴有效衔接的广东经验。

（一）搭建桥梁，服务企业

脱贫攻坚期间，企业参与扶贫开发的热情日益高涨，成为扶贫开发的重要力量。然而，企业在参与渠道上存在信息不对称的问题，同时在参与过程中，也缺乏相应的中介平台进行服务和协调，成为制约企业参与扶贫开发的瓶颈因素。对此，广东省扶贫开发协会树立"你扶贫我服务"的理念，主动搭建桥梁，为企业提供快捷、高效、专业、规范的扶贫服务，充分发挥了企业参与扶贫的"联络员"和"服务者"的枢纽作用（李雨茵，2017）。

在线上，广东省扶贫开发协会在全国范围内最早开创了"互联网＋扶贫"的实践探索。企业可以通过该协会主办的广东扶贫开发协会网，查询

---

① 参见《广东省扶贫开发协会章程》，广东省扶贫开发协会网，2017年12月22日，见http://www.gdfupin.org.cn/xhzc.asp；《广东省扶贫开发协会简介》，广东省扶贫开发协会网，2017年12月22日，见http://www.gdfupin.org.cn/xhjj.asp。
② 参见《一家"5A"级组织的硬核作为》，广东省扶贫开发协会网，2021年11月20日，见http://www.gdfupin.org.cn/new3.asp?id=365。

产业扶贫开发项目库，以及进行招商、投资登记。在线下，该协会适时组织召开产业扶贫项目对接会，促成产业对接，促进扶贫领域的交流与协作。①此外，该协会还将服务进一步常态化和动态化。2013年5月起，该协会将每周三固定设为"扶贫企业接待日"，集中听取扶贫企业的意见建议，指导企业参与扶贫，协助企业解决紧迫难题。②通过点对点指导服务，面对面对接协调，实现"按需施助"。③2020年以来，该协会在产业开发上再发力，引导更多的高质高效特色项目和产业资金落户农村，助力乡村产业振兴。④

（二）承接职能，服务政府

广东省是国内最早实施政府购买社会服务的省份之一，而广东省扶贫开发协会也较早开启了社会组织承接政府职能转移和公共服务实践，是第一批进入广东省本级社会组织承接政府职能转移和公共服务目录的社会组织之一。⑤

近年来，广东省扶贫开发协会完成了多项政府职能转移和公共服务项目，包括管理性事务一批，扶贫重大科研项目一批，省委、省政府及其他政府部门交办的辅助事项一批，以及重大活动、论坛讲座、会议培训、考察接待等服务事项一批（见表7-1）。广东省扶贫开发协会积极参与社会组织党建推进工作，接受省民政厅委托，承接试点创建社会组织党建工作站，为不少于50家社会组织提供党建指导与服务工作，促进社会组织党

---

① 参见《这项扶贫创新行动，可持续、易复制》，中国社会组织动态百度百家号，2019年12月23日，见 https://baijiahao.baidu.com/s?id=1653697204494184862&wfr=spider&for=pc。
② 参见《这项扶贫创新行动，可持续、易复制》，中国社会组织动态百度百家号，2019年12月23日，见 https://baijiahao.baidu.com/s?id=1653697204494184862&wfr=spider&for=pc。
③ 参见《这项扶贫创新行动，可持续、易复制》，中国社会组织动态百度百家号，2019年12月23日，见 https://baijiahao.baidu.com/s?id=1653697204494184862&wfr=spider&for=pc。
④ 参见《扛起担当再出发　广东省扶贫开发协会举行2020年度述职报告暨总结表彰会》，广东扶贫微信公众号，2021年2月5日，见 https://mp.weixin.qq.com/s/P0RHBdErCVqpQ1ULNMtosQ。
⑤ 参见《三个"服务"铺就创新路——广东省扶贫开发协会参与社会扶贫工作纪实》，广东省扶贫开发协会网，2014年7月7日，见 http://www.gdfupin.org.cn/new8.asp?id=417。

建与业务有机融合、资源优化整合,增强发展和服务能力。[①] 2021年6月,广东省扶贫开发协会党支部被评为全省社会组织党建工作示范点创建单位之一。

表7-1 广东省扶贫开发协会承接政府项目内容

项目类型	具体项目内容
管理性事务	扶贫农业龙头企业日常监测服务
	扶贫龙头企业贷款贴息受理初审服务
	产业化扶贫培训研讨
	贫困村贫困户建档立卡档案管理服务
	财政扶贫投资绩效评价
	社会组织党建工作
扶贫重大科研项目	国家东部地区扶贫改革试验区(清远)规划编制
	国家示范推广新型肥料及增效施肥技术促进贫困地区农民科技素质提高项目
	编撰扶贫开发图书、报刊
省委、省政府及其他政府部门交办的辅助事项	政策(立法)调研
	文案草拟
	决策(立法)论证
	监督评估
重大活动、论坛讲座、会议培训、考察接待等服务事项	扶贫形势与任务报告会
	青年创业扶贫与发展论坛
	精准扶贫理论与实践研讨会
	创新扶贫社会参与方式报告会
	产业扶贫观摩研讨会
	全国扶贫日广东片区活动
	"广东扶贫济困日"项目分工活动

资料来源:参见《这项扶贫创新行动,可持续、易复制》,中国社会组织动态百度百家号,2019年12月23日,见https://baijiahao.baidu.com/s?id=1653697204494184862&wfr=spider&for=pc。

[①] 参见《粤试点创建党建工作站 省扶贫开发协会承担50家社会组织党建指导任务》,广东省农业农村厅门户网站,2019年12月17日,见http://dara.gd.gov.cn/mtbd5789/content/post_2720516.html。

广东省扶贫开发协会在这方面所积累的丰富成果,吸引了贵州、河南、内蒙古等省(自治区)政府部门前来交流。贵州省政府发展研究中心副巡视员乔云生对广东省扶贫开发协会做出了高度评价:"广东省扶贫开发协会在政府购买公共服务方面的创新经验和做法以及取得的成效,具有重要的借鉴价值和意义。"①

(三)关爱民生,服务群众

广东省扶贫开发协会一方面树立"你扶贫我服务"的理念,吸引更多的社会力量参与扶贫;另一方面则以"你发展我扶贫"作为终极目标,让资源惠及更多的乡村和困难群众。自2010年成立以来,该协会陆续实施了"2(开发)+3(救助)"五大扶贫工程,并以此为框架,构建起一个全方位、多领域的社会帮扶体系,覆盖产业、健康、教育、就业、消费帮扶到乡村建设等方方面面。②

(1)扶贫产业工程。通过创建企业帮扶、产业发展的利益联结机制,构建农产品十大主销渠道以及搭建农村青年创业平台,帮助贫困村建产业,助贫困户创家业。

(2)山乡亮灯扶贫工程。以改善贫困村发展环境为目标,面向全省农村特别是贫困村推广安装太阳能路灯,实现"村村通路灯、有路必有灯"。

(3)"银发温暖"工程。以贫困老人为重点关怀对象,为贫困老人统一购买新农村养老保险,发放生活补贴,帮助改善贫困乡镇养老院办院条件。③

(4)健康扶贫工程。通过动员社会力量向贫困村输入医疗技术、设备(器械)、药品,建立对接机制,搭建活动平台,提升贫困地区群众的健康

---

① 《三个"服务"铺就创新路——广东省扶贫开发协会参与社会扶贫工作纪实》,广东省扶贫开发协会网,2014年7月7日,见http://www.gdfupin.org.cn/new8.asp?id=417。
② 参见《一家"5A"级组织的硬核作为》,广东省扶贫开发协会网,2021年11月20日,见http://www.gdfupin.org.cn/new3.asp?id=365。
③ 参见《河源市下屯村25位五保老人获我会2017年第一批银发温暖基金资助》,广东省扶贫开发协会网,2017年2月14日,见http://www.gdfupin.org.cn/new32.asp?id=409;《广东银发温暖工程为贫困村五保老人赠生活补贴》,人民网,2015年6月26日,见http://ccn.people.com.cn/n/2015/0626/c366510-27213067.html。

水平和村级卫生站（室）的服务能力。① 2021 年 7 月，在既有健康扶贫工程基础上，启动助力提升基层医疗服务能力帮扶项目，支援基层医疗机构服务能力提升。②

（5）文教扶贫工程。依托协会副理事长单位——清远高级技工学校开展智力扶贫项目，接收贫困家庭学生超过 2 万人；实施"梦想知识包"公益项目，动员社会力量为贫困村中小学生捐献课外读物；在全国率先成立扶贫开发研究院、服务中心和创办《广东扶贫》杂志社，服务指导一线扶贫工作。③ 2021 年 1 月，在既有文教扶贫工程基础上，启动大型音乐下乡活动，以音乐小切口开启文化大主题，致力为脱贫地区注入精神力量。④

在服务政府、企业和群众的过程中，广东省扶贫开发协会不断增强扶贫主体成员、扶贫资源组织、扶贫服务提供、扶贫品牌打造等四种能力，获得了时任广东省委副书记、省长马兴瑞和时任国务院扶贫办主任刘永富等领导的肯定。马兴瑞批示："广东省扶贫开发协会成立以来，广泛动员，不断壮大，致力于增强贫困地区的持续发展能力，注重发挥协会组织的优势，各项工作取得显著成效。"⑤ 刘永富批示："广东省扶贫开发协会的工作做得很好。他们的做法与经验应与全国推广。"⑥

---

① 参见《为贫困村留下"五个一"健康扶贫将走进 2000 贫困村》，广东省人民政府门户网站，2012 年 11 月 21 日，见 http：//www.gd.gov.cn/gdgk/gdyw/201211/t20121121_170973.htm；《广东正式启动实施健康扶贫走进贫困村工程》，土地资源网，2012 年 11 月 22 日，见 http：//www.tdzyw.com/2012/1122/22932.html。

② 参见《省扶贫开发协会开展基层医疗服务能力提升帮扶》，广东省扶贫开发协会网，2021 年 7 月 30 日，见 https：//weibo.com/ttarticle/p/show？id=2309404664700607791641。

③ 参见《这项扶贫创新行动，可持续、易复制》，中国社会组织动态百度百家号，2019 年 12 月 23 日，见 https：//baijiahao.baidu.com/s？id=1653697204494184862&wfr=spider&for=pc。

④ 参见《一家"5A"级组织的硬核作为》，广东省扶贫开发协会网，2021 年 11 月 20 日，见 http：//www.gdfupin.org.cn/new3.asp？id=365。

⑤ 《中央权威媒体重点关注、系统总结推广 我会开展社会扶贫的经验与做法》，广东省扶贫开发协会网，2015 年 2 月 16 日，见 http：//www.gdfupin.org.cn/new57.asp？id=122。

⑥ 《中央权威媒体重点关注、系统总结推广 我会开展社会扶贫的经验与做法》，广东省扶贫开发协会网，2015 年 2 月 16 日，见 http：//www.gdfupin.org.cn/new57.asp？id=122。

二、碧桂园集团：市场主体参与有效衔接的范例

碧桂园集团是成立于广东的著名房地产企业，总部位于佛山市顺德区。多年来，该企业秉持"做有良心、有社会责任感的阳光企业"的价值观，主动履行社会责任，积极投身社会公益事业，将精准扶贫和乡村振兴作为其主业之一。据统计，在脱贫攻坚时期，碧桂园累计投入超过87亿元，结对帮扶全国9省14县33.7万贫困人口，助力14个贫困县脱贫摘帽，在全国帮扶项目涉及16省57县，脱贫超49万人。[①] 2018年，碧桂园成立精准扶贫乡村振兴领导小组，为巩固拓展脱贫成果，实现乡村振兴贡献力量。2021年2月，碧桂园集团创始人杨国强被授予"全国脱贫攻坚先进个人"称号。

在参与广东脱贫攻坚的过程中，碧桂园开创了"4+X"模式。"4"是指党建扶贫、产业扶贫、教育扶贫、就业扶贫等集团统一部署的规定动作，"X"是指结合帮扶地区实际拓展的"自选动作"，实现因地制宜，精准扶贫。[②] 在党中央脱贫攻坚决战决胜总攻令号召下，碧桂园依托"4+X"模式推进乡村振兴行动，实现了"4+X"模式与乡村产业振兴、人才振兴、文化振兴、生态振兴、组织振兴的有机融合，促进了巩固拓展脱贫攻坚成果同乡村振兴有效衔接。碧桂园通过"4+X"模式，打造了企业参与扶贫和乡村振兴的模范样本。

（一）党建扶志

自成立以来，碧桂园秉承"像建好房子一样做好企业党建工作"的理念，将党建根植于企业文化中，通过党建为企业持续发展提供源源不断的动力。在帮扶工作上，碧桂园高度重视党建的引领作用，坚持把党支部建在帮扶项目上，"帮扶工作推进到哪里，支部就建到哪里"，探索出了一条

[①] 参见《强劲 焕新 初心 三个词总结碧桂园的2020年》，央广网，2021年1月8日，见 http://www.cnr.cn/gd/tpxw/20210108/t20210108_525386528.shtml。

[②] 参见《碧桂园"1+5+N"模式破题乡村振兴》，《北京商报》2021年5月28日，第T13版。

"非公党建+帮扶"的新路。第一,开展村企党组织结对共建。通过开展村支书研学,提升改造村党建阵地,强化帮扶村支部,夯实基层党建基础。第二,选聘"老村长"。选聘德高望重的"老村长"到任碧桂园一线帮扶项目党支部"公益岗",以扶思想、扶观念、扶思路为目标,协助集团开展入户、调研、宣讲和慰问等工作。① "老村长"是村里有威望、有能力的人,对各家各户较为了解,与当地村民沟通不存在障碍,普遍被村民认可。他们通过言传身教、以身作则带动村民,激发村民的内生动力,帮助村民树立起勤劳致富的斗志和勇气。② 第三,举办乡村振兴理论学习活动。开办一批乡村振兴学习中心,聘请相关领域的专家为企业党员、帮扶队员、村委干部、老村长、农户等对象讲授扶贫和乡村振兴知识。③

(二) 产业扶富

在产业帮扶上,碧桂园依靠企业强大的产业优势,为落后地区产业发展提供资金、技术、市场、渠道支持,带动了当地增收和发展,实现了产业扶富。

在产业选择上,立足落后地区资源禀赋,挖掘特色产业。主推"一村一品""一县一业",将资源优势转换为发展优势。例如,在清远英德推广苗木种植产业,在惠州惠阳打造旅游产业,在肇庆德庆助力贡柑,在韶关南雄古市镇丰源村、修仁村建设稻虾共作产业,等等。此外,依托集团旗下的国华文旅集团开展星火计划系列旅游,充分挖掘乡村"四色"资源(特色、古色、红色、绿色),开发旅游线路,形成乡村特色文化产业。④

在产业运营上,建立利益捆绑和共享机制,实现合作共赢。推广"借

---

① 参见《碧桂园集团响应号召积极助力乡村振兴》,广东乡村网,2020年5月14日,见http://www.gdxcw.cn/index.php?s=/Show/index/cid/6/aid/1397.html。
② 参见《脱贫路上的"老村长"丨中国益公司参选企业案例·碧桂园》,腾讯网,2020年12月15日,见https://xw.qq.com/cmsid/20201215A01ZNL00。
③ 参见《碧桂园集团"4+X"组合拳助力脱贫攻坚战》,民主与法制网,2020年11月3日,见http://www.mzyfz.com/cms/xinwenzhongxin/redianguanzhu/html/1581/2020-11-03/content-1445789.html。
④ 参见《碧桂园探索"4+X"精准扶贫模式助力脱贫攻坚战》,中国经济网,2020年7月10日,见http://www.ce.cn/xwzx/gnsz/gdxw/202007/10/t20200710_35299862.shtml。

本你种，卖了还本，赚了归你，再借再还，勤劳致富""公司+村/合作社+农户+基地"等合作模式，实现企业与村集体、农户利益共享、风险共担、合作共赢。以英德连樟村为例，2020—2021年期间，碧桂园帮扶的产业园结合采摘园及联动带农基地，带动村集体收入将近200万元。①

在产销方面，碧桂园利用其在全国分布的区位优势以及多业态经营的优势，推动市场主体与帮扶村建立长期、稳定的产销关系，填补帮扶村对接市场的短板。一是创立助农品牌"碧乡"，以统一的品牌对农产品进行运营和销售，提升产品附加值和影响力。二是"社区+消费助农"，在企业旗下近千家社区零售门店"碧优选"设立助农专柜，将农产品销往全国各地。② 三是"互联网+消费助农"，结合淘宝、京东等电商平台，通过搭建线上商城、开展直播倡导以购代捐。③ 将每年11月设立为企业的消费扶贫月，充分发动20万企业员工、百万业主以及众多合作伙伴"以捐代购"。④ 四是"大型展销会+消费助农"，积极通过大型展销平台推广乡村的农特产品。⑤ 截至2021年年底，碧桂园共转化扶贫产品超690款，销售额约3.4亿元，惠及超11.81万人。⑥

（三）教育扶智

与党建引领和产业扶持一样，教育扶持也是碧桂园开展扶贫和乡村振兴工作的重要一环。碧桂园始终认为，帮扶贫困家庭孩子接受良好的教

---

① 参见《以产业联动带农，碧桂园优秀案例入选"2021广东乡村振兴优秀案例"》，搜狐网，2021年11月30日，见 https：//www.sohu.com/a/504474165_100203381。
② 参见《碧桂园集团探索创新消费扶贫实践为脱贫攻坚注入新动力》，新浪财经百度百家号，2020年12月25日，见 https：//baijiahao.baidu.com/s？id=16870172159048172208wfr=spider&for=pc。
③ 参见《以产业联动带农，碧桂园优秀案例入选"2021广东乡村振兴优秀案例"》，搜狐网，2021年11月30日，见 https：//www.sohu.com/a/504474165_100203381。
④ 参见《碧桂园集团响应号召积极助力乡村振兴》，广东乡村网，2020年5月14日，见 http：//www.gdxcw.cn/index.php？s=/Show/index/cid/6/aid/1397.html。
⑤ 参见《以产业联动带农，碧桂园优秀案例入选"2021广东乡村振兴优秀案例"》，搜狐网，2021年11月30日，见 https：//www.sohu.com/a/504474165_100203381。
⑥ 参见《大变局之下，房企如何破题乡村振兴？》，网易，2021年12月17日，见 https：//www.163.com/dy/article/GREI9F7E0519CB4E.html。

育，才能阻断贫困在代际之间的传递。在这一方面，碧桂园坚持"教育扶贫，授人以渔；一人成才，全家脱贫"的理念。经过多年努力，碧桂园不仅帮助贫困家庭的孩子成就受教育梦想，还为社会培养了大批优秀人才。

2002年，碧桂园捐资2.6亿元，在佛山创办了全国第一所纯慈善、全免费、全寄宿民办高级中学——国华纪念中学。该校每年面向全国招收2000名家庭生活困难的初中毕业生。学生从高中到高等教育阶段的学费、生活费和交通费等全部由该校承担。截至2020年11月，国华纪念中学已累计接收了3260名处于辍学边缘的学生，培养出了大批硕士、博士和出国深造人才。①

2013年，碧桂园延续了国华纪念中学的成功经验，在清远创办了广东碧桂园职业学院。该校是一所具有慈善性质的民办大学，也是全国唯一一所对贫困生全免费的大学，以招收贫困生为主，并以培养"基层一线管理干部或技术骨干"为办学目标。截至2020年10月底，该校累计招生3076人，其中，贫困家庭学子2269人；培养基层一线管理干部或技术骨干1062人。②

此外，碧桂园还设立了仲明大学生助学金、惠妍教育助学基金等多项教育助学专项基金，以帮扶家庭经济困难但品学兼优的学生。

（四）就业扶技

除教育扶持外，碧桂园还致力于就业扶持，以市场需求为导向，开展具有针对性的职业技术培训，让帮扶对象掌握一技之长。③近年来，碧桂园充分结合广东"粤菜师傅""南粤家政""广东技工"三大工程，实施了种植、烹饪、叉车、电工技术、焊工技术、财务会计、家政育婴、电商运营等就业技能培训。例如，2019年以来，碧桂园"粤菜师傅"培训班

---

① 参见《〈国华的孩子们〉：寒门学子的追梦之路》，人民网，2020年11月27日，见 http://finance.people.com.cn/n1/2020/1127/c1004-31947668.html。
② 参见《捐资助学矢志不渝 教育扶贫托举希望》，人民网，2020年12月17日，见 http://m.people.cn/n4/2020/1217/c4049-14631268.html。
③ 参见《碧桂园："4+X"模式助力乡村振兴》，《南方周末》网，2018年12月20日，见 http://www.infzm.com/contents/142891。

在顺德厨师学院等地开办了66期，吸引了广东、广西、四川等14个省（区）3337人参与，1107名建档立卡贫困户从中受益。① 此外，碧桂园还积极为帮扶对象推荐就业或提供就业岗位。例如，截至2020年12月，碧桂园在英德市联动旗下子公司、合作伙伴共举办了19场招聘会，推荐贫困户812人上岗就业。②

（五）自选动作"X"

由于帮扶地区经济、社会、地理、人文等方面的差异，碧桂园除了实施党建扶志、产业扶富、教育扶智、就业扶技"四大规定动作"之外，还根据当地的实际情况针对性地定制服务，即"4+X"模式中的"X"。例如，碧桂园在英德市连樟村开展"三清三拆三整治""厕所革命""污水处理""公共设施和基础建设"等10个改造项目的建设，使得连樟村的村容村貌焕然一新。③

经过多年的实践积累，碧桂园在参与扶贫和乡村振兴形成了非常完整的体系。国务院扶贫办社会扶贫司负责人曲天军将其概括为："这是以社会责任为基石，以党建扶贫为引领，以产业和培训为两翼，并辅以教育扶贫、健康扶贫的模式投身脱贫攻坚伟业的生动案例。"④ 此外，广东省扶贫办副主任梁健也表示，碧桂园在广东清远英德、汕头、潮州、韶关等地开展乡村振兴建设项目，不断创建出具有碧桂园特色的长效扶贫机制，成为广东民营企业中参与精准扶贫、乡村振兴的领头羊和榜样。⑤ 2021年，在由《人民日报》社举办的第七届中国品牌论坛上，碧桂园集团、国强公益基金会选送的《产业联动带农，探索助农路径》获评"乡村振兴优秀

---

① 参见《碧桂园扶贫：让老百姓有一技之长》，人民资讯百度百家号，2021年1月3日，见 https://baijiahao.baidu.com/s?id=1688737937114905065&wfr=spider&for=pc。
② 参见《赞！碧桂园三年助上万英德群众就业》，南方Plus客户端，2020年12月26日，见 http://static.nfapp.southcn.com/content/202012/26/c4508426.html?group_id=1。
③ 参见《碧桂园集团探索推进"4+X"扶贫模式》，中国网，2020年7月8日，见 http://t.m.china.com.cn/convert/c_pUN4K5fU.html。
④ 《广东民企参与乡村振兴经验向全国铺开 碧桂园启动全国13县结对帮扶》，人民网，2018年5月21日，见 http://gongyi.people.com.cn/n1/2018/0521/c151132-30002359.html。
⑤ 参见《广东民企参与乡村振兴经验向全国铺开 碧桂园启动全国13县结对帮扶》，人民网，2018年5月21日，见 http://gongyi.people.com.cn/n1/2018/0521/c151132-30002359.html。

案例"。①

三、中山大学：高校参与有效衔接的样板

2016年5月以来，中山大学开启了帮扶清远市连州市丰阳镇柯木湾村的工作，先后派出6名干部驻村扶贫，自筹资金超过1300万元，充分发挥高校资源优势，从党建、产业、基础设施、文化教育等方面助力丰阳镇柯木湾村推进脱贫攻坚和乡村振兴，使柯木湾发生了翻天覆地的变化。在中山大学的帮扶之下，2020年，柯木湾村集体收入超过30万元，是帮扶前的60多倍，全村72户贫困户高质量脱贫出列。②在广东省脱贫攻坚总结表彰大会上，中山大学驻柯木湾村工作队获"广东省2019—2020年脱贫攻坚突出贡献集体"称号，李锐、刘嘉两位驻村干部获"广东省2019—2020年脱贫攻坚突出贡献个人"称号。中山大学帮扶柯木湾村的事迹，充分践行了"把实验室建在田间地头""把论文写在祖国大地"的理念，书写了高校参与扶贫和乡村振兴的华丽篇章。

（一）党建引领

中山大学扶贫工作队自进驻以来，一直把抓好党建工作放在首要位置，同时进一步增强基层党组织战斗堡垒的作用，有效凝聚和动员全体干部和村民，激发全村脱贫致富的决心和斗志。第一，完善村级党组织建设。驻村工作队协助丰阳镇党委将柯木湾村党总支下设的支部由原来8个小支部合并为3个大支部，有效提升了基层党组织的凝聚力和战斗力。③第二，探索党建新模式。2019年4月，中山大学新时代中国特色社会主义

---

① 参见《碧桂园获评2021中国品牌论坛"乡村振兴优秀案例"》，腾讯网，2021年12月3日，见 https://xw.qq.com/cmsid/20211208A073D000。

② 参见《我校获得云南省、广东省脱贫攻坚多项表彰》，中山大学新闻网，2021年6月25日，见 http://news2.sysu.edu.cn/news01/1391491.htm；《初心不忘迎难上，上下同心再出发——我校获"广东省2016—2018年脱贫攻坚突出贡献集体"荣誉》，中山大学新闻网，2019年6月13日，见 http://news2.sysu.edu.cn/news01/1362361.htm。

③ 参见《扎根粤北山区 中山大学谱写决战决胜脱贫攻坚新篇章》，广东省乡村振兴局网，2020年2月21日，见 http://www.gdfp.gov.cn/gzdt/fpjb/202002/t20200221_1026149.htm。

思想传播研究会的"移动党校"党建服务终端正式落户柯木湾村委会，丰富的在线党建党史视听资源，为加强农村基层党组织建设提供了新模式。①第三，开展党建学习教育系列活动。驻村工作队组织开展了驻村第一书记上党课系列活动、"主题党日+"活动等形式多样的学习教育活动，有效激发了全体干部和村民的内生动力。

(二) 助力乡村产业振兴

2016年之前，柯木湾村产业发展几乎呈现空白，村集体经济年收入仅有5000元左右。对此，驻村工作队充分结合当地的资源禀赋，以"大村一业、小村一品"为抓手，有效推动了村产业发展，提高了村集体经济收入，创造了大量就业岗位，实现了"造血"扶贫。

2019年5月以来，中山大学充分发挥技术和资金优势，在柯木湾村打造特色农业产学研基地（有机生态种植养殖基地），作为柯木湾村的"大村一业"。② 这一项目的实施，不仅提高了村集体经济收入，创造了就业岗位，而且还充当了人才培养和科学研究的平台，形成了产学研一体化优势。工作队在"大村一业"的基础上，进一步推进"小村一品"，使柯木湾村下辖的10个分散的自然村也发展起了产业，帮助贫困户实现"在家门口就业"。例如，结合夏东村良好的生态环境，建造起了民宿以及中草药教育基地"百草园"，吸引周边游客前来住宿消费。

在发展产业的基础上，如何进一步扩大产品销量？由于当地村里的小学生都在镇小学上学，柯木湾小学长期处于无人管理的状态。驻村工作队将柯木湾小学闲置的课室和办公室打造成线上电商工作室和线下产业扶贫项目农副产品展销厅，充分激活了闲置资源。在此基础上，依托二级党组织和庞大的校友资源，合计购买了柯木湾村生态农家米30吨、优质红薯

---

① 参见《扎根粤北山区　谱写决战决胜脱贫攻坚新篇章——中山大学定点帮扶连州市丰阳镇柯木湾村2019年工作纪事》，《中山大学报》网，2019年10月17日，见http://xiaobao.sysu.edu.cn/index.aspx?bid=283#conid=4052&key=%e6%89%8e%e6%a0%b9%e7%b2%a4%e5%8c%97%e5%b1%b1%e5%8c%ba。

② 参见《扎根粤北山区　中山大学谱写决战决胜脱贫攻坚新篇章》，广东省乡村振兴局网，2020年2月21日，见http://www.gdfp.gov.cn/gzdt/fpjb/202002/t20200221_1026149.htm。

20 吨、连州菜心 5 吨、香菇木耳 3 吨及玉竹百合等，消费扶贫金额超过 110 万元。①

（三）推进基础设施建设

2016 年之前，柯木湾村基础设施建设落后，村居环境脏乱。中山大学帮扶以来，以完善基础设施、改善村居环境为目标，着手推进村建工程项目建设。第一，改善村居环境。通过完善道路交通、路灯、饮水、公共厕所等设施和实施危房改造等措施，村容村貌大为改善，提升了村民的获得感、幸福感和安全感；泽芳楼、笃行路、至善桥、格致轩等设施的相继落地，深刻地烙下了中山大学的文化印记，见证了该校几年来的帮扶成效。② 第二，完善农田水利。建成柯木湾、西风寨引排水渠和水利陂头、上石咀防洪堤。③ 第三，助推乡风文明建设。为各自然村增设文体设施，推进文化室建设和古文物修缮保护，建立田野教学基地，助推乡风文明建设。④

（四）实施文化医疗下乡

中山大学各二级单位积极响应脱贫攻坚、乡村振兴的号召，发挥专业优势，组织师生、职工开展文化、科技、医疗等下乡活动。例如，中山大学出版社向柯木湾村捐赠图书 500 余册，帮助党员群众提升科学文化水

---

① 参见《李锐：到农村"上大学"的中大老师》，中山大学新闻网，2020 年 7 月 19 日，见 http：//news2.sysu.edu.cn/news03/1375608.htm。

② 参见《我校获得云南省、广东省脱贫攻坚多项表彰》，中山大学新闻网，2021 年 6 月 25 日，见 http：//news2.sysu.edu.cn/news01/1391491.htm；《初心不忘迎难上，上下同心再出发——我校获"广东省 2016—2018 年脱贫攻坚突出贡献集体"荣誉》，中山大学新闻网，2019 年 6 月 13 日，见 http：//news2.sysu.edu.cn/news01/1362361.htm。

③ 参见《初心不忘迎难上，上下同心再出发——我校获"广东省 2016—2018 年脱贫攻坚突出贡献集体"荣誉》，中山大学新闻网，2019 年 6 月 13 日，见 http：//news2.sysu.edu.cn/news01/1362361.htm。

④ 参见《初心不忘迎难上，上下同心再出发——我校获"广东省 2016—2018 年脱贫攻坚突出贡献集体"荣誉》，中山大学新闻网，2019 年 6 月 13 日，见 http：//news2.sysu.edu.cn/news01/1362361.htm；《扎根粤北山区 中山大学谱写决战决胜脱贫攻坚新篇章》，广东省乡村振兴局网，2020 年 2 月 21 日，见 http：//www.gdfp.gov.cn/gzdt/fpjb/202002/t20200221_1026149.htm。

平；生命科学学院组织教授到该村考察，把脉生态养殖，助力农业产业发展；中山大学附属第六医院针对当地急需的科室种类，组织医疗服务团队开展义诊活动，共接诊当地百余位村民，免费发放药物数万元；物理学院组织家电维修队为村民修理家电；中国语言文学系对柯木湾村适龄儿童进行语言发育障碍筛查及康复矫治；管理学院开展电商知识培训，指导村民开展电商销售；舞蹈团等艺术团组成文化服务队为村民开展文艺汇演，提升了镇村文化艺术品位。①

在全面打赢脱贫攻坚战之后，中山大学党委严格落实"四个不摘"要求，把乡村振兴主战场作为培养锻炼干部的广阔舞台，继续向定点帮扶点选派挂职干部，紧紧围绕"产业振兴、人才振兴、文化振兴、生态振兴、组织振兴"五个方面，稳步推进乡村振兴开局之年的各项工作。② 2021年8月，中山大学举行定点帮扶工作挂职干部行前座谈会，完成了定点帮扶挂职干部到期轮换，社会学与人类学学院党政办公室主任蒋文涵分别担任连州市丰阳镇驻村第一书记和驻镇帮镇扶村工作队队员。

2021年9月，中山大学党委副书记国亚萍带队前往连州市丰阳镇调研，深入研究推进乡村振兴驻镇帮镇扶村工作。调研期间，召开了中山大学调研乡村振兴座谈会，学校领导干部与连州市及丰阳镇领导干部、校友企业家代表、丰阳镇当地企业家代表等共同商讨丰阳镇发展思路。会上，该校还向连州市丰阳镇政府捐赠助力乡村振兴专项资金200万元。③

---

① 参见《陈春声书记带队赴连州市柯木湾村开展脱贫攻坚调研慰问活动》，中山大学新闻网，2020年11月3日，见 http：//news2. sysu. edu. cn/news01/1382799. htm；《中山大学党委书记陈春声带队赴连州柯木湾村开展脱贫攻坚调研与慰问》，广东省乡村振兴局网，2019年7月31日，见 http：//www. gdfp. gov. cn/fpyw/fpdt/201907/t20190731_1009557. htm；《扎根粤北山区 谱写决战决胜脱贫攻坚新篇章——中山大学定点帮扶连州市丰阳镇柯木湾村2019年工作纪事》，《中山大学报》网，2019年10月17日，见 http：//xiaobao. sysu. edu. cn/index. aspx? bid = 283#conid =4052&key = % e6% 89% 8e% e6% a0% b9% e7% b2% a4% e5% 8c% 97% e5% b1% b1% e5% 8c% ba。

② 参见《我校完成定点帮扶挂职干部到期轮换 压茬推进服务乡村振兴工作》，中山大学新闻网，2021年8月5日，见 http：//news2. sysu. edu. cn/news01/1393138. htm；《陈春声书记带队调研连州 推进学校帮镇扶村工作》，中山大学新闻网，2021年12月9日，见 http：//news2. sysu. edu. cn/news01/1397568. htm。

③ 参见《国亚萍副书记带队赴连州市丰阳镇开展驻镇帮镇扶村工作调研》，中山大学新闻网，2021年10月1日，见 http：//news2. sysu. edu. cn/news01/1394916. htm。

第七章 实现有效衔接的社会力量

2021年12月,中山大学党委书记陈春声带队前往连州市丰阳镇调研,探访慰问脱贫户,并走访了义诊现场、产业帮扶点、红色教育基地、劳动教育基地,研究帮扶丰阳镇巩固脱贫工作。调研期间,该校成立了"中山大学乡村振兴实习教学基地",意在让师生在乡村振兴一线助帮扶,并把乡村振兴一线变成学校立德树人大课堂。与此同时,该校附属第三医院组织10余名临床专家在连州市丰阳镇开展义诊活动,共接诊当地百余位村民,免费发放药物数万元。[1] 除此之外,"援鄂英雄"下华伟医生和朱海秀护士在丰阳人民礼堂面向镇村干部主讲"抗疫精神"专题党课。[2] 在该校的帮扶下,丰阳镇推出了乡村振兴党建教育、劳动实践教育等专项课程,已接待各级单位培训超过500人次。[3]

在巩固拓展脱贫攻坚成果同乡村振兴有效衔接的崭新阶段,中山大学将继续发挥高校资源优势,积极发动校友力量,加强校地合作,在人才、技术、资金等方面一如既往给予支持,共同谱写乡村振兴新篇章。[4]

第四节 社会力量参与有效衔接的广东经验

通过广东推动社会力量参与有效衔接的政策措施以及典型案例的分析,可以提炼出广东推进社会力量参与有效衔接的三大经验。

---

[1] 参见《陈春声书记带队调研连州 推进学校帮镇扶村工作》,中山大学新闻网,2021年12月9日,见http://news2.sysu.edu.cn/news01/1397568.htm。
[2] 参见《陈春声书记带队调研连州 推进学校帮镇扶村工作》,中山大学新闻网,2021年12月9日,见http://news2.sysu.edu.cn/news01/1397568.htm
[3] 参见《陈春声书记带队调研连州 推进学校帮镇扶村工作》,中山大学新闻网,2021年12月9日,见http://news2.sysu.edu.cn/news01/1397568.htm
[4] 参见《驻镇帮镇扶村工作队给力丰阳乡村振兴 中山大学捐赠专项资金200万》,南方网,2021年10月12日,见http://epaper.southcn.com/nfdaily/html/2021-10/12/content_7967024.htm。

一、发挥政治、制度和社会三大优势，有效推动社会力量参与

在推进社会力量参与的过程中，广东充分发挥政治、制度和社会三大优势，有效地推动了社会力量参与。政治优势体现在高位推动社会力量参与，省委、省政府领导亲自带队走访企业、召开动员会议、召开重点企业座谈会、接见爱心企业家代表并颁发"广东扶贫济困红棉杯"，并在乡村振兴阶段继续坚持这"四个习惯动作"。① 制度优势体现在不断健全推动社会力量参与的组织动员、要素保障、政策支持、监督管理等一系列制度安排，确保在脱贫攻坚时期形成的制度安排延续至乡村振兴阶段。社会优势则体现在广泛的社会支持和群众基础。作为改革开放前沿阵地，广东经济社会发展取得了显著成效，涌现了众多优秀的社会力量。越来越多的社会力量主动作为，将帮扶社会作为组织发展的宗旨，积极参与到脱贫攻坚和乡村振兴当中，充分践行了"先富带动后富"的理念。

二、健全社会力量参与机制，破解社会帮扶实践困境

随着社会力量参与热情的不断提升，如何才能确保庞大的社会力量有序参与到有效衔接中来？在推动社会力量参与的过程中，广东逐渐形成了资源整合机制、社会动员机制、规范运转机制和监督管理四大机制，把全省近5万个社会组织、50多万名专职工作人员、210多万名个人会员、50多万个会员企业（单位）有序组织起来，破解了社会帮扶实践困境。② 例

---

① 参见《顾幸伟：为巩固拓展脱贫攻坚成果同乡村振兴有效衔接贡献"粤力量"！》，广东省乡村振兴局网，2021年8月29日，见http：//www.gdfp.gov.cn/fpyw/jdxw/202109/t20210903_1084487.htm。

② 参见《顾幸伟：为巩固拓展脱贫攻坚成果同乡村振兴有效衔接贡献"粤力量"！》，广东省乡村振兴局网，2021年8月29日，见http：//www.gdfp.gov.cn/fpyw/jdxw/202109/t20210903_1084487.htm。

如，通过搭建"广东扶贫济困日""万企兴万村"等平台，不仅有效动员了社会力量，而且还通过这一方式实现了规范管理。又如，在全国首创建立"末梢监督系统"，对项目进行全流程追踪，并通过定向投放和二次分配，将帮扶资金真正投放到最需要帮扶的村庄，实现社会力量与帮扶对象的精准对接。[1] 在社会力量参与机制的不断健全下，企业、社会组织、公民等社会力量构成了一个相互衔接、有机整合、环环相扣的链条，形成了推动广东乡村发展的有效合力。

三、深化拓展社会力量参与空间，构建社会力量参与长效机制

从脱贫攻坚到乡村振兴，政策的实施范围、对象和领域都发生了变化。为了促进有效衔接，广东在确保社会力量对原帮扶地区、对象帮扶力度不减的情况下，积极深化拓展社会力量参与空间，构建社会力量参与长效机制。在地理空间上，引导社会力量从贫困村走向更加广阔的农村地区，助力农业农村的现代化建设。在帮扶群体上，引导社会力量从关注贫困户到关注范围更广的中低收入群体，朝着逐步实现全体人民共同富裕的目标继续前进。在参与领域上，引导社会力量从产业振兴、消费扶持等经济领域拓展至社会治理、乡村文明建设等社会文明生态领域，为乡村全面振兴夯实治理基础。在参与形式上，引导社会力量从简单的捐赠转向村社协同治理的深度融合。在参与效果上，从注重社会力量帮扶对农村产生的短期效果到注重社会力量帮扶对农村产生的长期效益，充分统筹发展实际和未来需要，持续引领乡村的繁荣发展。

---

[1] 参见《顾幸伟：为巩固拓展脱贫攻坚成果同乡村振兴有效衔接贡献"粤力量"!》，广东省乡村振兴局网，2021 年 8 月 29 日，见 http://www.gdfp.gov.cn/fpyw/jdxw/202109/t20210903_1084487.htm。

第八章 实现有效衔接的省内对口帮扶

作为一项"原创性、独特性的重大举措",对口帮扶政策对打赢脱贫攻坚战发挥了举足轻重的作用,而在实现巩固拓展脱贫攻坚成果同乡村振兴有效衔接的全新阶段,对口帮扶仍将继续发挥不可替代的作用。

从既有的涉及对口帮扶的经验研究来看,理论关切聚焦于对口帮扶中的"东西扶贫协作"(吴国宝,2017;李小云,2017;张晓颖、王小林,2021)或者"对口支援"(杨明洪、张营为,2016;刘金山、徐明,2017;赵晖、谭书先,2020),事实上已经在数量和类型上实现了一定程度的积累和拓展。不过,从实现有效衔接的总体目标来看,当前学界相较而言仍缺乏对"省内对口帮扶"这一分支议题的应有关注。实际上,经由再分配策略开展的省内对口帮扶实践,能够在可持续性的资源均衡配置的基础上实现有效衔接的总体目标。

基于此,本章以较早开展省内对口帮扶的广东省为案例,分三节探讨实现有效衔接的省内对口帮扶。第一节从较为宏观的角度分析广东省内对口帮扶的缘起、发展与成效,第二节从微观角度具体分析广州、深圳和珠海分别对口帮扶清远、汕尾和茂名的三个典型案例,第三节展望有效衔接阶段广东省内对口帮扶可能面临的挑战及可行的应对举措。

第一节 广东省内对口帮扶的缘起、发展与成效

一、广东省内对口帮扶的缘起与发展

作为扶贫开发的一项重要政策,国家层面的对口帮扶于1996年正式

第八章　实现有效衔接的省内对口帮扶

确立,在促进农村扶贫开发、推动区域协调发展及实现共同富裕等方面发挥了重要作用。作为改革开放的先行阵地,广东自对口帮扶实施之初就被赋予了帮扶广西的重要使命。具体而言,广东与广西在扶贫援助、经济技术合作和人才交流等方面开展了多层次、全方位的协作,对广西的经济社会发展产生了显著的促进作用。此外,伴随着政策举措的逐步完善和实践经验的不断累积,对口帮扶不仅在省际间实现了规模、范围和层次上的拓展,在省域范围内也得到了较为普遍的应用。各省级行政区综合考量省域内部的经济发展状况、地理位置远近和产业互补情况等因素,对省内各地市之间的结对帮扶关系进行了周密的部署与安排。

通过与国家层面的东西扶贫协作进行比较,能够发现省内对口帮扶具有两个方面的典型特征:一是相较于中央对地方自上而下的纵向财政转移支付,省内对口帮扶基于省域内部各地市之间的结对帮扶模式,实际上体现为一种平行流动的横向转移支付;二是有别于省际对口帮扶模式,省内对口帮扶无须牵涉过多的政府层级,这在一定程度上消解了行政壁垒的不利影响,经由省级行政区出台的统一的帮扶指导文件,帮扶双方的政策执行更为通畅、帮扶责任更为明确、信息反馈更为及时,往往能够兼顾扶贫开发和区域协调的综合成效。

考虑到对口帮扶所具有的巨大的政策吸引力,各省级行政区普遍将这一政策作为提高扶贫开发成效和促进区域协调发展的重要工具,而广东正是其中的一个典型代表。从广东的现实情况来看,可将省内对口帮扶的缘起与发展历程划分为三个阶段。

(一) 广东省内对口帮扶的早期探索

鉴于长期以来粤东西北与珠三角之间存在的巨大差距,广东省委、省政府早在20世纪80年代就开展了省内对口帮扶的早期探索——从1987年起,广东省即每年选派省直机关干部赴贫困县驻点扶贫,这一政策实践一直持续到2000年(方刚,2019)。尽管彼时的对口帮扶只是在干部队伍间进行了初步尝试,还未延伸到市级层面,但这一早期探索仍可谓揭开了广东省内对口帮扶的序幕,开辟了广东省内对口帮扶的进路。

进入21世纪后,我国的经济社会发展迎来了巨大的机遇,同时也面临着新的挑战。"地区差距扩大的趋势尚未扭转，贫困人口还为数不少"就是阻碍发展的严峻挑战之一。机遇与挑战并存的现实对发展战略提出了新的要求。在这样的背景下，2002年党的十六大明确确定全面建设小康社会的目标，"城乡差别和地区差别扩大的趋势逐步扭转""人民过上更加富足的生活"是全面建设小康社会目标体系的重要组成部分，而"继续大力推进扶贫开发，巩固扶贫成果，尽快使尚未脱贫的农村人口解决温饱问题，并逐步过上小康生活"也是全面建设小康社会的必然要求。这些政策话语一致表明，"对口帮扶"这一扶贫战略仍要得到长期的贯彻实施。

实际上，广东省政府在党的十六大召开前一个月（2002年10月），已经就省内各地市间的对口帮扶进行了决策部署。从政策文件来看，广东省人民政府办公厅的《印发关于珠江三角洲经济发达市与山区市县对口帮扶的实施意见的通知》（粤府办〔2002〕78号）设定了帮扶农村贫困人口脱贫奔康的总目标，明确了珠三角7市（广州、深圳、佛山、东莞、江门、珠海、中山）的教育、卫生和科技等部门对粤东西北6市（梅州、河源、清远、韶光、揭阳、汕尾）20个山区县（市）的结对帮扶任务（见表8-1），要求帮扶双方在充分调研的基础上，制定五年帮扶规划，同时引导社会力量支持贫困地区和贫困人口改善生产生活条件，而重点的合作领域则聚焦于劳务输出和经贸发展两大部分。在这一时期，广东省内的对口帮扶已经在省级文件的明确要求下扩展到了市级层面，一个有计划、有组织、有重点的帮扶任务体系逐渐建立起来。

表8-1 2002年珠三角经济发达市与山区市县对口帮扶一览表

帮扶市	被帮扶市	被帮扶山区县（市）
广州市	梅州市	帮扶全市，对口大埔、丰顺、五华、平远、兴宁5县（市）
深圳市	河源市	帮扶全市，对口紫金、东源、和平、连平、龙川5县
佛山市	清远市	帮扶全市，对口阳山、连山、连南、清新4县
东莞市	韶关市	帮扶全市，对口乳源、新丰2县
江门市		帮扶全市，对口乐昌、翁源2县（市）

第八章　实现有效衔接的省内对口帮扶

续表 8-1

帮扶市	被帮扶市	被帮扶山区县（市）
珠海市	揭阳市	帮扶全市，对口帮扶揭西县
中山市	汕尾市	帮扶全市，对口帮扶陆河县

资料来源：根据广东省人民政府办公厅《印发关于珠江三角洲经济发达市与山区市县对口帮扶的实施意见的通知》（粤府办〔2002〕78 号）整理而得。

不过，由于缺乏系统性的扶贫战略作为依托，这一阶段的省内对口帮扶相较而言仍暴露出一定的简单化倾向。帮扶双方本应根据贫困发生的原因制定针对性的帮扶策略，但实际中的帮扶策略过于强调资金投入这一个侧面，具体表现为广东省人民政府办公厅的《印发关于珠江三角洲经济发达市与山区市县对口帮扶的实施意见的通知》（粤府办〔2002〕78 号）明确提出，帮扶方应协调确保财政每年无偿支持每个对口山区县 500 万元，并按 5% 逐年递增的资金投入要求。诚然，无论是贫困地区的整体发展，还是贫困人口的稳定脱贫，都无法在资金供给缺位的条件下实现，对帮扶方而言，"给钱给物"的帮扶方式不仅最为直接和便利，也因其更强的显示度而得到被帮扶方的认可和青睐。从这个角度来看，这一阶段注重资金投入、轻视其他益贫手段的帮扶策略在帮扶双方的默许下有其合理性和必然性。

就益贫效果而言，这一政策指令对促进贫困地区的发展的确发挥了重要作用，但过分侧重资金投入的扶贫方式实际上仍在沿袭"输血式"扶贫的常规路径，未能脱离物质帮扶的窠臼。帮扶策略的单一化和简单化忽视了综合性帮扶手段的内在价值，未能实现帮扶内容和帮扶形式的拓展，致使贫困地区的发展资源没有得到充分利用，贫困人口的内生动力也未能得以有效激发。

另外，虽然指导性的政策文件确立了对口帮扶工作的主要任务，但帮扶双方并未围绕帮扶任务的完成制定合理的考核标准，由此导致帮扶成效既不易识别，也无法实现横向比较。换言之，这一阶段的对口帮扶尤为关注政策执行过程，相较而言忽视了后端的针对政策执行效果的评估，导致帮扶方的帮扶绩效难以较为全面清晰地厘定。值得注意的是，这一弊端是造成帮扶策略简单化①的重要原因。具体而言，由于缺乏一套便于全面识别帮扶效果的绩效考核标准，为了凸显对促进贫困地区发展的支持力度，以数字指标呈现的年度帮扶资金及投入的增长率便成为帮扶方可选择的最为理想的帮扶工具。由此可见，全面明晰的帮扶标准的缺失，进一步加剧了帮扶策略的简单化倾向，也正是由于存在这样的弊端，广东省内对口帮扶的早期探索未能在帮扶策略的系统化构建上有所建树。

总体而言，广东省内对口帮扶的早期探索在整合多元化帮扶工具的尝试方面尚存不足，而偏重资金投入的工具选择也在一定程度上侵蚀了其他帮扶策略的发展空间。不过，从积极的一面来看，帮扶双方把握住了省内对口帮扶这项制度设计的初衷，相关的专项帮扶资金及时用于贫困地区的基础设施建设和扶贫开发项目，其益贫效果也较为可观，为后续省内对口帮扶制度的完善奠定了良好的发展基础。

（二）扶贫开发"双到"时期的广东省内对口帮扶

在广东省人民政府办公厅《印发关于珠江三角洲经济发达市与山区市县对口帮扶的实施意见的通知》（粤府办〔2002〕78号）发布以及第一个对口帮扶五年规划实施后，广东省内较为落后的粤东西北地区获得了长足的发展，经济总量、年人均纯收入等主要指标均实现了量的增加和质的突破，基础设施建设渐次推进，教育、医疗等基本公共服务也实现了稳定的供给。可以说，广东省人民政府办公厅的《印发关于珠江三角洲经济发达市与山区市县对口帮扶的实施意见的通知》（粤府办〔2002〕78号）中设想的对口帮扶的短期政策目标已经基本实现。然而，从当时的现实情况来看，广东省内的区域发展失衡和农村贫困问题依然十分严峻。

区域发展失衡自不必说，长期以来，时间范围上的发展速度与区域层次上的发展差距在广东省内始终是一个难以协调的问题症结：在粤东西北地区快速发展的同时，其与珠三角地区的发展差距却进一步扩大，后发优势尚不足以消弭资源集聚的长期效应。此外，农村贫困问题在这一时期同样棘手。国务院扶贫调研组2008年的调查数据显示，按照当时的广东省

---

① 如前所述，帮扶策略的"简单化"直观表现为偏重资金投入的"输血式"扶贫。

第八章　实现有效衔接的省内对口帮扶

定扶贫标准①，全省农村贫困人口占全省农村总人口的 6.14%，高于全国 4.60%的农村贫困发生率（吴晨、葛孚桥，2011）。对于贫困人口而言，在正常的生活都难以为继的情况下，遑论从事可持续的生产性活动，而受限于区域发展失衡和严峻的农村贫困问题，广东省的经济发展质量也显得成色不足。

在这样的背景下，以充分调研贫困地区实际情况、科学总结既往扶贫开发经验为基础，2009 年起，广东省委、省政府在全省推行"规划到户、责任到人"（简称"双到"）扶贫开发新模式。这一模式在政府主导的基础上，整合社会各方面资源形成合力，通过信息化管理、"一村一策、一户一法"、定点对口帮扶等综合性扶贫举措，率先创造性地进行了省级扶贫方面的"精准"实践。其中，省内对口帮扶已不再作为一项孤立的政策，而是作为扶贫开发"双到"战略的重要组成部分，发挥了抓手作用。

扶贫开发"双到"共分两轮进行（分别为 2009—2012 年、2013—2015 年），在两轮"双到"期间，广东省对省内的对口帮扶关系进行了一些调整。具体而言，第一轮扶贫开发"双到"期间，广东依托产业和劳动力"双转移"战略，进一步发挥珠三角对粤东西北地区在市级合作产业转移园上的帮扶作用（见表 8-2），在一定程度上促进了区域协调发展，提高了贫困人口收入。

表 8-2　珠三角与粤东西北地区市级合作产业转移园帮扶关系

帮扶市	被帮扶市
广州市	阳江市、湛江市、梅州市
深圳市	汕尾市、潮州市
珠海市	茂名市、揭阳市
佛山市	清远市、云浮市
东莞市	韶关市、惠州市
中山市	肇庆市、河源市
江门市和汕头市自行负责本市产业转移工作	

资料来源：根据《广东省人民政府办公厅关于调整合并对口帮扶关系的通知》（粤办函〔2013〕118 号）整理而得。

---

① 2008 年的广东省定扶贫标准为农村居民年人均纯收入 1500 元。

在第一轮扶贫开发"双到"结束的 2012 年,恰逢党的十八大召开。党的十八大首次正式提出"全面建成小康社会"的重要战略目标,而全面建成小康社会对增进人民福祉、实现区域协调提出了一以贯之的、更高的目标要求。其后,2013 年 11 月,习近平总书记在湖南湘西考察时首次提出了"精准扶贫"的思想,事实上对既有的各项扶贫政策提出了新的要求。[①] 在这样的背景下,广东省第二轮扶贫开发"双到"进一步优化完善省内的对口帮扶关系,在全面建成小康社会的目标下将贫困治理与区域协调向纵深推进。在这一阶段,为了降低管理协调难度,集中帮扶资源,广东省于 2013 年 3 月以原共建产业转移园的结对帮扶关系为主,对应调整了新一轮扶贫开发对口帮扶关系(见表 8-3)。

表 8-3　第二轮扶贫开发"双到"期间珠三角与粤东西北地区的对口帮扶关系

帮扶市	被帮扶市
广州市	清远市、湛江市、梅州市
深圳市	汕尾市、潮州市
珠海市	茂名市、阳江市
佛山市	清远市、云浮市
东莞市	韶关市、揭阳市
中山市	肇庆市、河源市
江门市、汕头市和惠州市自行负责本市产业转移和"双到"工作	

资料来源:根据《广东省人民政府办公厅关于调整合并对口帮扶关系的通知》(粤办函〔2013〕118 号)整理而得。

需要注意的是,表 8-3 确立的帮扶关系,其目的主要是完成扶贫开发"双到"的扶贫任务。除此之外,根据《中共广东省委　广东省人民政府关于进一步促进粤东西北地区振兴发展的决定》(粤发〔2013〕9 号)和《中共广东省委办公厅　广东省人民政府办公厅关于调整珠三角地区与

[①] 参见《习近平精准扶贫精准脱贫思想的实践和理论意义》,人民网,2016 年 2 月 9 日,见 http://politics.people.com.cn/n1/2016/0209/c1001-28118280.html。

粤东西北地区对口帮扶关系的通知》（粤办发〔2013〕27号），广东于2013年11月从促进区域整体协调发展的角度调整了珠三角6市和粤东西北地区8市的帮扶关系（见表8-4）。

表8-4 粤东西北振兴发展战略下珠三角与粤东西北地区的对口帮扶关系

帮扶市	被帮扶市
广州市	清远市、梅州市
深圳市	汕尾市、河源市
珠海市	阳江市
佛山市	云浮市
东莞市	韶关市
中山市	潮州市
汕头、湛江、茂名、揭阳四市不安排对口帮扶，由省里直接给予部分支持，同时享受粤东西北的各项政策	

2015年是第二轮扶贫开发"双到"收官之年，也是在这一年，习近平总书记在2015减贫与发展高层论坛上，郑重地向全世界宣布"未来5年，我们将使中国现有标准下7000多万贫困人口全部脱贫"[①]。为了完成这一目标，我国打响了脱贫攻坚战。

一方面，"确保到2020年农村贫困人口实现脱贫，是全面建成小康社会最艰巨的任务"；另一方面，区域协调发展也是全面小康的应有之意。为此，如何在全面建成小康社会的背景下统筹开展脱贫攻坚和区域协调，成为广东省面临的最为紧迫的治理任务。显然，综合考量对口帮扶的实施成效，能够发现这一策略在脱贫攻坚的新时期仍然具备发挥重要作用的广阔空间。

总体而言，扶贫开发"双到"时期的广东省内对口帮扶相比于早期探索，在帮扶策略的设计上出现了重要变化，主要表现在以下几个方面。

---

① 习近平：《携手消除贫困，促进共同发展——在2015减贫与发展高层论坛的主旨演讲》，《人民日报》2015年10月17日，第2版。

1. 帮扶责任的清晰界定

为了防止因帮扶责任界定不清而出现的推诿卸责和帮扶缺位，第一轮扶贫开发"双到"期间，广东省即出台了《广东省扶贫开发"规划到户责任到人"帮扶与被帮扶双方工作责任》（粤贫〔2009〕12号），明晰了帮扶与被帮扶的群体划分及工作责任，有力地推动了帮扶工作的开展。具体而言，帮扶方的职责涉及成立专责小组、制定帮扶措施、积极筹集资金、做好登记管理、定期汇报情况、开展跟踪检查、组织考评工作等多个方面。特别是在考核评估方面，为了促进和监督党政领导干部对"双到"工作的重视，推进各项帮扶工作的有序开展，确保定点帮扶目标的如期实现，广东省委、省政府借助广东省扶贫开发领导小组、中共广东省委组织部的《关于印发〈广东省扶贫开发"规划到户责任到人"工作考评办法〉的通知》（粤贫〔2010〕1号）和《中共广东省委办公厅　广东省人民政府办公厅关于印发〈广东省扶贫开发工作问责暂行办法〉的通知》（粤办发〔2010〕25号）明晰了帮扶工作中考评和问责的对象、办法、内容及奖惩措施。

2. 愈加注重社会帮扶资源的有效利用

广东在省内对口帮扶的早期探索中，虽然已经意识到社会帮扶的重要性，但并未制定动员社会力量参与帮扶的专项举措，致使社会帮扶流于碎片化供给，未能与政府帮扶形成合力。与之相对应，扶贫开发"双到"期间，为了引起广东全省对扶贫工作的重视与参与，"广东扶贫济困日"得以设立。[①] 以此为契机，广东省每年都会围绕特定主题举办类型丰富的扶贫活动。为了鼓励企业、个人和社会团体在"广东扶贫济困日"的系列活动中积极捐赠，做出贡献，广东省还特别对在"广东扶贫济困日"活动中表现突出的对象集中授予"广东扶贫济困红棉杯"荣誉称号。在此过程中，地处帮扶方企业的市场优势、科研院所的智力优势、社会组织的专业优势以及民众的慈善热情都被极大地调动起来，丰富的社会帮扶资源得以有组织地向贫困地区不断注入。

---

① 经时任中共中央政治局委员、广东省委书记汪洋倡议，国务院批准，确定自2010年起，每年的6月30日为"广东扶贫济困日"。

3. 对口定点帮扶的细化分类

第二轮扶贫开发"双到"按照帮扶难度将贫困村分为重点帮扶村与非重点帮扶村,将贫困户分为有劳动能力和无劳动能力,并据此精细化分配不同的单位进行定点帮扶。同时,对于驻村干部的选派和管理,广东省委组织部和广东省扶贫办以《关于做好新一轮扶贫开发"规划到户责任到人"驻村干部选派和管理工作的意见》(粤组通〔2013〕32号)进行具体的规定。定点帮扶的细化分类,在避免资源浪费的同时,进一步保证了帮扶的成效。

在历时性梳理的过程中,能够发现广东既往的对口帮扶策略实际上是沿着两条路径实施的:一是扶贫开发中的对口帮扶,典型例证是两轮扶贫开发"双到"中珠三角地区对粤东西北地区的帮扶;二是区域协调中的对口帮扶,比如2013年《中共广东省委 广东省人民政府关于进一步促进粤东西北地区振兴发展的决定》(粤发〔2013〕9号)发布后,广东调整了珠三角对粤东西北的帮扶关系。在较长的一段时间内,两条帮扶路径是并行的,但无论目的是扶贫开发还是区域协调,对口帮扶作为一种工具性的政策手段往往能够实现综合性的政策效果。

换言之,尽管两条帮扶路径的靶向并不一致,但考虑到扶贫开发与区域协调有着紧密的联系,特别是二者对基础设施建设、产业持续发展、社会事业进步等方面给予了共同的关注,以扶贫开发(区域协调)为主要目标的对口帮扶政策实际上是有助于区域协调(扶贫开发)的。从这个角度来看,可能并没有细致区分对口帮扶不同路径的必要性,如果实现两条路径的整合,或许能够提高帮扶资源的利用效率。从实践来看,广东省在2016年开展的脱贫攻坚行动或许正是秉承了这样的整合思路。

(三) 脱贫攻坚时期的广东省内对口帮扶

在脱贫攻坚期内,广东省在综合考虑既往扶贫开发和区域协调中的对口帮扶关系的基础上,将以上两条路径的对口帮扶进行合流,重新调整了珠三角6市和粤东西北12市之间的对口帮扶关系(见表8-5)。

表8-5 脱贫攻坚期内珠三角与粤东西北地区的对口帮扶关系

帮扶市	被帮扶市
广州市	清远市、梅州市
深圳市	汕尾市、河源市
珠海市	阳江市、茂名市
佛山市	湛江市、云浮市
东莞市	韶关市、揭阳市
中山市	肇庆市、潮州市
汕头市、惠州市和江门市自行负责本市的脱贫攻坚工作	

资料来源：作者根据《中共广东省委 广东省人民政府关于新时期精准扶贫精准脱贫三年攻坚的实施意见》（粤发〔2016〕13号）整理。

从对口帮扶的实践来看，最新一轮的广东省内对口帮扶不仅规避了既往两条路径并行所带来的管理混乱和资源浪费，而且超越了资源供给的低水平帮扶阶段，更加着重于制度上的建设、理念上的改造和发展环境的培育。例如，珠三角帮助粤东西北制定发展规划，珠三角与粤东西北建立党政联席会议机制，珠三角地区的领导干部到粤东西北地区挂职（如对口帮扶总指挥兼任帮扶市与被帮扶市两市的市委常委），帮扶人员牵头招商引资，鼓励粤东西北地区参与在珠三角举办的各类城市发展研讨会（论坛），等等。这一系列举措的开展实现了成熟制度与创新理念的扩散，俨然成为广东全面建成小康社会的重要法宝。

总体而言，从20世纪80年代的早期探索，一直到脱贫攻坚时期的路径整合，广东省内的对口帮扶走过了一段从碎片化到系统化的发展历程。相比于扶贫开发"双到"，作为帮扶方的珠三角地区在脱贫攻坚期内充分借助产业扶贫、就业扶贫、消费扶贫、教育扶贫等多元扶贫方式助力贫困地区的发展，而其选派的驻村工作队和第一书记也为粤东西北的贫困地区带来了产业发展方案、人才培养计划和各类帮扶资源的供给，逐步提升了贫困地区自我发展的"造血"能力。可以说，系统性帮扶举措的制定与实施，能够在有效衔接阶段继续发挥重要作用。

二、广东省内对口帮扶的主要成效

经过长期的演进与发展,广东省内对口帮扶已经建成了一套内容全面的政策体系,并发挥了综合性的政策效应。整体而言,省内对口帮扶主要在三个方面取得了显著成效。

(一)建立了对口帮扶的制度体系

制度是规范和引导行为的基本依据,制度一经建立,便使对口帮扶走上了稳定发展的预期轨道。具体而言,省内对口帮扶的制度体系随着历时性演进得以不断完善,其主要内容涵盖了责任落实、资金安排、联合引资、利益分享、干部流动等几个方面。

1. 责任落实

珠三角与粤东西北地区之间的对口帮扶关系虽然几经调整,但明确的帮扶责任是得以一直贯穿的一条基线。事实上,抛却单向输入的传统观点,在省内对口帮扶的责任关系中,帮扶市和被帮扶市是共同的责任主体。在具体分工上,作为帮扶一方的珠三角各市开展全面帮扶工作,尤其是要对主导建设开发的产业园区负主要责任。与之相对应,被帮扶市则需要在积极配合的基础上肩负本地振兴发展的主体责任,由此明确了双方的责任分工,确保各项政策能够依规落地。

在具体的责任人分配方面,帮扶双方的党政一把手是主要负责人。在党政一把手的强力统筹下,帮扶责任也实现了具象化分解,其中的关键环节和重要节点都被明确落实到了部门和个人,由此确保了帮扶任务的推进与落实。

2. 资金安排

如前所述,广东省内对口帮扶实施之初,资金扶持就已经成为一项基础性的政策要求。实际上,资金由帮扶方向被帮扶方的稳定流动,正是对口帮扶的典型特点。需要注意的是,资金的注入自是不可或缺,但一味地强调资金投入将无益于实现对口帮扶的政策效果,反而可能会混淆关注的重点,进而造成目标的偏离甚至替代。换言之,相比于资金投入,资金的使用和安排更应该得到应有的关注,这是能够切实影响帮扶效果的关键因素。

就帮扶资金的流向而言,产业园区建设、产业扶贫投入、基本民生保障等是主要的几个方面。资金投入的这种倾向性,一方面编织了牢固的安全网,保障了被帮扶地区贫困人口的基本生活;另一方面又为贫困地区注入了较为充沛的发展资源,助力这些地区的可持续发展。同时,为了进一步提高资金的使用效率,省级层面围绕资金投入及使用开展了较为细致的绩效评估,在一定程度上确保了资金安排与帮扶目标相契合。

3. 联合引资

落后地区的发展不能缺少资金的扶持,但政府财政的单一供给难以支撑巨量的帮扶任务的全面推进。从这个角度来看,对口帮扶的过程需要进行积极的招商引资。为此,对口帮扶双方的市级政府开始共同研究、制定招商引资项目和优惠政策,其中,联合定期开展招商引资活动已经成为"规定动作"。此外,帮扶方在综合分析被帮扶方的优势条件后,根据实际情况制订合理的项目引进年度计划,而帮扶方的市级政府还要充当"联络员"和"中间人"的角色,积极引荐本地企业赴被帮扶市进行实地考察,进一步深化双方的招商引资合作关系。

4. 利益分享

需要明确的是,广东省内对口帮扶不是一方向另一方进行资源的单向输入,而是利益分享的共生过程。前面提到,扶贫开发"双到"时期广东省实施的产业和劳动力"双转移"战略,其政策内容是作为帮扶方的珠三角地区将劳动密集型产业向粤东西北地区转移,而粤东西北地区较高素质的劳动力则向珠三角地区转移,以此实现资源的优化配置。能够发现,这一策略的实施不同于直接的横向财政转移,而是将政策重点定位于互惠基础上的资源置换,人力资源和产业资源通过地理位置的置换实现了空间的再利用。显然,置于这一视角的帮扶策略,在未对帮扶双方造成利益损失的前提下满足了帮扶双方的需求,可被视为利益分享的典型探索。

5. 干部流动

为进一步提升帮扶成效,广东省内的对口帮扶双方开展了多层级的干部交流活动。从领导层面来看,珠三角地区的领导干部到粤东西北地区挂职已经成为普遍性的常规做法,其中的典型是对口帮扶总指挥兼任帮扶市与被帮扶市两市的市委常委。与之相对应的是较低层级的政府部门间也进行了积极的交流对接,助推发展经验的广泛传递。

此外,广义上的干部不只包括政府部门的工作人员,还应涵盖事业单位(如学校、医院)等机构。为此,对口帮扶双方定期选派优秀教师、医生等人才互相交流,在一定程度上提高了被帮扶地社会事业的发展水平。

(二)扩散了协调共享的发展理念

长期以来,地域因素对于公共服务的供给产生了十分显著的影响。从计划经济时代优质公共服务向国家重点建设和保障的大城市集中,到改革开放后分税制下地方承担本地公共服务的供给责任,地方政府的财力状况直接决定了辖区居民对公共服务的享有水平(傅勇,2010)。在这样的背景下,不同区域内的居民对包括各项福利资源在内的各类公共服务的享有程度产生了实质上的不均衡,导致"地域不正义"现象的出现。

此外,基本公共服务的供给除了在区域间存在差距,在城乡间的差距同样明显。实际上,当前城乡在公共服务可及性方面的差距源于长期存续的"社会身份本位"窠臼。具体而言,"'社会身份本位'是一种以社会(职业)身份而不是以公民身份为基础的碎片化的政策范式"(岳经纶、方珂,2019)。在这样的政策范式下,公共服务的供给与"身份"紧密地绑定在一起,而选择主义的公共服务忽略了对广大农村居民的惠及,由此导致了城乡之间的巨大分野。

为实现"地域正义"(territorial redistribution)、破除身份限制,党和国家近年来提出了新的发展理念,而协调和共享正是其中十分重要的两个方面。协调关注的是发展的均衡性,而共享则是发展的目标和归宿。作为改革开放的先行阵地,广东省自然肩负着实践新发展理念的重要使命,而省内对口帮扶的全面铺开,正是广东省扩散协调和共享发展理念的典型做法。具体而言,协调共享主要是通过两个方面表现的。

1. 通过持续性的资源投入为协调共享提供物质基础

在对口帮扶工作的开展过程中,地方政府是跨区域资源分配的直接主体(王士心、刘梦月,2019),而在广东省内对口帮扶的早期探索中,珠三角地区的市级政府即承担了主要的帮扶责任，直接履行各项帮扶任务。进一步地，早期探索中的帮扶策略集中表现为帮扶方对被帮扶方进行无偿的帮扶资金注入，在这一时期，帮扶成效的取得在很大程度上依赖于包括无偿帮扶资金在内的资源投入。

其后，尽管具体的帮扶策略在不同的帮扶阶段产生了变动，但持续性的资源投入一直得到了延续。彼时，纷繁复杂的帮扶任务对单一的政府力量造成了巨大的冲击。在这样的背景下，为了不降低帮扶成效，一个政府主导、各方参与的对口帮扶格局呼之欲出。尽管企业、社会组织和居民都以各自的方式为对口帮扶贡献了力量，但在新的帮扶格局中，珠三角地区的市级政府依然沿着既往的路径向被帮扶地区进行直接的资源投入，财政资金的横向转移是省内对口帮扶中始终贯穿的重要策略，也是促进被帮扶地区持续发展的物质保障。

2. 通过不间断的组织建设为协调共享打造人才队伍

从组织建设的角度看，广东省内对口帮扶实现了顶层与基层的双向布局。一方面，帮扶双方以党政联席会议机制、领导干部交流挂职等方式开辟直接沟通对接的平台，降低了信息传递的层级和成本，并在此基础上全面制定发展规划。由此可见，帮扶双方在决策层面结成了目标一致的领导团体，这是制度赋权推动省内对口帮扶的具象化体现。另一方面，广东在扶贫开发"双到"时期即在基层进行了驻村干部的制度创设，保证至少1名优秀干部驻重点帮扶村工作。脱贫攻坚期内，驻村干部制度进一步向第一书记制度演进。作为新时期扶贫的一项重要内容，第一书记驻村扶贫对脱贫攻坚的全面胜利发挥了重要作用。具体而言，第一书记的职责包括"帮助建强基层组织、推动精准扶贫、为民办事服务、提升治理水平"（郭小聪、吴高辉，2018）等多个方面，而第一书记也在这样的职责要求下在帮扶地区以扶贫开发为轴心积极开展综合治理，在一定程度上提升了这些地区的整体发展水平。

（三）形成了有效衔接的可行路径

脱贫攻坚阶段，广东的省内对口帮扶对促进欠发达地区的发展发挥了重要作用，而更为重要的一点在于，省内对口帮扶在不断完善的过程中为

第八章　实现有效衔接的省内对口帮扶

有效衔接开辟了可行路径。总体而言,省内对口帮扶是政府主导下的一个再分配过程,一般意义上的再分配,其视角往往聚焦于存量资源而疏于探索如何实现资源的增量,但"做大蛋糕"的意义并不亚于"分好蛋糕",某种程度上其重要性更甚。为此,如果能在再分配的过程中实现资源由存量向增量的转变,无疑能够推动贫困地区的内生性发展。从这个角度来看,综观广东省内对口帮扶的发展历程,由资源分配向资源创造的目标变化,可以被视为对有效衔接路径的积极探索。

从动因来看,资源分配不均是广东省内对口帮扶的重要逻辑起点,而为了实现资源的优化配置,破解贫困地区的发展困境,帮扶方从资源分配的角度开展了长期的帮扶活动。如前所述,如果仅就存量资源进行空间上的调整,实际取得的帮扶成效较为有限,而经由再分配提升对口帮扶成效的关键节点在于形成消耗性资源向再生性资源转变的良性循环。实际上,随着广东省内对口帮扶的渐次发展,"资源创造"的再分配目标已经体现得愈发鲜明,这一目标下的政策指向是"为贫困地区赋能"。具体而言,围绕"为贫困地区赋能"的基点,广东省着力于将激发内生力量和开展社会投资内嵌于省内对口帮扶的整体框架。

激发内生力量是实现"资源创造"的根源之策。从现实情景来看,党和政府的治贫态度与贫困人口的脱贫态度并不总是同向的,由此造成的差异化行为选择屡见不鲜。一方面,脱贫攻坚的全面胜利足以表明中国在贫困治理方面是一个"有效国家";另一方面,长期的贫困治理历程始终存在着部分贫困户自身的"不作为",这种不同于物质贫困的精神贫困是造成扶贫资源济贫效率低下的重要原因。唯有合理施策的政府与积极行动的贫困人口之间的结合,才能够达致最有效的扶贫效果(邓大才,2021),因而破解贫困人口的精神贫困,激发贫困人口的内生性力量和主体性意识便成为实现"资源创造"的应有之义。

从广东省内的对口帮扶实践来看,各帮扶单位派驻到贫困村的第一书记充分挖掘贫困地区的特色与优势,重寻乡村价值,帮助贫困人口建立对自身优势的充分了解,唤醒自我意识,进而产生乡村自信和个体自信,打破精神贫困的桎梏。同时,第一书记还就地开展了建强基层组织、制定村规民约、完善村民自治机制等一系列帮扶活动,极大地提升了基层治理水平。由于内生力量得到了激发,加之经过帮扶后的贫困人口拥有了稳步提升发展能力的组织基础,结合本地实际的发展策略便如雨后春笋般纷至沓来,进而开启了资源创造的探索道路。

开展社会投资是实现"资源创造"的核心机制。广东省在开展贫困治理的过程中,十分重视发挥社会政策的作用,可以说,发展型社会政策是广东贫困治理体系的重要组成部分。在发展型社会政策中,"社会投资"成为实践基础(王磊,2020),其所主张的人力资本投资、社会资本投资和资产建设等基本策略在广东省内对口帮扶中扮演了重要角色。

首先,在人力资本投资方面,教育的作用自不必说,这是阻断贫困代际传递的有效方式。以参与省内对口帮扶的广东各技工学校为例,它们积极开展智力扶贫,开辟面向贫困地区适龄学生的招生通道,在重点教授技术的同时,构建完善的"奖、勤、助、补、免"保障体系,以解决他们的后顾之忧。

其次,社会资本投资的内涵较为宽泛,而在社会政策视域下,社会资本投资的目的在于"打破各种社会排斥,促进民众的社会和市场参与"(李棉管、岳经纶,2020)。进一步地,为了促进贫困人口的社会和市场参与,首要任务就是在贫困地区培育可持续的产业,以此为贫困人口构筑良好的就业条件,保障这部分群体的工作权利。为此,脱贫攻坚期内,广东经由省内对口帮扶全力推进产业扶贫和就业扶贫,切实保障了贫困地区的产业发展和贫困人口的稳定就业。具体而言,一方面,帮扶方因地制宜发展贫困人口参与度高的区域特色产业,助推实施"一村一品、一镇一业"工程,同时,帮助培育一批农业龙头企业、家庭农(林)场和种养大户;另一方面,帮扶方在对贫困人口进行技能培训的基础上,进一步完善与贫困地区的劳务对接机制,拓展贫困人口的就业空间,同时,结合产业扶贫的有效实施,帮扶方在有条件的镇村依托特色产业开设"扶贫车间"和"扶贫工作坊",实现了贫困人口在"家门口"的就地就近就业,推动了产业扶贫与就业扶贫的有机结合。

最后,资产建设的实质是提升贫困人口的市场参与机会。实际上,大部分的贫困人口并不是因为丧失劳动能力而贫困,缺少各类资源用以获取市场参与机会才是他们难以脱贫的主要障碍。从这个角度来看,单纯的救济并不能从根源上解决贫困问题,而关注贫困人口的资产建设有望成为改变这一消极取向的可行策略。鉴于金融信贷是资产建设的一个主要方面,广东省内对口帮扶便在金融扶贫方面开展了积极的尝试。以广东银保监局为代表的金融监管机构在脱贫攻坚期内出台多份政策指引文件,充分发挥银行业与保险业的信贷增收与保险兜底作用。除了投放精准扶贫贷款和扶贫小额信贷,广东各类金融机构还与电商平台、快递公司开展全方位合作,打造"金融+电商+寄投"模式。具体而言,金融机构为对口帮扶的农户提供农业生产的初期贷款,待农产品成熟后联系电商平台建立销售渠道,再经由快递公司进行发运。由此可见,通过资源整合,帮扶成效得到显著提升。

可以说,伴随着广东省内对口帮扶不断向纵深推进,无论是被重视的贫困地区,还是被赋能的贫困人口,其摆脱贫困、发展生产、走向富裕的内生力量都得到了充分激发,加之社会投资的积极助推,广东省内对口帮扶已经实现了由资源分配向资源创造的转变。更为重要的一点在于,既往帮扶中的单向度供给将会被双向度合作的良性态势所取代,而有效衔接阶段也可以继续沿袭这些可行路径,以全面推进乡村振兴战略的实施。

第二节 广东省内对口帮扶的典型案例

在最新一轮的省内对口帮扶中,广州、深圳和珠海分别与清远、汕尾和茂名建立了帮扶关系。三对城市在结对帮扶的过程中集中体现了广东省内对口帮扶的政策特征,并进行了积极的机制创新。由此,本节选取这三对城市作为广东省内对口帮扶的典型案例,并就其创新实践进行具体分析。

一、广州对口帮扶清远

广州对口帮扶清远的相关举措可总结为外引、内提和建新三个方面。

（一）外引：以吸引外部投资落实就业扶贫

广清帮扶以外引促扶贫，以大项目引领为抓手，变"输血式"扶贫为"造血式"扶贫，从而增强扶贫的精准性和长效性。两市共同建设了以广清经济特别合作区"三园一城"（广清产业园、广德产业园、广佛产业园、广清空港现代物流产业新城）为代表的产业园区，在工业上促进产业园的转型升级、扩能增效，打造现代产业体系。同时，广州积极助推清远承接外地尤其是广州的产业转移，持续优化清远营商环境。

在广州的大力扶助下，清远吸引了一批优质企业和高端项目入驻，提供了相当数量的就业岗位。以广清产业园为例，截至2020年10月末，该园区已吸引了如欧派家居、金发科技等骨干企业入驻，累计投试产项目56个，完成工业总产值95.64亿元，带动就业人数1.5万余人。预计当"三园一城"全面建成投产后，其可为清远提供超5万个就业岗位。[①]

此外，面对新冠肺炎疫情，国家开发银行广东省分行、广新控股集团与清远市政府还合作建设了广东省公共卫生应急物资产业园项目，意图补齐公共卫生应急物资储备、调配、生产、科研能力方面的短板。该项目已导入广州开发区10余家口罩、防护服、消毒液等应急物资生产企业，并以成为"立足湾区、服务全国、面向全球"的示范性公共卫生应急物资生产和储备的智慧生态园区为目标。[②]

（二）内提：以经营特色产业助力产业兴旺

广州、清远两市充分利用清远作为山区农业大市的特色优势，大力发展清远农业主导产业，合力推动现代产业园建设，增强当地特色品牌（如英德红茶、清远鸡等）的影响力。例如，在英德红茶产业方面，广州、清远两市积极动员广东省重点农业龙头企业英德八百秀才茶业有限公司发挥

---

① 参见《广州对口帮扶清远坚持"守正创新"：探索精准扶贫"三三路径"，激活持续发展内生动能》，央广网，2021年1月5日，见http://www.cnr.cn/gd/tpxw/20210105/t20210105_525384126.shtml。

② 参见《广东省公共卫生应急物资产业园揭牌总投资45亿元》，人民网，2020年5月28日，见http://gd.people.com.cn/n2/2020/0528/c123932-34049162.html。

自身优势参与精准扶贫,通过共建基地、产业带动、资产收益等方式开展扶贫,通过小农捆绑入股、茶叶(种、产、销)技能培训、合作社资源整合等方式,激发周边农村人口,特别是低收入人口主动加入红茶产业体系中。截至 2019 年年底,清远市共有茶园面积 14.1 万亩,综合产值 48 亿元,带动从业人员 14 万人。[1]

在发展清远鸡养殖业方面,广州、清远两市通过投入扶贫资金共建现代养殖基地,产业园内的相关企业采用"公司+基地+农户"的经营模式,带动建档立卡贫困户就业,为广大养殖户开辟了广阔的发展空间。2019 年,清远已有 4000 多农户与公司合作养殖清远鸡,累计增收 1.28 亿元。[2] 在广州和清远两市的积极合作下,清远当地已累计打造省级现代农业产业园 12 个,清远鸡养殖产业成功入选 2020 国家级优势特色产业集群,英德红茶产业园成功纳入国家现代农业产业园管理。[3]

(三)建新:以搭建众创平台实现资源对接

广州和清远共同搭建了农业产业发展服务平台(即"众创空间平台"),充分运用行政动员与市场力量结合的优势,巩固深化"平台+龙头企业+合作社+基地+贫困户"模式,形成"'三农'服务站—分拣中心—区域仓储中心—前端门店"的全链条服务体系,助力小规模农户可持续发展。

平台的具体作用主要体现在以下两个方面。

一方面,聚焦供销环节,提升弱项,赋能农户。具体包括:在生产环节中,帮助小规模农户与龙头企业加强合作;在选种育种、田间管理、质

---

[1] 参见《广州对口帮扶清远坚持"守正创新":探索精准扶贫"三三路径",激活持续发展内生动能》,央广网,2021 年 1 月 5 日,见 http://www.cnr.cn/gd/tpxw/20210105/t20210105_525384126.shtml。

[2] 参见《广州对口帮扶清远坚持"守正创新":探索精准扶贫"三三路径",激活持续发展内生动能》,央广网,2021 年 1 月 5 日,见 http://www.cnr.cn/gd/tpxw/20210105/t20210105_525384126.shtml。

[3] 参见《广州对口帮扶清远坚持"守正创新":探索精准扶贫"三三路径",激活持续发展内生动能》,央广网,2021 年 1 月 5 日,见 http://www.cnr.cn/gd/tpxw/20210105/t20210105_525384126.shtml。

量检验、包装设计等多个环节，为农户提供技术指导；赋能贫困村产业项目；解决当地农产品生产中的产地分散、不成规模、缺乏标准、质量不稳定等实际问题。在流通环节中，打通从市到村四级物流体系，建立和完善农产品分拣、加工基础设施，打造310余个村级"三农"服务站。在营销环节中，组织农产品"五进"活动，联动粤港澳大湾区"菜篮子"项目，在广州等地区开设"清远农家"线上平台和线下门店。另一方面，以现代农业需求为中心培养新型现代农民。平台通过与华南农业大学、广东省农科院和部分银行机构等各类农业服务商合作，开发了线上"农场服务平台"，为农户提供丰富的服务，吸引了大量合作社、农业企业入驻，并为其多次提供培训、农产品营销、农技服务、金融、品牌推广等农业生产性服务。线下服务包括联系专家、教授到田间地头为农户解决种养难题，定期开展农村电子商务培训，等等。同时，平台还结合"粤菜师傅"工程打造了"清远市脱贫攻坚产品展销馆""清远乡村特色美食文化展示馆"，联合广东卫视打造《从农场到餐桌》栏目，通过多种途径推介清远特色农产品。

二、深圳对口帮扶汕尾

深圳对口帮扶汕尾的相关举措可总结为创制、双扶和造市三个方面。

（一）创制：以健全工作机制聚焦责任落实

脱贫攻坚期内，为以先行示范的标准高质量推动扶贫工作的开展，深圳市出台了《关于建立健全扶贫工作机制的意见》，并提出了构建高位推动机制的要求。具体而言，深圳市做出了市领导挂点指导脱贫攻坚工作的相关部署：市委书记、市长对脱贫攻坚负总责，市委常委、副市长每人分别挂点对口帮扶地区市县2~3个，市人大、市政协领导均参与挂点指导工作。可以说，领导层面的挂点指导向下传递了政治压力，并强化了政治势能（贺东航、孔繁斌，2019），进而赋予了对口帮扶工作强劲的执行动力，在一定程度上保障了帮扶成效的获取。

除了高位推动机制的构建，深圳市还进一步健全了统筹协调、全社会参与、全市场运作、决战督战等8项工作机制25项举措,覆盖扶贫工作全过程、全链条,形成市、区、街道、社区责任共担、主动出战,群团组织、国有企业、民营机构、社会组织广泛参与、合力攻坚的帮扶格局。

(二)"双扶":以推进扶志、扶智激活内生动力

一般而言,贫困人口的受教育程度普遍偏低,由此带来的"等靠要"思想是制约帮扶成效提升的主要障碍。此外,"等靠要"思想容易降低脱贫意愿,进而助长精神贫困,而精神贫困作为更加"高阶"或者说更加难以克服的贫困形态,长期以来也一直限制着帮扶成效的提升。为此,深圳市在对口帮扶中开展"扶贫先扶志,扶贫必扶智"的"志智双扶"工作,旨在激发贫困人口的脱贫内驱力。

一方面,实施定向培养高技能人才计划。具体举措包括加强学校和企业之间的对接,推动贫困家庭子女实现靠技能脱贫,选送汕尾地区贫困户子女去深圳技师学院免费就读,实施"招生即招工、入学即就业、企校双师联合培养"的智力扶贫新模式。另一方面,开展结对帮扶、支教送教。具体包括推进深圳与汕尾多对学校结成共建关系,全方位开展骨干教师培训计划;开展深圳名师送教、技师学院专业师资培训、中小学校骨干教师跟岗培训等项目。系列举措的实施提升了贫困人口的受教育水平,在一定程度上削减了精神贫困的不利影响,破除了贫困的代际传递。

(三)造市:以强化市场导向开展消费扶贫

消费扶贫的优势体现在满足顾客需求与减少库存积压的兼顾,是一种高效益、可持续的帮扶手段。在有效衔接阶段,特色优质农产品仍需建立稳定的销售渠道,因此,消费帮扶更有其发挥作用的广阔空间。从深圳市的经验来看,以"四个好"为标准,消费扶贫工作得到了高质量推进。

1. 构建"市领导挂点、专班统筹、政策引导"三推动的"好机制"

由挂点市长引导企业签订消费扶贫等协议,成立消费扶贫工作专班并由分管市领导担任班长,制定消费扶贫"1+1+N"文件(即《关于深入开展消费扶贫助力打赢脱贫攻坚战的实施意见》《深圳市消费扶贫行动推进方案》和各区、各部门出台的专项政策)。在新冠肺炎疫情的特殊背景

下，2020年深圳制定采购扶贫产品补贴政策，发放3000多万元消费扶贫券定向采购对口帮扶地区的扶贫产品。①

2. 培育"规模化、标准化、配套化"三突出的"好产业"

深圳市坚持供深菜篮子基地产品质量标准统一、加工要求统一、包装标志统一、品牌销售统一"四个统一"，帮助汕尾打造一批知名产品，开辟广阔市场。

3. 打造"科技改良、圳品认证、区域品牌"三提升的"好产品"

一方面，实施科技助农，尝试区块链技术应用，对农产品实现实时监测、安全溯源、合约管理等；另一方面，推进"圳品"认证，提升汕尾相关产品的品牌形象。

4. 建立"线上+线下、政府+企业、党员+群众"三结合的"好渠道"

深圳市倾注大量资源线上打造"圳扶贫""深圳采购扶贫馆""电商联盟"等平台，线下打造市区消费扶贫中心、交易博览会等平台，经由这些平台开展产销对接，引导全市各级预算单位和相关企业进行农产品认购，积极动员机关部门、企业各级工会使用工会经费采购扶贫产品。

三、珠海对口帮扶茂名

珠海对口帮扶茂名的相关举措可总结为搭台、建基和联市三个方面。

（一）搭台：以帮扶资源整合增强发展能力

针对被帮扶的茂名市存在自我发展能力不足的问题，珠海市通过积极整合帮扶资源，致力于增强茂名市的内生发展能力，相关举措主要表现在以下三个方面。

1. 搭建整合帮扶方和被帮扶方资源的合作平台

珠海积极发挥其在市场、资金、人才、信息、技术和社会资源等方面

---

① 参见《深圳以"四好"标准高质量推进消费扶贫》，光明网，2020年10月27日，见https：//m.gmw.cn/baijia/2020-10/27/1301725375.html。

的优势，以及茂名在土地、劳动力和产业特色等方面的优势，积极整合茂名的农业资源，通过促进农村土地经营权流转及推动农户规模经营、企业或致富带头人带动农户集体经营，将茂名当地的优势资源与市场进行有效对接。

2. 搭建引导社会资源参与产业帮扶的链接平台

珠海市财政通过每年安排产业扶贫专项资金，利用其杠杆作用引导相关企业参与茂名的产业帮扶。介入产业帮扶的各类企业充分发挥自身的专业优势，积极参与投资、销售或运营茂名地区特色农产品的业务活动。

3. 搭建贫困户自主发展脱贫攻坚的服务平台

珠海市各帮扶单位全面落实"一户多法"，确保每一户对口帮扶的贫困户都有帮扶责任人，每一户贫困户都有参与集体项目和自主发展的个体项目，鼓励贫困户选择适宜的脱贫项目充分发挥自身优势。

（二）建基：以提高组织程度实现规模发展

针对被帮扶的茂名地区农户生产的组织化程度较低的问题，珠海市多管齐下，采取了综合性的帮扶举措。

1. 扶持致富带头人带动农户发展特色产业

珠海市通过扶持茂名当地的种养大户，带动农户成立种养合作社，并帮助贫困户入股，实现共建产业基地，发展特色产业。

2. 引导基地规模化、产业化经营

珠海市针对新型经营主体制定恰当的激励政策，引导茂名开展基地规模化、产业化经营，发挥其提供全产业链服务、提高产业增值能力和吸纳贫困劳动力就业的作用。

3. 以多方利益联结提升组织化程度

珠海市通过契约搭建了围绕扶贫产业基地建设的多方利益联结机制，包括新型经营主体、贫困村、贫困户、茂名当地的企业等，进而实现经营主体和贫困户间的合作共赢与可持续发展。茂名现已建成一批扶贫产业基地，其中，部分基地签约成为珠海市"菜篮子"稳定供应基地，实现了贫困户、企业、珠海市民多方共赢的局面。

(三) 联市：以生产销售对接促进市场运作

为促进生产销售与市场运作对接，珠海一方面通过建设实体市场将帮扶地区的特色农产品引入粤港澳大湾区市场。具体措施包括在珠海市中心建设大型扶贫专业市场，引进对口帮扶地区龙头企业经营，对特优农产品进行集中展销。同时，珠海市通过与物流企业等进行合作，设立了一批销售连锁经营服务点，基本上解决了对口扶贫地区农副产品进社区"最后一公里"问题。

另一方面，建设网上市场，提供线上线下销售服务。珠海市通过在对口帮扶的贫困村设立电商服务点，一定程度上畅通了销售渠道。此外，珠海市还通过加强宣传推介，培育扶贫产品的消费群体。2016 年以来，珠海市已举办各类或参加省各类对口帮扶地区特色农产品展销展示会、网销会、直播带货等 50 多场次，引导 300 多家企业参与销售或运营对口帮扶地区的特色农产品[①]。2019 年以来，珠海市为促进产销对接，更是安排了 1000 万元专项资金，引导 924 家企业参与消费扶贫，开展了 1028 次消费扶贫活动与消费扶贫产销对接，签订了 1181 份消费扶贫购销协议，对口扶贫地区扶贫产品销售额约 7.42 亿元（麦婉华，2020）。

第三节 有效衔接阶段省内对口帮扶面临的挑战及应对举措

与脱贫攻坚相一致，在有效衔接阶段，党和政府面临的情况极为复杂，面临的任务极为棘手，面临的挑战极为艰巨。在这样的背景下，我们一方面需要明晰这一阶段存在的主要挑战；另一方面，又要寻求应对挑战的合理之策。本节即由此出发，尝试对有效衔接阶段广东省内对口帮扶面

---

① 参见《珠海真情对口帮扶阳江茂名 211 个贫困村走上致富路》，珠海文明网，2020 年 12 月 31 日，见 http：//gdzh.wenming.cn/1906/202012/t20201231_6887266.html。

第八章　实现有效衔接的省内对口帮扶

临的潜在挑战及可能的应对举措进行初步分析。

一、省内对口帮扶面临的挑战

（一）瞄准偏差：帮扶资源的"错配性"

有效衔接阶段，帮扶方一方面要稳固脱贫攻坚成果，防止已脱贫人口返贫；另一方面，又要助力被帮扶方推进乡村振兴的各项任务。可以说，帮扶任务的艰巨性决定了帮扶方仍需对被帮扶方进行持续性的资源投入。为此，如何对帮扶资源进行有效利用就成为一个亟待解决的难题。

整体而言，省内对口帮扶对促进落后地区的发展，提高贫困人口的生活水平发挥了重要作用，但显著的帮扶成效背后，帮扶资源的瞄准偏差也造成了不容忽视的负面后果。实际上，已有学者对"瞄准偏差"的研究视角进行过归纳，并做出了技术难题、政治过程与文化结果的类型划分（李棉管，2017）。需要注意的是，尽管精准扶贫战略的提出就是为了解决扶贫过程中存在的瞄准偏差问题，但囿于以上三类因素的存在，精准程度的提高只能将偏差的范围不断缩减，而难以完全避免偏差的存在。

进一步来说，瞄准偏差的存在会造成帮扶资源"错配"的问题，这里指涉的"错配"意在说明帮扶资源在群体间再分配的"不正义"，即帮扶资源流向了非必需群体。实际上，无论是脱贫攻坚还是有效衔接，技术、政治和文化等因素的交织都会影响帮扶资源的再分配，而瞄准偏差的存在对帮扶成效提升的制约也是可以预见的。特别是对于乡村振兴而言，由于涉及产业、人才、文化、生态及组织等多个方面，对具体某一方面的投入都会产生帮扶村落的选择、帮扶策略的制定等诸多复杂的问题。每个问题的背后都牵扯到资源分配的内在要求，但可行的资源分配标准难以精确界定。由此，实际确立的分配标准与"正义的"或者说"令人满意的"分配标准之间的间隙，就成为孕育瞄准偏差的"温床"。

总体而言，因瞄准偏差而导致的帮扶资源"错配"问题，成为有效衔接阶段广东省内对口帮扶面临的一项严峻挑战。

(二) 多寡不均：区域差距的"再生产"

理论上来说，各省级行政区在对省内各地市之间的结对帮扶关系进行部署和安排时，往往会综合考量省域内部的经济发展状况、地理位置远近和产业互补情况等因素。然而，笔者调研的实际情况表明，对口帮扶关系的建立机制实际上并不明确，帮扶双方存在一定程度上的"拉郎配"情况，而这种确立机制的模糊，可能会对对口帮扶的适配性造成不利影响。

以最新一轮的对口帮扶关系为例，深圳市对口帮扶汕尾和河源，而中山市则对口帮扶肇庆和潮州。从人均GDP这一项指标来看，被帮扶的汕尾、河源、肇庆和潮州四市之间基本上处于同一水平，我们大体上可以认为这四市的发展程度相当。但是，考虑到帮扶方深圳和中山综合实力的差距，两市在对口帮扶方面的投入力度同样也会存在相当程度上的差距。这种投入差距直接影响到了被帮扶方的资源获取水平。由此，原本处于同一发展水平的地市，经过差异化帮扶资源的投入，其发展差距可能会被拉大。

实际上，作为一个较为常见的现象，不同地市间存在发展差距本身并不构成问题，但区域差距不应该被对口帮扶"再生产"。换言之，值得思考的一点在于，由于帮扶方强弱所造成的后天发展差距，是否具有合理性？延伸开来，如果缺乏一个令人信服的帮扶关系确立机制，那么所有的被帮扶方都有动机要求综合实力更强的地市来对其进行帮扶。一旦这种诉求没有得到满足，"不患寡而患不均"的心态就会蔓延，进而影响帮扶成效。由此，如何防止对口帮扶造成区域差距的"再生产"，成为有效衔接阶段广东省内对口帮扶面临的又一项严峻的挑战。

(三) 丰墙峭址：乡村承接的"空心化"

前面提到，乡村振兴包括产业、人才、文化、生态及组织等多个方面，相关部门围绕这些具体的维度制定了一套内容丰富、层次宽泛、范围广阔的政策体系。与此同时，脱贫攻坚时期形成的全社会全面参与的格局，在乡村振兴时期仍然得到了政策的支持和倡导，各类企业、社会组织和居民个人继续保持着旺盛的参与热情，积极投身于推进乡村振兴的热潮中。

此外，尽管顶层设计对政策执行提供了充足保障，社会参与也为方案推进提供了力量支撑，但如果将视角转到基层、转到乡村，一个令人错愕但可能又在情理之中的事实便会呈现在我们眼前：乡村地区的"空心化"现象已经十分严重。

研究认为，所谓的乡村"空心化"，其内涵至少应包括人口学意义、地理意义、经济意义、基层政权意义及公共性意义五个层面（刘杰，2014）。但无论是哪种层面上的"空心化"，其基本特征都指向了乡村人口，特别是有一定文化素质的青壮年人口的大量外流。由此，一面是政策内容的包罗万象，另一面是乡村承接的"空心化"，二者之间的鲜明对照共同凸显了乡村振兴面临的最基本，可能也是最严峻的挑战。

不能否认的是，乡村振兴构想的蓝图远大而美好，而在美好愿景的实现过程中固然需要帮扶方的积极参与，但如果乡村人口放弃了基本的生活情境而纷纷选择"逃离"，最终恐怕只能呈现一个丰墙峭址、根基不牢的"振兴"局面。

二、应对省内对口帮扶挑战的可行举措

上文集中论述了有效衔接阶段广东省内对口帮扶可能面临的诸多挑战，尽管挑战是严峻的，但我们仍然可以采取一些针对性的举措来加以应对。具体而言，我们认为可行的应对举措主要包括以下三个方面的内容。

（一）省域统筹：均衡配置帮扶资源

如前所述，帮扶关系的确立机制模糊，在一定程度上造成了帮扶资源的"错配"，制约了帮扶效率的进一步提高。为此，有效衔接阶段广东省在开展新一轮对口帮扶前，首要的工作就是明晰帮扶关系的确立标准，并从省域层面进行整体性的合理布局和统筹安排。帮扶关系的确立既要避免陷入"黑箱"，又要综合考虑既往几轮对口帮扶的实施情况，确保最新的对口帮扶关系能够兼顾强弱搭档和产业匹配，实现帮扶资源的均衡优化配置。

另外，省级层面应进一步对被帮扶的地市进行积极的财政转移支付。由于广东省内区域发展失衡较为严重，促使广东省必须考虑增强省级政府的再分配能力。因此，广东省实施了集权化的财权划分策略，这样的财权划分模式赋予了广东省政府较高的财政汲取能力（高琳、高伟华、周墨，2019）。经验研究表明，上级政府的财政转移支付不仅能够为贫困人群提供基本的社会保护（樊丽明、解垩，2014），还可以在一定程度上减少农村地区的不平等和贫困（苏春红、解垩，2015）。这样的结论无疑为省级层面的财政转移支付与帮扶方的资源投入提供了进一步的合理性，而二者之间的结合也能够共同为有效衔接奠定坚实的基础。

（二）协调发展：积极创设互惠机制

需要始终明确的一点是，广东省内对口帮扶的本质不是帮扶方向被帮扶方单向度的资源输入，而是始终站在互惠的立场上兼顾双方利益。事实上，作为省际范围内的命运共同体，被帮扶方良性发展的正外部效应必然也会促进帮扶方的发展。以教育帮扶和产业帮扶为例，一方面，获得技能培训的被帮扶地区的劳动人口，能够为帮扶地提供足量、优质的劳动力资源；另一方面，被帮扶地区的特色产业在获得了帮扶地企业的技能、资金和销售渠道等的助力后，也能够成为承接帮扶地产业转移的理想场所。

此外，有效衔接阶段的省内对口帮扶，应该思考如何进一步创设互惠机制，以调动各方主动参与的积极性，持续推进省域内部的协调发展。从协调发展的实现机制来看，市场模式的效率可能是最高的。一方面，市场模式下资本、劳动力和技术等各项资源的自由流动能够在一定程度上缩小地区间的发展差距，特别是对于处在发展初期的欠发达地区而言，"落后本身就是一种巨大的潜在优势"。这意味着一旦欠发达地区的后发优势得以释放，就有望带来十分可观的增长动能，进而助推这些地区的经济进步（黄蕊、金晓彤，2018）。另一方面，尽管市场力量的优势十分显著，但市场模式不会自动弥合地区间的发展差距，如果放任市场机制自由发育和运作，反而有可能助长发达地区对欠发达地区的相对剥夺，导致区域间发展鸿沟的进一步扩大，并带来严重的贫富分化问题。相关研究已经为上述结论提供了佐证，表明单纯依靠市场模式难以有效回应区域均衡和贫困治理的诉求，而改革开放以来我国在资源配置过程中对效率优先的强调，实际上也未能完全实现市场效率与社会效益之间的平衡（李爱国，2017）。

为了能够获取市场优势，同时又保证社会效益不被侵蚀，有效衔接阶段广东省应当以省内对口帮扶为载体，以市级政府之间的合作对接为平台，进一步引导和鼓励双边企业寻求合作的可能性，通过政府吸纳市场的方式，以政府力量为市场合作保驾护航，不断扩大互惠的范围和程度。

（三）稳固根基：全面推进乡村治理

乡村的"空心化"现象导致有效衔接失去抓手，缺乏治理基础、产业支撑和良好环境的乡村，实际上也不具备吸引乡村人口回流的优势条件。从这个角度考虑，为了吸引乡村人口中有一定文化素质的青壮年人口回流，在有效衔接阶段，广东省内对口帮扶应该对乡村建设、产业发展、环境治理和组织培育等方面投入更多的精力。

1. 实现乡村建设的创新

乡村建设的首要任务是明确乡村建设的重点和优势，找准不同于城市取向的乡村风格，避免"千村一面"的单调重复建设。可行的举措是依据辖区内不同区域的地形地势和文化习俗，分片区进行差异性规划。

2. 实现产业发展的优化

帮扶双方应充分发挥被帮扶方具备的优质农产品优势，兴建第一、第二、第三产业融合发展的现代产业园。新建的现代产业园可以考虑以"新型职业农民＋龙头企业＋农民专业合作社"等新型农业经营主体的结合为基点，以标准化种植、工业化采摘、产品深加工等方式提高农产品的生产质量、生产效率和附加价值，最后辅之以品牌塑造、物流仓储和电商交易，以实现完整产业链条的环环相扣。

3. 实现生态环境的改善

生态宜居是乡村振兴的应有之义，帮扶双方应该按照生态宜居的内在要求，通过发展绿色生态产业以不断减少对生态环境的污染破坏；同时，大力整治人居环境，推进美丽乡村建设，为生态振兴奠定基础。

4. 实现组织队伍的培育

一方面，可以通过优化基层党组织结构、加强基层工作队伍专业化素养培训以及鼓励乡贤担任村"两委"要职等方式,为乡村振兴提供人才储备;另一方面,帮扶方应当继续下派乡村振兴工作队和第一书记,以"党支部+"的助推模式为乡村振兴奠定引领格局。

第九章　实现有效衔接的技术治理

技术治理是实现脱贫攻坚与乡村振兴有效衔接的重要路径之一。本章在回顾脱贫攻坚、乡村振兴中的技术治理的相关文献的基础上，指出了实现有效衔接的技术治理进路。本章介绍了广东省有效衔接的技术治理规划，全面回顾了广东省减贫治理信息化建设的历程。通过介绍阳江市阳东区智慧信息平台和东莞市麻涌镇数字乡村治理两个典型案例，总结了广东省实现有效衔接的技术治理特点——形成了制度衔接、机制调整、技术提升和人才建设的技术治理经验。当前，在实现巩固拓展脱贫攻坚成果同乡村振兴有效衔接时期，广东省应继续瞄准重点任务和突出问题，以问题为导向，精准施策，补足短板，注重减贫治理人才队伍的常态化建设，优化信息平台设计，创新机制体制，形成推进有效衔接的广东经验与智慧。

第一节　技术治理实现有效衔接的逻辑进路

党的十九大报告提出实施乡村振兴战略，强调按照产业兴旺、生态宜居、乡风文明、治理有效、生活富裕的总要求，加快推进农业农村现代化。其中，乡村振兴战略在治理层面的最大亮点就是提出"治理有效"，而在实现巩固拓展脱贫攻坚成果同乡村振兴有效衔接时期，技术治理被认为是提升治理有效性的新路径、新选择（沈费伟、陈晓玲，2021）。技术治理被拓展应用到有效衔接时期的各个领域，呈现出不同的治理特点和实践逻辑，提升了乡村"技术治理"的现实绩效，有助于新时代乡村振兴战略的全面推进。

一、从单一主体到多元主体

在传统乡村治理过程中,政府本位的治理逻辑占据主导地位。公共部门将数字技术仅仅作为一种单一的服务方式,并表现为一种向社会输出的自上而下的单向治理模式(孙德超、钟莉莉,2021)。在实现巩固拓展脱贫攻坚成果同乡村振兴有效衔接时期,单一主体的服务方式已无法有效满足村民多元的现实需求,村民的现实需要和复杂的基层治理环境需要多元化的技术治理模式(温美荣、王帅,2021)。在数字乡村建设过程中,应转变单一的治理模式,依据以人为本的治理理念,将技术作为一种赋能共享的手段,从村民的多元需求出发,提供多样化服务,从政府向社会输出的单向治理模式转变为多元主体的多向治理模式,从而更好地维护村民群众的合法权益,推动乡村建设(沈费伟、叶温馨,2021)。

乡村治理具有"纵横交错"的特点。"纵"意味着国家权力的触角能够延伸到基层乡村边界,"横"是村民群众可以完整地表达自己的意见和要求,广泛行使自己的权利,也就是落实需求的过程(沈费伟、诸靖文,2020)。乡村"技术治理"作为国家治理现代化的新兴治理模式,倡导人与技术更好地融合,让政府公共服务的职能纳入数字指标控制范围内,赋予农民更多的参与乡村公共事务决策的权利,满足多样化的需求。在实现巩固拓展脱贫攻坚成果同乡村振兴有效衔接时期,广东省政府始终扮演着乡村治理的组织者、社会资源的整合者、弱势群体的保护者、社会问题的预防者等多重角色,履行好舆论导向、组织规划、制度保障、公正监督、道德教化和治安维稳等职能,从而最终实现了乡村"技术治理"绩效的有效提升。譬如,村民能够利用现代技术享受快捷高效的政务服务、优质的教育资源、合适的就业机会、跨区域医疗就诊、完善的农产品销售平台、安全治安防控保障、智慧生态旅游等服务。

乡村"技术治理"打破了政府部门与群众的沟通壁垒,丰富了政府部门为群众服务的方式,提升了政府部门的服务质量和水平;同时,通过政府治理理念的创新与深入,重塑了政府与群众的关系,构建了共建共治共享新格局。乡村"技术治理"呈多元主体参与趋势,从过去的乡镇政府、村委会和村党支部为主体，再到现在各类乡村精英、乡村社会管理与服务部门、各种乡村经济合作组织、社会组织、村民等也参与治理过程之中，提高了村民在社会中的主体性地位，形成相对于强制力量的良性约束，对提高村民政治参与度、维护村民权益发挥着重要作用，有助于实现政府、市场主体、社会组织、村民对乡村事务的协同治理。

二、从传统管理到数字治理

乡村有效治理作为国家治理体系的重要组成部分，是推进国家治理现代化水平的基础支撑。因此，在新发展阶段，应顺应国家治理体系现代要求，立足乡村治理生态新变化，不断完善乡村治理体系，实现乡村治理有效。我国乡村传统管理模式是在"熟人社会"关系网络中形成的"人治"模式，是以村规民约、宗族制度为依据管理乡村公共事务的（沈费伟，2017）。从传统管理到现代治理，数字乡村建设将数字技术与农村社会治理相结合，形成主体协同、技术提升的数字治理模式，助推乡村振兴目标实现（江维国、胡敏、李立清，2021）。

乡村"技术治理"依托现代信息技术，能跨区域、跨层级、跨部门将各类乡村政治信息实现协同共享。政府通过构建简约的线上公共服务平台，为村民提供智能化的服务；依据共享的信息帮助决策者快速预测危险信号源和掌握未来趋势，推动乡村政治秩序稳定与社会和谐发展。乡村"技术治理"将村民的意见和信息通过线上垂直反馈体系，精准分流给各个部门，各部门再通过线上垂直反馈体系精准给予村民答复，这大大提高了政府回应度，促使政府决策者改进政策制定的过程和优化决策的水平。以政府运用数字治理构建的庞大技术网络所提供的精准、高效的信息为指导，有效打通现代技术服务社会民生的"最后一公里"，推动实施精准、集约的现代乡村治理。

三、从适度发展到可持续发展

在传统乡村治理中，现代信息技术的嵌入尽管在乡村经济、乡村治理等方面产生了一些效益,但这种效益是片面的、短期的、适度的,缺乏可持续发展的潜力。在实现巩固拓展脱贫攻坚成果同乡村振兴有效衔接时期,过去的发展战略已经不能适应新时代发展的要求,因此探索可持续发展的路径至关重要。数字乡村需要建立现代技术的长效机制,着力推动形成经济富裕、政治民主、文化繁荣、社会公平、生态良好的发展格局,着力打造城乡统筹发展的治理格局,提升乡村治理效能。

乡村技术治理构建便捷有效、开放共享、绿色协调的机制,贯彻了可持续发展理念,推动了乡村社会发展方式由适度发展向可持续发展转变。具体而言,数字乡村建设运用信息技术统筹乡村发展的诸多资源,将不同区位的资源统一到同一发展项目中,从而实现乡村资源的整合优化,这种便捷有效的治理技术能够减少乡村治理过程中的资源不足问题,实现资源可持续发展。数字乡村将数字技术的"自由"特质转化为乡村场域开放和主体功能集合,运用互联网技术实现乡村社会发展要素自由流动,为产业集聚、区域合作发展打好基础,这种开放共享的治理平台有效扩展了乡村的发展空间,从而实现空间可持续发展(沈费伟、叶温馨,2021)。数字乡村将丰富的农业资源、环境资源、人文资源等与现代技术深度融合,激活乡村经济的内生发展动力,促进了乡村经济、环境、社会的整体发展,实现动力可持续发展。

四、从个体赋权到组织赋能

随着媒介技术在乡村社会中的渗透,新媒体技术赋权成为乡村社会变迁的工具变量之一。新媒体赋权提供了一条培育农村低收入人口内生动力、助力农村低收入人口成为乡村治理主体、实现巩固拓展脱贫攻坚成果同乡村振兴有效衔接的新路径。培育内生动力成为当前巩固脱贫和防止返贫的关键。赋权可以发展个体有效参与决策的能力,提高自我评估和自我认知的能力,增强卓越感。在新媒体的使用过程中,弱势群体通过技术赋权改变了行动逻辑,获得了一定的社会权力。农村低收入人口通过新媒体的使用拓展了线上线下的社会网络,在赋权的过程中获得了新的自我身份和个体自主性。同时,借助各级政府部门的资助,农村低收入人口成为巩固拓展脱贫攻坚成果的新生力量和乡村治理的多元主体之一。新媒体赋权助力乡村治理培育多元主体，在与乡村振兴的有机衔接中发挥了纽带作用（李红艳，2021）。

如果说技术赋权让村民参与乡村治理的通道更畅顺，组织赋能则能让乡村有效治理的成效更明显，而最直接的体现是行政效能的提升和村民集体意识的增强（段思午、曾辰、罗湛贤，2020）。在乡村治理机制创新的过程中运用技术治理措施的同时，应积极探索村民自治制度的有效实现形式，提升村级组织的自主服务能力。这不仅是村民自治制度的基本内容，同时也是避免技术治理提高行政成本、有效减轻政府行政负荷的基本要求（张世勇，2021）。

第二节　广东实现有效衔接的技术治理规划

一、广东省减贫治理信息化的发展进程

"十三五"时期，广东省的脱贫攻坚工作取得了明显成效，为全面建成小康社会，实现第一个百年奋斗目标积累了广东省经验、贡献了广东省力量。站在"十三五"收官阶段和"十四五"开启的又一历史交汇点，《中共中央关于制定国民经济和社会发展第十四个五年规划和二〇三五年远景目标的建议》提出，实现巩固拓展脱贫攻坚成果同乡村振兴有效衔接，特别是健全防止返贫监测和帮扶机制，做好易地扶贫搬迁后续帮扶工作，加强扶贫项目资金资产管理和监督，推动特色产业可持续发展。顶层设计为广东省下一步有效衔接工作的开展指明了方向。

在巩固拓展脱贫攻坚成果同乡村振兴有效衔接时期，技术治理建设将扮演更加重要的角色。实现有效衔接需要技术治理的支撑，广东省将继续运用互联网、大数据、人工智能等技术治理手段，着力推进技术治理建设，为构建制度化、规范化、常态化的解决相对贫困长效机制提供有力的支撑。

（一）起步阶段

"十三五"时期，广东省通过信息化、大数据助力精准扶贫，信息化建设成为广东省"十三五"时期脱贫攻坚工作的重要政策工具。全省各级政府积极推进信息化建设和大数据运用，实现对贫困地区和贫困对象的精准界定，指导扶贫资金的精准配置。

2016年精准扶贫攻坚战打响之初，广东省将精准识别作为精准扶贫的基础性工作。在对贫困人口推行"两个全覆盖"核查识别的同时，加快建设省级精准扶贫大数据平台，通过把大数据贯穿于"识别—决策—匹配—帮扶—管控—服务—退出"的精准扶贫全过程，实现"精准识别、精准帮扶、精准管理和精准考核"的政策目标。

在广东省经济和信息化委员会、广东省扶贫开发领导小组办公室的指导下，中国移动通信集团广东有限公司（简称"广东移动"）公司承担起了广东省扶贫大数据平台建设的重任。2016年起，广东移动投入大量资金，加快推进农村宽带普及服务。面向湛江、汕头、梅州3个试点城市736个行政村，提供光纤宽带、4K电视等一系列信息化服务，为大数据精准扶贫奠定了硬件基础。通过与行业部门网上服务和政务数据对接，该平台以广东省分布有贫困人口的1.6万个行政村、66.4万贫困户、173.1万贫困人口为基础数据，以扶贫行业决策部门、监管部门（含社会公众）、扶贫对象等为主要用户，着力建成服务于精准扶贫、资源共享和公众互动的一体化扶贫管理与服务平台。①

（二）建设阶段

2016年11月，为推动省扶贫大数据平台的建设和应用，广东省选择在罗定、阳山、五华、乐昌4个县（市）开展扶贫大数据平台的建设试点，由试点县（市）按照系统设计所需要的数据进行采集上线，运用大数据平台综合分析各镇村录入信息的准确性。

---

① 参见《信息扶贫："精确制导"还需苦下"绣花功"》，新华网，2017年3月16日，见http://www.xinhuanet.com/info/2017-03/16/c_136134163.htm。

第九章　实现有效衔接的技术治理

为了更好地保障扶贫数据的全面性和准确性，除扶贫部门独立采集信息外，广东省还建立了行业部门互联互通、信息共享的机制，以更好地解决扶贫大数据信息不对称、沟通不及时的问题，从而筑起帮扶对象不准、不实的防线。2017年6月，在省扶贫大数据平台开发首期完成"数据监控、责任监控、项目监控、东西部扶贫"四个模块建设后，扶贫大数据平台在全省测试上线，同时与教育、人社、公安、民政和地税等5个部门相关数据进行线下比对，共3.3亿条信息，实现了多部门的数据共享。

（三）运用阶段

2017年7月，广东省扶贫大数据平台正式投入使用，该系统主要由大数据指挥端、App端以及PC桌面端三个应用终端组成。主要功能有贫困户数据实时采集、帮扶干部走访轨迹、大数据指挥中心、政务办公等。平台的使用能精准指导扶贫的日常工作，尤其是"三保障"政策的衔接、补助资金发放办法的完善、本地负责的"三保障"资金的落实，以及产业增收项目的推动。通过大数据开展预警、决策和分析，平台能够协助扶贫工作领导层对帮扶工作进行临场调度和指挥，为扶贫工作提供决策参考。与此同时，系统还纵向接入了省、市、县、乡、村、户6级使用的信息平台，预留了横向接入民政、教育、人社等部门数据的端口。各级数据导入后，可实现数据监控、责任监控、项目监控、东西部扶贫、绩效考核、扶贫服务六大业务的可查、可视、可共享。

广东省扶贫大数据平台为每一个驻村扶贫干部提供一个账号，驻村扶贫干部将本村的贫困户信息填入系统，填报的内容包括贫困村整体信息、每个贫困户的个人信息等。为更好地提升扶贫部门工作人员对系统的运用，省扶贫部门先后组织各县（市、区）扶贫业务骨干、乡镇（街道）扶贫业务专职人员、驻村干部等，专门就扶贫信息平台的操作进行培训，协助其掌握数据采集方法。

目前，省扶贫大数据平台功能不仅全面涵盖全省精准扶贫的数据监控、责任监控、项目监控、绩效考核等，而且在全国率先开发了五项运用功能：一是在省信息中心开设网上办事大厅扶贫管理与服务事项；二是给贫困村和贫困户开设扶贫管理与服务个人专属网页；三是开设东西部扶管理模块；四是开发帮扶干部手机 App；五是为电商扶贫、社会帮扶等提供对接。这些社会服务功能的开发和运用，不仅标志着广东省扶贫大数据平台走在了全国前列，而且也取得了良好的精准扶贫效果。

二、减贫技术治理的建设成效

从 2016 年到 2020 年 6 月，广东省动员全省 21 个地市，1.8 万个党政机关企事业单位、6.5 万名驻村干部，投入 1300 多亿元，推动省内脱贫攻坚和东西部扶贫协作并取得历史性成就。截至 2020 年 6 月 30 日，现行标准下 161.5 万相对贫困人口、2277 个相对贫困村全部达到出列标准，创造了解决相对贫困的广东省经验；帮助 4 省（区）71 个贫困县摘帽、8663 个贫困村出列、379.2 万贫困人口脱贫。[①] 在扶贫开发过程中，因地制宜，积极探索扶贫开发新模式，真扶贫、扶真贫，扶贫创新出成果，通过电商扶贫、农业产业化扶贫、企业力量扶贫、社会团体参与扶贫等扶贫形式的创新，为精准扶贫带来了强大的内生动力。

当前，我国的国家治理已经由总体支配向技术治理转变：一方面，是政府通过应用现代信息技术提升社会治理效率；另一方面，则是政府的治理方式和管理手段正变得越来越"技术化"。从 2002 年起，广东省开始扶贫信息化建设的探索，重视以数据支撑贫困治理工作的开展。经过近 20 年的发展，目前全省的扶贫大数据平台建设已经达到国内先进水平，为全国推进全面脱贫与乡村振兴有效衔接贡献了广东省力量，提供了广东省智慧。

（一）提高贫困对象瞄准精确性，提升贫困地区治理水平

精准识别是精准扶贫的基础和前提。为做好精准识别工作，2016 年，广东省组织干部 32.67 万人次进村入户，整村摸排，逐户核实，精准识别，严格执行农户申请、群众评议、村组公示、镇审核、县批准等程序。截至 2016 年 10 月 30 日，全省扶贫信息系统已识别录入相对贫困人口

---

① 《闯出全国减贫治理的"广东经验"》，《南方日报》2020 年 10 月 17 日，第 A7 版。

66.4万户、173.1万人，完成了分布在97个县市区（含90个建制县区、7个非建制区）、1112个乡镇（街道）、16483个村的相对贫困人口建档立卡工作。[①] 2017年，根据国务院扶贫办统一部署，广东省对建档立卡贫困人口进行动态调整，通过覆盖县、镇、村的大数据平台对比筛查，结合四类人群的动态管理，对不符合条件的对象予以清退，将符合条件的及时纳入帮扶对象，调整后确认农村相对贫困人口62.89万户、162.6万人，贫困户识别误差率稳定在2%以内。

"十三五"时期，省内部分地市先后和国内的电信运营商进行合作，在贫困地区布局视频监控项目，将智慧数字化管理的理念嵌入乡村治理。例如，阳江市阳东区建立智慧乡村治理平台，借助布局在基层的监控点，有效改善贫困村的村居环境、交通安全隐患、社会治安、危机应对等问题，村民可及时参与到村庄事务治理，既保障了基层群众的权益，也有助于真正搭建共建共治共享的乡村治理新格局。

（二）建立全覆盖的信息化扶贫系统，有力支撑政府部门扶贫决策

目前，广东省建立了包括贫困数据采集系统、成效展示系统（扶贫云）、扶贫培训会议的视频系统在内的信息化体系，并且正在推进远程监控系统的建设。这四大系统以实现扶贫管理与服务功能为目标，聚焦"六个精准"，满足省、市、县、乡、村、户6级精准扶贫，搭建精准扶贫、精准脱贫可查、可视、可管理、可监督的平台系统，实现"1+N"行业施策的精准管理，提升数据质量，提高"两不愁三保障"措施的精准度，为实现全省脱贫致富全过程进行跟踪管理助力。全覆盖的信息化扶贫系统有效地提升了广东省的信息化建设水平，进而提高了信息化竞争力。

多年来，广东省着力建立数据分析的监测工作机制与数据比对共享机制，推动精准扶贫措施落地见效。通过开展基础信息、措施落实等数据分析与挖掘，推动精准帮扶分析、脱贫预估分析、对比预警分析等数据分析

[①] 参见《广东新时期脱贫攻坚战实现良好开局》，广东省乡村振兴局网，2016年12月30日，见http://www.gdfp.gov.cn/fpyw/jdxw/201612/t20161230_813652.htm。

与应用。实践证明,"信息化+大数据"为各级政府扶贫决策提供了有力的数据支撑,有效推动了各项"精准滴灌"扶贫政策的落地。

(三)形成扶贫开发大数据,全景式记录脱贫攻坚战

"十三五"时期,通过大规模、高质量的扶贫信息采集队伍扎根基层所采集的信息、扶贫数据信息采集系统的录入、与相关行业部门进行的数据比对分析,生成了150万条精准扶贫数据,为扶贫对象精准识别、精准帮扶、大数据分析的扶贫全过程提供强大的数据支撑。此外,有相对贫困户分布的14个地级市辖下的县、镇、贫困村,其平台建成率达100%,扶贫数据对接民政、教育、人社等行业部门数据,基本实现了数据监控、责任监控、项目监控、示范村建设、扶贫服务的可查、可视、可共享。

目前,广东省扶贫大数据平台的功能设计贯穿于"贫困对象识别—扶贫项目安排—帮扶资金使用—帮扶措施到户—帮扶队伍派驻—脱贫成效评估"的精准扶贫全过程,驻村扶贫干部可将"六个精准"的相关信息进行采集和录入。多年来,各级部门通过数据平台(展示系统)进行跟踪问效,及时对落实措施不到位、不精准的帮扶单位予以通报。

(四)从"大水漫灌"到"精准滴灌",带动贫困户增收明显

精准扶贫战略的推进依托于信息化建设。在信息化建设中,"互联网+""大数据"技术作用明显,但关键在于建立数据分析的监测工作机制与数据比对共享机制。截至2018年年底,广东省扶贫数据已完成编目48个,涉及字段557个;每月定期推送共享平台,与省民政厅、教育厅、财政厅等相关行业部门数据"碰撞",进行数据比对共享;开展基础信息、措施落实,进行数据分析与挖掘。精准帮扶分析、脱贫预估分析、对比预警分析等数据分析的应用,为各类政策实施从"大水漫灌"到"精准滴灌"提供了翔实的数据支撑。

"十三五"时期,广东省农村电商企业按照市场需求,依托信息化和大数据的支撑作用,通过挖掘贫困地区的土特产品优势,推出更有针对性的产品和服务,持续推动农村电商发展。通过贫困农户创业型、能人大户引领型、龙头企业带动型、乡村干部服务型等多种建设模式,完善电商扶

贫示范店与贫困户利益联结机制，形成"一店带多户""一店带多村"的模式，推动当地农民收入的持续增加。例如，广东移动创新打造了"岭南优品"电商平台，发挥中国移动的用户和渠道规模优势，探索基于O2O线上线下联动扶贫的新模式。该平台上线不到一年，就引入商家超300家，平台商品类别超过5600个，平台累计交易额突破8400万元，有效探索了农村贫困地区的脱贫致富。[①]

三、技术治理政策梳理

2020年5月，为贯彻落实中共中央办公厅、国务院办公厅印发的《数字乡村发展战略纲要》精神，切实推进数字乡村发展和乡村振兴，着力发挥信息化在推进乡村治理体系和治理能力现代化中的基础支撑作用，推动广东农业全面升级、农村全面进步、农民全面发展，为助力乡村全面振兴，实现"四个走在全国前列"、当好"两个重要窗口"提供强大动力，广东省委办公厅和省政府办公厅印发《广东省贯彻落实〈数字乡村发展战略纲要〉的实施意见》[②]，强调了五个重点任务（见表9–1）。

表9–1 《广东省贯彻落实〈数字乡村发展战略纲要〉的实施意见》五个重点任务

重点任务	具体内容
加快乡村信息基础设施建设	（一）大幅提升乡村网络设施水平，加强基础设施共建共享，推进全省行政村5G网络建设及有线数字广播电视网络与5G网络融合网建设； （二）推动乡村信息服务供给和基础设施数字化转型，推进智慧水利、智慧交通、智能电网、智慧农业、智慧物流建设

---

① 参见《全国人大代表简勤：运用信息化、大数据手段助力精准扶贫》，搜狐网，2017年3月6日，见 https://www.sohu.com/a/128039303_354877。

② 参见《广东省委办公厅 省政府办公厅印发〈广东省贯彻落实《数字乡村发展战略纲要》的实施意见〉》，广东省人民政府门户网站，2020年5月14日，见 http://www.gd.gov.cn/gdywdt/gdyw/content/post_2994168.html。

续表 9-1

重点任务	具体内容
发展农村数字经济	（一）夯实数字农业基础，不断发展壮大农村集体经济； （二）推进农业数字化转型，探索数字农业和产业化新模式； （三）创新农村流通服务体系，推进全省新型乡村助农服务示范体系建设； （四）激发乡村发展新动能，发展新产业、新业态，推动乡村共享经济发展，培育高素质农民
推进乡村治理能力现代化	（一）推动"数字政府"改革建设向农村基层纵深发展，试点探索广东政务服务网、"粤省事"与农村基层网格化治理系统的整合，构建全方位覆盖的现代化乡村治理体系； （二）推动"互联网+党建""互联网+公共法律服务"建设，建设法治乡村
深化信息惠民服务	（一）加快推进"互联网+政务服务"，深入实施信息惠民工程，打通连接乡村基层群众"最后一公里"； （二）升级广东政务服务网，提升"一网通办"服务能力，优化完善"粤省事"平台服务能力； （三）深入推动乡村教育信息化，实施学校互联网攻坚行动计划，发展"互联网+教育"，推动优质数字教育资源进班级； （四）完善民生保障信息服务，推进全面覆盖乡村的社会保障、社会救助系统建设，发展"互联网+医疗健康"，完善中医馆健康信息平台，提升社会救助信息化管理水平
繁荣发展乡村网络文化	（一）加强农村网络文化阵地建设，推进县级融媒体中心建设，推进乡村优秀文化资源数字化，通过广播电视网络"村村通"，打通基层宣传、教育、服务群众"最后一公里"； （二）加强乡村网络文化引导，支持"三农"题材网络文化优质内容制作，开展国家宗教政策宣传普及工作，加强正确网络引导

资料来源：根据网站信息自制。

2020年6月，为深入实施乡村振兴战略和数字乡村发展战略，顺应时代趋势，把握发展机遇，着力发挥信息化在推进乡村治理体系和治理能力现代化中的新型基础设施建设的支撑作用，推动农业高质量发展和乡村全面振兴,广东省农业农村厅按照《广东省贯彻落实〈数字乡村发展战略纲要〉的实施意见》和广东"数字政府"改革建设要求,印发《广东数字农业农村发展行动计划(2020—2025年)》[①],提出了11项任务(参见表9-2)。

表9-2 《广东数字农业农村发展行动计划(2020—2025年)》11项主要任务

主要任务	具体内容	跟进部门
创建广东数字农业发展联盟	(一)集聚信息技术和人才资源要素,组建发展联盟,开展联盟协同创新行动,发挥联盟的区域性优势; (二)统筹优势资源,搭建共享平台,创建五级数字农业社会组织模式,支撑现代农业发展	省农业农村厅市场与信息化处牵头,省农业展览馆设立工作组,各县级以上农业农村局按职责分工落实
创建广东数字农业试验区	(一)坚持以"政府引导、市场运作、企业主体"的模式,建设覆盖农业全产业链条的数字农业试验区; (二)推进创建佛山市南海区里水镇"农产品跨境电子商务"综合试验区、茂名等全国农业农村信息化示范基地、阳西县省级数字农业示范县; (三)推动广州市增城区5G智慧农业试验区、江门市5G智慧农业科创园建设,创新孵化5G智慧农业核心科技,推进5G智慧农业产业要素聚集; (四)在湛江开展"5G+智慧水产"示范应用,促进水产养殖、加工、冷链物流等产业链条有机融合	省农业农村厅市场与信息化处、渔业发展处牵头,各有关县级以上农业农村局按职责分工落实
创办粤港澳大湾区数字农业合作峰会	(一)搭建数字农业交流合作发布峰会平台,深入分析和交流数字农业发展现状及未来展望等; (二)加快核心智慧农业应用与创新,展示建设成果,推动数字农业的应用与创新可持续发展	省农业农村厅市场与信息化处、交流合作处、农业展览馆牵头,各县级以上农业农村局按职责分工落实

---

① 参见《关于印发〈广东数字农业农村发展行动计划(2020—2025年)〉的通知》,广东省农业农村厅门户网站,2020年6月3日,见http://dara.gd.gov.cn/tzgg2272/content/post_3007880.html。

续表 9-2

主要任务	具体内容	跟进部门
建设一批数字农业产业园区	（一）提升农业产业园区数字化基础设施水平，开发利用新一代信息技术提升农业产业园区竞争力，探索可复制可推广的建设模式； （二）以园区带动、科技支撑、质量优先、培育主体、打造品牌为思路，建成先进数字农业产业园区	省农业农村厅发展规划处、省现代农业产业园办公室牵头，各有关县级以上农业农村局按职责分工落实
推动一批"一村一品、一镇一业"，建"云上云"	（一）建立全省"一村一品"数据资源，提供市场动态信息、农业政策咨询服务； （二）引导优势产区现代农业产业园建"云上云"，借助本地农产品云构建具有竞争优势的农业生产销售大数据服务体系	省农业农村厅种植业管理处、市场与信息化处牵头，各县级以上农业农村局按职责分工落实
培育一批数字农业农村科技示范创新团队	（一）提升数字农业农村自主创新能力，探索农业农村数字科技服务新模式； （二）完善科研成果项目库，推动线上线下农业科技成果转化； （三）加大农业农村数字化项目研发，突破关键核心技术，制定技术标准规范	省农业农村厅科教育处、广州国家现代农业产业科技创新中心牵头，各县级以上农业农村局按职责分工落实
培育一批数字农业农村重大项目	培育"互联网+"农产品出村进城工程、农业农村大数据基础工程、农村社会事业数据项目工程、农村集体资产数字化工程、农村宅基地数字化工程、信息进村入户工程、重要农产品全产业链监测预警工程、农产品质量安全监管数字化工程、畜禽养殖管理智能化工程、渔业智能化工程、现代数字种业发展工程、智慧农机发展工程、农田建设管理智能化工程、农业植保和病虫疫情防控治理智能化工程、农业执法和应急指挥智能化工程、农业数字化对外合作工程、农业面源污染监测与防控数字化工程、农产品"短视频+网红"营销工程	项目不同，牵头及落实部门不同

第九章 实现有效衔接的技术治理

续表9-2

主要任务	具体内容	跟进部门
培育一批数字农业示范龙头企业	（一）实施农业龙头企业培优工程，改造提升农产品加工设施装备； （二）开发利用农业产业化信息系统，加大监测指导力度，推动数字技术和农业产业深度融合； （三）推动数字技术与休闲农业和乡村旅游深度融合，加快推动农村第一、第二、第三产业融合发展	省农业农村厅乡村产业发展处牵头，各县级以上农业农村局按职责分工落实
培育一批数字农民专业合作社	（一）加大农民合作社示范社信息化建设力度，鼓励市场主体积极参与农民合作社信息化建设； （二）搭建农民合作社管理服务平台，提供精准化、社会化服务	省农业农村厅农村合作经济指导处、省农民专业合作推广中心牵头，各县级以上农业农村局按职责分工落实
培育一批数字农业农村新农民	（一）建立新型数字农民学习平台，加强技能培训，提升新型数字农民质量； （二）联合专家资源，形成"平台+专家+服务"的业务模式； （三）建立农民新技术创业创新培训体系，提升数字化技能操作及管理能力	省农业农村厅科技教育处、广州国家现代农业产业科技创新中心牵头，各县级以上农业农村局按职责分工落实
推广一批数字农业农村重大应用场景（模式）	（一）选取数字农业农村示范（试点）市县，推动农业全面升级、农村全面进步、农民全面发展； （二）弥合城乡"数字鸿沟"，建立数字农业农村重大应用场景（模式），促进农业农村数字化转型	省农业农村厅市场与信息化处牵头，各县级以上农业农村局按职责分工落实

资料来源：根据网站信息自制。

2020年8月，为贯彻落实《广东省贯彻落实〈数字乡村发展战略纲要〉的实施意见》中关于深入实施乡村振兴战略和数字乡村战略的工作要求，广东省委网信办、省农业农村厅、省发展改革委、省工业和信息化厅联合出台《广东省数字乡村发展试点实施方案》,部署推进全省数字乡村发展试点各项工作[①],确定珠海市斗门区等10个县(市、区)为数字乡村发展试点县(市、区),确定广州市黄埔区新龙镇等20个镇(街道)为数字乡村发展试点镇,鼓励省内其他县(市、区)、镇(街道)按照本方案主动开展数字乡村发展相关工作,并针对试点县、试点镇提出了八大试点任务(见表9-3)。

表9-3 《广东省数字乡村发展试点实施方案》县镇八大试点任务

试点任务	具体内容
为农村地区统筹做好新冠肺炎疫情防控和经济社会发展、决战决胜脱贫攻坚提供信息化支撑	(一)利用互联网、大数据、人工智能等技术; (二)做好新冠肺炎疫情防控及监测; (三)做好党中央以及省委重大决策部署的宣传和解读; (四)实时发布农资、农产品需求等涉农信息
开展整体规划设计	(一)制定数字乡村发展实施方案; (二)建立和完善产业、财政、金融、教育、医疗等领域配套政策措施
创新建设发展模式	(一)鼓励进行体制机制创新,实现资源配置程序合规化、效益最大化和效率最优化; (二)加快农业农村数字化转型步伐
推进信息基础设施建设	(一)加快农村宽带通信网、移动互联网、数字电视网和下一代互联网发展; (二)推进县城城区5G网络建设和20户以上自然村光纤、4G网络全覆盖; (三)推进数字广播电视户户通和智慧广电建设; (四)深入推进信息进村入户工程

---

① 参见《广东省数字乡村发展试点,打算这样干!》,南方网,2020年8月25日,见https://www.sogou.com/link?url=6IqLFeTuIyiSHm5E7mt1UtgVMi76HcKJVwIePNrCuXSCyhUzxdf30l1O12VjET_KOiP_YxHhOWkg1TFfAfWmvQZFJ5UQUXQ3。

续表9-3

试点任务	具体内容
推动乡村数字经济发展	（一）探索建设智慧农（牧）场，推广精准化农（牧）业作业； （二）深入推进电子商务进农村； （三）完善农村物流配送体系
提升乡村治理信息化水平	（一）推动"互联网+乡村治理"，基于"数字政府"开展数字乡村治理实践探索； （二）整体推进农村生态环保、文化服务、健康医疗、教育等各领域信息化； （三）推动"互联网+政务服务"向乡村延伸覆盖
打造乡村网络文化阵地	（一）全面推进县级融媒体中心建设； （二）推动农家书屋提质升级，逐步增加数字化阅读内容和服务供给； （三）积极推进乡村优秀文化资源数字化； （四）推进数字文化资源进乡村
营造可持续发展环境	（一）深化"放管服"改革； （二）大力培育一批信息化程度较高、示范带动作用较强的生产经营组织； （三）探索建设新农民新技术创业创新中心； （四）加快培养并造就一支爱农业、懂技术、善经营的高素质农民队伍

资料来源：根据网站信息自制。

第三节　广东实现有效衔接技术治理的典型案例

"十三五"时期，广东省围绕技术治理助力提升脱贫攻坚绩效进行了地方探索，并形成了诸多智慧信息治理平台和乡村治理的有效模式，推动了地方减贫治理信息化的发展，对脱贫攻坚与乡村治理的有效衔接也提供了技术治理的典型经验。本节通过介绍阳江市阳东区智慧信息平台和东莞市麻涌镇数字乡村治理两个典型案例,总结广东省技术治理实现有效衔接的特点。

一、阳江市阳东区智慧信息平台

"治理有效"是新时代全面实施乡村振兴战略的关键环节和重要保障。在实施乡村振兴战略过程中,阳江市不断健全自治、法治、德治相结合的乡村治理体系,形成了党委领导、社会协同、公众参与、法治保障的治理新格局,打造充满活力、安定有序的善治乡村,为实现产业兴旺、生态宜居、乡风文明、治理有效、生活富裕,绘就乡村振兴的画卷提供了重要保障。

阳江市阳东区积极实施乡村振兴战略,在全省率先试点推广"智慧乡村"广播电视公共服务系统建设,推进阳东乡村治理体系和治理能力现代化。[1] 该系统包括高清互动电视、公共Wi-Fi、宽带网、视频监控、可视紧急报警、应急广播、村民议事厅直播室、新时代文明实践中心、乡村广播室、村务电视公开、便民服务、乡村党建、乡村普法、精准扶贫、扫黑除恶、乡村健康、乡村课堂、廉洁乡村、乡村关注、致富门路、爱家乡手机App等20多个版块,成为党的方针政策的传播阵地、幸福平安生活的守护者、村务公正公开透明的助推器、扶志扶智的好帮手、群众办事的服务台、留守儿童的第二课堂,为阳东区营造共建共治共享乡村治理新格局打下了良好基础,受到省民政厅的高度肯定。

(一)"智慧乡村+党建引领",提高村民思想文化水平

"智慧乡村"广播电视公共服务系统打造的综合性智慧电视门户,集乡村党建、乡村振兴、新时代文明实践中心、乡村普法、致富门路、廉洁

---

[1] 参见《阳江市阳东区"智慧乡村+村务管理"推进乡村治理共建共享共治》,阳江市民政局,2020年5月22日,见http://www.yangjiang.gov.cn/yjmzj/gkmlpt/content/0/457/post_457516.html。

乡村、通知通告、便民服务等版块于一身，宣传社会主义核心价值观，宣传村规民约，宣传好人好事；普及各类文化知识，提升村民综合文化水平；普及公共卫生知识，提升村民保健水平；普及法律法规常识，提高村民知法守法意识；普及先进产业技术，帮助村民开拓视野，增强致富；提高村党员干部的廉洁自律意识。通过这些通俗易懂、生动活泼、丰富多样、贴近性强、紧跟时代步伐、接地气的教育专区，筑牢了乡村宣传舆论阵地，提高了村民思想文化水平。

（二）"智慧乡村+村务管理"，实现村务在阳光下运作

"智慧乡村"广播电视公共服务系统中的"村务电视公开"专区设置了党务公开、政务公开、财务往来、集体"三资"、扶贫工作等栏目，内容涉及党费管理、村委工作纪要及村收入支出情况；东平镇北环村、新洲镇乌石村、北惯镇彭村建立了村民议事厅直播室，让村"两委"干部置身于阳光下，确保了群众对村"两委"工作的知情权和监督权，调动了村民人人参与村中事务管理的热情，有利于营造风清气正的良好政治氛围。"智慧乡村+村务管理"项目以广播电视公共服务信息化、社会化、智能化来助推乡村振兴，不断满足乡村百姓对美好生活的需求，使人民群众的获得感、幸福感、安全感更加充实、更有保障、更可持续。通过公共服务信息化构建"智慧乡村+村务管理"，形成乡村共建共享共治新格局。

（三）"智慧乡村+基层治理"，提升乡村治理能力现代化水平

在村委会建立村应急指挥中心，提高应急处理能力。在自然村的村头巷尾安装监控摄像头，通过电视机顶盒将视频监控头全部连接到了村民家中的电视机，村民通过"爱家乡"手机App就能看到村里的实时视频监控。村委会可通过监控系统即时观看村道的通行状况和村场的卫生状况等，村民们通过监控对村内陋习互相监督，自我约束。在村各主要路口均安装了可视对讲通话报警器，村民可通过可视通话向村委会报警求助。借助布局在基层的监控点，有效改善了贫困村的村居环境、交通安全隐患、社会治安、危机应对等问题，保障了基层群众的权益。

阳江市阳东区的智慧信息平台，集4K电视、宽带网、村务管理、便民服务、视频直播、视频监控、可视报警求助、应急广播、乡村广播、智慧教育等各种功能于一体，努力探索现代化乡村治理新渠道，迈出打造智慧乡村的重要步伐，有效推动搭建共建共治共享的乡村治理新格局。

二、东莞市麻涌镇数字乡村治理

2020年，东莞市麻涌镇入选广东省数字乡村发展试点乡镇之一。麻涌镇制定《麻涌镇数字乡村发展试点实施方案》，通过建立长效机制，多措并举、全方位推进该镇数字乡村试点建设。同时，结合本地实际，突出特色，聚焦绿色和数字化，依托华阳湖生态优势，大力打造智慧旅游，发展现代休闲农业园区，推动智慧交通工程、县乡融媒体中心和新时代文明实践中心数字化建设，以及"互联网+物流"、数字云广播、"互联网+政务"等试点项目建设，形成区域示范效应，积极探索可供复制和推广的数字乡村建设模式。麻涌镇，一个现代化、数字化的美丽宜居乡村正逐步从蓝图走向现实。①

（一）数字惠民赋能，政务服务便利多

麻涌镇拓展完善"互联网+政务"服务模式，积极响应全市一体化政务平台对接应用，解决群众"来回跑、折返跑"难题，实现"广东省政务服务网""粤省事""粤商通""莞家政务""水乡政务"等一体化政务服务平台在镇政务服务中心及全镇15个村（社区）党群服务中心全覆盖；积极引导办事群众通过上述线上政务平台查询、办事，体验"指尖"办事；实现办事数据全过程网上流转，提高审批效率；加大宣传推广力度，提高群众对平台的知晓率和使用率，深入推进平台的普及应用。目前，麻涌镇在一体化政务服务平台共上线事项1075项，其中，实现全过程网上流转的事项有396项，79项服务事项实现全市通办，131项镇级简易事项

---

① 参见《数字化赋能下的麻涌乡村之变》，南方网，2021年9月24日，见 http://pc.nfapp.southcn.com/5180/5773580.html。

第九章　实现有效衔接的技术治理

实现即来即办，36 项"下放村级事项"在村（社区）党群服务中心办理。

同时，麻涌镇依托前沿人工智能技术，打造法律智能机器人"法通小博士"，凭借收录 8800 多部法律、25 万多个法条、3000 万个案例、10 万多个法律问题的强大数据支撑，可以为群众提供包括法规查询、诉讼引导及实体问题解答在内的专业法律咨询服务，为增强群众法律意识提供了有力保障和便捷服务。搭建集智能咨询、远程调解、远程咨询、在线诉讼等功能于一身的智慧公共法律服务平台，有效弥补农村法律资源欠缺等短板，大大提升了村居法律服务水平，有力推进了基层社会的和谐稳定。

（二）数字资源赋能，智慧旅游交通强

建设智慧旅游体系。麻涌镇依托华阳湖国家湿地公园、"古梅乡韵"乡村游等旅游资源，开发"智慧旅游"系统，建立"乐游麻涌"微信小程序和微信公众号，开通景区、酒店和餐饮预订、交通查询、景点介绍、旅游攻略等功能，让游客实现吃、住、玩、游、购、娱一条龙服务。为解决"景点孤岛""旅游产业链孤岛"等问题，麻涌以"一个平台＋六大应用"，解决全域旅游"线上＋线下"体验的一致性及资源优化整合难题，为市民出行提供更大的便利。麻涌现已成功打造全省首个镇街全域旅游自助智能体验空间，实现旅游自助查询、旅游资料免费取阅和 VR 体验等功能，并通过互联网推介参观游览、民宿、特色餐饮、绿色农产品采摘等乡村生态旅游项目，销售特色农产品，发展旅游经济。

实施智慧交通工程。借力科技手段打造"智慧停车"系统，统筹麻涌华阳湖片区、麻涌市场片区及麻涌行政服务中心片区约 2700 个停车位，实施智能化管理；全镇各村均加快采用"智慧停车"模式，充分挖掘辖区内的停车资源，利用闲置地块建设生态停车场，增加公共停车位，通过数字化管理，解决辖区内停车难问题，提升乡村道路和环境形象，方便市民出行，推动城市品质再提升。

（三）数字管理赋能，社会治理水平高

麻涌镇立足产业数字化、管理高效化、服务在线化、应用便捷化，面向各村基层组织、政府部门、城乡居民等服务对象，加速构建覆盖宣传、

广电、旅游、政务、生态、交通、治理等领域的数字生活服务平台和治理决策中枢，推进数据传输、数据处理、终端应用等基础设施体系建设。

依托网格化管理，以提升管理效能和服务质量为核心，充分运用信息化手段，按照"一张基础网格、一支专业队伍、一组信息系统、一套工作机制"的工作思路，提升基层社会治理水平。扎实开展以"智网工程"统领各类社会管理信息平台相关工作，根据东莞市的部署要求着力探索以大数据预测社会需求、预判社会问题，提升社会治理现代化水平。加强"智网工程"的巡检数据分析，探索定期公布问题隐患等情况，并就问题隐患的发生情况发布预警。

打造数字云广播系统。利用4G/5G网络优势资源，升级15个村（社区）有线广播"村村通"系统，打造新一代数字云广播系统，升级原有91个有线广播点，同时新增一批数字云广播点，全面覆盖各村（社区）公共区域，实现全天候、全方位、全时段、分区分级的服务目标，打通乡村宣传"最后一公里"。在新冠肺炎疫情防控期间，"村村通"有线广播每天播出9小时，滚动播出新冠肺炎疫情防控知识，不定时插播新冠肺炎疫情的最新消息通知，打通新冠肺炎疫情防控"最后一公里"，在新冠肺炎疫情防控宣传工作中起到了重要作用。

实施"融媒体+"，提高服务功能。打造麻涌镇融媒体中心，结合有线数字电视网络和5G网络融合网建设，形成广播电视和互联网融合的"广电+"生态；引进更为先进的媒体编辑、发布系统，利用集中指挥调动、多种媒体统计集成、一键分发等先进技术，为融媒体发展提供有力的硬件支撑；融合实现旅游、生活等多项功能，构建媒体融合服务型体系，推动数字乡村发展。

东莞市麻涌镇以数字乡村建设试点为契机，推动市、镇、村均衡发展，进一步提高民生、交通、社保、住房、教育、健康等服务的数字化水平，强化生态环境网络监测的精准性和科学性，让群众能够更便捷地获取政务和公共服务。乡村数字治理体系日趋完善，进一步发挥了信息化在美丽宜居乡村建设中的积极作用，为促进麻涌的经济社会发展提供技术支撑，让生态环境更加优美，交通品质进一步提升。

第九章　实现有效衔接的技术治理

第四节　广东实现有效衔接技术治理的经验总结

"十三五"时期，广东省深入贯彻习近平总书记的重要讲话精神，坚持以技术治理建设支撑精准扶贫战略的实施，为全面建成小康社会，坚决打赢脱贫攻坚战奠定了坚实基础，为全国打赢脱贫攻坚战贡献了广东力量。在实现巩固拓展脱贫攻坚成果同乡村振兴有效衔接时期，继续瞄准重点任务和突出问题，以问题为导向，精准施策，补足短板，确定减贫治理对象的范围，构建对口帮扶可持续机制，高位推动部门数据共享，注重减贫治理人才队伍的常态化建设，优化信息平台设计，创新机制体制，形成相对贫困治理阶段广东省减贫技术的经验与智慧。

一、制度衔接：从脱贫攻坚到乡村振兴

信息化不仅是扶贫手段，更是扶贫内容，一切信息化扶贫措施的实施，源于基础建设的发展。乡村智慧治理是运用数字技术赋能乡村自治组织，促使乡村与村民之间的内部治理、乡村与政府之间的层级治理和乡村与企业之间的外部治理更为智能、高效、互联，这为扶贫数据大平台的建设提供了有益的探索方向。扶贫信息管理系统是智慧治理与信息化建设的重要举措，为实现巩固拓展脱贫攻坚成果同乡村振兴有效衔接工作的开展提供了坚实的基础。

自2016年开始布局扶贫大数据平台建设工作以来，广东省积极运用"信息化+大数据"手段助力精准扶贫，不断提升信息化建设水平。第一，在广东移动的积极协助下，广东省扶贫办建立了省扶贫大数据平台，通过扁平化管理，有效实现扶贫数据的及时采集，可以直接了解扶贫干部在村里的工作情况和村民医疗、教育等状态，有效支撑扶贫干部实施精准扶贫工作，助力精准扶贫工作落地；第二，借助信息化和大数据的支撑，将消费扶贫与电商平台有效结合，指导农村电商企业按照市场需求，挖掘贫困

地区的土特产品优势,通过"线上+线下"方式销售扶贫产品,持续推动农村电商的发展;第三,将信息化治理与乡村智慧治理深度融合,建立乡村智慧信息平台,涵盖农村监控治理、法律服务、党建、线上商城等多项服务。

推进扶贫平台模块升级,加快农村信息基础设施建设,建立完善农村信息服务体系,实现线上线下融合的现代农业能够进一步解放和发展数字化生产力,为建立乡村现代化经济体系提供重要支撑。以信息化建设助力精准扶贫,在精准扶贫中谋创新,在创新中厚植优势,助力乡村振兴。

二、机制调整:从信息孤岛到数据共享

多年来,广东省着力建立数据分析的监测工作机制与数据比对共享机制,推动精准扶贫措施落地见效。截至2018年年底,广东省扶贫数据已完成编目48个,涉及字段557个。[①] 每月定期推送共享平台,与相关行业部门(如住建、民政、教育、医疗、人社等)数据"碰撞",推动数据比对共享;同时,开展基础信息、措施落实等数据分析与挖掘,推动精准帮扶分析、脱贫预估分析、对比预警分析等数据分析与应用。实践证明,"信息化+大数据"为各级政府扶贫决策提供有力的数据支撑,有效推动了各项"精准滴灌"扶贫政策的落地。

整合贫困信息,打通"数据孤岛"。通过对贫困人口的扶贫救助政策的梳理和整合,构建起相对贫困人口政策分流框架体系,将"对象库"和"政策库"信息相互匹配,实施信息、政策、技术和项目的互动推送。此外,强化系统企业和社会团体帮扶功能、社工帮扶功能、项目帮扶功能、绩效考核功能等多个帮扶主体的信息,全方位、多角度为帮扶主体和帮扶对象提供互动、对接平台,建立起长效适配的帮扶措施管理方式。

升级扶贫管理系统,努力打通"数据孤岛"。以广东省扶贫数据为基

---

① 参见《广东省农业农村厅关于广东省十三届人大第二次会议第1621号代表建议答复的函》,广东省农业农村厅门户网站,2019年6月17日,见http://dara.gd.gov.cn/rdjy/content/post_2537990.html。

础，将系统对接地市政务大数据管理平台，系统对接成功后，能够动态及时获取民政、人社、教育、医疗等重要数据。通过对数据进行清洗、转换和存储，保留有效数据，利用实时计算方法对数据进行动态调整，构建出与精准扶贫决策目标或问题有关的"有效样本"，也可推送扶贫信息给各成员单位，实现基础数据互联互通互用，打通"数据孤岛"，为精准扶贫智慧决策提供有力的证据链，使扶贫决策结果更具客观性。

创新人机协同联动，确保决策更具前瞻性。通过数据分析师、扶贫领域专家与扶贫决策者之间的有效互动，以及机器智慧、数据分析师与决策者智慧之间的协同联动，将自动化决策分析结果与扶贫决策问题及具体场景相结合，克服"量化一切"的局限性，从而提出更具科学性、针对性和前瞻性的精准扶贫智慧决策方案。

三、技术提升：从人工指导到智能监管

从脱贫攻坚到乡村振兴，在实现巩固拓展脱贫攻坚成果同乡村振兴有效衔接时期，现代信息技术被拓展应用到乡村社会各个领域，稳步推进大数据和信息技术在贫困治理中的应用。广东省通过不断拓宽信息数据库来源以提高各类数据的准确性和及时性，通过整合财税系统、金融系统、社保系统等多方关系以建立完善的贫困信息管理系统，提升省级贫困治理体系的信息汲取能力，动态掌握新时期省内贫困群体的底数，从而为相关政策安排提供坚实的信息基础。

广东省建立的全覆盖的信息化扶贫系统，以实现扶贫"管理与服务"功能为目标，聚焦"六个精准"，满足六级精准扶贫，搭建精准扶贫、精准脱贫可查、可视、可管理、可监督的平台系统，实现"1+N"行业施策的精准管理；同时，与相关行业部门进行扶贫数据比对分析，生成了150万条精准扶贫数据，为扶贫对象精准识别与精准帮扶、大数据分析的扶贫全过程提供强大的数据支撑，有效提升了广东省的信息化建设水平，提高了信息化竞争力。

在有效识别贫困对象致贫原因的基础上，加强对大数据的深入挖掘与精细化运用，依托扶贫信息系统中的帮扶政策库，以需求为导向，为不同

的贫困对象推送更加有针对性、专业性和精细化的帮扶政策，提供更加个性化和人性化的帮扶服务，在提升扶贫资源配置效率的同时，提高帮扶服务的质量和贫困对象的获得感。数据平台建设注重服务递送能力的提升，实现从人工指导到智能监督。在具体的核查执行过程，不再过度依靠人工指导，而是建立智能化系统平台，监督基层的综合指标入户核查。通过不断拓宽信息数据库来源、提高各类数据的准确性和及时性，推动扶贫大数据信息化平台的全国联网，以便掌握在外地务工的贫困对象或其家人的收入情况，使得扶贫大数据信息化平台能够更好地辅助基层工作人员开展贫困对象认定工作。

例如，揭阳市上寮村运用大数据赋能农村实体店，完善农村电商公共服务体系，聚集网络批发实体店1000多家，销售高峰期每日可发出超过10万个包裹，成为有名的"中国淘宝村"；汕尾市陆河县河口镇以大数据、智能化为技术手段，将社区、乡村、网格楼栋、人口、设施整合到智能治理数字平台；梅州市蕉岭县探索出"聚核赋能、联动融合、多元共治、共同缔造、数字贯通"的现代乡村治理体系，[①] 这是对有效衔接中技术治理的生动诠释。

四、人才建设：从外来帮扶到内生发展

乡村人才振兴是实现乡村振兴的关键，中共中央办公厅、国务院办公厅印发的《关于加快推进乡村人才振兴的意见》明确指出，要推动乡村振兴，必须紧紧围绕做好吸引人才、培育人才、让人才扎根农村等重点工作。乡村人才建设是脱贫攻坚的积极成果，也是乡村全面振兴的持续动力，是实现巩固拓展脱贫攻坚成果同乡村振兴有效衔接的最佳联结点。发挥乡村人才振兴引领作用，可为乡村"技术治理"提供坚强人才支撑和智力保障。

广东省建立的扶贫大数据平台为每一个驻村扶贫干部提供一个账号，

---

① 参见《数字赋能：乡村振兴新动力》，《南方》杂志网，2020年8月4日，见http://www.nfzz.net.cn/epaper/fb/330/content/2020-08/04/content_191265597.htm。

第九章 实现有效衔接的技术治理

随时可将贫困户信息填入系统,填报的内容包括贫困村整体信息、每个贫困户的个人信息等。使用信息化管理手段和方式不仅减轻基层干部工作压力,而且提高了他们的工作效能。为更好提升基层干部对系统的运用能力,省扶贫办通过现场和视频培训系统,先后多次组织各县(市、区)扶贫业务骨干、乡镇(街道)扶贫业务专职人员、驻村干部开展扶贫信息平台操作等业务培训,学习数据质量分析方法。

全省各地市注重由"输血式"帮扶向"造血式"致富的转变,因地制宜,着重培养本地人才,重视贫困地区内生力量的挖掘,出台人才振兴政策,重视农村人才,尤其是管理人才的培养和成长。例如,中山市强化乡村人才支撑,积极引导各类人才向乡村流动聚集,培育、壮大乡村本土人才,通过实施新型职业农民培育工程、乡村专业人才培育工程、科技人才下乡工程及新乡贤返乡工程等,吸引人才、留住人才,提升乡村吸引力、向心力、凝聚力;河源市创新人才发展、人才评审、人才储备制度,建立人才激励机制,实施规模培训计划,优化人才发展环境,促进能人返乡创业,为推进河源乡村振兴提供制度保障,为推进乡村振兴广泛凝聚能量;珠海市贯彻"人才工作一盘棋"思想,实施"头雁"工程及本土青年"归巢计划",完善涉农专业人才体系,优化农村人才队伍结构,实施人才培育常态化,先后出台系列文件,明确实施"粤菜师傅"工程、"乡村工匠"工程、新型职业农民培育工程等硬任务,建立健全新型职业农民培训奖补机制,建设"懂农业、爱农村、爱农民"的"新农人"强大队伍,打造助推乡村振兴发展新引擎。

第十章 实现有效衔接的清远实践

脱贫攻坚任务完成后,扶贫工作的重点任务将转向解决相对贫困问题,因此,如何建立脱贫的长效机制和常态化的扶贫工作模式仍需要不断进行思考与探索。脱贫攻坚是实施乡村振兴的前提和基础,乡村振兴是对脱贫攻坚成果的巩固和发展,从脱贫攻坚到乡村振兴实际上就是农村从补齐贫困短板到实现可持续发展的过程。2021年12月14日,中共清远市委农村工作领导小组印发《关于实现巩固拓展脱贫攻坚成果同乡村振兴有效衔接的实施方案》,力争高质量推进实现巩固拓展脱贫攻坚成果同乡村振兴有效衔接,在广东省推进实现有效衔接工作的探索中先行先试,开拓新路径,创造新经验。

第一节 清远有效衔接实践的历史背景与部署规划

一、清远减贫治理的历史背景

(一)先行先试时期

广东省作为改革开放的前沿阵地,一直秉持先行先试的精神,在扶贫开发领域进行了探索,创造性地总结出"规划到户、责任到人"的扶贫开发经验。回顾广东省扶贫开发的探索和成就,清远市功不可没、贡献突出,可谓是勇往直前的开拓者、敢为人先的先行者、推陈出新的创新者和埋头苦干的践行者。

第十章　实现有效衔接的清远实践

清远市自20世纪90年代初开始,便开展创新型的地域扶贫开发实践,逐渐形成在广东省扶贫创新中颇具代表性的"清远模式"。

1991年3月,清远市提出创办扶贫经济开发试验区的战略构想。同年9月,广东省人民政府批准清远成立"扶贫经济开发试验区",并于次年11月经国务院批准成为全国农村改革试验区。1996年,清远扶贫经济开发区被评为广东省十大先进开发区之一。如今,清远的扶贫经济开发区已蜕变为国家高新技术产业开发区,聚集了大批高新技术企业。

由于清远市石灰岩地区广布,面积和人口均占全省2/3以上,覆盖5个县(市)34个乡镇,自然资源极其恶劣,农业资源十分匮乏。为此,清远市委、市政府提出"把农业开发与人口迁移结合起来,以农业开发带动人口迁移,以人口迁移促进农业开发"的扶贫开发思路。1993年5月起,清远市有组织、有计划、有步骤地组织实施石灰岩特困地区、高寒地区、少数民族地区的贫困人口迁移和老区贫困人口迁移。历时三年,共异地安置超过18万人,有效解决了贫困人口生存发展的资源匮乏问题。

在《国家八七扶贫攻坚计划》的指导下,清远市于1994年起广泛凝聚各级党委、政府、社会各界人士和广大群众的力量,筹集和投入扶贫项目资金9509万元,扶持绝对贫困户经济项目81431个,使绝对贫困户年人均纯收入超过1000元,100万农村绝对贫困人口基本解决温饱并实现脱贫,9个山区市、县、区在省考核验收中全部达到优秀等级。

进入21世纪,在广东省委、省政府的指导下,清远市于2000—2001年开展了以"四通"和"四个一"为主题的扶贫开发"两大会战"。"四通"即行政村村村通公路、通电话、通邮政、通广播电视;"四个一"即实现贫困户一人半亩保命田、靠挂一个龙头企业、输出一个劳动力、掌握一门脱贫致富的实用技术。经过半年的艰苦奋斗,清远市扶贫开发"两大会战"的"四通"和"保命田"任务全面完成。

此外,清远市于2003年系统性地实施了"十项民心工程",即全民安居工程、扩大与促进就业工程、农民减负增收工程、教育扶贫工程、济困助残工程、外来员工合法权益保护工程、全民安康工程、治污保洁工程、农村饮水工程、城乡防灾减灾工程。在一系列措施下,清远市贫困山区的民生问题得到了有效解决。

(二)"双到"扶贫时期

清远市扶贫改革试验区的成立和发展牢牢根植于广东省"规划到户、责任到人"扶贫开发工作的丰沃土壤,其既是广东省21世纪首个十年扶贫经验的典型成果,又代表清远市对扶贫开发使命的再次响应与担当,与其在广东省扶贫开发史中一贯的开拓精神遥相呼应。广东省是中国扶贫开发的探路者,清远市则是广东省扶贫开发的开拓者。广东省扶贫开发"规划到户、责任到人"为中国扶贫开发由粗放转向精准奠定了基础,清远市则为广东省扶贫"规划到户、责任到人"提供了启发与实验平台。

清远市是广东省扶贫开发工作全面实施"规划到户、责任到人"的策源地。在扶贫开发工作中,广东省一直面临着十分严峻的区域发展失衡和农村贫困问题。全国"最富的地方在广东省,最穷的地方也在广东省"是当时对广东省的精确描述。尽管广东省自1989年以来GDP总量就一直位居全国第一,但农村贫困问题的存在仍然给高速的经济增长亮起了一盏红灯。

2007年12月11日至13日,刚到任不久的中共中央政治局委员、广东省委书记汪洋在清远市阳山县、连南瑶族自治县进行了他上任后的首次调研。汪洋指出,各项政策的实施效果始终未达预期,原因就在于扶贫重心不够下移、扶贫对象不够精确、政策举措落实不够,有关扶贫主体、扶贫对象和扶贫手段等许多问题,都未能经由有效的抓手或平台得到妥善解决。调研结束后,汪洋随即在清远市扶贫办召开会议,指出偏远山区的扶贫开发可以通过"靶向疗法"精准施策,以提高扶贫开发的政策效果。可以说,通过清远调研,汪洋事实上提出了"规划到户、责任到人、登记造册、电脑管理"的扶贫开发新思路,明确对尚存的贫困户,要在摸清其贫困情况的基础上以具体而细致的扶贫举措分别加以帮扶。此后,经过个别县市的试点,清远市于2008年9月率先在广东全省出台了《中共清远市委、清远市人民政府关于实施扶贫开发"规划到户、责任到人"工作的若干意见》(清发〔2008〕24号),明确提出"规划到户、责任到人"工作的目标任务,要求把帮扶责任落实到单位和个人。经过一年多的深入调研、精心谋划和顶层设计,经广东省委、省政府同意,省委办公厅、省政

第十章　实现有效衔接的清远实践

府办公厅于2009年6月22日正式出台了《中共广东省委办公厅　广东省人民政府办公厅关于我省扶贫开发"规划到户责任到人"工作的实施意见》（粤办发〔2009〕20号）。自此，广东省"规划到户、责任到人"的扶贫开发工作正式在省内全面展开，广东省扶贫开发工作进入新阶段。

广东省"规划到户、责任到人"的扶贫开发工作包括两个周期，分别为2009—2012年第一轮扶贫开发"双到"工作实施阶段和2013—2015年第二轮扶贫开发"双到"工作实施阶段。在第一轮扶贫开发"双到"工作中，清远市先行先试，率先实施第一轮扶贫开发"双到"工作，是广东省扶贫开发的前沿阵地和重点地区。据统计，清远市共4个扶贫开发重点县，占全省的1/4；有省定贫困村302个，占全市行政村的29.6%；有贫困人口23.8万人，占全市农村人口的8.5%。2009年以来，清远市作为全省扶贫开发"规划到户、责任到人"的策源地，通过推进创新思路、创新管理、创新机制、创新形式4个创新，实施党建引领、社会参与、整村推进、自主互助、机制保障5项举措，形成政策保障、产业开发、金融服务、技能培训、社会帮扶、考核激励6大机制，尝试解决"扶谁的贫、谁来扶贫""怎么扶""稳定脱贫"和扶贫开发长期化、制度化等问题，帮助全市23.8万贫困人口实现了脱贫，初步探索出一条具有清远特色的扶贫开发新路子。

2013年，清远市启动扶贫改革试验区建设，在延续第一轮扶贫开发"双到"工作成效和经验的前提下，以第二轮扶贫开发"双到"工作及新时期精准扶贫工作为载体，立足从"输血式"扶贫向"造血式"扶贫转变的探索。清远市扶贫改革试验区把解决相对贫困问题、尽快实现脱贫致富作为首要任务，以增强扶贫对象的自我发展能力为着力点，结合完善村级基层组织建设、推进农村综合改革工作，进一步创新扶贫开发机制和模式，构建贫困村、贫困户稳定脱贫致富的长效机制。

2018年以来，在全国仍以解决绝对贫困为扶贫开发目标的背景下，清远市率先进入新的扶贫里程，探索以解决相对贫困问题、尽快实现脱贫致富为首要任务，以增强扶贫对象的自我发展能力为着力点，与农村综合改革工作相结合的扶贫开发长效机制和新模式。

二、清远有效衔接实践的部署规划

2021年5月11日,清远市印发《关于印发〈清远市清新区脱贫攻坚交接衔接工作方案〉的通知》,成立由副市长担任组长的脱贫攻坚交接衔接工作领导小组,召开清远市巩固拓展脱贫攻坚成果同乡村振兴有效衔接工作会议,指导各地按时完成脱贫攻坚与乡村振兴衔接的交接工作。[①]

2021年11月19日,中共清远市委农村工作领导小组印发《关于实现巩固拓展脱贫攻坚成果同乡村振兴有效衔接的实施方案》,提出到2025年,全市脱贫攻坚成果巩固拓展,农村低收入人口分类帮扶机制逐步完善,乡村产业质量效益和竞争力明显提高,生态宜居美丽乡村建设取得重大进展,乡风文明水平显著提升,基础设施建设逐步完善,农村基本公共服务水平全面提升,农村基层组织建设不断加强,脱贫地区农民收入增速高于全省农民平均水平,村集体经济年收入超过15万元。到2035年,"百镇千村"振兴目标基本实现,农村低收入人口生活水平显著提高,区域差距、城乡差距明显缩小,全市人民共同富裕取得显著的实质性进展。据此,清远市确定了有效衔接时期的五大重要任务。

(一)巩固拓展脱贫攻坚成果

1. 稳定现行帮扶政策体系

将"十四五"时期作为清远市巩固拓展脱贫攻坚成果同乡村振兴有效衔接的过渡期,严格落实"四个不摘"要求,保持现行帮扶政策、资金支持、帮扶力量总体稳定,并根据脱贫人口实际困难给予适度倾斜。

2. 完善返贫监测帮扶机制

加大对脱贫不稳定户、边缘易致贫户以及突发严重困难户的监测力度;完善清远市返贫预警平台建设,定期开展监测风险排查和情况分析研

[①]《关于印发〈清远市清新区脱贫攻坚交接衔接工作方案〉的通知》,清远市政府信息门户网站,2021年5月11日,见http://www.qingxin.gov.cn/qyqxnyncj/gkmlpt/content/1/1386/post_1386515.html#4331。

判；健全易返贫致贫人口快速发现和响应机制，落实群众报贫工作制度，建立农户自主申报、基层上报、部门信息比对、热线信访、基层干部定期跟踪回访以及巡视巡察、跟踪审计发现情况等相结合的易返贫致贫人口排查和审核机制，对返贫的及时落实各项帮扶政策，实行动态清零，坚决守住不发生规模性返贫的底线。

3. 巩固"两不愁三保障"成果

压实有关职能部门工作责任，进一步提升群众对巩固拓展脱贫攻坚成果的认可度；持续做好"控辍保学"和脱贫家庭学生资助衔接工作，确保除身体原因不具备学习条件外脱贫家庭义务教育阶段适龄儿童少年不失学辍学；落实分类资助参保政策，引导脱贫人口持续参加医疗保险，有效防范因病、因残返贫、致贫风险。对农村脱贫人口住房安全进行动态监测，继续推进农村危房改造，保障低收入人口基本住房安全；开展农村集中供水攻坚行动，进一步提升农村自来水覆盖率和供水规模化水平，对分散式饮水工程进行提质改造，全力保障农村饮水安全。

4. 加强扶贫资产管理

做好扶贫资产确权登记工作，摸清扶贫项目资产底数；强化扶贫项目资产监督管理，全面落实各类资产后续管理责任，探索多形式、多层次、多样化的管护运营模式，规范资产收益分配使用，确保其更好地发挥效益；积极加强镇村和行业部门监督，依法维护农户财产权利。

（二）加强农村低收入人口帮扶

1. 加强精准识别管理

以现有社会保障体系为基础，将农村低保对象、农村特困人员、农村低收入家庭，以及突发严重困难户等农村低收入人口全部纳入动态监测范围；健全基层主动发现和多部门联动的预警、研判和处置机制；建立健全农村低收入人口定期核查和动态调整工作机制。

2. 拓展稳定增收渠道

鼓励面向农民就业创业需求，完善农民技能培训机制，大力实施"粤菜师傅""广东技工""南粤家政""农村电商""乡村工匠"等重点工程，做好"高素质农民""乡土专家"等农村人才培育工作，推行企业新型学徒制，创新采取"企校双制"等产教融合办学模式，促进农村劳动力技能就业和增收致富；强化低收入劳动力信息推介、就业服务和失业监测，完善清远市各类产业园区吸纳劳动力就业管理机制，深化区域劳务合作；完善帮扶项目联农带农机制，办好扶贫车间，合理开发乡村公共服务类岗位，灵活运用以工代赈、生产奖补、劳务补贴等模式，吸纳更多的低收入群众就地就近就业。

3. 分层分类实施社会救助

完善最低生活保障制度，科学认定农村低保对象，将监测比对发现的完全或部分丧失劳动能力且无法通过产业就业获得稳定收入的脱贫人口，按规定纳入兜底保障；开展低收入家庭认定登记，将低收入家庭中的重病、重残人员参照"单人户"纳入低保范围；健全低保标准制定和特困人员供养标准动态调整机制，完善特困人员救助供养制度，加大特殊困难对象的临时救助力度；对社会救助特困家庭中生活不能自理的老年人、未成年人、残疾人等提供必要的访视、照料服务。

4. 完善养老保障和儿童关爱服务

继续按照最低缴费档次为参加城乡居民养老保险的低保对象、特困人员、返贫致贫人员、重度残疾人和精神智力残疾人等缴费困难群体代缴部分或全部保费；强化县、镇两级养老机构对失能、半失能特困老年人口的兜底保障；健全家庭经济困难学生资助体系；加大对孤儿、事实无人抚养儿童、重病重残儿童等困境儿童、农村留守儿童、留守老人及残疾人的关爱保障力度；稳步提高困难残疾人生活补贴和重度残疾人护理补贴标准，实施残疾人家庭无障碍改造，做好就业帮扶、托养照护、康复服务。

5. 强化医疗保障水平

将农村低保对象、农村特困人员、农村低收入家庭救助对象等纳入医疗救助范围，继续全额资助其参加城乡居民基本医疗保险，对经基本医疗保险、大病医疗保险和其他补充医疗保险支付后，个人自付部分医疗费用按规定纳入医疗救助（含二次救助）保障范围；完善大病专项救治政策和县域内先诊疗后付费政策，优化高血压等主要慢性病签约服务；建立健全城乡居民基本医疗保险门诊统筹制度，逐步提高门诊保障水平。

（三）全面推进乡村振兴

1. 实施驻镇帮镇扶村工作

将清远市 80 个乡镇作为乡村振兴支持重点，整合省直和中直单位定点帮扶、广州对口帮扶、清远市县两级党政机关企事业单位自身帮扶以及社会力量等资源，实施组团式驻镇帮扶，统筹推进脱贫成果巩固、基础设施建设、公共服务提升、乡村产业发展、农村基层治理等工作；另外的 5 个街道由所属县（市、区）帮扶为主，结合城乡融合发展实际，全面推进强镇兴村。深化扩权强镇改革，强化县城综合服务能力，把乡镇建设成为服务农民的区域中心，支持有条件的地区探索实施"负面清单"管理制度，以推进乡村振兴改革试点。

2. 大力发展镇村经济

深入打造"跨县集群、一县一园、一镇一业、一村一品"现代农业产业体系，引导劳动密集型产业、农村第二和第三产业在城镇融合发展，因地制宜发展特色小城镇。扶持培育镇村特色产业新型经营主体，大力发展特色产业、绿色产业。深入实施"米袋子""菜篮子"等系列培育工程，加强镇级农产品冷链配送、加工物流中心建设，培育乡村产业发展综合服务体。加强消费帮扶专柜、专馆、专区建设，促进脱贫地区优质农产品稳定销售。引导农村集体经济组织挖掘集体资源和资产潜力，依法通过股份、合作、租赁等形式，积极参与产业融合发展；鼓励集体经济组织通过提供多元化社会服务，培育乡村新产业、新业态，发展新型村集体经济。

3. 加强基础设施建设

统筹县域城镇和村庄规划建设，科学布局乡村生产生活生态空间，分类推进村庄建设，保护传统村落和乡村风貌；实施村庄基础设施改善工程，完善乡村水、电、气、道路、通信、广播电视、物流等基础设施，健全运营管护长效机制；推动县、镇、村三级物流网络体系建设，提升农村物流服务水平；实施数字乡村战略，加快提升农村地区宽带网络覆盖质量和深度，支持有条件的镇村建设 5G 网络；完善农业气象综合监测网及防雷设施，提升农村气象灾害防范能力；实施农村人居环境整治提升五年行动，持续推进"千村示范、万村整治"工程和全域实施"五美"行动，因地制宜推进农村"厕所革命"、农村生活垃圾处理和污水治理,实施河湖水系综合整治;全面排查农村房屋安全隐患,综合整治削坡建房,支持新建一批宜居型示范农房。

4. 提升公共服务能力

强化农村公共服务供给县、镇、村统筹,强化县城综合服务能力和治理能力,加快和优化公共服务设施建设;加大美丽圩镇建设力度,加强乡镇公共服务功能,健全乡镇综合便民服务平台和网上办事平台;提升村级公共服务能力,加强党群服务中心和政务服务终端体系建设,深化"一村(社区)一法律顾问"工作,完善养老、托养、文体基础设施;充分发挥工、青、妇等群团组织承接参与乡村公共服务的作用,培育和扶持扎根乡村的社工机构和公益志愿社会组织;实施乡村文化培育工程,鼓励采取社会捐建捐助、委托运营管理、社会组织进驻、文化和旅游志愿服务等方式引入社会力量参与公共文化服务。

5. 实施"万企兴万村"行动

鼓励企业通过村企结对、村企共建、连片包镇等形式,积极参与乡村振兴各项工作;不断完善企业参与乡村振兴的财政、金融、税费等支持政策,依托"6·30广东扶贫济困日"活动平台,支持符合条件的企业参与乡村建设服务项目。

(四)深化拓展广清对口帮扶

健全协作帮扶机制。继续深入实施广州对口帮扶,进一步健全市、县、镇三级协调联动的对口帮扶机制;加强产业项目规划,进一步深化优势互补,推动产业对接、技术合作、信息互通、市场共享;持续开展对口帮扶劳务输出,做好稳企稳岗工作;强化消费合作水平,继续深化粤港澳大湾区"菜篮子"工程、广东东西部扶贫协作产品交易市场和省级消费扶贫创新创业基地等的作用,培育建设一批对接市场、服务农村的消费帮扶平台,推动清远农副产品融入粤港澳大湾区市场;加强统筹协调,配齐配强工作队伍,保持驻镇帮镇扶村队伍相对稳定,确保工作的连续性和有效性。

（五）加大政策支持有效衔接力度

1. 落实财政投入和金融服务

稳定现有财政投入政策，根据乡村振兴需要和财力状况建立完善投入保障机制，加强各级涉农资金统筹整合；积极落实提高土地出让收入用于农业农村比例的政策；健全金融支持帮扶产业发展、带动低收入人口增收的挂钩扶持政策，引导金融机构加大涉农信贷业务力度；落实涉农贷款相关税收优惠政策，以及无还本续贷、尽职免责等监管政策。

2. 做好土地支持政策衔接

坚持最严格的耕地保护制度，坚决遏制耕地"非农化"，防止"非粮化"；新编县镇级国土空间规划应安排不少于10%的建设用地规模，优先保障巩固拓展脱贫攻坚成果和乡村振兴用地需要；通过村庄整治、土地整理等方式节余的农村集体建设用地指标，优先满足农村发展建设和产业发展用地需要；开展全域土地综合整治试点；加快实施点状供地助力乡村产业振兴。

3. 做好人才智力支持政策衔接

大力培养懂农业、爱农村、爱农民的"三农"工作队伍；发挥各地人才驿站助推作用，根据乡村振兴需求，引导鼓励支持大学生、专家、学者、退役军人、企业家等到农村干事创业；研究出台志愿者扎根服务农村的政策措施，国有企事业单位专业技术和管理人才可按有关规定在脱贫地区兼职并取得合法报酬；允许符合条件的返乡就业创业人员在原籍地或就业创业地落户，探索符合条件的人员办理乡村振兴人才卡并合理享有村民权益。

4. 做好科技支撑政策衔接

强化涉农科研院所科技支撑作用，加快省农业科学院清远分院的建设，推动农村科技特派员与帮扶产业基地、帮扶项目建立紧密的利益联结机制；探索实施农业科技人员"县管镇用、下沉到村"工作机制；鼓励科研人员以技术、资金、信息入股等形式服务乡村。

第二节 清远有效衔接实践的主要内容和特色

一、相对贫困治理与乡村振兴的有效融合

脱贫攻坚任务完成后,扶贫工作的重点将转向解决相对贫困问题,因此,如何建立相对贫困治理的长效机制成为亟待思考与探索的重要问题。党的十九大提出的乡村振兴战略为上述问题的解决提供了思路。乡村战略作为实现"两个一百年"奋斗目标的重大举措,以着力解决好"三农"问题为重中之重,坚持农业农村优先发展,按照产业兴旺、生态宜居、乡风文明、治理有效、生活富裕的总要求,建立健全城乡融合发展的体制机制和政策体系,加快推进农业农村现代化。可以说,精准扶贫是实施乡村振兴的前提和基础,乡村振兴是对精准扶贫成果的巩固和发展。

为实现相对贫困治理与乡村振兴的有效融合,清远市注重理顺精准扶贫与乡村振兴两项政策的关系。一方面,不断巩固拓展脱贫攻坚成果。具体表现如下:其一,在精准扶贫战略下,清远市的产业扶贫投入资金充足,建立了许多规模化、特色化的产业项目,为产业振兴奠定基础。其二,通过优化基层党组织结构,专业化素养培训使得扶贫干部综合能力得到加强,为乡村振兴提供了人才储备;在第一书记和扶贫工作队基础上,建设乡村振兴工作队和第一书记,通过"党支部+"的产业帮扶助推模式,为乡村振兴奠定组织引领格局。其三,通过扶贫与扶智、扶志并举,积极开展脱贫典型宣传,激发贫困户的内生动力;探索乡村自治,激发村民参与公共事务的动力,为文化振兴培养了主体意识。其四,通过发展绿色生态产业,大大降低对生态环境的破坏与污染;同时,大力整治人居环境,推进美丽乡村建设,为生态振兴奠定基础。另一方面,在巩固拓展脱贫攻坚成果的基础上,制定了一系列推进乡村振兴的政策方案,统筹推进农村的"五位一体"建设,以更多的资源投入来提高精准扶贫的脱贫质量。积极推进乡村振兴示范区建设,贯彻政府主导、对接市场、群体主

体、社会参与、共赢发展的思路，推动样板区乡村产业全面提档、乡村环境全面提质、乡风文明全面提级、治理水平全面提升、农民收入全面提高，示范带动全省乡村振兴。

二、建立健全"六个留下"长效机制

面向后2020年时期的相对贫困治理，清远重视建立健全防止返贫的机制，建立健全"六个留下"长效机制，在全市探索建设一批乡村振兴示范基地和改革创新项目，切实巩固脱贫攻坚工作成果，通过继续抓好长效机制建设，进一步建立健全脱贫长效机制，引导贫困村推进土地流转，建立健全现代农业产业体系、生产体系、经营体系，加快发展地方特色优势产业，建立特色产业扶贫项目库，抓产业、促增收，不断增强贫困村、贫困户"造血"能力，切实巩固脱贫攻坚工作成果。

（一）以党建扶贫为引领，留下一支"永不撤走"的扶贫工作队

清远市以党建扶贫为引领，充分发挥了党建在扶贫工作中的核心地位和引领作用，全面实施具有清远特色的"强党"战略，坚持"把支部建在村上"，把农村党建根基由行政村延伸至自然村（村民小组）一级，推动"支部建到村组、自治沉到村落、服务下到村里"，激活党组织的"神经末梢"，扩大党的组织和工作在农村基层的覆盖面，充分发挥农村基层党组织在脱贫攻坚战中的战斗堡垒作用和党员先锋模范作用，打造一支"永不撤走"的扶贫工作队。

（二）以产业扶贫为基础，留下一个带动贫困户增收的产业

清远市大力推进产业扶贫工作，以广清一体化为主抓手，强化产业共建一体化建设；同时，通过用好现代农业产业园、"一村一品、一镇一业"平台，加快形成县、镇、村三级联动的特色产业发展体系，着力构建了第一、第二、第三产业融合发展的产业体系，把发展"短平快"项目和培育长效特色产业结合起来，建立健全产业扶贫长效机制。

(三)以"合作社+农户"为纽带,留下一个带动农民发展生产的农民合作社

清远市大力推进和实施"合作社+农户"的脱贫增收模式,建立贫困户与产业发展主体间的利益联结机制,通过合作社的带动提高农户发展生产的组织化和规模化程度,实现了产、供、销一条龙服务,促进农民持续增收。

(四)以金融扶贫为载体,留下一笔互助发展的资金

清远市积极推进农村金融改革创新,以互助金和小额信贷为载体,着力构建农村金融扶贫的新格局。一方面,通过借助信用、融资和服务三个平台,不断优化农村金融扶贫环境;另一方面,积极推进互助金、小额信贷、农民自立服务社、保险扶贫四种金融扶贫模式,着力解决农民发展生产过程中的资金瓶颈问题,为群众发展生产和改善生产生活条件提供有力的资金支撑。

(五)以"农综改"为抓手,留下一个治理有效的机制

清远市继续将扶贫改革和农村综合改革紧密结合起来,深入推进"三个整合"和"三个重心下移",不断创新工作机制与工作方法,构建一个治理有效的机制。一方面,进一步完善村民自治模式,完善自然村(村民小组)一级基层组织建设,提升农村组织化水平,夯实农民发展基础;另一方面,推进土地整治整合,大力发展农业特色产业,解决土地碎片化问题,着力激发贫困地区群众自主脱贫和自我管理的内生动力。

(六)以新农村建设为契机,留下一个生态宜居的美丽乡村

清远市以全省贫困村创建社会主义新农村为契机,印发了《中共清远市委办公室 清远市人民政府办公室关于印发〈清远市"美丽乡村2025"行动计划〉的通知》(清委办发电〔2018〕19号),在全域范围内推进美丽乡村建设,重点围绕贫困村在村庄规划、人居环境整治、基础设施建设、农村公共服务均等方面的全面提升,确保到2020年全市省定贫困村

第十章 实现有效衔接的清远实践

建设成为生态宜居的美丽乡村。①

三、实现扶贫资产的有序管理

推动扶贫资产转化为乡村振兴资产。在脱贫攻坚战的关键阶段,各级各类扶贫投入形成了巨大的扶贫资产。如何明晰产权,对扶贫资产进行规范管理,是实现有效衔接面临的一项重要挑战。为此,清远市采取了一系列措施,以实现扶贫资产的有序管理。

(一)厘清扶贫资产投入权属

进入脱贫攻坚阶段以来,清远市各级政府、部门、行业、企业和社会各界对贫困地区的投入持续加大,易地搬迁、产业项目、林业生态、道路交通等基础设施项目形成的各类资产分散在各部门或"流落民间",产权不清,管理混乱。清远市积极实施对各类扶贫投入形成的资产的彻底清查行动,明确投入来源,厘清产权归属,确保各级各类扶贫项目投入形成的扶贫资产产权清晰、责任明确。

(二)建立健全资产报告制度

对于各级财政资金投入形成的扶贫资产,由县级扶贫办承担资产报告主体责任,乡、村两级建立扶贫资产管理台账,承担日常管理和监督责任,确保各级财政投入形成的扶贫资产列入政府资产监管范围。对于社会资金投入的产业或其他项目形成的资本和各类实物资产,则通过资金投入主体与项目承接平台签订协议,或以公司章程等法律形式明确权利义务关系,从而保障市场主体投资利益回报。

(三)加强扶贫资产管理维护

在厘清扶贫资产权属的基础上,清远市也建立健全相关资产后续管理

---

① 参见《中共清远市委办公室 清远市人民政府办公室关于印发〈清远市"美丽乡村2025"行动计划〉的通知》,英德市人民政府门户网站,2018年7月17日,见http://www.yingde.gov.cn/attachment/cmsfile/yingde/mlxcjs/201807/daofile/40387a9ae9b63b8464243a545a3b2f74307d2.pdf。

制度，明确保管、使用和维护各环节责任，变扶贫资产为乡村振兴资产。对于各级财政投入形成的扶贫资产，参考部门预算单位资产管理模式，由县级乡村振兴部门将日常管理维护支出列入年度经费预算，确保扶贫资产日常管理和运营维护，增强扶贫部门责任，明确经费保障来源。对于社会帮扶单位投入形成的扶贫资产，县级乡村振兴部门建立了与产权单位、管理使用者相对接的三方管理协议，明确扶贫资产日常管理和维护的各方权利义务，确保扶贫投入形成的资产管理规范、责权清晰。

四、强化统筹整合，创新农村综合改革的要素配置

清远市通过创新乡村治理模式，推进农村承包地"三权"分置，探索盘活利用农村闲置宅基地和农房，推动城乡土地资源要素的合理配置，促进乡村产业兴旺和集体经济发展，打造了农村土地制度改革的"清远样本"。主要措施如下。

（一）强化组织建设，提升农村集体统筹土地资源能力

全市涉农的村社均成立集体经济组织，通过推进集体经济组织规范化运作，强化党组织对集体经济组织的领导，制定出台《清远市发展壮大村级集体经济奖励办法（试行）》以强化农村集体统筹功能，整合盘活农村土地资源，发展壮大集体经济。

（二）强化整合整治，解决农村耕地细碎化等突出问题

针对清远地处山区、农村承包地分散细碎、耕作效率和土地产出效益低下等突出问题，由村集体经济组织、村民理事会组织发动，在农户自愿的前提下，通过农户之间互换并地、村集体统筹、统一经营、集中连片对外流转等多种方式开展承包土地整合，推动农业规模化、产业化经营。市、县两级财政每年安排专项资金，通过以奖代补，支持以村、组为单位，以农民为主体开展耕地整合整治，鼓励村集体与企业合作开展耕地整合。通过农村土地整合，全市共整合耕地172.8万亩。农户承包地由原来的平均每户六七块调整为平均每户一至两块，实现"多块变少块，小块变

大块"。①

（三）强化创新模式，盘活利用农村闲置宅基地和农房

一方面，探索创新宅基地管理模式，有效解决了以往宅基地管理混乱、用地粗放等问题，改善了人居环境，保障了农民住有所居、集中居住；另一方面，探索创新盘活利用闲置宅基地和农房的方法，引导和支持村集体与农民盘活利用闲置宅基地和农房，发展符合乡村特点的休闲农业、乡村旅游、餐饮民宿等新产业、新业态，以及农产品冷链、初加工、仓储等第一、第二、第三产业融合发展项目。

（四）强化"三变"改革，拓宽农村土地增收渠道

引导土地资源配置优先向组织化程度更高的新型农业经营主体集聚；同时，整合各类资金入股，参与农业产业化发展。通过土地入股专业合作社或企业、村企合作入股、资金和技术入股、特色资源入股等多种模式开展"三变"改革，使农民群众从土地规模经营中获得更多的收益。

五、区域发展与对口帮扶的常态化建设

区域协同发展与对口帮扶的常态化建设，进一步稳定了精准扶贫时期取得的改革成果，为相对贫困治理长效扶贫机制的构建提供有效保障。2019年12月，广清接合片区获批成为国家城乡融合发展试验区，为清远市城乡一体化发展和区域协同发展提供契机。主要措施如下。

（一）推进城乡融合发展试验区建设

围绕国家城乡融合发展试验区广清接合片区10项改革试验任务，指导南部四县②积极探索创新，建立城乡有序流动的人口迁徙制度，建立农

---

① 参见《清远市农业农村局关于市政协七届五次会议第2021058号提案会办意见的函》，清远政府信息门户网站，2021年7月2日，见http://www.gdqy.gov.cn/qynycj/gkmlpt/content/1/1410/post_1410360.html#368。

② 清远市的南部四县为佛冈县、阳山县、连山壮族瑶族自治县、连南瑶族自治县。

村集体经营性建设用地入市制度，完善农村产权抵押担保职能，搭建城中村改造合作平台，搭建城乡产业协同发展平台，建立生态产品价值实现机制，建立城乡基础设施一体化发展的体制机制，建立城乡基本公共服务均等化发展的体制机制，健全农民持续增收的体制机制，率先建立健全城乡融合发展的体制机制。

（二）加强帮扶政策落实力度

积极协调各行业部门落实脱贫攻坚政策，充分发挥其"主力军"作用，着力解决"两不愁三保障"突出问题，并通过产业扶贫、就业扶贫、资产收益扶贫等方式进一步提升贫困户增收脱贫能力；同时，积极稳定现行帮扶政策，按照"摘帽不摘责任、摘帽不摘政策、摘帽不摘帮扶、摘帽不摘监管"的要求，将贫困户"扶上马，送一程"，有效巩固拓展脱贫攻坚成果。

（三）建立长期稳定的供销关系

一方面，清远市以清远"入珠融湾"、广清对口帮扶为契机，认真打造"菜篮子"工程，依托"中国农民丰收节"、中国社会扶贫网、广东东西部扶贫协作产品交易市场、清远市脱贫攻坚产品展销馆等平台，将清远打造成为粤港澳大湾区的绿色农副产品综合基地；另一方面，为有效解决产业扶贫的可持续问题，并为扶贫企业融入当地发展创造有利条件，清远市在培育管理人才和技术生产转换方面给予支持，并有效推动社会力量与贫困地区特色产品供给信息精准对接，帮助贫困人口持续增收脱贫。

六、提升智慧治理，充分挖掘扶贫数据的价值信息

"十三五"精准扶贫时期，清远市投入大量的人力、物力和财力用于贫困治理的信息化建设，为精准扶贫工作的有效开展提供了坚实的基础。在有效衔接阶段，清远市进一步优化既有的信息系统，注重扶贫数据的采集与利用，继续在智慧治理和信息化建设中探索与新的贫困治理需求相适应的工作体系，明确减贫治理信息化的工作方向，以确保决策更具前瞻

性。主要措施如下。

（一）科学设计识别指标，深挖贫困数据

扶贫数据信息管理平台可以在基础人口数据的基础上，对贫困人口特别是边缘贫困人口进行识别，适当从客观收入指标向主观福祉指标扩展，秉持可观测、可证实、多维度的原则，构建了一套相对客观和科学的识别指标体系。

（二）整合贫困信息，打通数据孤岛

通过对贫困人口扶贫救助政策的梳理和整合，构建起相对贫困人口政策分流框架体系，将"对象库"和"政策库"信息相互匹配，实施信息、政策、技术和项目的互动推送。此外，系统还包含企业和社会团体的帮扶功能、社工帮扶功能、项目帮扶功能、绩效考核功能等多个帮扶主体的信息，全方位、多角度为帮扶主体和帮扶对象提供互动对接平台，建立起长效、适配的帮扶措施管理方式。

（三）深挖数据潜在价值，推动数据广泛应用

结合广东省扶贫数据管理平台对贫困人口、劳动力分布情况等进行综合研判，并基于个体多维度的"贫困体检数据"，加总推算各村制约发展的因素，明晰各村发展要素资源禀赋差异，找准"穷"根、寻对"困"源，针对不同的致贫原因，因村施策、因户施策、因人施策，逐村逐步制定帮扶措施，使精准帮扶真正落到实处。通过加强产业扶贫项目规划，根据村级贫困数据引领扶贫项目规划、资源配置，引导和推动更多的产业项目落户贫困地区，助力乡村振兴。

七、挖掘内生动力，强化社会救助与基本公共服务

清远市积极从针对特定贫困人口的精准扶贫向普惠式、全覆盖式基本公共服务构建转变，并从统筹城乡扶贫入手，以贫困地理与社会政策视角为指引，构建城乡基本公共服务供给的政策体系。主要措施如下。

（一）加快人才培育

内生动力是贫困群众摆脱贫困不可或缺的重要因素。激发贫困群体的内生动力既需要相关帮扶单位的大力扶持，又需要贫困户发挥自身主观能动性。挖掘贫困户的内生动力，需要特别重视农村人才，尤其是管理人才的培养和成长问题，考虑到后扶贫时代产业发展、扶贫资产的管理、社会治理等需要，清远市积极培养本地人才，引入外来人才。

（二）改革完善社会救助制度

绝对贫困问题得到解决，但相对贫困问题仍会长期存在。为此，清远市全力推进社会救助兜底保障，坚决筑牢脱贫攻坚底线。不断完善社会救助体系，加快构建以基本生活救助、专项社会救助、急难社会救助为主体，社会力量参与为补充的分层分类救助制度体系，逐步完善涵盖低保、特困、低收入家庭的多层次救助体系，有效化解"低保捆绑""悬崖效应"，巩固提高脱贫攻坚成效质量。利用社会救助部门信息共享、社会救助家庭经济状况核对机制等，监测预警潜在救助对象，主动发现、主动救助。坚持"脱贫不脱政策"，落实低保渐退、收入扣减等措施，巩固拓展脱贫成果。

第三节　清远有效衔接实践的典型案例：连樟村

连樟村位于英德市连江口镇东南部，总面积 31.83 平方千米。村里山多地少，人均水田不足半亩，集体经济匮乏，长期处于贫困之中。2016年，连樟村党总支部被列入英德市重点整顿的"软弱涣散"基层党组织，连樟村也被核定为省定贫困村，有建档立卡贫困户 53 户、131 人，2016年村民年人均可支配收入不足 4000 元。为此，连樟村把带领乡亲脱贫致富作为一切工作的出发点和落脚点，坚持党建引领，把党建工作贯穿精准扶贫全过程，大力发展乡村产业，大力推进农村人居环境综合整治，向乡村振兴迈出了崭新的步伐。2019年12月，英德市连樟样板区被纳入国家城乡融合发展试验区广清接合片区。英德市坚持高位推动，重点突破，坚持一手抓试验探索、一手抓项目建设，"两手抓，两手硬"，集全市之力推进连樟样板区改革发展，努力探索新时代"英德经验""连樟标准"，加快清远市城乡融合发展步伐。[1]

一、做强富民兴村产业，推动乡村产业升级

产业兴旺是乡村振兴的重点。围绕产业振兴，连樟村多措并举，探索建立产业发展各环节的相关机制。第一，以平台建设为载体推动产业融合，促进城乡产业同兴。以连樟村果、菜、茶省级现代农业产业园和省级特色小镇为重要载体和平台，加快构建产业带动村民利益联结机制。第二，在发展特色产业方面，建立"主导产业+品牌战略"机制，打造全国知名生态特色农业产业集群。第三，在产业融合方面，建立"产加销+贸工农"机制，促进农村第一、第二、第三产业全面融合。第四，构建生态产品价值实现机制，打造清远市文旅农旅融合发展先行区。第五，在主体合作上，构建"公司+合作社+村集体+大户+贫困户"机制，形成富民兴村产业发展新格局。这些机制创新均为产业振兴提供了强有力的支撑。特色产业产品已具备，在如何扩大产品销路、开拓销售渠道问题上，连樟村依托信息技术大力发展智慧农业，打造5G基站，率先用上5G，成为全国第一个5G覆盖的行政村。2020年5月，连樟村委书记陆飞红利用5G网络销售美月西瓜，第一批50000多斤[2]美月西瓜基本售罄。[3]

---

[1] 参见《广东清远英德市：探路城乡融合 打造全国样板》，海外网，2021年8月5日，见 http://anjian.china.com.cn/html/csaq/csdt/20210805/31595.html。

[2] 1斤=500克。

[3] 参见《连樟村脱贫致富蝶变"网红村"》，《消费日报》百度百家号，2020年7月16日，见 https://baijiahao.baidu.com/s?id=1672340569161896580&wfr=spider&for=pc。

二、挖掘乡村内生动力，强化乡村人才支撑

人才是乡村振兴的支撑。连樟村通过"外引内育"的方式，以挖掘内生动力为主要目标，强化农村人才培育，推动人才回流。在农业人才培养上，把引进农业专家与培养本土人才有机结合，探索在农民家门口建立农业专家联络站，以"大专家"带动"土专家"，探索出农业农村实用人才培养的"清远经验"，为全市培养了一支爱农业、懂技术、善经营的新型职业农民队伍。此外，还通过扩大一次性创业补贴范围、开发创业担保贷款、建设返乡创业孵化基地等举措，吸引更多的人才投身现代农业农村建设。连樟样板区还开设了乡村振兴学院，以期在人才培养、社会服务和文化建设等方面发挥优势与特色，着力为乡村振兴提供智力和人才支撑。

三、发展普惠共享文化，增强乡村人文底蕴

乡风文明是乡村振兴的保障。一方面，振兴乡村文化离不开良好的组织保障。连樟村实行美丽乡村与民主法治村民小组、平安村、文明村同创建、同考核，并健全相关的奖补激励机制。另一方面，振兴乡村文化需要以丰富乡村文化活动为手段。连樟村以普惠共享为目标，推动公共文化服务一体化，完成了基层文化站建设，高标准建成连樟书屋并对外开放，常态化开展文化惠民活动；同时，把社会主义核心价值观融入日常，结合党建活动，大力开展群众性文化活动，弘扬乡村新时代文明新风。

四、夯实农村基层党建，推动治理水平提升

治理有效是乡村振兴的基础。连樟村紧紧围绕打造全国基层党建示范片区这一目标，高要求加强党的建设，全面增强党的组织力、凝聚力、战斗力，为城乡融合发展提供坚强组织保障。具体举措如下：一是高质量强化基层党建，逐步形成"1+N"模式，调整优化全市镇村党组织设置；二是高标准建设活动阵地，高标准完成连樟乡村振兴学院建

设，探索创设具有连樟特色的培训课程；三是高定位锻造领导核心，注重选优配强村"两委"干部，市、县、镇三级领导干部与连樟村"两委"干部开展"一对一"精准帮扶，全面提升村干部素质；四是高频率开展感恩活动，连樟村制定的"初心路线"，成为广大党员干部学习教育的必选线路、经典线路；五是高规格构建保障机制，建立健全"四议两公开"制度、各类基层组织向党组织报告制度，明确凡是本村"三重一大"事项必须由党总支讨论通过，确保党在城乡融合发展中的领导核心地位。

五、打造宜居生态家园，促进乡村环境提质

生态宜居是乡村振兴的关键。乡村振兴需要"内外兼修"，生态保护应当与产业发展齐头并进。连樟村以生态宜居为目标，统筹新型城镇化和美丽乡村建设，采取了以下举措：一是实行一体规划、一体建设、统一管理，推动城乡面貌大提升、大转变，初步形成了样板区居住和公共服务设施建设、产业发展规划、绿地和开敞空间规划、乡村建设、历史文化保护、城乡特色面貌规划、交通体系规划的"多规合一"；二是持续推进美丽乡村建设，按照"五先五后"推进村庄建设，有序提升乡村环境，建设美丽家园；三是在"四沿"（即沿着主要交通要道、省际边界、重要风景区、城市郊区）连线连片打造美丽乡村精品线路，将村庄、产业、景点等串珠成链，盘活利用农村闲置土地、农房及生态、文化、古村落等资源，大力发展休闲农业和乡村旅游，有序引导工商资本下乡，推动"美丽乡村"转化为"美丽经济"。

第四节 清远有效衔接实践的基本经验：多层次多要素融合发展

进入2020年后脱贫攻坚阶段以来，清远市在巩固拓展脱贫攻坚成果

的基础上，不断致力于改革创新，将脱贫攻坚成果与乡村振兴、农村综合改革、美丽乡村建设、探索建立破解"城乡二元结构"的体制机制相结合，着力推进体制机制、理念制度以及政策体系的相互融合，凝练出以宏观、中观和微观多层次、多要素融合发展为特征的"清远经验"，以以融合促发展为主线，积极开启乡村振兴新篇章。

一、宏观经验：制度衔接与统筹发展

（一）脱贫攻坚与乡村振兴融合发展

脱贫攻坚和乡村振兴都是为实现"两个一百年"奋斗目标确定的国家战略，两大战略具有基本目标的统一性和战略举措的互补性。在脱贫攻坚的基础上接续乡村振兴战略，不仅是我国高质量稳定脱贫的重要路径，更是贫困地区全面实现乡村振兴目标的重要制度保障。脱贫攻坚通过大规模资金、物资、人力等扶贫资源的集中投入，有效解决贫困人口的基本生存问题，全面消除绝对贫困现象。乡村振兴则通过更全面地强化市场化外部支持和总体性激活乡村内生动力，能够为贫困群体提供更稳定的发展基础和机会，进一步有效巩固脱贫攻坚的政策成果。清远市将脱贫攻坚纳入清远市"美丽乡村2025"行动计划，并融入乡村振兴的战略规划中。该市扎实推进十件民生实事，通过实施固本强基、基础设施建设、社会保障、医疗保障、人居环境改善、产业发展、教育文化、劳动力就业等脱贫攻坚八项工程，着力增加贫困人口收入，改变贫困地区落后面貌，确保贫困村有稳定收入，致力将脱贫村全部建设成美丽乡村。具体来说，清远市在脱贫村开展了村庄人居环境综合整治，组织发动村民开展"三清三拆三整治"和"乡村绿化美化亮化"；完善农村基础设施建设，包括推进路面硬化、村村通自来水、危旧房改造及农村住房外观美化、"厕所革命"、村村通宽带网络、农村电网改造升级等工程；深化农村综合改革，推进"三个重心下移"，开展"三个整合"，深化农村土地制度改革；推进乡村文明和谐乡风建设；开展乡村振兴示范工程建设；等等。

(二) 城乡统筹融合发展

从《中共中央 国务院关于实施乡村振兴战略的意见》和我国脱贫攻坚的实践要求来看,新时代的城镇化发展和乡村振兴是相辅相成、互相促进的,必须统筹规划、协同推进、融合发展,不能厚此薄彼、顾此失彼,不能只讲城镇化,不讲乡村振兴,或只讲乡村振兴,不讲城镇化。清远市在有效衔接和城乡一体化进程中,逐渐总结了城乡统筹融合和城乡协同治理的经验。

1. 注重城乡统筹融合

在城乡一体化发展的过程中,清远市大力推进城乡基本公共服务均等化,比如加快发展教育事业,扶持发展医疗卫生事业,发展公共文化体育事业,完善住房保障,提供就业支持,完善生活保障,等等。此外,清远市还创新开展了特色新型城镇化建设,比如创新户籍制度改革,有序推进人口成规模的转移,推进富有特色的新型城镇化建设,提升城市综合服务功能,优化县、乡镇的空间布局,建设特色鲜明的中心城市、主城区、中心镇,等等。

2. 注重城乡协同治理

清远市以乡村振兴促进城乡融合发展,并以乡村治理为基础,着力健全基层组织体系和治理体系。通过实施乡村振兴战略,为提高乡村治理的实效性创造物质基础、制度环境、人才支撑和文化氛围。同时,协同推进乡村振兴和乡村治理,把经过艰辛探索形成的以改革发展推动治理、以治理引领改革发展,转化为处理乡村振兴与促进城乡融合发展的指导原则,进而创造性地运用于乡村振兴与乡村治理实践,推动城乡统筹发展的进程。

(三) 对口帮扶融合发展

广东省省内对口帮扶机制由来已久。2002年10月,《印发关于珠江三角洲经济发达市与山区市县对口帮扶实施意见的通知》(粤府办〔2002〕78号)出台,从财政、教育、卫生、科技、劳务输出等多个方面明确了珠三角7市(广州、深圳、佛山、东莞、江门、珠海、中山)对粤东西北6市20个山区县（市）的帮扶任务。近年来，广东省不断加强珠三角和粤东西北地区的合作，继续完善区域协调机制。清远积极利用这个区域发展的重要平台，不断加强与周边地区合作，努力实现优势互补。[①]

清远将扶贫工作与深入实施广清一体化战略融合起来，依托珠三角尤其是广州的资源优势，带动城市全面发展。具体来说，其一，清远积极推进交通一体化建设，建设广清一体化"一小时经济圈"，以实现清远南部地区与珠三角交通规划无缝对接；其二，大力促进产业协同发展，在工业方面，推动产业园的转型升级，以广清全面对口帮扶发展为契机，加强与珠三角特别是广州的产业耦合，承接珠三角的产业转移，引入一批优质企业和高端项目；其三，充分利用地域优势，做到优势互补，大力发展特色农业，实施农业"三品"（品种、品质、品牌）工程，巩固优势产业，依托广州对口帮扶等扶贫资源及毗邻珠三角的区位优势，大力发展农村电子商务和乡村旅游。

二、中观经验：内外资源整合与融合

（一）经济发展与农村综合改革融合发展

清远市全面提速农村改革步伐，突破深层次体制机制障碍，最大限度地转换发展动能和释放改革红利，将经济发展与农村综合改革紧密联系。清远市不断深化推进"三个重心下移"（党组织建设重心下移、村民自治重心下移和公共服务重心下移）和"三个整合"（土地资源整合、涉农资金整合和涉农服务平台整合）的农村综合改革。

针对土地细碎化问题开展土地整合，将细碎的土地收归集体并重新连片规划整理耕地，或发包村民耕作，或由村集体统一经营或流转出租，激活土地资源。例如，英德市西牛镇花田片区综合服务站为群众提供农业生产服务，开展土地整合整治，实现农业产业规模化。

[①] 参见岳经纶《省内对口帮扶的广东探索与启示》，《南方》杂志网，2021年1月22日，见http://www.nfzz.net.cn/epaper/fb/z20210122/content/2021-01/22/content_192013189.htm。

涉农资金整合包括源头整合、中间优化和末端放大三个方面。第一，源头整合指通过"大专项"捆绑财政涉农资金，建立"一池一库六类别"涉农资金整合机制；市、县两级将原来分散在不同部门、不同项目、不同渠道的涉农资金，统一注入一个资金池，建立一个项目库，并整合"农业综合发展、农业生产发展、水利发展、林业改革发展、农村社会发展、扶贫开发"六个类别的涉农资金。第二，中间优化指通过项目载体统筹"任务清单"；县（市、区）建立完善的本地区农业农村发展项目库，以项目为整合涉农资金的承接平台，引导各职能部门专项涉农资金向重点区域和重点项目聚集。第三，末端放大指通过财政资本撬动金融资本；将涉农资金整合后作为资本金，融资放大四倍于资本金的信贷资金投入项目建设。

涉农服务平台整合即统筹推进农村基层公共服务资源有效整合。第一，推动村级社会综合服务站功能向生产和生活服务拓展，向金融服务延伸；第二，加快建设县、镇、村三级农村产权流转管理服务平台，促进农村产权流转制度化、规范化、信息化；第三，探索发展农村合作金融。

（二）"三产"融合发展

在产业发展模式上注重"三产"融合发展，充分发挥农业农产品优势，深入推进第一、第二、第三产业融合发展，牢固树立绿色发展理念，培育、壮大农村新产业、新业态，带动村民增收，不断巩固拓展脱贫攻坚成果。通过学习借鉴发达地区的先进经验，全面布局，长远谋划，补齐短板，持续发力，努力打造乡村振兴的示范和标杆，推动农业升级、农村进步、农民全面增收。

清远市在产业帮扶方面贯彻产业融合发展的理念，注重农业多功能性的开发。以第一产业为主，大力发展特色种植养殖业，打造农业示范基地，集中培育一批农业龙头企业和种养大户，成立农民专业合作社。同时，加快发展休闲农业与乡村旅游，建立一批精品乡村旅游景区，着力打造自然生态、特色文化和休闲娱乐于一体的旅游品牌，通过"旅游景点+驿站+农产品/手工艺品消费""种植基地+种植交易中心+农副产品加工+观光旅游"等模式打造"特色产业田园综合体"，实现第一、第二、第三产业的融合发展，壮大产业规模，增强产业发展的实力和可持续性，增强抗风险能力。在此过程中，通过不断激发消费潜力，优化消费结构，提升消费能力，加大对线上、小微企业以及瞪羚企业和特色农产品企业的支持力度，拓展销售渠道，推动全市经济社会高质量发展。

（三）内生资源与外生资源融合发展

清远市在实现有效衔接的进程中，注重内生资源与外生资源的有效融合发展，并涌现出诸多优秀的典型案例。一方面，许多乡村结合自身特点，自力更生，寻求出路，充分利用本村庄的自然资源、宗族力量和乡贤资源，走出了适合本村特点的可持续发展道路；另一方面，在政府主导、社会力量（企业、社会组织、非营利组织）广泛参与的形势下，外生资源的进入为有效脱贫和增能发展增添了活力。

以农村综合改革的"三个重心下移"和"三个整合"工作为例，在此过程中，脱贫村的内生资源与外生资源实现了有效融合。具体来说，在村民自治重心的下移过程中，村民理事会成员由村民推选产生，有效适应了当地源远流长的宗族文化，激发了乡村宗族和乡贤的活力，吸纳了各房族代表、德高望重的乡贤及致富能人。此外，外生资源的进驻，也推动了农村土地资源整合，从而有效解决了当地土地零散化的问题，盘活了村庄内生资源，有利于更好地对接和适应市场，实现内生资源和外生资源的融合发展。

（四）金融与文旅融合发展

清远市深入开展"我为群众办实事"实践活动，推出《乡村振兴十八宝》信贷产品手册，定向精准提升农村金融服务水平，缓解"三农"领域融资难及信息不对称问题，引导清远金融业以"金融+文旅"模式创新近20款专属金融产品，积极对接旅游精品路线、特色小镇及美丽乡村建设，大力支持乡村旅游、特色民宿，推动文旅产业高质量发展。截至2021年10月末，清远银行机构支持当地文旅产业贷款金额超过16亿元。

首先，为"金融+文旅"模式打通政策通道。2021年2月，清远市金融工作局联合有关部门出台《金融支持清远市文化旅游产业高质量发展的实施意见》，开通金融支持文旅产业高质量发展的政策通道。鼓励设立旅游金融专营机构、特色支行和文旅金融专业服务团队，为文旅企业提供综合金融服务；建立融资风险分担机制，利用中小微企业应急转贷（过桥）资金及企业信用贷款风险资金池为文旅企业提供转贷、续贷、信用贷款服务；鼓励当地政策性融资担保公司创新担保品种和服务，为文旅企业及上下游企业贷款提供担保，同时，完善红名单、黑名单和警示名单制度，改善文旅产业融资信用环境。

其次，实施信贷对接。清远银行机构结合当地旅游业资源禀赋，紧紧把握"乡村振兴"和"提振消费"两大关键词，创新推出"民宿贷""文旅贷""特色小镇贷""美丽乡村贷"等信贷产品，并采取纯信用、景点收费权质押、收费收入账户监管等多种抵押担保方式，解决贷款抵押担保难题，满足行业发展资金需求。

最后，通过保险助力，实现全方位保障。针对乡村旅游、特色民宿的经营规模小、从业人员较多、外部环境影响大的特点，清远保险机构持续完善保险产品和服务体系，为文旅从业人员提供经营保险、人身保险、养老保险，为游客提供食品安全险、人身意外险、环境意外险等多种保障服务。①

（五）农业与科技融合发展

清远市加快发展数字农业，强化现代农业科技支撑。大力发展清远数字农业农村社会组织，建设数字农业产业园区，培育数字农业农村科技示范创新团队、数字农业农村重大项目、数字农业示范龙头企业、数字农民专业合作社和数字农业农村新农民；推动"一村一品、一镇一业"，建"云上云"，为农业生产企业提供市场动态信息、农业政策咨询服务，构建具有竞争优势的农业生产销售大数据服务体系；推广数字农业农村重大应用场景；集成并提升全市已有农业农村物联网装备；于2021年集合清远市数字农业农村成果，形成粤港澳大湾区数字农业农村样板工程，总结数字农业农村建设成效；利用数字化技术VR（虚拟现实）、AR（增强现

---

① 参见《清远市金融业"金融+文旅"助力乡村振兴》，清远市金融工作局网，2021年12月3日，见http://www.gdqy.gov.cn/xxgk/zzjg/zfjg/srmzfjrgzj/gzdt/content/post_1476162.html。

实)、3D 等现代信息技术，展示清远市数字农业农村成果。[①]

三、微观经验：产业与村庄和谐共生

(一) 产业与农民融合发展

清远市在产业帮扶中十分注重产业与农民融合发展，积极引导村民发挥主体作用，而非政府进行大包大揽。通过成立村民理事会、村民小组等形式，充分发挥村民自治力量，激发村民参与公共事务的主体意识和脱贫的内生动力，对当地的产业发展积极建言献策，集体表决，大家各就其位，有钱出钱，有力出力，共同为村庄的产业发展贡献自己的力量。此外，通过培养产业扶贫带头人、成立专业合作社等形式，带领当地村民努力发展产业项目，实现经济发展、农民富裕。

清远市加快发展优势主导产业，大力实施"三个三工程"（柑橘、清远鸡、茶叶），充分发挥扶贫产业基地和扶贫产业园的辐射带动作用，探索"大户带贫困户""专业合作社＋基地＋贫困户""农业龙头企业＋基地＋贫困户"等产业扶贫模式，实现每个有劳动能力和参与意愿的相对贫困户都有扶贫产业带动。

此外，清远市创新生态扶贫和少数民族地区扶贫机制，结合当地生态资源探索发展生态经济和环保产业，打造绿色生态产业链，让贫困户共享收益。例如，以连州市为核心的北部地区发展中医药、食品加工等低污染生态产业，连南瑶族等少数民族地区发展生态特色农副产品种养业和旅游业。

(二) 企业与村庄融合发展

企业在带动村庄的产业发展、基础设施建设及贫困户就业方面发挥着重要作用。清远市通过实施"百企扶百村"，使有资质、有规模、带动能

[①] 参见《关于印发〈清远市贯彻广东数字农业农村发展行动计划（2020—2025年）的实施意见〉的通知》，清远市政府网，2020年7月22日，见 http://www.gdqy.gov.cn/gdqy/newxxgk/ghjh/fzgh/content/post_1222250.html。

力强、经济效益好的企业结对帮扶贫困村,因地制宜,带动当地发展特色产业,探索出了"旅游+投资+扶贫""特色产业综合田园体"等不同的产业发展模式以及"公司+基地+合作社+农户""公司+合作社+农户""公司+基地"等不同的帮扶合作模式,带动贫困户增收创收;通过企业帮扶,完善村庄的道路、用水与用电、通信等基础设施,巩固村庄的基建水平。

此外,清远市创造性地采取全员劳动技能培训、田间农业实用技术培训、党建基地和院校素质能力培训、"订单式"培训等培训模式,确保培训一人,就业一人,脱贫一户。通过对有劳动能力的贫困户提供就业岗位、进行技能培训,有效促使贫困户就业,提高贫困村有效脱贫的内生动力。企业在带动村庄的发展过程中,也十分注重村庄的可持续发展和贫困治理。例如,阳山县阳城镇"鱼水田园"综合体打造"农业+旅游"产业项目,不仅带动农户实现致富目标,还成立了产业振兴专项资金用于村庄公益事业和减贫临时救助,巩固了村庄发展成果。

(三) 党组织与社会组织融合发展

农村基层党组织是党在农村全部工作和战斗力的基础。实现党组织与社会组织融合发展,需要注重坚持以党建为引领,推进基层社会治理创新,贯彻党组织对社会组织的引领作用,发挥模范带头作用。清远市通过发挥党组织的模范带头作用和资源动员能力,积极开展与社会组织的合作与对接,积极动员社会力量参与乡村振兴工作。例如,清新区浸潭镇六甲洞下径村通过明确村中各类组织职能,强化了党支部的核心领导作用,以"党组织提事、各类组织班子会议议事、党群会议决事、村民理事会执事"的民主决策机制,确保党组织在讨论决策本村经济社会发展的全局性重大问题中发挥领导核心作用,强化了党组织的主导权和话语权。

与此同时,清远市不断强化党建与社会组织的融合,充分发挥基层党组织的引领作用,引导村民勤劳致富。清远市基层党组织积极开展"6·30广东扶贫济困日"和"10·17全国扶贫日"活动,为社会组织搭建爱心捐赠平台,社会企业与爱心人士进而积极参与扶贫开发,贡献力量。除了推进捐赠帮扶工作以外,清远市还致力于推进消费扶贫,与社会组织合作打造电子商务平台等合作模式,扎实推进贫困地区旅游消费、特色产品展销等活动。

(四) 扶贫与扶智(志)融合发展

治穷先治愚,在扶贫开发中,应注重扶贫与扶智(志)融合发展。"扶贫一人,带动全家脱贫",清远市作为广东省智力扶贫策源地,加大智力扶贫力度,这也是清远扶贫开发中的一项具有长远意义的工作。

通过扶智,意在对现存贫困家庭资源匮乏、家庭发展能力不足等问题上重点帮扶,让贫困地区的家庭可以通过帮扶,找到一条适合自家实情发展的脱贫致富之路,从而提升贫困家庭的可持续发展能力。一方面,清远市切实加大了对当地的技能扶贫力度,国家、省、市各级政府通过"雨露计划""阳光工程"等培训资源,加快清远农村实用技能培训、扶贫培训,切实提高农村劳动力的素质,促进转移就业,实施职业教育富民政策。另一方面,清远市推进职业教育战略性的结构调整,扩大了中职教育招生规模;推进县域职业教育资源整合,发展面向农村的职业与成人教育,着力培育适应现代农业发展的新型职业农民。与此同时,还切实加大了帮助贫困家庭的教育扶持力度,特别是对贫困家庭孩子的上学经费要提供特殊保障,只有让穷孩子受教育,才能避免世代贫穷。为进一步破解城乡教育二元结构难题,加快推进城乡教育一体化发展,2020年9月,清远市出台了《清远市人民政府关于印发清远市乡村教育振兴三年行动计划(2020—2022年)的通知》(清府函〔2020〕166号)。通知指出,坚持党对教育工作的全面领导,坚持立德树人的根本任务,坚持新发展理念,紧紧围绕实施科教兴国战略和乡村振兴战略,着力发展乡村教育事业;坚持底线思维,实施底部攻坚,提升乡村学校办学条件,加强乡村师资队伍建设,不断提高乡村教育质量,办好公平而有质量的乡村教育。

通过扶志,帮助贫困家庭转变观念,树立正确的志向,意在思想、观念、风俗习惯、脱贫信心上帮扶,提高脱贫致富的积极性,奠定培育贫困人口内生动力的坚实基础。为进一步改变贫困家庭安于现状、不思进取、争当贫困户的惰性思维问题,清远市通过扶志、扶智行动和产业扶贫的结合,充分调动具有劳动能力的贫困户积极参与当地扶贫企业、扶贫车间的劳动工作；与此同时，为有能力、有干劲的贫困户提供一定的创业支持，如发放贴息贷款、开展养殖培训，增加贫困家庭资源积累，提升家庭发展能力。

整体而言，清远市有效衔接的多层面、多要素融合发展经验可以概括为宏观、中观及微观三个层面，而每个层面又包含了若干要素。宏观层面的"融合发展"，旨在推进政策及制度之间的有效协同与衔接，应对反贫困面临的新形势，建立一体化运作的反贫困顶层设计、体制机制和行动规划，包括脱贫攻坚与乡村振兴的有序衔接、城乡统筹融合发展；中观层面的"融合发展"，旨在推动区域协同发展和资源有效利用，涉及新时代反贫困"以什么为抓手"的问题，具体包括区域合作与对口帮扶融合发展、经济发展与农业综合改革的协同融合，以及产业之间协同发展（即一产为主，二产三产为辅；农旅结合）；微观层面的"融合发展"，旨在形成内生资源与外生资源融合发展，形成相对贫困人口自主发展的动机激发、能力提升机制，以及参与主体（政府部门、企业、社会组织、农户）的协作共赢，共同推进反贫困制度政策的改革与创新。

展望未来，清远市将继续围绕乡村振兴，建立脱贫长效机制，探索建立城乡融合发展体制机制，实现乡村全面振兴等目标任务，积极探索破解"城乡二元结构"问题，大力推进广清一体化，加强党的建设，走绿色生态、高质量发展之路，提升清远整体发展水平，朝着共同富裕的方向继续前进，不断创造清远各族人民幸福美好的生活。

第十一章 实现有效衔接的江门实践

完成第二轮扶贫"双到"任务以后,江门市就开始探索巩固拓展脱贫攻坚成果。在这个过程中,除了探索低收入人口常态化帮扶改革以外,江门市还结合乡村振兴工作,积极开展巩固拓展脱贫攻坚成果同乡村振兴有效衔接。2021年8月25日,江门市正式印发《关于扎实推进巩固拓展脱贫攻坚成果同乡村振兴有效衔接的实施方案》,并结合江门实际进行了自主探索和实践,为推进广东省实现有效衔接工作探索了新路径,创造了新经验。

第一节 江门减贫历程与实现有效衔接的部署规划

一、江门减贫治理的历史进程

江门市位于广东省中南部,总面积约9506.92平方千米,下辖三区四市,分别为蓬江区、江海区、新会区、台山市、开平市、鹤山市和恩平市。[1] 2020年年末,江门市常住人口480.41万,户籍人口401.59万。[2] 2020年,江门市实现地区生产总值3200.95亿元;人均地区生产总值达到

---

[1] 参见《2021年江门市统计年鉴》,江门市人民政府门户网站,2021年12月17日,见 http://www.jiangmen.gov.cn/attachment/0/209/209900/2491215.pdf。
[2] 参见《2021年江门市统计年鉴》,江门市人民政府门户网站,2021年12月17日,见 http://www.jiangmen.gov.cn/attachment/0/209/209904/2491214.pdf。

第十一章 实现有效衔接的江门实践

66984元。分产业看，第一产业增加值274.48亿元，第二产业增加值1333.23亿元，第三产业增加值1593.24亿元。① 2020年，江门市地方一般公共预算收入264亿元，地方一般公共预算支出442.37亿元②，居民人均可支配收入33667元，城镇常住居民人均可支配收入39923元，农村常住居民人均可支配收入21129元③。作为广东省农业大市，江门市有5个广东省商品粮基地县、3个产粮大县（市）。2020年，江门市粮食作物播种面积278.1万亩，粮食产量97.9万吨，蔬菜种植面积113.2万亩，产量170.6万吨，是广东省的"米袋子"和"菜篮子"。④

2009年开始，江门市开展扶贫"双到"工作。在2009—2012年的第一轮扶贫"双到"工作中，江门市的扶贫"双到"任务是帮扶105条省定贫困村，8963户贫困户，共34131人。上述扶贫"双到"任务由两部分组成：一部分任务是对口帮扶韶关市，即乐昌的55个村庄和翁源的25个村庄；另一部分任务是对口帮扶恩平市的25个村庄。在对口帮扶韶关市的过程中，江门市主要采取产业扶贫、金融扶贫、旅游扶贫等多种扶贫方式，促进了乐昌55个村庄和翁源25个村庄的村集体经济发展和贫困户稳定脱贫。在开展其辖区内的恩平市扶贫工作时，主要是着力解决农村困难群众住房难和老区建设问题，以及开展了产业扶贫和就业扶贫。在实施上述市内扶贫工作过程中，江门市出台了《江门市2011—2012年度农村低收入住房困难户住房改造建设总体规划实施方案》（江扶字〔2011〕2号）、《关于进一步加强革命老区建设工作的意见》（江办发〔2009〕12号）、《发展重点扶贫农业龙头企业实施方案》等政策文件。

经过实施2009—2012年三年的扶贫工作后，江门市对105条省定贫困村投入帮扶资金4.61亿元，新增发展集体经济项目636个，促进了贫

---

① 参见《2021年江门市统计年鉴》，江门市人民政府门户网站，2021年12月17日，见http://www.jiangmen.gov.cn/attachment/0/209/209903/2491214.pdf。
② 参见《2021年江门市统计年鉴》，江门市人民政府门户网站，2021年12月17日，见http://www.jiangmen.gov.cn/attachment/0/209/209944/2491214.pdf。
③ 参见《2020年江门市国民经济和社会发展统计公报》，江门市人民政府门户网站，2021年3月22日，见http://www.jiangmen.gov.cn/attachment/0/215/215051/2278043.pdf。
④ 参见《2020年江门市国民经济和社会发展统计公报》，江门市人民政府门户网站，2021年3月22日，见http://www.jiangmen.gov.cn/attachment/0/215/215051/2278043.pdf。

困村村集体经济收入的增加。105条省定贫困村贫困户的年人均纯收入大幅提升，在2012年达到7534元/人，贫困户脱贫率达100%。除了促进贫困村经济发展和贫困户收入增长以外，江门市还通过一系列扶贫措施改善贫困户的社会保障水平。例如，100%完成住房困难户的住房改建任务，使105条省定贫困村符合条件的农户100%参加新农保、新农合和纳入低保，确保贫困户的适龄子女100%接受义务教育。此外，还通过建设文化卫生设施、通硬底化道路、建设小型农田水利等，改善了贫困户的生活环境，完善了贫困村的公共物品供给。

2013年，江门市委市政府再次把扶贫"双到"工作摆上重要议事日程，并列入江门市委市政府重点督办项目，印发了《江门市2013—2015年扶贫开发工作方案》，将2013—2015年的第二轮扶贫"双到"任务确定为帮扶80条贫困村，1056户贫困户，共4088人；包括省定重点帮扶村21条，有劳动能力的贫困户共467户1798人，以及市定重点帮扶村59条，有劳动能力贫困户共589户2290人。相较于第一轮扶贫"双到"工作，第二轮扶贫"双到"工作除了延续自我帮扶的方式，以及深化开展产业扶贫、旅游扶贫、金融扶贫、基础设施扶贫、社会保障扶贫等以外，江门市还通过以下方式推动了扶贫工作：第一，确立了政府领导挂点帮扶制度，包括建立市领导挂点和各帮扶单位领导进村入户指导开展帮扶工作制度，以及向台山、开平、恩平三市选派了3名副处级干部分别挂任所在市的常委、扶贫工作统筹协调组组长，加强对扶贫工作的领导和协调力度；第二，推动大扶贫格局的形成，主要表现为在专项扶贫过程中，结合帮扶单位职能优势，整合行业资源和社会资源，实施"组团式"帮扶和结对帮扶；第三，增强扶贫长效机制建设，考虑到贫困户收入不稳定，存在因病返贫、因灾返贫、因学返贫等可能性，按照可持续发展的思路，江门市驻村工作组把推动集体物业经济发展、产业扶贫、转移就业扶贫、教育扶贫等多元扶贫方式作为其扶贫工作的重点。

经过第二轮扶贫"双到"的工作以后，江门市对80条贫困村累计筹集资金47788万元。其中，财政专项扶持资金12807万元，帮扶单位自筹资金9530万元，整合行业资金18865万元，社会资金1944万元，其他资金4638万元。完成各类项目3587个，包括到户项目1153个，到村项目

第十一章 实现有效衔接的江门实践

2434个。将80条重点帮扶村集体经济纯收入提高至1087.9万元，80条贫困村内的贫困户人均可支配收入也增加到了9372.2元，实现了其预期的脱贫目标；同时，农村生产活力得到了进一步增强，贫困村生产生活环境得到了明显改善，贫困户脱贫致富的能力也得到了明显增强。在推动大扶贫格局形成的过程中，为下一步探索建立常态化、长效化的帮扶机制奠定了基础。

完成两轮扶贫"双到"工作任务以后，江门市已实现其辖区内省定贫困村和绝对贫困人口的脱贫。按照"新时期城乡精准扶贫"的工作思路，江门市将其扶贫目标调整为2018年稳定实现"两不愁三保障一提升"，即稳定实现城乡贫困人口不愁吃、不愁穿，义务教育、基本医疗和住房安全有保障，全面提升村（社区）公共服务水平。2016年，根据《中共广东省委　广东省人民政府关于新时期精准扶贫精准脱贫三年攻坚的实施意见》（粤发〔2016〕13号）精神，江门市出台《关于新时期城乡精准扶贫精准脱贫的实施方案（2016—2018年）》（江发〔2016〕6号），提出建立"11+3+3"①常态化、全覆盖的城乡扶贫长效机制，以推进其精准扶贫和精准脱贫工作。

按照城乡居民年人均可支配收入低于6600元（台山市、开平市、恩平市农村低于5040元）的相对贫困标准，以民政部门2015年城乡2.9万户6.1万人低保对象为基础数据，江门市将5097户16659人确定为建档立卡贫困户。其中，农村贫困户4225户14172人，城镇贫困户872户2487人。在这一时期，江门市以扶贫线与低保线"两线合一"作为扶贫工作由"运动式帮扶"转向"常态化帮扶"的改革突破口，开展脱贫攻坚和相对贫困治理工作，以率先与广东省一同实现全面建成小康社会。

---

① "11+3+3"是指全面精准识别建档立卡、实施部门单位挂钩帮扶、实施产业扶贫、实施金融扶贫、实施创业扶贫、实施就业扶贫、实施教育扶贫、实施医疗扶贫、实施救助扶贫、实施"互联网+精准扶贫"和实施社会扶贫11项措施促进贫困户精准脱贫；强化经费保障、提升服务能力和规范站点建设3项措施全面提升村（社区）公共服务水平；改善老区村居住环境、改善老区村行路难和饮水安全，以及改善老区村农田水利设施3项措施改善老区生产生活条件。参见《中共江门市委　江门市人民政府印发〈关于新时期城乡精准扶贫精准脱贫的实施方案（2016—2018年）〉的通知》，江门高新区江海区政务信息网，2016年9月24日，见http://www.jianghai.gov.cn/attachment/0/117/117977/53097.pdf。

遵循"应保尽保"和"城乡统筹帮扶"原则，江门市主要推动了医疗保障、住房保障、教育帮扶、产业帮扶、就业帮扶等多项扶贫工作的实施。江门市还积极推动社会力量参与统筹城乡帮扶工作，实施了"千（万）义工助千户""百医牵百村""百企扶百村"三大社会扶贫行动，并在社会工作参与扶贫工作实践中形成了富有江门特色的"2112"社工帮扶模式，即由扶贫干部和社工组成2人扶贫组，对口帮扶1户贫困家庭，每季度最少与帮扶对象进行1次思想交流，完成基本服务和特色服务2种服务内容。此外，江门市还落实了"五级书记抓扶贫"和"五级书记遍访贫困户"责任机制，建立了"三级结对""四级挂扶"帮扶机制，探索了农村"资源变资产、资金变股金、农民变股东"的"三变"改革帮扶方式，创新性地开展了扶贫线与低保线"两线合一"改革扶贫长效机制。

在2016—2018年3年期间，江门市累计筹集市、县两级扶贫资金3.77亿元，基本实现了对建档立卡贫困户医疗、教育、住房"三保障"，以及所有镇（街）产业、就业、资产收益项目"全覆盖"，基本完成全市建档立卡贫困户脱贫目标任务，江门市全市村级集体可支配收入全部达到20万元以上。截至2019年年底，江门市建档立卡贫困户全部实现脱贫目标并有序退出，全面实现"两不愁三保障一提升"目标。同时，在脱贫攻坚与乡村振兴两大战略的共同推进过程中，江门市辖区内的省级乡村振兴综合改革试点也取得阶段性成果，形成了乡村产业"链条联通"融合发展模式、开平市塘口镇"四个闭环"乡村振兴模式等在广东省内可推广的典型经验。

值得一提的是，在2019年开始实施的低收入人口帮扶改革创新中，江门市率先在恩平市开展扶贫改革试点，推动脱贫攻坚与乡村振兴有效衔接，以乡村振兴巩固拓展脱贫攻坚成果，并取得了不错的成绩。江门市的扶贫工作和乡村振兴工作也获得了上级的肯定，在2016—2020年的扶贫工作考核中，江门市连续5年被广东省评为最高等次"好"，而从推进乡村振兴战略实绩考核工作的成绩来看，江门市也在2018—2020年连续3年居粤西片区榜首。

目前，江门市按照《广东省乡村振兴驻镇帮镇扶村工作方案》要求，积极探索富有江门特色的乡村振兴驻镇帮镇扶村实践，先后拟定了《关于扎实推进巩固拓展脱贫攻坚成果同乡村振兴有效衔接的实施方案》《江门市乡村振兴驻镇帮镇扶村工作方案》《江门市提升村级集体经济经营性收入行动方案》《江门市驻镇帮镇扶村"三结对"帮扶发展村级集体经济经营性收入薄弱村工作方案》等政策文件，确立了江门市脱贫攻坚同乡村振兴有效衔接的顶层设计。

二、江门实现有效衔接的部署规划

（一）组织层面

组织层面主要是完善了结对帮扶机制。在巩固拓展脱贫攻坚成果和乡村振兴有效衔接工作中，江门市将延续精准扶贫工作中市、县、镇、村四级书记抓扶贫的工作机制，考虑到驻镇帮镇扶村侧重实现镇、村整体发展，将强化各市（区）书记一线总指挥和镇（街）书记一线指挥员职责，延续和完善"三结对"帮扶机制。按照《江门市乡村振兴驻镇帮镇扶村工作方案》，其基本思路是实施组团结对帮扶和分类分级帮扶。

组团结对帮扶是基于脱贫攻坚期间形成的"三级结对"和"驻村第一书记"等定点帮扶实践，结合江门市开展的驻村第一书记工作和派驻帮扶发展村级集体经济经营性收入薄弱村工作的"三结对""万企兴万村""千企帮千镇"工作，组建由市县驻村第一书记、驻村选调生、县镇驻村工作队员、中国农业银行江门分行派驻金融助理，以及"三结对"派驻干部、"三支一扶"人员组成的驻镇帮扶工作队，共同推进巩固拓展脱贫攻坚成果同乡村振兴有效衔接工作。分类分级帮扶，是指江门市将其所辖的61个省先行示范镇和有行政村的9个街道［共计70个镇（街）］划分为重点帮扶镇和巩固提升镇两类，对不同类型的镇（街）给予针对性帮扶。其中，对重点帮扶镇，采用市组团结对帮扶的方式；对巩固提升镇，则参照江门市的做法，由江门市下属地市（区）结合实际来自行组团帮扶。

（二）政策层面

按照"四个不摘"要求，江门市在保持现行帮扶政策总体稳定的情况下，在动态监测、用地保障和资金保障三个方面进行了部署规划。完成脱贫攻坚任务以后核心的治贫目标是防止规模性返贫，对低收入人口实施动态监测则是防止规模性返贫的重要抓手。基于此，不仅要对已脱贫的不稳定脱贫户（即可能因自然灾害风险、市场风险、人身意外等各种风险返贫的脱贫户，以及因政策退出而返贫的脱贫户）实施动态监测，还需要对收入水平略高于脱贫户的边缘户实施动态监测。江门市的政策设计思路是通过大数据技术助推低收入人口的精准识别和动态清零两项工作的。为此，江门市利用民政、扶贫、教育、人力资源和社会保障、住房和城乡建设、医疗保障等部门现有数据系统，加强城乡低保对象、特困人员、脱贫人口、残疾人、城镇困难职工、低收入家庭，以及因病、因残、因灾、因意外事故等刚性支出较大或收入大幅缩减导致基本生活出现严重困难等低收入人口的数据比对和信息共享，促进低收入人口精准识别工作的开展。

  同时，采用定期核查和动态调整的方式对低收入人口实施动态监测。其中，定期核查是指对低收入人口每半年至少进行一次家庭信息化复核，每年至少进行一次入户调查，县级人民政府有关部门每年对低收入人口的家庭人口、家庭经济状况和生活状况进行随机抽查。动态调整则以家庭为单位，对脱贫不稳定户、边缘易致贫户、突发严重困难户进行监测。具体而言，就是将上一年江门市城乡低保标准1.5倍以下的易返贫致贫人口纳入监测范围，持续跟踪其收支变化和"两不愁三保障"及饮水安全情况，直至收入持续稳定后，在江门市防止返贫监测信息系统中标注"风险消除"，才不再对其监测帮扶。

  在乡村产业发展过程中，一个重要的制约是用地难以得到保障。除了实施"点状供地"来加强用地保障以外，江门市还积极探索"3亩地"模式，对有条件的薄弱村，允许其预留不少于3亩地的用地规模，并通过向省争取新增建设用地指标，保障就地发展乡村重点产业和农产品深加工、休闲农业、乡村旅游、农村家庭手工业、体验农业及创意农业项目用地。而在资金保障方面，根据《江门市乡村振兴驻镇帮镇扶村工作方案》，2021—2025年，各市（区）除了统筹各级衔接推进乡村振兴专项资金、涉农资金等财政资金，还将利用金融服务乡村振兴政策，引导更多的金融和社会资本投入帮镇扶村工作，支持巩固拓展脱贫攻坚成果同乡村振兴有效衔接。其中,重点帮扶镇统筹标准为平均每个镇每年不少于 2000 万元,市级每年从衔接推进乡村振兴工作资金(原扶贫开发资金)等财政资金中统筹安排不少于 7000 万元,作为帮镇扶村资金保障。

第二节　江门有效衔接实践的基本内容

一、统筹城乡低收入人口帮扶

2015 年年底完成两轮扶贫"双到"工作任务以后,江门市已消除辖区内的省定贫困村和绝对贫困人口。2016 年起,江门市开始探索建立常态化、全覆盖的城乡扶贫长效机制。其选择的突破口是实现城乡低保对象与扶贫对象的统一,具体做法是从低保对象中选择扶贫对象,从而促进低保制度与扶贫开发政策的有效衔接。2018 年 3 月,江门市印发《关于推动扶贫线与低保线"两线合一"改革试点工作的实施方案》(江府〔2018〕6 号),提出要建立新的涵盖家庭收入、家庭结构、住房情况、生产资料和生活资料等多个贫困维度的相对贫困人口识别指标体系,并将其辖区内的低保对象、特困人员、低收入家庭和建档立卡贫困户,以及新增贫困人口统称为低收入人口,由此拉开了统筹城乡低收入人口帮扶的大幕。

2018 年 8 月,江门市被确定为广东省推进"两线合一"改革试点单位,探索广东特色的扶贫长效机制。不久以后,作为江门市的"两线合一"改革试点城市,恩平市出台了《恩平市推动扶贫线与低保线"两线合一"改革试点工作实施方案》。经过一年的试点以后,2019 年 12 月恩平市出台《恩平市低收入对象帮扶改革试点工作总体实施方案》和 7 份低收入对象改革试点工作方案,随后在江门市全市全面铺开统筹城乡低收入人口帮扶改革。经过 2016—2020 年四年多的探索,江门市形成了统筹低收入人口帮扶的"三合一统"模式。"三合一统",即帮扶对象并合、帮扶制度融合、帮扶资源整合以及帮扶全局统筹。通过对象并合、政策融合、资源整合，破除原有贫困治理模式中的地域、政策、制度、结构界限，进而在整体上构建纵向到底、横向到边的大扶贫格局，实现全局性统筹和网格化帮扶，高质、高效完成脱贫攻坚。

（一）对象统筹

对象统筹，指对社会救助制度与扶贫开发政策两项制度的政策目标群体使用相同的认定指标和认定标准。其做法是综合家庭收入、家庭结构、住房情况和生产生活资料等多个贫困维度建立"江门市城乡低收入人口识别指标体系"，然后基于贫困发生率和财政承受能力划定统一的贫困线，改变低保线与扶贫线因地区因素和城乡因素不一致的做法。

（二）制度统筹

江门市主要通过两种方式促进城乡低收入人口帮扶制度的融合。一是在政策制定层面，按照"统分结合，精准实施"原则，针对城乡低收入人口探索实施"1+N"反贫困政策体系。"1"是低保线与扶贫线"两线合一"改革的总体实施方案；"N"是多类型精准帮扶政策，指按照致贫原因，对相对贫困人口实施产业、就业、医疗、教育、住房、养老、康复、救助等专项政策帮扶。二是在政策执行方面，江门市建立了低收入人口大数据库。该大数据库不仅包含低收入人口的基本信息和致贫信息，还包含与之相应的精准帮扶政策；在大数据技术的作用下，江门市将两者有效匹配起来，即实现"对象库"与"政策库"的对接，达到对象管理和帮扶方式融合的目标。同时，在大数据的技术协同作用下，基于精准识别与精准帮扶的政策目标，也推进了原社会救助制度和扶贫开发制度内部的融合以及二者之间的融合。

（三）资源统筹

在帮扶低收入人口过程中，既有行政资源、企业资源和社会资源三大资源的输入，也有基于低收入人口内生动力的能动资源可以挖掘。从行政资源的统筹来看，江门市通过运用大数据技术，以技术协同增进不同职能部门的帮扶数据共享与数据整合，在增进精准帮扶中的智慧决策的同时，还将分散在各个不同职能部门的帮扶资源统筹安排，有效地实现了帮扶资源输送的精细化。从企业资源的统筹来看，江门市主要通过政策补贴、政策优惠等形式整合企业资源，使企业参与城乡低收入人口帮扶。在社会资源的整合方面，江门市主要通过政府购买公共服务的方式，鼓励社会工作者参与城乡低收入人口帮扶，形成了"扶贫干部、社工与贫困对象结对"模式。在上述三类资源的精准供给作用下，还进一步激发了城乡低收入人口的主观脱贫内生动力，同时激发了城乡低收入人口自身能动资源与行政资源、企业资源和社会资源三类外部资源的有效衔接。

二、建立大数据动态监测帮扶机制

江门市大数据动态监测机制运行的核心是依托于其在2018—2020年间建立的低收入人口帮扶信息管理平台实施的动态监测帮扶。在建设低收入人口帮扶信息管理平台过程中，江门市建立了"江门市城乡低收入人口识别指标体系"，结合入户调查和低收入人口主动申报的情况，全面收集其辖区内的低收入人口信息。"江门市城乡低收入人口识别指标体系"的建立是基于多维贫困的理念，包括家庭收入、家庭结构、住房情况和生产生活资料等贫困维度。这些贫困维度既能够反映低收入人口的贫困程度，又有利于让政府部门掌握低收入人口的致贫原因。经过大规模的入户调查和低收入人口的主动申报，江门市获取了辖区内的低收入人口数据。然后，以江门市精准扶贫信息网和江门市民政低保系统为基础，整合数据信息，将江门市最低生活保障对象、特困人员、精准扶贫对象、低收入家庭、城镇困难职工等低收入人口数据统一对接，整合到江门市低收入人口帮扶信息管理平台。

在形成低收入人口识别的"对象库"以后，江门市还建构了帮扶低收入人口的"政策库"，对低收入人口实施精准帮扶。首先是汇总与低收入人口帮扶有关的政策文本，形成政策数据。然后对与低收入人口帮扶有关的政策文本进行分类，形成政策分类数据。再结合政策文本指向不同类型的政策目标群体，为政策文本设置相应的政策标签，使之能够与不同致贫原因的低收入人口实现匹配。由此，在政策分流框架体系设计下，江门市形成了儿童帮扶、现金帮扶、教育帮扶、残疾人帮扶、产业帮扶、医疗帮扶、住房救助和其他帮扶等多样化的政策帮扶数据。由此可见，低收入人口帮扶信息管理平台统一了"对象库"与"政策库"。通过定期或实时更新"对象库"中的低收入人口数据，江门市能够获得低收入人口个体贫困程度的变化。一旦低收入人口陷入贫困，低收入人口帮扶信息管理平台就会把致贫原因推送至相应帮扶政策的政策主管部门。除此以外，利用低收入人口帮扶信息管理平台中集成的低收入人口大数据，江门市还能够研判低收入人口的贫困脆弱性，助推其开展返贫防治工作。

借助大数据技术建立动态监测帮扶机制，江门市极大地提高了低收入人口的治理成效。首先，在大数据技术介入低收入人口管理后，不仅降低了低收入人口识别中可能存在的主观性操作的空间，还使得基层工作人员有了一套相对科学、客观的识别低收入人口的方法，在减少漏保和错保的同时，有助于基层工作人员及时掌握低收入人口的经济生活状况。其次，通过大数据技术管理低收入人口，能够改变过去静态的低收入人口管理现状，从而实现低收入人口的动态管理。由此，政府部门可以不再仅仅根据某一时段内或者是某一时间节点收集的低收入人口数据做出瞄准判断和帮扶决策，而是能够根据多时间段低收入人口数据做出研判分析，在提升低收入人口识别与帮扶精准度的同时，也能预测低收入人口可能出现的经济生活状况变动，为低收入人口的返贫防治提供基础。最后，由于不同部门的政策帮扶数据都已输入低收入人口帮扶信息管理平台，因而不同的横向部门之间没有了过去的数据壁垒。在数据共享的情况下，不同横向部门也能了解其他部门的政策帮扶进度。由此，在技术协同的作用下推进了不同横向部门协同治贫的成效。

三、探索产业融合发展机制

产业振兴被视作解决农村问题的重要基础和长远之举。在推动乡村产业振兴过程中，江门市充分利用其农业优势和区位优势，通过全力建设现代农业产业园，实现了农民的稳定增收。例如，2020年，江门市农产品冷链物流优势产区产业园入选第一批省级优势产区现代农业产业园建设名单,获得省级财政扶持资金1.5亿元。按照建立冷链物流企业与农户利益联结的思路,江门市将12%的省级财政扶持资金用于折股量化和保底分红,采取"园区+公司+相对贫困户"模式,鼓励农民利用土地入股,企业返聘农民,确保农民稳获收益。

除了通过建设现代农业产业园增加贫困人口和普通农民的收入增长以外,江门市还大力推进"一村一品、一镇一业",支持农村产业项目持续发展。例如,横陂镇与恩平市镇海湾蓝田青蟹养殖有限公司合作,实行"基地+公司+相对贫困户"发展模式,利用横陂镇蓝田村蓝田河畔咸淡水交汇和避风河湾的自然优势养殖高品质青蟹。2017年以来,横陂镇投入产业帮扶专项资金180万元作为贫困户入股基金,将其收益分红分给横陂镇170户精准扶贫对象中特别困难的70户贫困户。恩平市横陂镇青蟹养殖基地还吸收了其他贫困户就业,带动其他贫困户通过捕捞沙蚬、编织蟹笼提供给养殖基地,实现居家就业。同时,恩平市横陂镇青蟹养殖基地也大幅提高了其周边50多户1500多亩的蟹苗产值,带动100多户渔民捕捞供应蟹苗。

江门市还积极探索旅游产业融合发展,极大地促进了当地农民的稳定增收,达到了旅游强市的政策目标。2015年,江门市出台《江门市加快建设旅游强市工作纲要(2015—2020年)》(江府办〔2015〕17号),强调要实行"全域旅游"的政策理念,加大旅游与工业、农业、商业、文化、科教、卫生等相关产业的融合力度。其发展重点包括构建两个核心园区,建设五个龙头项目和做实六个"20"项目。① 为了进一步贯彻"全域旅游"这一政策理念,江门市在2019年出台了《江门市国际特色旅游目的地全域旅游发展规划(2019—2030)》和《江门市促进全域旅游发展实施方案》。在旅游产业融和发展发展过程中,江门市的一个显著特色是文

---

① 两个核心园区是指台开恩世遗文化旅游度假区和环圭峰山旅游产业集聚区;五个龙头项目是指开平赤坎古镇项目、台山滨海旅游项目、恩平航空小镇项目、蓬江区文化创意产业项目、新会区美丽湖湾项目;六个"20"项目是指20个特色旅游产业强镇、20个3A级以上景区、20家品牌度假酒店、20家本土重点旅行社、20家旅游创新企业、20名本土旅游创新领军人才。参见《江门市人民政府办公室关于印发〈江门市加快建设旅游强市工作纲要(2015—2020年)〉的通知》,江门市人民政府门户网站,2016年6月14日,见http://www.jiangmen.gov.cn/newzwgk/ghjh/content/post_1771272.html。

旅融合发展。江门市素有"中国侨都""中国第一侨乡"的美誉，华侨文化是当地一项宝贵的文化资源。江门市通过推动华侨文化和旅游产业融合发展，在提升江门侨乡特色文旅品牌的美誉度和知名度的同时，也带动了当地经济社会的发展。

以开平碉楼文化旅游区为例，开平碉楼文化旅游区主要由塘口镇的立园景区、自力村碉楼群和百合镇的马降龙古村落三大景区组成。2007年6月，"开平碉楼与村落"被列入联合国教科文组织《世界遗产名录》。2020年12月，开平碉楼文化旅游区晋升为国家5A级旅游景区，成为江门市首个国家5A级旅游景区。在文旅融合发展过程中，开平市将华侨文化、园林艺术、中西建筑、文物古迹、原生态自然环境、风土民俗、科普教育等多种元素集合于一体，并通过完善交通、厕所、信息化设备等旅游基础设施，以及增设诸多富有岭南文化和侨乡文化特色的各类表演[①]，提升了开平碉楼文化旅游区的品牌效应，打造了乡村振兴的"新引擎"，促进了乡村经济社会发展。

四、强化相对薄弱村的建设

按照村级集体经济经营性收入标准，江门市将2019年村级集体经济经营性收入小于10万元的222个行政村界定为相对薄弱村。从222个相对薄弱村的分布来看，新会区有相对薄弱村6个，鹤山市有相对薄弱村8个，台山市有相对薄弱村66个，开平市有相对薄弱村73个，恩平市有相对薄弱村69个。222个相对薄弱村集中分布在江门市相对欠发达的台山市、开平市和恩平市，上述三市的相对薄弱村数量占总数的93.69%。在江门市内部，存在三区四市之间的发展不平衡，即蓬江区、江海区、新会区、鹤山市四个区市与台山市、开平市和恩平市三个市之间的发展不平衡，而且相对薄弱村集中分布在台山市、开平市和恩平市三个市，这表明了江门市的贫困村分布具有集聚的特点。

---

① 《乡村振兴描绘新篇 文旅产业融合发展》，《南方都市报》2021年6月30日，第MA7版。

第十一章　实现有效衔接的江门实践

进一步从相对薄弱村的村级集体经济经营性收入的分布来看，不超过2万元的相对薄弱村有14个，大于2万元但不超过4万元的相对薄弱村有36个，大于4万元但不超过6万元的相对薄弱村有58个，大于6万元但不超过8万元的薄弱村有49个，大于8万元但不超过10万元的薄弱村有65个。结合未来能否达到10万元村级集体经济经营性收入的可能性来看，在222个相对薄弱村中，有的相对薄弱村未来可能相对容易脱贫，比如村集体经济经营性收入大于6万元的114个相对薄弱村，特别是其中收入大于8万元的65个相对薄弱村。但是，对于另一些相对薄弱村来说，未来脱贫仍然极为困难。特别是对于村级集体经济经营性收入不超过2万元的14个相对薄弱村而言，依靠自身的力量恐怕难以走出贫困陷阱。

为了增加相对薄弱村的村级集体经济经营性收入，江门市连续出台了一系列政策文件，确立了治理相对薄弱村的顶层设计，甚至还出台了专门治理相对薄弱村的工作方案。例如，《江门市推进农业农村现代化"十四五"规划（2021—2025）》明确提出要提升相对薄弱村的村级集体经济经营性收入；2021年1月，江门市人民政府办公室印发了《江门市人民政府办公室关于印发〈江门市提升村级集体经济经营性收入行动方案〉的通知》（江府办〔2021〕2号）；2021年8月，中共江门市委实施乡村振兴战略领导小组办公室发布了《江门市驻镇帮镇扶村"三结对"帮扶发展村级集体经济经营性收入薄弱村工作方案》。

综合上述政策文本与政策实践来看，主要是探索采用多种方式提升相对薄弱村的村级集体经济经营性收入。例如，在笔者与江门市扶贫办工作人员一同调研过程中发现，相对薄弱村面临的一个共同问题是缺少用地来发展产业，导致即使相对薄弱村的村民收入不低于非相对薄弱村的村民，相对薄弱村的村级集体经济经营收入也难以实现增长。加之在相对薄弱村基本是采用二级核算，使得村民小组与村集体之间的利益分配出现了较为明显的偏向村民小组而非二者之间的合理分配，从而进一步弱化了村集体经济的经营性收入。为此，江门市拟采用的做法是一方面实行"3亩地"模式，另一方面探索村级二级核算向一级核算改革试点，希望借此改善村集体经济经营性收入过低的问题。

五、完善乡村基础设施建设和公共服务供给

2018—2020 年,江门市各级共投入财政资金 12.55 亿元、筹集社会资金 4975 万元,实施"百村示范、千村创建、万村整治"工程,建设生态宜居的美丽乡村。从有路面硬化村道的自然村占比、已完成集中供水的自然村占比、已纳入垃圾收运处理体系的自然村占比、整村推进"厕所革命"的行政村占比四个方面的完成情况来看,江门市全市已基本实现道路硬化、集中供水、垃圾收运处理和"厕所革命"全覆盖;在江门市下辖的三区四市中,蓬江区、江海区和鹤山市三个区(市)已经 100% 完成上述四个方面的美丽乡村建设,新会区、台山市、开平市和恩平市四个区(市)则接近完成上述四个方面的美丽乡村建设(见表 11-1)。

表 11-1　2018 年以来江门市农民居住环境改善情况

地区	有路面硬化村道的自然村占比	已完成集中供水的自然村占比	已纳入垃圾收运处理体系的自然村占比	整村推进"厕所革命"的行政村占比
蓬江区	100%	100%	100%	100%
江海区	100%	100%	100%	100%
新会区	86%	99%	100%	100%
台山市	92%	99%	100%	97%
开平市	100%	95%	99%	100%
鹤山市	100%	100%	100%	100%
恩平市	99%	97%	100%	100%
江门市	96%	98%	99%	99%

数据来源:中山大学课题组调研材料(2021 年 8 月)。

在探索生态振兴过程中,江门市还以"三清三拆三整治"、廊道整治、"三边"整治等作为抓手,推动农村人居环境整治工作,充分调动农民积极性,鼓励村民盘活宅前院后闲置土地,将其打造成"四小园",让村庄环境变得更加优美。除了整治农村人居环境以外,江门市还在脱贫攻坚期

第十一章　实现有效衔接的江门实践

间全面完成农村电网改造升级工程；完成《江门市信息基础设施建设三年行动计划（2018—2020 年）》设定的信息基础设施建设目标；积极实施《江门市农村物流发展规划（2019—2025 年）》，实现县、镇、村物流服务网点全覆盖；完成省下达的 133 个村卫生站公建规范化建设任务，累计完成 564 间村卫生站规范化建设。

除完善基础设施外，江门市还强化了兜底保障服务的供给。从"三保障"中的教育服务、医疗服务和住房服务来看，针对江门市贫困户的情况，分别形成了全周期的教育帮扶服务、全覆盖的健康帮扶服务和多举措的住房帮扶服务。全周期的教育帮扶服务是指对贫困户家庭的子女教育实施从九年义务教育到普通高等教育全阶段给予生活费资助和减免学费。江门市在 2016—2019 年发放生活费补助资金 5965 万元，免学费补助资金 899.3 万元，有效阻断了贫困户家庭子女因贫辍学和因学致贫现象的发生。全覆盖的健康帮扶服务是指对贫困户实施基本医疗保障和重大疾病 100% 保障。2016—2019 年，江门市共计支出医疗费用 10043.18 万元，报销医疗费用 9764.67 万元，受惠政策目标群体达 63301 人次。多举措的住房帮扶服务是指针对农村有危房的贫困户家庭实施"回头看"专项督查，对贫困户家庭和动态新增贫困户进行全覆盖追踪，确保高质量完成农村贫困户家庭的危房改造任务。

除了上述加强三种公共服务供给以外，江门市还通过政府购买公共服务，引入社工组织参与帮扶贫困户，释放了社会救助服务供给效能。例如，新会区北门社区探索实施社区工作者、社工和义工"三工"结合帮扶贫困户的志愿服务新模式。其主要思路是充分利用社工的专业知识及其所在社工机构的优质资源，吸纳社区义工参与社区扶贫工作，从而为社区贫困户提供精准帮扶。具体做法是社区干部每月与社工机构的社工定期交流，逐一分析社区贫困户和评估各社区贫困户的实际情况，然后根据各社区贫困户需求制定相应的一对一的帮扶计划和帮扶服务，并通过对社区贫困户实施心理疏导，邀请社区贫困户参与社会团体开展的活动，激发社区贫困户的内生动力。

第三节　江门有效衔接实践的典型案例：陈山村

陈山村①位于鹤山市雅瑶镇北部，江沙公路和佛开高速公路两条公路纵横贯穿其境。陈山村有户籍人口2017人，下辖6个村民小组，设6个支部，现有党员91名。陈山村是"中国油画第一人"、民主革命先驱李铁夫的故乡，其陈山香火龙习俗远近闻名，属"广东省名村""广东省文明村""江门市生态旅游示范村"，2019年还被评为"广东省古村落"。虽然陈山村有着明显的旅游资源和红色资源优势，而且也打造了李铁夫和陈山香火龙两张"超级名片"，但是在2018年以前，受陈山村村居环境较差，以及上述两张"名片"的打造相对粗糙的影响，加之陈山村对其文化资源的挖掘极为有限，"陈山文化"的品牌效应远远没有发挥出来。2018年以后，陈山村"两委"开始有意识地改善农村人居环境，加大生态宜居美丽乡村建设力度，将"陈山文化"品牌的建设思路明确为"打造铁夫文化品牌""擦亮火龙民俗文化名片"和"引导文旅资源融合发展"，陈山村才逐步探索出一条富有陈山特色的陈山文化振兴之路，为陈山村村集体经济发展提供了新的增长点，有效地带动了陈山村的产业振兴，改善了陈山村村民的生活品质。

一、修缮华侨青砖祖屋，盘活历史建筑资源

陈山村是古村落，其开村历史可以追溯至南宋年间，其村内70%的房屋属于华侨的青砖祖屋。虽然华侨的青砖祖屋属于陈山村独有的古建筑资源，而且青砖祖屋的图案精美、分布集中，具有极好的观赏价值，但华侨常年在外，青砖祖屋无人居住和定期打理，导致其逐渐破败。加之涉及侨

---

① 下文根据陈山村村委提供的《雅瑶陈山村精心打好"文旅"牌 以"文化振兴"促进乡村振兴》整理而成，内容有所改动。

情侨务和产权等问题，华侨的青砖祖屋既无法修缮，也不能拆除。陈山村村委会从"古"字上做文章，决定以"托管"的形式对青砖祖屋进行保管维修，每月向华侨支付"托管费"。经过村民议事流程，村委会多方联系青砖祖屋屋主，在与其沟通解释陈山村村庄发展规划后，得到了陈山村华侨和乡贤的大力支持。最终仅以每年每户100元的"托管费"达成了青砖祖屋的使用协议。按照"修旧如旧"的宗旨，陈山村村委会对青砖祖屋进行旧屋改造提升后，不仅保留了青砖祖屋旧貌，避免破坏华侨的"乡愁"寄托，还让青砖祖屋的"颜值"更高，使得过去破败的青砖祖屋成为今日陈山的一张文旅"名片"。

二、扩大文化名人效应，打造"铁夫故里"品牌

李铁夫是"中国油画第一人"，也是民主革命先驱。2019年，在市、镇两级的支持下，陈山村获得500万元资金，用以推进李铁夫故居整体规划修缮工程。目前，陈山村已建成600平方米的铁夫文化广场，修缮了铁夫画阁和铁夫故居，打造了铁夫陈列馆，还在其村内修建了文化公园，用来展示李铁夫的事迹。除加强上述硬件方面的建设外，陈山村也尤为重视"铁夫文化"的传播和传承。2019—2021年，陈山村先后开展了"向李铁夫致敬　见龙在田——寻找陈山村的故事""铁夫文化广场红色文化大讲堂""龙眼树下的艺术课堂"等活动。这些活动在培育艺术人才和传承油画文化的同时，也满足了人民群众的精神需求，还为陈山村建设以红色文化为底蕴的艺术之村、打造"铁夫文化"品牌奠定了基础。

三、整理红色革命资源，传承陈山红色文化

除了弘扬李铁夫的艺术文化和革命精神，陈山村还深入挖掘了陈山村的红色革命资源。陈山村党委的具体做法是将陈山村在1998年编撰的《陈山村史》中挖掘出的红色革命人物和革命事迹与陈山村的党建工作结合起来。在加强红色文化建设过程中，陈山村党委结合我国革命斗争史与陈山村革命人物事迹，整理出陈山革命史，并修建了红色革命馆。在整理

陈山革命史的过程中，陈山村党委将其重心放在李超家族的革命史，并筹备修建了李超红色革命之家纪念馆，以缅怀李超的革命精神，从而再打造出一个爱国主义传承基地，进一步激发村民爱国爱乡之情。

四、开展环境综合整治，提升人居环境水平

陈山村充分利用打造"陈山文化"品牌获得的资金资助，以及江门市推行"三清三拆三整治""厕所革命""四好农村路""四小园"等的政策机遇，完善了陈山村的基础设施建设，极大地改善了陈山村的村容村貌和人居环境。例如，为了整治臭气熏天的鱼塘，陈山村村委多次召开村民代表大会来说服村民改造鱼塘。在达成整治共识以后，不仅消除了鱼塘异味，还扩大了鱼塘面积，并开始在鱼塘中种植荷花，养殖黑皖鱼、大头鱼，极大地改善了陈山村的生态环境。又如，新建三里村文化楼，实现了"每村一个文化室"；安装近200盏太阳能灯；新建停车场、公共厕所、篮球场；改造雨污分流系统，推进农村生活污水治理；雇用村民进行保洁；等等。

第四节 江门有效衔接实践的主要经验

一、遵循统分结合原则

统分结合原则不仅体现在江门市创新低收入人口认定方法中，也体现在其对低收入人口帮扶中，还体现在其对农村类型的认定中。从江门市创新低收入人口认定方法来看，江门市将其反贫困的政策目标群体分为低收入人口和非低收入人口后，进一步将低收入人口分为有劳动能力的低收入人口和没有劳动能力的低收入人口。然后据此设计低收入人口帮扶改革的总体方案，并按照总体方案设计，形成了依据致贫原因实施精准帮扶的14个不同类型的帮扶政策。

从江门市在恩平市的政策试点来看，恩平市出台了《恩平市低收入对象帮扶改革的试点工作总体实施方案》，明确提出要统一城乡帮扶体系和分类实施精准帮扶。"统一城乡帮扶体系"即按照统一的认定标准认定社会救助对象和扶贫对象，然后出台统一的帮扶政策，促进城乡之间和帮扶对象之间的融合；"分类实施精准帮扶"即通过借助大数据、互联网技术构建的低收入人口帮扶信息管理平台和低收入人口帮扶信息展示平台，把脉低收入人口的致贫原因，然后对其针对性地实施产业、就业、教育、医疗、住房、养老等帮扶政策，实现帮扶资源的分类投放和精准配置。

而从贫困村的帮扶来看，江门市在落实《中共广东省委 广东省人民政府关于实现巩固拓展脱贫攻坚成果同乡村振兴有效衔接的实施意见》和《广东省乡村振兴驻镇帮镇扶村工作方案》精神的过程中，首先将其所辖区域内村级集体经济经营性收入小于10万元的222个行政村界定为相对薄弱村。然后，江门市将上述222个行政村所在的70个镇（街）划分为重点帮扶镇和巩固提升镇两类，再由各市（区）结合其自身实际实施自行组团帮扶。

二、城乡统筹融合发展

党的十九大报告提出，实施乡村振兴战略，要建立健全城乡融合发展体制机制和政策体系，加快推进农业农村现代化。"城乡融合发展"首次写入党的文献，标志着我国开启了构建新型城乡关系之路。2019年4月15日，中共中央、国务院发布《中共中央 国务院关于建立健全城乡融合发展体制机制和政策体系的意见》，明确提出要"以协调推进乡村振兴战略和新型城镇化战略为抓手"，"以缩小城乡发展差距和居民生活水平差距为目标"，"以完善产权制度和要素市场化配置为重点"，明确了构建新型城乡关系的具体思路和方向。

从江门市的城乡融合发展实践来看，在2016年开始探索扶贫线与低保线"两线合一"过程中，江门市的反贫困工作形成了"城乡统筹扶贫"的理念。受这一政策理念的影响，在后续的反贫困实践中，江门市同时在农村和城市开展精准扶贫工作。虽然"城乡统筹扶贫"的政策理念并非为了减小城市地区和农村的发展差异，但是我们从扶贫对象来看，这一政策理念无疑兼顾了城乡贫困群体，对避免城乡贫困群体因政策干预差异加剧其生活状况差距有重要作用。上述"城乡统筹发展"的政策理念针对的是城乡贫困群体而非城乡地区发展，但是，与城乡贫困群体有关的反贫困政策实施已经具有较大程度上的城乡统筹特点，这无疑可以在一定程度上减少城乡发展差距。

上述政策理念同时也影响了江门市乡村振兴战略的实施。在探索城乡融合发展的乡村振兴道路过程中，江门市没有将其城乡融合发展定位为消除城乡差异，而是全面缩小城乡差距。换言之，其对新型城乡关系的定位是承认城乡差异，但是要尽力消除城乡差距。正是基于这一政策理念，江门市在实施乡村振兴战略过程中，强调利用自身的优势文化资源、自然资源大力发展休闲观光、文化旅游等农业发展的新业态，增进了乡村经济多元化和农业全产业链发展；通过完善基础设施建设，推动江门市农村人居环境的改善，补齐农村发展中的短板——相对薄弱村，有效减缓了农村发展不均衡问题；通过产业互补、服务倾斜、人才强农等措施，促进了各类要素更多地向乡村流动；通过全周期的教育帮扶服务、全覆盖的健康帮扶服务和多举措的住房帮扶服务，增进了城乡基本公共服务的普惠共享。

三、强化信息技术应用

在借助信息技术助力脱贫攻坚与乡村振兴过程中，江门市主要经历了两次发展。其实，从信息技术在扶贫开发中的应用来看，国务院扶贫开发办公室开发了全国扶贫开发信息系统，用于收集贫困户、贫困村的基础信息，以及县级脱贫攻坚项目的资金和资产管理情况。在2019年以后，国务院扶贫办不再接收地方政府脱贫攻坚中的资金、项目及其佐证的纸质材料，进一步强化了信息技术在脱贫攻坚中的运用。除了做好全国扶贫开发信息系统的信息录入工作以外，江门市早在2016年就建立了江门市精准扶贫网，该网站包含政务之窗、扶贫资讯、贫困家庭、老区建设、社会帮扶、扶贫风采等模块。除此以外，江门市精准扶贫网还公布了"百企扶百村""百医牵百村""千（万）义工助千户"的具体名单。

2018年，江门市又建立了低收入人口帮扶信息管理平台。该平台集成了通过入户调查收集到的低收入人口信息，有助于追踪低收入人口陷入贫困的原因，进而对其实施针对性的帮扶政策供给和帮扶资源输送。在运行一年多以后，2020年，江门市又进一步完善了低收入人口帮扶信息管理平台，在其中加入了低收入人口帮扶信息展示平台。通过低收入人口帮扶信息展示平台，江门市政府能够了解江门市全域低收入人口的规模、分布、结构和动态变化。经过数字升级以后，江门市的低收入人口帮扶信息管理平台建立了包含统计分析、人口管理、数据管理、政策帮扶、社工帮扶、企业帮扶、项目帮扶、绩效考核八大模块的系统架构。借助信息技术的深入运用，江门市有力地推动了精准识贫、精准扶贫、协同扶贫等方面扶贫工作的开展。

四、推进多元主体参与

在实施脱贫攻坚与乡村振兴有效衔接过程中，江门市的一个重要机制设计是形成了政府主导、市场促进和社会参与"三位一体"的贫困治理模式。政府主导不仅体现在各项帮扶政策设计层面，也体现在组织层面。

首先，从帮扶政策设计来看，在政府主导下形成了包含专项扶贫、行业扶贫、社会扶贫的大扶贫格局及其政策体系。除了帮扶政策设计以外，政府主导还体现在组织运作层面。一方面，由市委、市政府主要领导分别担任扶贫开发领导小组组长和常务副组长，强化了组织责任，也推动了脱贫攻坚和乡村振兴工作部署；另一方面，通过落实书记遍访贫困户等制度，将市领导作为一级挂扶责任人，并将县、镇、村三级相关负责同志分别作为二、三、四级挂扶责任人，强化了领导责任。此外，还将脱贫攻坚纳入市、县、镇发展考核体系和实施乡村振兴战略实绩考核，强化了考核责任。

其次，从市场主体参与脱贫攻坚与乡村振兴工作来看，江门市的一个重要抓手是"百企扶百村"，其基本经验就是基于市场主体的多样性和贫困人口、贫困村的异质性，有针对性地链接市场帮扶资源。根据江门市扶贫办提供的数据显示，截至2019年，江门市共计127家商企协会和企业参与"百企扶百村",建立112个帮扶"项目库",投入资金355万元,惠及100条老区村和贫困人口1300余人。而在试产主体参与脱贫攻坚与乡村振兴工作过程中,形成了诸多改善相对贫困户家庭经济生活状况和促进贫困村经济发展的参与模式,打造了一批基于江门特色的产业。例如,前文提到的"基地+公司+相对贫困户"发展模式、文旅融合发展模式等;又如,新会陈皮、开平家禽、台山鳗鱼、恩平丝苗米、江门水产等。

最后,从社会主体参与脱贫攻坚与乡村振兴工作来看,除了借助"广东省扶贫济困日"和"10·17全国扶贫日"等活动契机,启动"决战脱贫攻坚,助力乡村振兴"为主题的全市性扶贫济困慈善活动以外,江门市还大力推动消费扶贫行动。笔者调研了解到,江门市设立了"江门市消费扶贫示范基地",搭建了超过3000平方米的扶贫产品展示销售平台。在保障贫困户生产的优特农产品销售出去的同时,极大地激发了农民参与脱贫攻坚与乡村振兴的内生动力。

五、激活发展内生动力

江门市激活发展内生动力的一个重要经验是提高贫困人口就业可行能力。具体来讲,就是通过就业技能培训、就业信息推送、就业岗位创造等就业帮扶来提升贫困人口的就业可能性。

就业技能培训是提升贫困人口就业能力的基础性工作,也是促进贫困人口就业的关键。在就业培训过程中,为了吸引更多的贫困人口参与就业培训,江门市的基本经验是促进就业培训的便利化、免费化、多样化。例如,举办免费的技能培训班进村(居)活动,为扶贫对象提供"家门口"的技能培训机会,实现了就业培训中服务贫困人口的便利化;又如,依托江门市职业训练指导中心、广东厨艺技工学校等培训机构,免费为参加技能培训的贫困人口提供就业培训;再如,实施专业人才培养、短期职业培训、定点合作培训等差异化的就业培训途径,在帮助培养贫困人口就业技能的同时,方便贫困人口根据其自身实际需要选择相应的就业培训服务。

在就业信息提供方面,江门市在明晰贫困人口就业意向的基础上,采用的做法是提供定制化的就业信息推送。一方面,建立"就业帮扶日"制度，规定每月的 15 日为"就业帮扶日"，定期针对贫困人口举办专场招聘会、政策宣讲会和就业指导等服务；另一方面，在收集贫困人口就业需求信息和用人单位就业供给信息后，以就业招聘会的形式助推贫困人口就业。其大致步骤如下：第一，政府工作人员通过入户调查收集贫困人口的就业意向信息；第二，政府工作人员将入户调查收集到的贫困人口就业需求信息反馈至镇（街）劳动站，再由镇（街）劳动站牵头对接用人需求单位；第三，在获得用人需求单位的就业供给信息后，政府工作人员组织发动贫困人口积极应聘，并在招聘会上为贫困人口做好参谋工作。值得注意的是，江门针对不同就业状态的贫困人口实行了差异化的助推策略。例如，对未稳定就业的有劳动能力的贫困人口逐个电话通知，发动他们参加应聘，而对未实现就业的就业困难重点对象则上门咨询了解，填写《江门市"一对一"实名制就业服务登记表》进行跟踪服务。

除了使用了上述两种措施促进就业帮扶以外，江门市还积极探索"企业+工作坊+贫困户"的就业帮扶模式，与诸多管理规范、社会责任感强的企业沟通、交流，创建扶贫车间。例如，江海区社会事务局与华众玻璃、健威家具、欧蒙灯饰、健威凯利 4 家企业沟通后，4 家企业创建的扶贫车间所提供的装配工、包装工、生产操作工、检验包装工等工作岗位共近 450 个；又如，鹤山市鹤城镇与彰明电子灯饰厂联合创办了鹤城镇五星村扶贫工作坊，带动了周边 5 个村的贫困人口就业。

第十二章 实现有效衔接的广东探索与广东经验

2021年3月31日,中共广东省委、广东省人民政府印发了《中共广东省委 广东省人民政府关于实现巩固拓展脱贫攻坚成果同乡村振兴有效衔接的实施意见》,结合广东实际,对巩固拓展脱贫攻坚成果同乡村振兴有效衔接工作进行了规划部署。实现巩固拓展脱贫攻坚成果同乡村振兴有效衔接是我国"十四五"时期的重大决策部署,为扎实推动共同富裕创造良好条件。站在全面建成小康社会的新起点上,广东省着眼第二个百年奋斗目标,接续推进全面脱贫与乡村振兴有效衔接,坚持短期目标和远期目标相结合,坚持把有效衔接工作与扎实推动共同富裕相结合,先行先试,进行了一系列实现有效衔接的广东探索,形成了一大批可复制推广且各具特色的广东经验。

第一节 实现有效衔接的广东探索

脱贫攻坚的全面胜利,标志着党在带领全国人民创造美好生活、实现共同富裕的道路上迈出了坚实的一步。进入"十四五"时期,广东省乡村振兴迎来全面推进的新阶段,在推动巩固拓展脱贫攻坚成果同乡村振兴有效衔接到全域全覆盖全面推进实施乡村振兴战略的进程中,广东省先行先试,进行了包括领导体制、工作体系、规划项目以及考核监督在内的一系列实现有效衔接的探索,推动广东乡村振兴工作走在全国第一方阵。

第十二章 实现有效衔接的广东探索与广东经验

一、领导体制的有效衔接

2021年5月10日,广东省乡村振兴局正式挂牌成立。这意味着广东正式拉开巩固拓展脱贫攻坚成果同乡村振兴有效衔接帷幕,全面推进乡村振兴工作。从制度层面看,这是继2018年机构改革后党中央对农业农村机构做出的又一重大调整和充实,党对"三农"工作领导体制进一步加强,乡村振兴迎来从政策设计、重点突破向全面推开、提质增效的发展新阶段。[①]

在有效衔接时期,广东省坚持党建引领,将基层党建的制度优势和基层党组织的组织优势成功转化为乡村振兴的治理效能。按照"五级书记"一起抓的要求,巩固完善脱贫攻坚成果的领导体制,创新实施省负总责、部门联动、市县镇抓落实的工作机制,健全党政领导干部挂钩联系涉农县工作制度,构建责任清晰、各负其责、执行有力的领导体系。

脱贫攻坚任务完成后,广东省积极部署机构队伍的有效衔接,在工作力量、组织保障、规划实施、项目建设、要素保障方面,做到一盘棋、一体化推进。按照中央要求,广东省积极推进省、市、县三级同步做好乡村振兴机构重组、队伍优化工作,重点做好巩固拓展脱贫攻坚成果、推进乡村建设、改进乡村治理、拓展东西部协作等工作;加强基层干部队伍建设,健全激励干部投身一线担当作为的机制;扎实推进基层党组织"头雁"工程,持续推进村干部能力素质提升行动,选好、用好、管好乡村振兴带头人,坚持和完善继续向重点帮扶村选派驻村第一书记和工作队制度。

二、工作体系的有效衔接

在顺利攻下脱贫攻坚最后堡垒后,如何接续推进乡村振兴,成为新征

---

① 参见《来了!广东省乡村振兴局正式挂牌》,《广州日报》百度百家号,2021年5月10日,见 https://baijiahao.baidu.com/s?id=1699339819278035635&wfr=spider&for=pc。

程中广东实现共同富裕的重大课题。面对新形势、新任务,广东历史性、创造性地提出建立乡村振兴驻镇帮镇扶村工作机制,将原来的脱贫攻坚转变为全域全覆盖全面推进乡村振兴,把工作着力点从过去主要在村一级转向统筹镇、村两级发展,推动镇村一体谋划,强镇兴村,融合发展。

2021年6月,广东省制定印发《广东省乡村振兴驻镇帮镇扶村工作方案》,将乡村振兴驻镇帮镇扶村工作作为巩固拓展脱贫攻坚成果、全面推进乡村振兴的重要举措,作为全面推进乡村振兴的主抓手、主平台。从镇级层面统筹镇村产业发展、基础设施、公共服务建设,推动镇村一体谋划,强镇兴村,融合发展,部署全域全覆盖推进全省1127个乡镇、近2万个行政村全面振兴。从"驻村"到"驻镇",这是广东的开创性探索。乡镇作为最基层的一级政府,肩负党和人民重托,负责各项政策的落实和执行。赋能乡镇,实现"镇"兴,必将更加有力地综合统筹镇、村两级发展,助力全面推进乡村振兴。①

三、规划项目的有效衔接

按照党中央决定,脱贫攻坚目标任务完成后,脱贫的贫困县从脱贫之日起设立五年过渡期。广东省严格落实"四个不摘"要求,保持现行帮扶政策、资金支持、帮扶力量总体稳定。稳定兜底救助类政策,落实好教育、医疗、住房、饮水等民生保障普惠性政策,并根据脱贫人口实际困难给予适度倾斜,巩固优化发展类政策,完善产业带动、就业扶持、技能培训、小额信贷支持措施,做好与乡村产业振兴政策衔接。

广东省以实施乡村振兴规划为重点,统筹脱贫地区各项具体专项规划的编制和实施,将实施巩固拓展脱贫攻坚成果同乡村振兴有效衔接的重大举措纳入省"十四五"规划,勾勒了一幅整体蓝图。一方面,在明确不折不扣完成脱贫攻坚任务、着力解决扶贫突出问题、巩固和扩大脱贫攻坚成果的基础上,对乡村振兴产业发展、基础设施、公共服务、资源能源、生

---

① 参见《驻镇帮镇扶村:赋能乡镇,实现"镇"兴》,广东省乡村振兴局网,2021年8月29日,见http://www.gdfp.gov.cn/fpyw/mtbd/202109/t20210903_1084488.htm。

态环保等方面进行总体谋划；另一方面，对脱贫后待完成的任务、工程、项目进行全面梳理，强化对脱贫攻坚需提档升级的扶贫产业、生态建设、补短板的基础设施和公共服务的接续支持，真正实现乡村振兴与脱贫攻坚一本规划、一张蓝图。

四、考核监督的有效衔接

在巩固拓展脱贫攻坚成果同乡村振兴有效衔接时期，广东省着力推动精准扶贫考核与乡村振兴考核衔接，构建了一套行之有效的考核体系。把市、县党政领导班子和领导干部巩固拓展脱贫攻坚成果同乡村振兴有效衔接成效纳入推进乡村振兴战略实绩考核范围，考核结果作为干部选拔任用、评优评先、问责追责的重要参考；健全日常监督与年度评估相结合的考核评价机制，科学设置考核指标，减轻基层负担；加强审计、媒体、民主监督，推动相关扶持政策措施落地见效。

广东省积极推进东西部协作扶贫与省内对口帮扶工作的考核监督。定期对各帮扶市和省直相关单位东西部协作工作成效开展考核评价，把市县党政领导班子和领导干部巩固拓展脱贫攻坚成果同乡村振兴有效衔接成效纳入推进乡村振兴战略实绩考核范围，考核结果作为干部选拔应用、评先、评优、问责、追责的重要参考。

第二节 实现有效衔接的广东经验

广东乡村振兴的基本经验，可以简单概括为四个"史无前例"：史无前例的领导体制、史无前例的工作机制、史无前例的政策措施、史无前例的资金投入。① 广东省在"十三五"时期顺利完成了精准脱贫攻坚战的任

---

① 参见《广东省农业农村厅厅长顾幸伟：广东乡村振兴的主要成效与基本经验》，农地和乡村微信公众号，2022年1月3日，见https://mp.weixin.qq.com/s/1R84ApW0IXrjkkI2ETsQ4Q。

务，深入实施农村人居环境整治三年行动，全力推进乡村产业振兴、生态振兴和组织振兴等工作，乡村振兴的组织体系、制度体系、工作体系基本建立，并逐渐形成了脱贫攻坚与乡村振兴有效衔接的广东经验、广东特色。

一、制度体系衔接贯彻"三个重点"，把握"三农"工作的关键要素

（一）巩固拓展脱贫攻坚成果同乡村振兴有效衔接

脱贫攻坚和乡村振兴都是为实现"两个一百年"奋斗目标而做出的重要战略部署，具有基本目标的统一性和战略举措的互补性。脱贫攻坚重点解决贫困群体的温饱问题，但脱贫后的持续发展，需要外部支持和内生动力的双重支撑；乡村振兴通过外部支持和激活内生动力，能够为贫困群体提供更稳定的发展基础和发展机会，进一步巩固脱贫攻坚的政策成果。在全面完成脱贫攻坚战任务后，在脱贫攻坚与乡村振兴战略有效衔接的关键时期，广东省通过政策内容、实施方式的细化与调整，逐步推进了脱贫攻坚和乡村振兴两项战略的有效衔接。[①]

顾幸伟提出，2020年广东在确保高质量打赢脱贫攻坚收官战、确保农民同步全面小康的基础上，顺利实现乡村振兴"3年取得重大进展"目标，全省"三农"工作迈上新台阶，广大农村发生历史性的变化。其中，最明显的变化是农村面貌显著改善，表现为：村庄环境由"脏乱差"向"干净整洁"转变，农村生活污水"靠蒸发"向有效收集治理转变，全省2277个省定贫困村实现了"后队变前队"，美丽乡村建设从"示范试点"向"沿线连片"转变；最关键的变化是农业转型升级加快，表现为：产值创新高，农业精细化耕作大幅精进，新业态蓬勃发展，产业体系基本成型，品牌影响力不断加大；最重要的变化是农民生活水平大幅提升，表现

---

① 参见《广东如何确保乡村振兴持续走在全国前列？这场会议明确了方向》，澎湃新闻·澎湃号·政务，2021年7月17日，见https://m.thepaper.cn/baijiahao_13629827。

第十二章　实现有效衔接的广东探索与广东经验

为：全面打赢脱贫攻坚战，全省农民收入提前两年实现翻一番，消费持续释放巨大潜力。①

对于广东来说，实现脱贫攻坚和乡村振兴两项战略的有机衔接，就是要在确保守住不发生规模性返贫底线的基础上，使农业农村现代化建设成果惠及全体农民，实现共同富裕。《中共广东省委　广东省人民政府关于实现巩固拓展脱贫攻坚成果同乡村振兴有效衔接的实施意见》提出了在有效衔接时期要强化现有帮扶政策衔接、持续巩固拓展脱贫攻坚成果、建立乡村振兴驻镇帮镇扶村工作机制、加强对农村低收入人口分类帮扶四个方面的主要任务。重点支持欠发达地区乡村振兴帮扶工作。打赢脱贫攻坚战、全面建成小康社会后，要进一步巩固拓展脱贫攻坚成果，接续推动脱贫地区发展和乡村全面振兴。该实施意见强调要完善防止返贫动态监测和帮扶机制，对易返贫致贫人口实施常态化监测预警，持续跟踪收支变化、"两不愁三保障"及饮水安全情况，定期检查，动态清零。明确加强农村低收入人口监测，分层分类及时落实帮扶政策。② 与此同时，推进乡村振兴，必须抓重点、补短板、强弱项。广东省提出在全面贯彻落实2021年中央一号文件、全面推进乡村振兴的基础上，在有效衔接时期应突出强调实施"九大攻坚行动"③，加快补齐"三农"领域突出短板，努力实现到2022年乡村振兴取得显著成效，确保广东乡村振兴持续走在全国前列。

（二）农业农村现代化

2021年中央一号文件强调，要坚持把解决好"三农"问题作为全党工作的重中之重，把全面推进乡村振兴作为实现中华民族伟大复兴的一项重大任务，举全党全社会之力加快农业农村现代化，让广大农民过上更加

---

① 参见《广东省农业农村厅厅长顾幸伟：广东乡村振兴的主要成效与基本经验》，农地和乡村微信公众号，2022年1月3日，见https：//mp.weixin.qq.com/s/1R84ApW0IXrjkkI2ETsQ4Q。
② 参见《接续推进全面脱贫与乡村振兴有效衔接》，《南方日报》2020年3月12日，第A2版。
③ "九大攻坚行动"行动包括实施农村违法乱占耕地建房整治攻坚行动、实施高标准农田建设攻坚行动、实施种业翻身仗攻坚行动、实施农村生活污水治理攻坚行动、实施农村供水保障攻坚行动、实施村内道路建设攻坚行动、实施美丽圩镇建设攻坚行动、实施渔港建设攻坚行动、实施金融支持乡村振兴攻坚行动。

美好的生活。重农固本是安民之基、治国之要。实现农业农村现代化,是国家现代化的重要组成部分,也是国家现代化的重要标志。实施乡村振兴战略,农业农村现代化是总目标,而要实现这个总目标,就是要坚持农业现代化和农村现代化一体设计、一并推进,实现农业大国向农业强国跨越。①

党的十九大以来,按照中央的决策部署,广东乡村振兴工作已经推进了四年时间。按照《中共广东省委 广东省人民政府关于推进乡村振兴战略的实施意见》中提出的"3年取得重大进展,5年见到显著成效,10年实现根本改变"的任务时间表,当前广东已顺利实现乡村振兴"3年取得重大进展"目标,57项硬任务全部完成。按照省委、省政府的部署,广东"十四五"期间要推动乡村振兴迈进全国第一方阵、努力走在全国前列,当前和今后一个阶段将重点抓好四个方面的工作:一是以现代农业产业园为主抓手,推动乡村产业高质量发展;二是以"九大攻坚行动"为主攻点,打牢乡村全面振兴的底板;三是以"驻镇帮镇扶村"为主平台,推动城乡融合和乡村全面振兴;四是以深化农村综合改革为主引擎,释放农业农村潜藏的强大动能。②可以说,广东乡村振兴由顶层设计、组织发动进入到全员行动、全面推进的新阶段。广东正借助不同的资源禀赋,逐渐形成多样化的农业功能区,通过完善的指标评价体系,这些功能区将助力广东实现工农互促、城乡互补、共同繁荣的新型农业农村现代化。③

(三) 城乡融合发展

2020年5月8日,广东省委、省政府印发《广东省建立健全城乡融合发展体制机制和政策体系的若干措施》,就推进全省加快建立工农互促、城乡互补、全面融合、共同繁荣的新型工农城乡关系,促进城乡融合发

---

① 参见《以乡村全面振兴助力农业农村现代化》,中国经济网百度百家号,2021年5月12日,见https://baijiahao.baidu.com/s?id=1699498596356362935&wfr=spider&for=pc。
② 参见《广东省农业农村厅厅长顾幸伟:广东乡村振兴的主要成效与基本经验》,农地和乡村微信公众号,2022年1月3日,见https://mp.weixin.qq.com/s/1R84ApW0IXrjkkI2ETsQ4Q。
③ 参见《划重点!广东如何全面振兴乡村,瞄准这三个关键词》,《深圳特区报》百度百家号,2021年7月7日,见https://baijiahao.baidu.com/s?id=1704621074550773704&wfr=spider&for=pc。

第十二章 实现有效衔接的广东探索与广东经验

展，实现乡村振兴和农业农村现代化，提出多项措施。习近平总书记强调，要建立健全促进城乡融合发展的体制机制和政策体系，带动乡村产业、人才、文化、生态和组织振兴。① 乡村振兴和城乡融合发展是互促互进的，乡村振兴需要城乡资源、要素的流动互通，城乡融合发展亦需要乡村振兴的支持。通过推进乡村全面振兴，乡村与城市之间形成可以产生共鸣的平台，才能更好地促进城乡融合发展。推动乡村振兴、实现城乡融合发展是一项长期任务。②

区域之间、城乡之间发展不平衡不充分是广东基本省情，如何更进一步加快完善城乡融合发展的体制机制和制度体系，成为广东推进巩固拓展脱贫攻坚成果同乡村振兴有效衔接工作的重点议题。高质量的城乡融合是新时代"三农"工作的重要内容，更是"双循环"新发展格局下的必然要求。城乡融合发展程度决定着工业化质量和现代化的高度，城乡融合发展是乡村振兴和新型城镇化建设的重要内容，体现了两者的相互协调、促进与统一。广东省委、省政府积极响应习近平总书记号召，抓住战略机遇，提出并形成"一核一带一区"区域发展格局，利用各地区位和要素禀赋特点，构建起具有比较优势明显的城乡产业结构和内外循环的经济体系，补短板、调结构、强基础、抓落实，支持鼓励社会资本和国有资本下乡，在塑造新型农业生产经营机制，构建具有内生动力的农村金融体系等方面，推动城乡融合和区域协调发展，为中国现代化发展提供"广东样板"。③

---

① 参见《加快推动乡村振兴 促进城乡融合发展》，南方网，2018年10月27日，见 https://news.southcn.com/node_c6fa2967a1/43661c64ec.shtml。
② 参见《如何利用"城乡融合"实现乡村振兴?》，搜狐网，2021年6月17日，见 https://www.sohu.com/a/472444878_121124434。
③ 参见《广东城乡融合发展报告发布》，广东省乡村振兴局网，2021年9月29日，见 http://www.gdfp.gov.cn/fpyw/jdxw/202110/t20211009_1086563.htm。

二、政策体系衔接落实"四项内容",凸显乡村振兴的广东特色

(一)建立健全长效机制,守牢不发生规模性返贫底线

广东省参照中央做法,将"十四五"时期作为巩固拓展脱贫攻坚成果同乡村振兴有效衔接的过渡期,巩固拓展脱贫攻坚成果,守牢不发生规模性返贫底线,建立健全巩固脱贫攻坚成果长效机制。

1. 落实"四个不摘"要求,保持现行帮扶政策、资金支持、帮扶力量总体稳定

稳定兜底救助类政策,落实好教育、医疗、住房、饮水等民生保障普惠性政策,并根据脱贫人口实际困难给予适度倾斜。巩固优化发展类政策,完善产业带动、就业扶持、技能培训、小额信贷支持措施,做好与乡村产业振兴政策衔接。

2. 健全防止返贫动态监测和帮扶机制

明确加强农村低收入人口监测,健全农村低收入人口主动发现、定期核查、动态调整机制,完善防止返贫动态监测和帮扶机制,对易返贫致贫人口实施常态化监测预警,持续跟踪收支变化、"两不愁三保障"及饮水安全情况,定期检查,动态清零。

3. 分层分类及时落实帮扶政策

完善最低生活保障制度,科学认定农村低保对象,提高政策精准性。调整优化针对原建档立卡贫困户的低保"单人保"政策,将低收入家庭中的重病、重残人员参照"单人户"纳入低保范围,将符合条件的低收入家庭纳入教育、住房、医疗、就业等专项救助范围。对脱贫人口中完全丧失劳动能力或部分丧失劳动能力且无法通过产业就业获得稳定收入的人口,按规定纳入农村低保或特困人员救助供养范围,并按困难类型及时给予专项救助、临时救助等。

4. 建立内生能力培育机制

实施"粤菜师傅""广东技工""南粤家政""农村电商""乡村工

匠""高素质农民"培育等工程,健全帮扶项目与低收入群众参与挂钩、被帮扶地区产业园区吸纳劳动力就业管理机制,强化公益性岗位托底安置。完善粤东、粤西、粤北地区各类产业园区吸纳劳动力就业管理机制,加强"村企""校企"等招聘对接,积极开发就地就近就业岗位,继续办好扶贫车间,对就业特别困难的人员通过公益性岗位进行托底安置。推广"爱心公益超市"等自助式帮扶做法。加强不良行为惩戒。

5. 健全扶贫资产管理机制

做好经营性扶贫资产和公益性扶贫资产确权登记工作,完善扶贫资产管理台账和制度体系。探索创新运营管护机制,完善扶贫资产收益分配制度,经营性资产收益重点用于项目运营管护、巩固拓展脱贫攻坚成果、村级公益事业,健全到村、到项目、到人的收益分配机制,强化镇村和行业部门监督责任,依法维护农户财产权利。

(二) 以产业振兴为发展重点,全面推动农业农村现代化

在脱贫攻坚与乡村振兴的有效衔接时期,广东紧紧围绕"产业兴旺是解决农村一切问题的前提"的要求,以高质量发展为主题,全力构建"跨县集群、一县一园、一镇一业、一村一品"现代乡村产业体系,提升产业链供应链现代化水平,推动乡村产业振兴跑出"加速度"。[①]

1. 高位推动系统谋划

省委、省政府高位推动、重点部署。省政府工作报告中均重点要求要加快构建现代农业产业体系。2019年以来,广东省出台了现代农业与食品产业集群行动计划、荔枝产业高质量发展三年行动计划、生猪家禽产业转型升级意见、渔业绿色高质量发展转型升级意见等一批产业提升规划文件,谋定乡村产业发展方向。

2. 产销同抓保供提质

出台农产品收储补贴政策,搭建"保供稳价安心"数字平台。2019

---

① 参见《顾幸伟:为巩固拓展脱贫攻坚成果同乡村振兴有效衔接贡献"粤力量"!》,广东省乡村振兴局网,2021年8月29日,见http://www.gdfp.gov.cn/fpyw/jdxw/202109/t20210903_1084487.htm。

年以来,共帮助236家涉农企业获得146亿元专项再贷款支持。创新"12221"市场体系,由点至面拓展覆盖产业。推动荔枝出口企业抱团出海,并通过广东贸易通道将兄弟省份的农产品推向粤港澳大湾区和国际市场。

3. 平台集聚全链发展

截至2021年8月,全省累计创建国家级现代农业产业园14个、优势特色产业集群3个(含农垦)、农业产业强镇42个(含农垦),建设省级现代农业产业园161个、省级"一村一品"专业村镇2200个,各类产业平台首尾呼应,集聚发力。

4. 主体引领示范带动

2019年以来,全省共培育认定省重点龙头企业1183家(含国龙67家),上市融资涉农企业超100家;现有家庭农场和农民合作社超过20万家,各类农业生产托管服务组织4万个以上;深入实施"粤菜师傅""广东技工""南粤家政""高素质农民培训"等人才培育工程。

5. 科技赋能品牌提效

打造广州国家现代农业产业科技创新中心等一批成果转化平台,自2018年12月平台成立以来,共新增51个农业科技创新团队,贯通产学研全技术服务流程通道,全省农业科技贡献率达70.2%。发布一批区域公用品牌、名牌系列农产品,共创建了57个特色农产品优势区。

6. 融合发展创新驱动

开展农业产业链"链长制"试点,探索乡村产业发展新机制。初步建成省级农产品加工中试公共服务平台,为全省农产品加工企业提供中试放大等服务。打造"粤休闲农业"微信小程序,助力休闲农业复苏重振。

(三)实施驻镇帮镇扶村工程,推动"千镇万村"同步振兴

赋能乡镇,实现"镇"兴,有利于综合统筹镇、村两级发展,助力全面推进乡村振兴。[①] 驻镇帮镇扶村是一项新机制,也是对广东脱贫攻坚经

---

① 参见《权威解读 | 广东省乡村振兴驻镇帮镇扶村工作方案》,广东省乡村振兴局网,2021年7月1日,见http://www.gdfp.gov.cn/photo/202107/t20210701_1078971.htm。

验的重要延续。与精准扶贫时期驻村工作队相比，乡村振兴驻镇帮镇扶村工作机制由原来的脱贫攻坚驻村扶村机制转变为乡村振兴驻镇帮镇扶村工作机制，是广东历史上规模最大的一次帮扶行动，驻镇帮镇扶村明确开展"党政机关+企事业单位+科研力量+志愿者"组团式，包含了驻镇、组团、全域、全面、灵活五个特点，本质是建设以镇一级为单位的若干振兴"组团"。

1. 科学编制镇域规划，分类有序推进乡村振兴

按照市、县"一盘棋"规划和主体功能区定位要求，系统谋划编制镇域乡村振兴规划，统筹布局生产、生活、生态空间，优化乡村发展布局，完善镇域优势主导产业和乡村特色农产品发展计划，美丽圩镇和生态宜居美丽乡村建设计划，农田水利、交通物流等基础设施和公共服务提升计划，因地制宜发展壮大乡村产业，聚力提升镇村风貌，传承发展乡村文化，整镇打造区域品牌，整体提升特色乡镇知名度、文明镇村美誉度。

2. 提升镇村公共基础设施水平，全面改善生产生活条件

加快推进"四好农村路"建设和通村、通组入户道路硬化建设，优化市政公用设施建设及公建配套，推进镇村互联互通，完善圩镇公共供水、农村集中供水安全保障。结对帮扶双方要整合资源力量，携手共创美丽乡镇，镇村同步整治、同步建设、融合发展。

3. 提升镇域公共服务能力，增强人民群众的获得感、幸福感和安全感

整合政策资源，推动珠三角地区优质教育、文化、医疗卫生资源倾斜支持被帮扶地区，实现义务教育、学前教育优质均衡发展，镇村公共卫生服务、公共文化服务均等化供给。

4. 提升圩镇集聚辐射能力，推动城乡融合发展

开展垃圾、污水、镇村风貌整治和智慧化改造，全面提升圩镇营商环境和对外形象，增强吸引投资、集聚要素、辐射带动、融合创新的能力。常态化开展镇村风貌整治，群防群治，持续整治乱搭建、乱堆放、乱摆卖、乱停放、乱拉挂、乱贴画等行为，树立镇村整洁有序的良好形象。

5. 提升乡村治理能力，巩固党在农村的执政根基

深入落实好乡镇（街道）领导干部驻点普遍直接联系群众制度，实施好基层党组织"头雁"工程,选优配强村"两委"班子,把基层党组织建设成为宣传党的主张、贯彻党的决定、领导基层治理、团结动员群众、推动改革发展的坚强战斗堡垒,推动村民小组规范化建设。

(四)深化东西部协作与省内对口帮扶,加快构建区域发展新格局

作为改革开放排头兵、先行地、实验区,在巩固拓展脱贫攻坚成果同乡村振兴有效衔接时期,广东始终注重发扬和践行改革开放精神,把东西部协作作为长期性、战略性政治责任,坚持"中央要求、当地所需、广东所能"的原则,建立健全"双向协作、多方共赢"的东西部协作机制。同时,以省内对口帮扶促进区域协调发展有效弥补粤东、粤西、粤北经济社会发展的短板和弱项,有效提升了全省区域发展平衡性与协调性,形成了一批可复制、可借鉴的创新经验。

1. 以消费帮扶创新社会帮扶

创新建立广东东西部扶贫协作产品交易市场,推动帮扶地区产品对接粤港澳大湾区"菜篮子"工程,形成"全产业链"体系化的消费帮扶模式。将"6·30 广东扶贫济困日"活动引入消费帮扶,营造"人人皆可为、人人皆能为、人人皆愿为"的社会帮扶新氛围。2018 年以来,累计消费扶贫、消费帮扶 591 亿元。

2. 以完善配套创新易地扶贫搬迁援建后扶模式

在凉山、怒江、百色等曾经的深度贫困地区援建 76 个易地扶贫搬迁点,实施生活设施和产业、就业等配套,补齐义务教育、基本医疗、住房安全和饮水方面的短板。广州援建毕节柏杨林、深圳援建百色"深圳小镇"、珠海援建怒江维拉坝、佛山援建三河村等,成为易地扶贫搬迁"搬得出、稳得住、能致富"的示范样板。

3. 以"三大基地"创新致富带头人培训

在佛山南海首创建设粤桂扶贫协作贫困村创业致富带头人培训基地,在清远市连江口镇连樟村碧桂园和广州市增城区石滩镇幸福田园创建两个全国贫困村创业致富带头人实训基地,采取"双培双带双促"培育模式,先后辐射带动扶贫协作四省(区)培训 2.9 万人,创业成功 7384 人,带

动已脱贫户上万户。目前，3个基地已全面转入乡村振兴创业致富带头人培训工作。

4. 以帮扶边民巩固拓展脱贫攻坚成果创新稳边固疆举措

对边民实施危房改造帮扶、教育帮扶、医疗卫生帮扶、信息化建设帮扶等"六项帮扶"。深圳市龙岗区帮扶百色市靖西大莫村全面改善生产生活条件，把一个曾经没有水喝、没有产业、没有手机信号的贫困村，打造成为具有浓厚民族特色的美丽乡村，让边民安居边境、乐业边境、稳在边境。

5. 对口帮扶重在"造血"，"软硬兼施"补齐短板

2017年第二轮全省对口帮扶以来，珠三角6市及其对口帮扶的8市在推进产业梯度转移和产业共建、完善基础设施建设、加强民生保障、配合打好精准脱贫攻坚战等多个方面取得丰硕成果。例如，广州、清远全面推进教育结对，结对帮扶各类学校达206所，支持清远新建3所学校和改善124所学校教学条件。实现广州42家高水平医疗机构与清远32家县级以上医疗机构结对，推动跨区域医联体建设，推行"远程医疗诊断"模式，支持清远建立远程会诊平台6个，引进医疗新技术356项。①

三、工作体系衔接树立"五个坚持"，建设农业农村现代化新局面

近年来，广东深入学习贯彻习近平总书记关于"三农"工作重要论述精神和对广东重要讲话、重要指示批示精神，全面落实中央决策部署，把推进乡村振兴作为解决不平衡不充分问题、实现"四个走在全国前列"的战略举措，举全省之力推进乡村振兴。经过头三年的努力，顺利实现乡村振兴"3年取得重大进展"和全面建成小康社会既定目标，全省乡村面貌正在全面、积极、有序地发生历史性变化，为开启农业农村现代化新征程打下坚实基础，为脱贫攻坚与乡村振兴有效衔接工作的开展奠定了良好

---

① 参见《第二轮广东对口帮扶完成 加快构建区域发展新格局》，金羊网，2020年8月3日，见 https://news.ycwb.com/2020-08/03/content_1029751.htm。

开端。

（一）坚持高位推动，建立强有力的领导机制

近年来，广东创新举措贯彻落实《中国共产党农村工作条例》，积极探索实践党管农村新机制，坚持高位推动，为脱贫攻坚与乡村振兴有效衔接工作的开展建立了强有力的领导机制。

1. 建立落实"两个维护"十项制度机制

建立落实"两个维护"十项制度机制，全面推行"第一议题"制度，招招向党中央看齐、向习近平总书记看齐，事事与习近平总书记对表、与党中央对表，将习近平总书记的重要指示批示和重要讲话精神全面贯彻落实到"三农"工作的全过程、各方面，保证乡村振兴不走偏。

2. 建立"五级书记"抓落实机制

建立"五级书记"抓落实机制，省委书记、省长亲自带头，省市县各级党政"一把手"亲自担任实施乡村振兴战略领导小组组长、副组长，亲自带头挂点联系涉农县、镇、村，亲自督导帮助基层推进乡村振兴，把重农强农决心和举措高位传导到全社会。

3. 建立抓"一把手"机制

建立抓"一把手"机制，省委把乡村振兴战略实施情况作为抓基层党建述职评议的重要内容，同时，每年组织对全省21个地级以上市和62个省直部门进行分片区、分类型"打擂台"考核，考核结果作为领导干部选拔任用以及省级资金安排的重要参考，推动各级"一把手"亲自抓乡村振兴。

4. 建立制度化推进机制

建立制度化推进机制，实行领导小组专题会议制度，专责攻坚重难点问题；所有重大涉农政策出台前必须经领导小组办公室审核，确保正确政治方向；实行专班推进制度，在领导小组下设10个专项组，组建环境整治、农村防疫、农业产业园等工作专班，将重点工作落实到具体部门，实施挂图作战和专责专业推进。

(二) 坚持重点攻坚，分阶段狠抓目标任务落实

按照全面实现乡村振兴的总体目标要求，确立分阶段目标，实行挂图作战。坚持从最突出的短板弱项入手，实行重点攻坚，推动57项乡村振兴阶段性硬任务完成。

1. 以实施"千村示范、万村整治"工程为抓手，全域打造宜居宜业美丽乡村

从解决脏乱差问题抓起，全域开展自然村"三清三拆三整治"，基本解决通行政村道路、垃圾收运、厕所无害化、集中供水等问题，全省自然村基本实现干净整洁；在部分县、镇、村和重要区域开展美丽示范创建，创建570多条美丽乡村精品旅游线路，加快乡村实现美丽"蝶变"。

2. 以现代农业产业园建设为龙头，大力发展富民兴村产业

大力构建"跨县集群、一县一园、一镇一业、一村一品"产业体系，创建农产品"保供稳价安心"数字平台；创建175个省级以上现代农业产业园，扶持打造2000个农业示范村、200个农业专业镇，带动123万名农民就业；"广东荔枝""梅州柚""徐闻菠萝""翁源兰花"等一批广东品牌蜚声国内外。

3. 以实施"头雁"工程为牵引，着力夯实农村基层基础

持续深化农村基层组织"头雁"工程，坚持发展新时代"枫桥经验"，滚动排查整治软弱涣散村党组织，全面推进新时代文明创建，基本建立"党建引领、社会参与、农民主体"的基层治理格局，农村社会持续和谐稳定。

(三) 坚持优先发展，实行超常规的保障举措

近年来，广东省出台形成100多个政策性文件，形成"1+1+N"政策体系，推动农业农村优先发展政策落实落地。

1. 强化规划引领

坚持规划优先，按"城乡融合、全域规划"原则，将城郊融合、搬迁撤并等各类型村庄与城市城中村一体规划建设、一体整治管理，县域乡村建设规划及村庄规划实现全覆盖。

2. 强化人才配备

组建驻镇帮扶工作队,负责协调推进所驻乡镇巩固拓展脱贫攻坚成果和乡村振兴工作,原则上每个工作队不少于5人、每3年轮换一次。创新实施"粤菜师傅""广东技工""南粤家政""农村电商""乡村工匠""高素质农民"培育工程,每年新增培训超过170万人次,带动大量农民就近就地就业及创业。

3. 强化多元投入

建立了包括中央财政(《中央财政衔接推进乡村振兴补助资金管理办法》[①])、省级财政(《广东省财政厅关于下达广东省乡村振兴战略专项资金(大专项+任务清单)的通知》[②])以及金融支持(《广东省人民政府办公厅关于金融支持全面推进乡村振兴的实施意见》[③])的多元投入机制。建立财政稳定增长投入机制,省级财政支农资金逐年较大幅度增加,近年来,乡村振兴累计投入上千亿元。建立金融支持机制,健全农村金融服务体系,完善农村金融配套措施,引导更多的金融资源投入"三农"领域,助力农业高质高效、乡村宜居宜业、农民富裕富足,为推动农业农村高质量发展、打造新发展格局战略支点提供有力的金融支撑。

4. 强化用地保障

创新点状供地政策,建立土地盘活使用机制,打造城乡土地要素有序流动平台,实现农村产权流转管理平台省、市、县、镇、村五级互联互通,创造性打造以农村垦造水田、拆旧复垦为先行点的城乡要素交易平台,实现资金和建设用地指标在珠三角和欠发达地区间互换互补,近三年交易金额超过396亿元,促进了乡村振兴。[④]

---

① 参见《关于印发〈中央财政衔接推进乡村振兴补助资金管理办法〉的通知》,中华人民共和国中央人民政府门户网站,2021年5月17日,见http://www.gov.cn/zhengce/zhengceku/2021-03/31/content_5596927.htm。

② 参见《广东省财政厅关于下达广东省乡村振兴战略专项资金(大专项+任务清单)的通知》,广东省财政厅门户网站,2021年3月29日,见http://czt.gd.gov.cn/gkmlpt/content/3/3250/mmpost_3250744.html#86。

③ 参见《广东省人民政府办公厅关于金融支持全面推进乡村振兴的实施意见》,广东省人民政府门户网站,2021年12月22日,见http://www.gd.gov.cn/xxts/content/post_3731403.html。

④ 参见《2020年度广东省推进乡村振兴战略实绩考核结果公布》,广东省乡村振兴局网,2021年8月22日,见http://www.gdfp.gov.cn/fpyw/jdxw/202108/t20210822_1083402.htm。

（四）坚持全员行动，激活社会力量广泛参与

2021年11月28日，广东省民政厅出台《关于进一步引导动员社会组织参与乡村振兴的若干措施》[①]，提出引导动员社会组织参与乡村振兴工作，充分发挥社会组织在第三次分配中的积极作用，汇聚更多的社会力量和资源，巩固拓展脱贫攻坚成果同乡村振兴有效衔接，促进农业高质高效、乡村宜居宜业、农民富裕富足。积极打造社会各方参与的平台，把全社会各方力量都调动起来。

1. 打造公众参与平台

建立乡村新闻官制度，创设"乡村振兴大擂台"电视比武，全省所有21个地市书记、市长亲自上擂台，26个县委书记出来为乡村站台，93个镇村书记为乡村代言，吸引观众超过15亿次观看"大擂台"，6000余万人次参加了美丽乡村网络投票，超过3000万网友观看和转发了"我为家乡代言"的视频号。

2. 打造资本参与平台

实施"万企帮万村"行动，鼓励引导工商资本下乡。改善乡村营商环境，将农业农村领域原有的346项行政权力事项压减至81项；积极推进乡村建设项目审批改革，吸引10630个企业下乡，投资乡村总额超过1000亿元。

3. 农民参与平台

实施"新乡贤"回归工程，建设认定返乡创业孵化基地51家。优化乡村建设项目管理，推广"农民工匠"做法，明确农村100万以下土建工程、50万元以下货物购买和委托服务的小型项目，可由村级组织或农民工匠承接实施。近三年来，累计吸引新乡贤近3万人投入超过500亿元返乡创业。以修订完善新时代村规民约为重要抓手，广泛引导在村党组织领导下的群众广泛参与，乡村振兴中的群众参与度超过97%。

[①] 参见《广东省民政厅印发〈关于进一步引导动员社会组织参与乡村振兴的若干措施〉的通知》，广东省民政厅门户网站，2021年11月28日，见http://smzt.gd.gov.cn/zwgk/tzgg/content/post_3679886.html。

4. 激发基层工作热情

省级财政对村"两委"干部的补贴提高到每月 3000 元，村办公经费提高至每年 10 万元，并设立每村每年 6 万元村服务群众专项经费，实现村级组织省级补贴全覆盖，为基层干部开展工作提供基本保障。

5. 发挥志愿服务组织力量

"广东高校毕业生志愿服务乡村振兴行动"启动以来，累计吸引了来自全国 7515 名高校毕业生报名，广大青年对投身乡村振兴信心满怀、热情高涨。经选拔，2021 年广东省招募 1000 名大学生志愿者，安排在驻镇帮扶工作队工作，助力推动脱贫攻坚与乡村振兴有效衔接工作。[①]

（五）坚持系统推进，防止工作方向跑偏出错

坚持以民为本、实事求是、因地制宜，确保乡村振兴工作的正确方向。

1. 示范带动，不搞"一哄而上"

通过以点带面、示范带动、梯次创建，先在全省范围内优先选取干部工作积极性高的部分地区开展示范创建，然后再连线成片推进。

2. 合理统筹，不搞"贪大求快"

按年度下达财政资金，由县级政府统筹使用，可以根据实际情况自主优先安排工作领域。开展考核时不搞面面俱到，"不查账、不扰官、不扰民"，直奔基层评估镇村，重点考核乡村振兴政策措施落实情况，主要评估基层干部群众的知晓度、满意度和参与度。

3. 惠民利民，尊重农民意愿

制定工商资本下乡负面清单"十不准"，完善利益联结机制，加快推动"资源变资产、资金变股金、农民变股东"改革，让农民更多地分享产业增值收益。创新开展"三清三拆三整治"，从最基本的清理垃圾和拆除废危做起，逐步改变农民卫生习惯。充分发挥在党组织领导下的村民理事会、新乡贤和其他社会力量的积极作用，鼓励村级组织和农民带头人承接

---

① 参见《好样的！广东 7500 余名青年志愿者主动报名支持乡村振兴发展》，网易新闻，2021 年 9 月 10 日，见 https://www.163.com/dy/article/GJIE6H5K055004XG.html。

小型涉农工程，尽可能让农民在推进乡村振兴过程中有活干、有钱赚。

4. 鼓励创新，尊重基层创造

在不违反底线红线和法律法规的前提下，建立完善鼓励基层探索的容错纠错工作机制。率先在全国建立涉农资金整合机制，跨部门整合26项省级涉农财政资金，市县可统筹财政资金提升35倍，大幅扩大县镇资金使用自主权、工作主导权。

参 考 文 献

白永秀,刘盼. 全面建成小康社会后我国城乡反贫困的特点、难点与重点[J]. 改革,2019(5):29-37.

白永秀,吴杨辰浩. 论建立解决相对贫困的长效机制[J]. 福建论坛(人文社会科学版),2020(3):19-31.

白增博,汪三贵,周园翔. 相对贫困视域下农村老年贫困治理[J]. 南京农业大学学报(社会科学版),2020,20(4):68-77.

包大为. 从浙江经验和历史语境看"两山"理念:乡村振兴的治理方向[J]. 治理研究,2020,36(4):27-33.

蔡松涛. 实现脱贫攻坚与乡村振兴有效衔接的探索与启示:以兰考县为例[J]. 中州学刊,2020(11):47-51.

蔡文成. 基层党组织与乡村治理现代化:基于乡村振兴战略的分析[J]. 理论与改革,2018(3):62-71.

曹斌. 乡村振兴的日本实践:背景、措施与启示[J]. 中国农村经济,2018(8):117-129.

曹海军,曹志立. 新时代村级党建引领乡村治理的实践逻辑[J]. 探索,2020(1):109-120.

曹立,王声啸. 精准扶贫与乡村振兴衔接的理论逻辑与实践逻辑[J]. 南京农业大学学报(社会科学版),2020,20(4):42-48.

常旭. 新中国的扶贫开发及其对乡村振兴战略的启示[J]. 晋阳学刊,2020(6):105-112.

常妍,李一丹. 影响干部担当作为的关键因素:当前干部考核存在的问题及治理[J]. 人民论坛,2021(9):14-18.

陈恩. 产业扶贫为什么容易失败?:基于贫困户增能的结构性困境分

析［J］.西北农林科技大学学报（社会科学版），2019，19（4）：87-95.

陈放.乡村振兴进程中农村金融体制改革面临的问题与制度构建［J］.探索，2018（3）：163-169.

陈美球，廖彩荣，刘桃菊.乡村振兴、集体经济组织与土地使用制度创新：基于江西黄溪村的实践分析［J］.南京农业大学学报（社会科学版），2018，18（2）：27-34，158.

陈明星.脱贫攻坚与乡村振兴有效衔接的基本逻辑与实现路径［J］.贵州社会科学，2020（5）：149-155.

陈全功，程蹉.精准扶贫的四个重点问题及对策探究［J］.理论月刊，2016（6）：5-8.

陈守东，顾天翊.产业扶贫具有更好的贫困摆脱效应吗？：基于扶贫改革试验区样本的准自然实验分析［J］.财经问题研究，2019（10）：113-121.

陈文胜.脱贫攻坚与乡村振兴有效衔接的实现途径［J］.贵州社会科学，2020（1）：11-14.

陈锡文.从农村改革四十年看乡村振兴战略的提出［J］.行政管理改革，2018（4）：4-10.

陈锡文.实施乡村振兴战略，推进农业农村现代化［J］.中国农业大学学报（社会科学版），2018，35（1）：5-12.

陈小燕.多元耦合：乡村振兴语境下的精准扶贫路径［J］.贵州社会科学，2019（3）：155-159.

陈学云，程长明.乡村振兴战略的三产融合路径：逻辑必然与实证判定［J］.农业经济问题，2018（11）：91-100.

陈秧分，王国刚，孙炜琳.乡村振兴战略中的农业地位与农业发展［J］.农业经济问题，2018（1）：20-26.

陈益元，黄琨.土地改革与农村社会转型：以1949年至1952年湖南省攸县为个案［J］.中共党史研究，2013（4）：93-99.

陈志钢，毕洁颖，吴国宝，等.中国扶贫现状与演进以及2020年后的扶贫愿景和战略重点［J］.中国农村经济，2019（1）：2-16.

程承坪，邹迪.新中国70年扶贫历程、特色、意义与挑战［J］.当代经济管理, 2019, 41 (9): 1-9.

程渭山. 实施乡村振兴重在产业兴旺 [N]. 浙江日报, 2018-10-10 (5).

邓大才. 积极国家: 反贫困战略中的政府干预与理论基础: 基于国际反贫困战略的比较研究 [J]. 新疆师范大学学报 (哲学社会科学版), 2021, 42 (2): 41-50.

邓大松, 吴祖云, 杨晶. 中国农村扶贫政策的实践困境与路径优化: 兼论农村扶贫和低保制度的衔接问题 [J]. 苏州大学学报 (哲学社会科学版), 2019, 40 (5): 93-102.

邓磊, 罗欣. 脱贫攻坚与乡村振兴衔接理路探析 [J]. 江汉论坛, 2020 (2): 51-56.

邓婷鹤, 聂凤英. 后扶贫时代深度贫困地区脱贫攻坚与乡村振兴衔接的困境及政策调适研究: 基于H省4县17村的调查 [J]. 兰州学刊, 2020 (8): 186-194.

丁先存, 汪卉卉. 安徽省精准扶贫成效第三方评估的实践研究 [J]. 华东经济管理, 2018, 32 (8): 27-33.

董翀. 产业兴旺: 乡村振兴的核心动力 [J]. 华南师范大学学报 (社会科学版), 2021 (5): 137-150, 207-208.

董帅兵, 郝亚光. 巩固、拓展与衔接: 过渡期贫困治理的路径探索 [J]. 经济学家, 2021 (8): 109-118.

董帅兵, 郝亚光. 后扶贫时代的相对贫困及其治理 [J]. 西北农林科技大学学报 (社会科学版), 2020, 20 (6): 1-11.

豆书龙, 叶敬忠. 乡村振兴与脱贫攻坚的有机衔接及其机制构建 [J]. 改革, 2019 (1): 19-29.

杜向辉. 乡村振兴战略认同的内涵、生成机理与影响因素 [J]. 重庆交通大学学报 (社会科学版), 2020, 20 (5): 17-23.

杜永红. 乡村振兴战略背景下网络扶贫与电子商务进农村研究 [J]. 求实, 2019 (3): 97-108, 112.

杜育红, 杨小敏. 乡村振兴: 作为战略支撑的乡村教育及其发展路径 [J]. 华南师范大学学报 (社会科学版), 2018 (2): 76-81, 192.

参考文献

段思午,曾辰,罗湛贤. 从个体赋权到组织赋能:数字媒介助力乡村振兴角色初探[J]. 南方传媒研究,2020(6):98-104.

樊丽明,解垩. 公共转移支付减少了贫困脆弱性吗?[J]. 经济研究,2014,49(8):67-78.

范建华. 乡村振兴战略的时代意义[J]. 行政管理改革,2018(2):16-21.

范玉刚. 乡村文化复兴与乡土文明价值重构[J]. 深圳大学学报(人文社会科学版),2019,36(6):5-13.

方刚. 广东全面开展扶贫工作初期的三大举措[J]. 源流,2019(12):28-30.

方珂,蒋卓余. 消除绝对贫困与反贫困社会政策的转向[J]. 云南社会科学,2018(3):7-14,185.

冯华超,钟涨宝. 精准扶贫中农民争当贫困户的行为及其阐释:基于武汉近郊Q村的实地调查[J]. 中国农业大学学报(社会科学版),2017,34(2):78-87.

冯献,李瑾,崔凯. 乡村治理数字化:现状、需求与对策研究[J]. 电子政务,2020(6):73-85.

付胜南. 精准扶贫监督体系的构建与完善:基于机制设计理论的视角[J]. 求索,2019(3):104-110.

傅安国,张再生,郑剑虹,等. 脱贫内生动力机制的质性探究[J]. 心理学报,2020,52(1):66-81,86-91.

傅勇. 财政分权、政府治理与非经济性公共物品供给[J]. 经济研究,2010,45(8):4-15,65.

高飞,向德平. 找回集体:西藏治理深度贫困的经验与启示[J]. 中国农业大学学报(社会科学版),2018,35(5):117-126.

高国伟,郭琪. 大数据环境下"智慧农村"治理机制研究[J]. 电子政务,2018(12):101-111.

高静,王志章. 改革开放40年:中国乡村文化的变迁逻辑、振兴路径与制度构建[J]. 农业经济问题,2019(3):49-60.

高静,武彤,王志章. 深度贫困地区脱贫攻坚与乡村振兴统筹衔接路径研究：凉山彝族自治州的数据［J］．农业经济问题，2020（3）：125 - 135．

高琳，高伟华，周罂．增长与均等的权衡：省以下财权划分策略的行动逻辑［J］．地方财政研究，2019（1）：49 - 58．

高强，刘同山，沈贵银．2020 年后中国的减贫战略思路与政策转型［J］．中州学刊，2019（5）：31 - 36．

高强．脱贫攻坚与乡村振兴有机衔接的逻辑关系及政策安排［J］．南京农业大学学报（社会科学版），2019，19（5）：15 - 23，154 - 155．

高强．脱贫攻坚与乡村振兴有效衔接的再探讨：基于政策转移接续的视角［J］．南京农业大学学报（社会科学版），2020，20（4）：49 - 57．

葛志军，邢成举．精准扶贫：内涵、实践困境及其原因阐释：基于宁夏银川两个村庄的调查［J］．贵州社会科学，2015（5）：157 - 163．

龚冰，吕方．"摘帽县"如何巩固拓展脱贫成果？：基于兰考县案例的思考［J］．甘肃社会科学，2020（1）：53 - 60．

谷树忠．贫困形势研判与减贫策略调整［J］．改革，2016（8）：65 - 67．

顾天翊．产业扶贫的减贫实现：理论、现实与经验证据［D］．长春：吉林大学，2019．

郭劲光，俎邵静．七十年来我国扶贫开发模式转型研究［J］．重庆社会科学，2019（6）：5 - 17，2．

郭小聪，吴高辉．第一书记驻村扶贫的互动策略与影响因素：基于互动治理视角的考察［J］．公共行政评论，2018，11（4）：78 - 96，180．

郭小聪，曾庆辉．"第一书记"嵌入与乡村基层粘合治理：基于广东实践案例的研究［J］．学术研究，2020（2）：69 - 75．

郭晓鸣．乡村振兴战略的若干维度观察［J］．改革，2018（3）：54 - 61．

郭晓鸣，张克俊，虞洪，等．实施乡村振兴战略的系统认识与道路选择［J］．农村经济，2018（1）：11 - 20．

韩广富，辛远．2020 年后中国贫困治理的战略重点、难点与对策［J］．行政管理改革，2020（9）：39 - 47．

韩俊. 以习近平总书记"三农"思想为根本遵循实施好乡村振兴战略 [J]. 管理世界, 2018, 34 (8): 1-10.

韩旭东, 杨慧莲, 郑风田. 乡村振兴背景下新型农业经营主体的信息化发展 [J]. 改革, 2018 (10): 120-130.

郝炜. 组织网络、制度型塑与能力提升: 党建引领乡村治理的三重路径: 以山西省"三基建设"为例 [J]. 治理研究, 2021, 37 (2): 63-72.

何广文, 刘甜. 基于乡村振兴视角的农村金融困境与创新选择 [J]. 学术界, 2018 (10): 46-55.

何瑾, 向德平. 当前少数民族女性贫困研究的进路与拓展 [J]. 中南民族大学学报 (人文社会科学版), 2019, 39 (5): 72-77.

何仁伟. 城乡融合与乡村振兴: 理论探讨、机理阐释与实现路径 [J]. 地理研究, 2018, 37 (11): 2127-2140.

何秀荣. 改革40年的农村反贫困认识与后脱贫战略前瞻 [J]. 农村经济, 2018 (11): 1-8.

何阳, 孙萍. 精准扶贫第三方评估流程再造: 理论依据、现实动因与政策设计: 对民族地区精准扶贫第三方评估实践的反思 [J]. 内蒙古社会科学 (汉文版), 2018, 39 (5): 177-183.

贺东航, 孔繁斌. 中国公共政策执行中的政治势能: 基于近20年农村林改政策的分析 [J]. 中国社会科学, 2019 (4): 4-25, 204.

贺雪峰. 关于实施乡村振兴战略的几个问题 [J]. 南京农业大学学报 (社会科学版), 2018, 18 (3): 19-26, 152.

贺雪峰, 刘岳. 基层治理中的"不出事逻辑"[J]. 学术研究, 2010 (6): 32-37.

贺雪峰. 谁的乡村建设: 乡村振兴战略的实施前提 [J]. 探索与争鸣, 2017 (12): 71-76.

贺雪峰. 税费改革的政治逻辑与治理逻辑 [J]. 中国农业大学学报 (社会科学版), 2008 (1): 168-170.

贺雪峰. 乡村振兴与农村集体经济 [J]. 武汉大学学报 (哲学社会科学版), 2019, 72 (4): 185-192.

侯斌. 主体性均衡：后脱贫时代反贫困治理的路径转向［J］. 哈尔滨商业大学学报（社会科学版），2020（5）：119－128.

胡晗，司亚飞，王立剑. 产业扶贫政策对贫困户生计策略和收入的影响：来自陕西省的经验证据［J］. 中国农村经济，2018（1）：78－89.

胡洁怡，岳经纶. 农村贫困脆弱性及其社会支持网络研究［J］. 行政论坛，2016，23（3）：19－23.

胡伟斌，黄祖辉，朋文欢. 产业精准扶贫的作用机理、现实困境及破解路径［J］. 江淮论坛，2018（5）：44－48.

胡钰，付饶，金书秦. 脱贫攻坚与乡村振兴有机衔接中的生态环境关切［J］. 改革，2019（10）：141－148.

黄成亮. 从整合到合作：基层乡村治理的一种共赢［J］. 科学社会主义，2011（2）：76－78.

黄承伟. 党的十八大以来脱贫攻坚理论创新和实践创新总结［J］. 中国农业大学学报（社会科学版），2017，34（5）：5－16.

黄承伟. 激发内生脱贫动力的理论与实践［J］. 广西民族大学学报（哲学社会科学版），2019，41（1）：44－50.

黄承伟. 决胜脱贫攻坚的若干前沿问题［J］. 甘肃社会科学，2019（6）：1－8.

黄承伟. 深化精准扶贫的路径选择：学习贯彻习近平总书记近期关于脱贫攻坚的重要论述［J］. 南京农业大学学报（社会科学版），2017，17（4）：2－8，156.

黄承伟. 我国新时代脱贫攻坚阶段性成果及其前景展望［J］. 江西财经大学学报，2019（1）：55－62.

黄承伟，邹英，刘杰. 产业精准扶贫：实践困境和深化路径：兼论产业精准扶贫的印江经验［J］. 贵州社会科学，2017（9）：125－131.

黄建红. 三维框架：乡村振兴战略中乡镇政府职能的转变［J］. 行政论坛，2018，25（3）：62－67.

黄娟娟，孙计领. 产业扶贫对贫困户的收入增加效应实证分析［J］. 调研世界，2020（3）：3－9.

黄蕊，金晓彤. 我国区域经济非平衡非充分发展的解决路径：创新资源配置方式的优化与重构：基于后发优势理论视角［J］.经济问题，2018（10）：1-7，46.

黄少安.改革开放40年中国农村发展战略的阶段性演变及其理论总结［J］.经济研究，2018，53（12）：4-19.

黄征学，高国力，滕飞，等.中国长期减贫，路在何方？：2020年脱贫攻坚完成后的减贫战略前瞻［J］.中国农村经济，2019（9）：2-14.

黄祖辉.准确把握中国乡村振兴战略［J］.中国农村经济，2018（4）：2-12.

霍国庆，顾春光，张古鹏.国家治理体系视野下的政府战略规划：一个初步的分析框架［J］.中国软科学，2016（2）：156-168.

霍军亮，吴春梅.乡村振兴战略下农村基层党组织建设的理与路［J］.西北农林科技大学学报（社会科学版），2019，19（1）：69-77.

贾晋，尹业兴.脱贫攻坚与乡村振兴有效衔接：内在逻辑、实践路径和机制构建［J］.云南民族大学学报（哲学社会科学版），2020，37（3）：68-74.

江立华.相对贫困与2020年后贫困治理战略［J］.社会发展研究，2020，7（3）：5-14.

江维国，胡敏，李立清.数字化技术促进乡村治理体系现代化建设研究［J］.电子政务，2021（7）：72-79.

姜长云.实施乡村振兴战略需努力规避几种倾向［J］.农业经济问题，2018（1）：8-13.

姜德波，彭程.城市化进程中的乡村衰落现象：成因及治理："乡村振兴战略"实施视角的分析［J］.南京审计大学学报，2018，15（1）：16-24.

姜晶，崔雁冰.推进农村一二三产业融合发展的思考［J］.宏观经济管理，2018（7）：39-45.

姜庆志.走出怪圈：产业扶贫中基层政府治理转型的多重逻辑：基于建始县的纵向案例分析［J］.中国农村经济，2019（11）：100-115.

姜正君.脱贫攻坚与乡村振兴的衔接贯通：逻辑、难题与路径［J］.西南民族大学学报（人文社会科学版），2020，41（12）：107-113.

蒋和胜，李小瑜，田永. 阻断返贫的长效机制研究 [J]. 吉林大学社会科学学报，2020，60（6）：24-34，231-232.

蒋永甫，龚丽华，疏春晓. 产业扶贫：在政府行为与市场逻辑之间 [J]. 贵州社会科学，2018（2）：148-154.

蒋永甫，莫荣妹. 干部下乡、精准扶贫与农业产业化发展：基于"第一书记产业联盟"的案例分析 [J]. 贵州社会科学，2016（5）：162-168.

蒋永穆. 基于社会主要矛盾变化的乡村振兴战略：内涵及路径 [J]. 社会科学辑刊，2018（2）：15-21.

金江峰. 产业扶贫何以容易出现"精准偏差"：基于地方政府能力视角 [J]. 兰州学刊，2019（2）：181-191.

孔祥智，卢洋啸. 建设生态宜居美丽乡村的五大模式及对策建议：来自5省20村调研的启示 [J]. 经济纵横，2019（1）：19-28.

孔祥智. 实施乡村振兴战略的进展、问题与趋势 [J]. 中国特色社会主义研究，2019（1）：5-11.

孔祥智. 乡村振兴："十三五"进展及"十四五"重点任务 [J]. 人民论坛，2020（31）：39-41.

孔祥智，张效榕. 从城乡一体化到乡村振兴：十八大以来中国城乡关系演变的路径及发展趋势 [J]. 教学与研究，2018（8）：5-14.

雷明. 扶贫战略新定位与扶贫重点 [J]. 改革，2016（8）：74-77.

雷明，邹培. 精准扶贫的思想内涵、理论创新及价值贡献 [J]. 马克思主义与现实，2020（4）：165-171，204.

雷望红. 论精准扶贫政策的不精准执行 [J]. 西北农林科技大学学报（社会科学版），2017，17（1）：1-8.

雷勋平，张静. 2020后中国贫困的特征、治理困境与破解路径 [J]. 现代经济探讨，2020（8）：24-28.

李爱国. 基于市场效率与社会效益均衡的精准扶贫模式优化研究 [J]. 贵州社会科学，2017（9）：138-144.

李博，左停. 精准扶贫视角下农村产业化扶贫政策执行逻辑的探讨：以Y村大棚蔬菜产业扶贫为例 [J]. 西南大学学报（社会科学版），2016，

42（4）：66-73，190.

李博，左停. 谁是贫困户？精准扶贫中精准识别的国家逻辑与乡土困境［J］. 西北农林科技大学学报（社会科学版），2017，17（4）：1-7.

李长学. 论乡村振兴战略的本质内涵、逻辑成因与推行路径［J］. 内蒙古社会科学（汉文版），2018，39（5）：13-18.

李聪，郭嫚嫚，雷昊博. 从脱贫攻坚到乡村振兴：易地扶贫搬迁农户稳定脱贫模式：基于本土化集中安置的探索实践［J］. 西安交通大学学报（社会科学版），2021，41（4）：58-67.

李红艳. 新媒体技术助力乡村治理［J］. 人民论坛，2021（1）：69-71.

李怀瑞，邓国胜. 社会力量参与乡村振兴的新内源发展路径研究：基于四个个案的比较［J］. 中国行政管理，2021（5）：15-22.

李辉. 迈向党委统领的乡村善治：中国乡村治理范式的新飞跃［J］. 探索，2021（5）：92-102，189.

李杰义，左秀雯. 大数据赋能精准扶贫智慧决策［N］. 中国社会科学报，2019-06-11（7）.

李军明，向轼. 论乡村振兴中的文化重构［J］. 广西民族研究，2018（5）：95-103.

李梅，吴俊林，张超，等. 社会力量参与文化扶贫的成效、困境及路径［J］. 云南农业大学学报（社会科学），2019，13（1）：19-24.

李棉管. 技术难题、政治过程与文化结果："瞄准偏差"的三种研究视角及其对中国"精准扶贫"的启示［J］. 社会学研究，2017，32（1）：217-241，246.

李棉管，岳经纶. 相对贫困与治理的长效机制：从理论到政策［J］. 社会学研究，2020，35（6）：67-90，243.

李楠，黄合. 脱贫攻坚与乡村振兴有效衔接的价值意蕴与内在逻辑［J］. 学校党建与思想教育，2020（22）：90-92.

李书奎，任金政，赵鑫. 精准扶贫背景下扶贫资产管理的实践与机制创新［J］. 中国农业资源与区划，2021，42（6）：177-185.

李松有. 打赢脱贫攻坚战后农村贫困治理的优化与升级：基于嵌入式

农村扶贫实践经验及嵌入行为治理的思考［J］.西部论坛，2020，30（3）：27-35.

李韬.乡村振兴：关键领域、地方经验与实施路径：第三届中国县域治理高层论坛会议综述［J］.湖北民族学院学报（哲学社会科学版），2019，37（2）：36-40.

李铜山.论乡村振兴战略的政策底蕴［J］.中州学刊，2017（12）：1-6.

李小红，段雪辉.后脱贫时代脱贫村有效治理的实现路径研究［J］.云南民族大学学报（哲学社会科学版），2020，37（1）：100-105.

李小艺.产业扶贫中的"行政外包制"及其影响［J］.华南农业大学学报（社会科学版），2020，19（3）：24-32.

李小云.东西部扶贫协作和对口支援的四维考量［J］.改革，2017（8）：61-64.

李小云，许汉泽.2020年后扶贫工作的若干思考［J］.国家行政学院学报，2018（1）：62-66，149-150.

李小云，苑军军.脱离"贫困陷阱"：以西南H村产业扶贫为例［J］.华中农业大学学报（社会科学版），2020（2）：8-14，161.

李小云，苑军军，于乐荣.论2020后农村减贫战略与政策：从"扶贫"向"防贫"的转变［J］.农业经济问题，2020（2）：15-22.

李小云.中国减贫的实践与经验：政府作用的有效发挥［J］.财经问题研究，2020（9）：14-17.

李艳荣.乡村振兴视野下乡村"三治合一"治理体系建设的逻辑思路［J］.农业经济，2020（4）：34-36.

李迎生.后脱贫攻坚时代构建一体化的反贫困制度体系［J］.中国特色社会主义研究，2020（3）：14-20.

李迎生，李金珠.走向一体化的反贫困政策框架：扶贫开发与农村低保衔接的路径与趋势研究［J］.江苏行政学院学报，2019（4）：64-73.

李颖.社会扶贫资源整合的类型及其适应性［J］.探索，2015（5）：146-151.

李雨茵.你扶贫我服务你发展我扶贫：广东省扶贫开发协会探索社会

组织参与脱贫攻坚新路径［J］. 中国扶贫，2017（14）：52-53.

李雨，周宏. 差异视角下基建投资、产业扶贫与"结对帮扶"减贫效应研究［J］. 华中农业大学学报（社会科学版），2020（2）：15-24，162.

李玉山，陆远权. 产业扶贫政策能降低脱贫农户生计脆弱性吗？：政策效应评估与作用机制分析［J］. 财政研究，2020（5）：63-77.

李裕瑞，曹智，龙花楼. 发展乡村科学，助力乡村振兴：第二届乡村振兴与乡村科学论坛综述［J］. 地理学报，2019，74（7）：1482-1486.

李志强. 城乡融合演进历程的乡村振兴：阶段特征、动力逻辑与发展导向［J］. 贵州社会科学，2020（9）：162-168.

李周. 乡村振兴战略的主要含义、实施策略和预期变化［J］. 求索，2018（2）：44-50.

梁晨. 产业扶贫项目的运作机制与地方政府的角色［J］. 北京工业大学学报（社会科学版），2015，15（5）：7-15.

梁栩丞，刘娟，胡秋韵. 产业发展导向的扶贫与贫弱农户的脱贫门槛：基于农政分析框架的反思［J］. 中国农村观察，2020（6）：68-82.

林闽钢. 相对贫困的理论与政策聚焦：兼论建立我国相对贫困的治理体系［J］. 社会保障评论，2020，4（1）：85-92.

林星，吴春梅，黄祖辉. 新时代"三治结合"乡村治理体系的目标、原则与路径［J］. 南京农业大学学报（社会科学版），2021，21（2）：96-103.

刘欢，韩广富. 后脱贫时代农村精神贫困治理的现实思考［J］. 甘肃社会科学，2020（4）：170-178.

刘建生，涂琦瑶，施晨."双轨双层"治理：第一书记与村两委的基层贫困治理研究［J］. 中国行政管理，2019（11）：138-144.

刘建. 主体性视角下后脱贫时代的贫困治理［J］. 华南农业大学学报（社会科学版），2019，18（5）：17-25.

刘杰，戴丹，邹英. 基于可行能力视角的产业扶贫增能［J］. 河海大学学报（哲学社会科学版），2020，22（5）：91-98，109.

刘杰. 乡村社会"空心化"：成因、特质及社会风险：以 J 省延边朝鲜族自治州为例［J］.人口学刊，2014，36（3）：85-94.

刘金山，徐明.对口支援政策有效吗?：来自19省市对口援疆自然实验的证据［J］.世界经济文汇，2017（4）：43-61.

刘明月，冯晓龙，冷淦潇，等.从产业扶贫到产业兴旺：制约因素与模式选择［J］.农业经济问题，2021（10）：51-63.

刘明月，汪三贵.产业扶贫与产业兴旺的有机衔接：逻辑关系、面临困境及实现路径［J］.西北师大学报（社会科学版），2020，57（4）：137-144.

刘潜润，曾雪婷.巩固脱贫成果与推进乡村振兴面临的挑战［J］.人民论坛，2020（31）：85-87.

刘儒，刘江，王舒弘.乡村振兴战略：历史脉络、理论逻辑、推进路径［J］.西北农林科技大学学报（社会科学版），2020，20（2）：1-9.

刘守英，熊雪锋.我国乡村振兴战略的实施与制度供给［J］.政治经济学评论，2018，9（4）：80-96.

刘彦随.中国新时代城乡融合与乡村振兴［J］.地理学报，2018，73（4）：637-650.

刘艳.财政助力乡村振兴战略的路径研究［J］.现代管理科学，2018（9）：106-108.

刘银行，李雨.乡村振兴背景下商业银行农业产业链金融服务模式研究［J］.金融理论与实践，2019（9）：105-111.

刘源.精准扶贫视野下的国际非政府组织与中国减贫：以乐施会为例［J］.中国农业大学学报（社会科学版），2016，33（5）：99-108.

刘祖云，刘传俊.后生产主义乡村：乡村振兴的一个理论视角［J］.中国农村观察，2018（5）：2-13.

刘祖云，王丹."乡村振兴"战略落地的技术支持［J］.南京农业大学学报（社会科学版），2018，18（4）：8-16，156.

刘祖云，张诚.重构乡村共同体：乡村振兴的现实路径［J］.甘肃社会科学，2018（4）：42-48.

龙花楼，陈坤秋.实现巩固拓展脱贫攻坚成果同乡村振兴有效衔接：研究框架与展望［J］.经济地理，2021，41（8）：1-9.

龙花楼,张英男,屠爽爽.论土地整治与乡村振兴[J].地理学报,2018,73(10):1837-1849.

卢黎歌,武星星.后扶贫时期推进脱贫攻坚与乡村振兴有机衔接的学理阐释[J].当代世界与社会主义,2020(2):89-96.

陆林,任以胜,朱道才,等.乡村旅游引导乡村振兴的研究框架与展望[J].地理研究,2019,38(1):102-118.

陆益龙.乡村振兴中精准扶贫的长效机制[J].甘肃社会科学,2018(4):28-35.

陆远权,蔡文波.产业扶贫的多方协同治理研究:以重庆市X县为例[J].重庆社会科学,2020(1):17-27.

吕宾.乡村振兴视域下乡村文化重塑的必要性、困境与路径[J].求实,2019(2):97-108,112.

吕方.迈向2020后减贫治理:建立解决相对贫困问题长效机制[J].新视野,2020(2):33-40.

吕方.脱贫攻坚与乡村振兴衔接:知识逻辑与现实路径[J].南京农业大学学报(社会科学版),2020,20(4):35-41.

吕广利.传统贫困观对精准扶贫的影响及应对[J].西北农林科技大学学报(社会科学版),2020,20(1):26-32.

罗爱武."基层治理与乡村振兴"学术研讨会综述[J].中国高校社会科学,2020(1):152.

罗必良.明确发展思路,实施乡村振兴战略[J].南方经济,2017(10):8-11.

麻国庆.乡村振兴中文化主体性的多重面向[J].求索,2019(2):4-12.

马丽.党的干部考核制度发展的五重维度[J].理论视野,2021(3):73-79.

马良灿.农村产业化项目扶贫运作逻辑与机制的完善[J].湖南农业大学学报(社会科学版),2014,15(3):10-14.

马喜梅.乡村振兴与脱贫攻坚有效衔接路径研究:以滇黔桂石漠化片区为例[J].云南师范大学学报(哲学社会科学版),2020,52(3):

84-91.

麦婉华. 联市场：打通产业扶贫最后一公里［J］. 小康，2020（35）：90-91.

梅立润，唐皇凤. 党建引领乡村振兴：证成和思路［J］. 理论月刊，2019（7）：5-12.

孟庆武."后扶贫时代"精准生态扶贫的实现机制［J］. 人民论坛，2019（24）：158-159.

莫光辉，陈正文. 脱贫攻坚中的政府角色定位及转型路径：精准扶贫绩效提升机制系列研究之一［J］. 浙江学刊，2017（1）：156-163.

莫光辉. 精准反腐：脱贫攻坚战的政治生态保障：精准扶贫绩效提升机制系列研究之九［J］. 行政论坛，2017，24（1）：40-46.

莫光辉，杨敏. 2020年后中国减贫前瞻：精准扶贫实践与研究转向［J］. 河南社会科学，2019，27（6）：99-106.

莫广刚. 加快培养懂农业爱农村爱农民的"三农"工作队伍研究［J］. 农学学报，2019，9（1）：1-6.

倪大钊，徐志毅，钟超，等."先锋"与"后盾"：个体资本、单位层级与第一书记贫困治理绩效：基于陕甘宁深度贫困地区72个贫困村的实证分析［J］. 公共管理学报，2020，17（4）：126-139，174.

宁满秀，袁祥州，王林萍，等. 乡村振兴：国际经验与中国实践：中国国外农业经济研究会2018年年会暨学术研讨会综述［J］. 中国农村经济，2018（12）：130-139.

宁亚芳. 2020年后贫困标准调整的逻辑与构想［J］. 中州学刊，2020（7）：60-68.

欧阳雪梅. 振兴乡村文化面临的挑战及实践路径［J］. 毛泽东邓小平理论研究，2018（5）：30-36，107.

潘健平，翁若宇，潘越. 企业履行社会责任的共赢效应：基于精准扶贫的视角［J］. 金融研究，2021（7）：134-153.

潘文轩，阎新奇. 2020年后制定农村贫困新标准的前瞻性研究［J］. 农业经济问题，2020（5）：17-27.

潘文轩. 中国消除绝对贫困的经验及对2020年后解决相对贫困的启示

[J]. 兰州学刊, 2020 (8): 175-185.

彭桥, 肖尧, 陈浩. 精准扶贫与扶贫对象识别: 基于信号博弈分析框架 [J]. 兰州学刊, 2020 (12): 201-208.

蒲实, 孙文营. 实施乡村振兴战略背景下乡村人才建设政策研究 [J]. 中国行政管理, 2018 (11): 90-93.

钱再见, 汪家焰. "人才下乡": 新乡贤助力乡村振兴的人才流入机制研究: 基于江苏省 L 市 G 区的调研分析 [J]. 中国行政管理, 2019 (2): 92-97.

秦慧. 2020 年后相对贫困治理研究 [J]. 学校党建与思想教育, 2020 (17): 89-93.

秦中春. 乡村振兴背景下乡村治理的目标与实现途径 [J]. 管理世界, 2020, 36 (2): 1-6, 16.

青连斌. 建立反相对贫困长效机制的现实基础与路径选择 [J]. 科学社会主义, 2020 (2): 120-124.

曲海燕. 激发贫困人口内生动力的现实困境与实现路径 [J]. 农林经济管理学报, 2019, 18 (2): 216-223.

阮文彪. 三农问题中的体制机制创新研究 [M]. 合肥: 合肥工业大学出版社, 2009.

沈费伟, 陈晓玲. 技术如何重构乡村: 乡村技术治理的实现路径考察 [J]. 学术界, 2021 (2): 97-105.

沈费伟. 传统国家乡村治理的历史脉络与运作逻辑 [J]. 华南农业大学学报 (社会科学版), 2017, 16 (1): 132-140.

沈费伟. 乡村技术赋能: 实现乡村有效治理的策略选择 [J]. 南京农业大学学报 (社会科学版), 2020, 20 (2): 1-12.

沈费伟, 叶温馨. 数字乡村建设: 实现高质量乡村振兴的策略选择 [J]. 南京农业大学学报 (社会科学版), 2021, 21 (5): 41-53.

沈费伟, 诸靖文. 乡村 "技术治理" 的运行逻辑与绩效提升研究 [J]. 电子政务, 2020 (5): 58-68.

沈宏亮, 张佳, 郝宇彪. 乡村振兴视角下产业扶贫政策的增收效应研究: 基于入户调查的微观证据 [J]. 经济问题探索, 2020 (4): 173-

183.

沈一兵. 乡村振兴中的文化危机及其文化自信的重构：基于文化社会学的视角［J］. 学术界，2018（10）：56－66.

沈月，张佳琪. 实施乡村振兴战略的路径探析：基于三产融合的视角［J］. 北方论丛，2019（2）：8－12.

史志乐，杨铭宇. 劳动力分类扶持：精准扶贫的靶向治理与政策整合：基于G省H县"一户一策"的案例研究［J］. 兰州学刊，2020（12）：191－200.

史志乐，张琦. 脱贫攻坚保障：贫困县考核机制的改进完善和创新［J］. 南京农业大学学报（社会科学版），2018，18（2）：45－55，159.

四川省社会科学院课题组，郭晓鸣. 在推进巩固拓展脱贫攻坚成果同乡村振兴有效衔接中实现人才振兴：四川省雅安市名山区的实践探索与创新经验［J］. 乡村振兴，2021（9）：25－28.

宋小霞，王婷婷. 文化振兴是乡村振兴的"根"与"魂"：乡村文化振兴的重要性分析及现状和对策研究［J］. 山东社会科学，2019（4）：176－181.

苏春红，解垩. 财政流动、转移支付及其减贫效率：基于中国农村微观数据的分析［J］. 金融研究，2015（4）：34－49.

苏海，向德平. 贫困治理现代化：理论特质与建设路径［J］. 南京农业大学学报（社会科学版），2020，20（4）：163－171.

孙德超，曹志立. 产业精准扶贫中的基层实践：策略选择与双重约束：基于A县的考察［J］. 社会科学，2018（12）：3－13.

孙德超，钟莉莉. 中国共产党领导百年乡村治理的演进脉络、逻辑理路与价值意蕴［J］. 学习与探索，2021（9）：61－69，2.

孙久文，李星. 攻坚深度贫困与2020年后扶贫战略研究［J］. 中州学刊，2019（9）：67－73.

孙文华. 治理城市病的规划探讨［M］. 上海：上海社会科学院出版社，2017.

孙宗锋，孙悦. 组织分析视角下基层政策执行多重逻辑探析：以精准扶贫中的"表海"现象为例［J］. 公共管理学报，2019，16（3）：16－

26，168-169.

覃文俊，卢浩宇，吴东平，等.后脱贫时代农村经济可持续发展研究：以武陵山连片特困区产业人才供给为例［J］.中国高校科技，2020（12）：26-29.

谭同学.社会转型、农业革命视角下的群众工作与乡村振兴：以武陵山区基层实践为例［J］.湖北民族大学学报（哲学社会科学版），2020，38（5）：1-7.

檀学文.中国移民扶贫70年变迁研究［J］.中国农村经济，2019（8）：2-19.

唐红涛，李胜楠.电子商务、脱贫攻坚与乡村振兴：作用及其路径［J］.广东财经大学学报，2020，35（6）：65-77.

唐建明.以基层党建引领新时代乡村振兴：逻辑理路与实践进路：基于湘西十八洞村等脱贫与振兴经验的调查［J］.湖南师范大学社会科学学报，2021，50（4）：31-40.

唐丽霞.精准扶贫机制的实现：基于各地的政策实践［J］.贵州社会科学，2017（1）：158-162.

唐任伍，郭文娟.乡村振兴演进韧性及其内在治理逻辑［J］.改革，2018（8）：64-72.

唐任伍.全面建成小康社会后的民生发展：问题、思路与对策［J］.人民论坛·学术前沿，2020（14）：16-23.

唐任伍，肖彦博，唐常.后精准扶贫时代的贫困治理：制度安排和路径选择［J］.北京师范大学学报（社会科学版），2020（1）：133-139.

唐任伍.新时代乡村振兴战略的实施路径及策略［J］.人民论坛·学术前沿，2018（3）：26-33.

唐忠，陈卫平.深化农村改革，推动乡村振兴：首都农经理论界纪念农村改革40周年学术研讨会综述［J］.中国农村经济，2019（2）：137-144.

腾芸，向德平.发展性社会工作参与扶贫扶志的空间与路径［J］.社会工作，2019（6）：39-47，109.

田先红.论乡村振兴的县域自主性［J］.新疆师范大学学报（哲学社

会科学版),2021,42(3):89-99.

涂丽,乐章. 城镇化与中国乡村振兴:基于乡村建设理论视角的实证分析[J]. 农业经济问题,2018(11):78-91.

涂圣伟. 脱贫攻坚与乡村振兴有机衔接:目标导向、重点领域与关键举措[J]. 中国农村经济,2020(8):2-12.

屠爽爽,龙花楼,张英男,等. 典型村域乡村重构的过程及其驱动因素[J]. 地理学报,2019,74(2):323-339.

万广华,张茵. 收入增长与不平等对我国贫困的影响[J]. 经济研究,2006,41(6):112-123.

万兰芳,向德平. 反贫困中的技术治理机制及效果研究:以华中农业大学定点扶贫为例[J]. 中南民族大学学报(人文社会科学版),2016,36(6):145-148.

万兰芳,向德平. 精准扶贫方略下的农村弱势群体减贫研究[J]. 中国农业大学学报(社会科学版),2016,33(5):46-53.

万兰芳,向德平. 中国减贫的范式演变与未来走向:从发展主义到福利治理[J]. 河海大学学报(哲学社会科学版),2018,20(2):32-38.

汪磊,伍国勇. 精准扶贫视域下我国农村地区贫困人口识别机制研究[J]. 农村经济,2016(7):112-117.

汪三贵,冯紫曦. 脱贫攻坚与乡村振兴有机衔接:逻辑关系、内涵与重点内容[J]. 南京农业大学学报(社会科学版),2019,19(5):8-14,154.

汪三贵,胡骏. 从生存到发展:新中国七十年反贫困的实践[J]. 农业经济问题,2020(2):4-14.

汪三贵,刘未. "六个精准"是精准扶贫的本质要求:习近平精准扶贫系列论述探析[J]. 毛泽东邓小平理论研究,2016(1):40-43,93.

汪三贵,刘未. 以精准扶贫实现精准脱贫:中国农村反贫困的新思路[J]. 华南师范大学学报(社会科学版),2016(5):110-115.

汪三贵,曾小溪. 从区域扶贫开发到精准扶贫:改革开放40年中国扶贫政策的演进及脱贫攻坚的难点和对策[J]. 农业经济问题,2018(8):40-50.

参考文献

汪三贵,曾小溪. 后2020贫困问题初探[J]. 河海大学学报(哲学社会科学版),2018,20(2):7-13.

汪三贵. 中国扶贫绩效与精准扶贫[J]. 政治经济学评论,2020,11(1):130-148.

汪三贵,PARK A. 中国农村贫困人口的估计与瞄准问题[J]. 贵州社会科学,2010,242(2):68-72.

王博,朱玉春. 改革开放40年中国农村反贫困经验总结:兼论精准扶贫的历史必然性和长期性[J]. 西北农林科技大学学报(社会科学版),2018,18(6):11-17.

王昶,王三秀. 精准互嵌型政企扶贫合作模式之构建[J]. 中州学刊,2019(9):74-80.

王超,蒋彬. 乡村振兴战略背景下农村精准扶贫创新生态系统研究[J]. 四川师范大学学报(社会科学版),2018,45(3):5-15.

王春光. 中国农村贫困问题的设置与反贫实践的延续性[J]. 社会发展研究,2020,7(3):15-27.

王东京. 习近平经济思想与中国特色社会主义政治经济学构建[J]. 管理世界,2017(11):1-9.

王东,王木森. 新时代乡村振兴战略实施的共享理路[J]. 西北农林科技大学学报(社会科学版),2019,19(3):1-9.

王刚,白浩然. 脱贫锦标赛:地方贫困治理的一个分析框架[J]. 公共管理学报,2018,15(1):108-121,158-159.

王国敏,王小川. 从空间偏向到空间整合:后小康时代我国贫困治理的空间转向[J]. 四川大学学报(哲学社会科学版),2020(6):153-160.

王国敏,王小川. 后全面小康时代我国贫困治理研究的转型方向和空间策略:基于"结构—秩序—发展"的阐释框架[J]. 北京行政学院学报,2020(6):1-9.

王介勇,戴纯,刘正佳,等. 巩固脱贫攻坚成果,推动乡村振兴的政策思考及建议[J]. 中国科学院院刊,2020,35(10):1273-1281.

王敬尧,段雪珊. 乡村振兴:日本田园综合体建设理路考察[J]. 江汉论坛，2018（5）：133-140.

王磊. 从福利国家到社会投资国家：发展型社会政策生成机理及其运行逻辑［J］. 东岳论丛，2020，41（3）：57-65.

王礼鹏. 党建引领乡村振兴发展的地方实践与经验启示［J］. 国家治理，2018（15）：42-48.

王丽巍，安佳，唐任伍. 基于 CiteSpace 对扶贫研究阶段性热点和前沿的动态追踪与分析［J］. 兰州学刊，2020（10）：174-185.

王强. 贫困群体脱贫内生动力及影响因素研究：基于全国农村困难家庭2014~2016年面板数据的实证分析［J］. 云南民族大学学报（哲学社会科学版），2020，37（1）：90-99.

王善平，谢妙，唐红. 财政扶贫资金审计监管的"无影灯效应"改进研究［J］. 湖南师范大学社会科学学报，2013，42（4）：89-95.

王士心，刘梦月. 东西部协作扶贫须做好资源跨区域分配［J］. 人民论坛，2019，4（3）：62-63.

王思斌. 社会生态视角下乡村振兴发展的社会学分析：兼论乡村振兴的社会基础建设［J］. 北京大学学报（哲学社会科学版），2018，55（2）：5-12.

王维，向德平. 从"嵌入"到"融入"：精准扶贫驻村帮扶工作机制研究［J］. 南京农业大学学报（社会科学版），2020，20（1）：41-50.

王维，向德平. 风险社会视域下产业扶贫的风险防控研究［J］. 陕西师范大学学报（哲学社会科学版），2019，48（5）：50-61.

王文力，王文旭. 乡村振兴如何下好基层党建这盘棋［J］. 人民论坛，2020（12）：112-113.

王小林，冯贺霞. 2020年后中国多维相对贫困标准：国际经验与政策取向［J］. 中国农村经济，2020（3）：2-21.

王小林，张晓颖. 中国消除绝对贫困的经验解释与2020年后相对贫困治理取向［J］. 中国农村经济，2021（2）：2-18.

王晓毅. 2020 精准扶贫的三大任务与三个转变［J］. 人民论坛，2020（2）：19-21.

王晓毅. 精准扶贫与驻村帮扶［J］. 国家行政学院学报，2016（3）：

56-62.

王晓毅. 贫困治理：从技术精准到益贫发展 [J]. 宁夏社会科学，2017（5）：133-140.

王晓毅. 贫困治理机制转型 [J]. 南京农业大学学报（社会科学版），2020，20（4）：144-151.

王晓毅. 全面小康后中国相对贫困与贫困治理研究 [J]. 学习与探索，2020（10）：32-38.

王亚华，舒全峰. 第一书记扶贫与农村领导力供给 [J]. 国家行政学院学报，2017（1）：82-87，128.

王延中，丁赛. 民族地区脱贫攻坚的成效、经验与挑战 [J]. 西南民族大学学报（人文社会科学版），2020，41（11）：8-16.

王永生，文琦，刘彦随. 贫困地区乡村振兴与精准扶贫有效衔接研究 [J]. 地理科学，2020，40（11）：1840-1847.

王雨磊，苏杨. 中国的脱贫奇迹何以造就？：中国扶贫的精准行政模式及其国家治理体制基础 [J]. 管理世界，2020，36（4）：195-209.

王志刚，于滨铜，孙诗涵，等. 资源依赖、联盟结构与产业扶贫绩效：来自深度贫困地区农产品供应链的案例证据 [J]. 公共管理学报，2021，18（1）：137-150，175.

王志立. 精准扶贫中第三方参与评估的优势、困境及突破 [J]. 学习论坛，2018（5）：47-51.

王志涛，徐兵霞. 产业扶贫降低了贫困脆弱性吗？：基于CLDS的准实验研究 [J]. 云南财经大学学报，2020，36（10）：32-44.

王志章，王静，魏晓博. 精准脱贫与乡村振兴能够统筹衔接吗？：基于88个贫困村1158户农户的微观调查数据 [J]. 湖南师范大学社会科学学报，2020，49（2）：73-81.

王郅强，王凡凡. 对口帮扶的经济增长效应及政策有效性评估 [J]. 华南农业大学学报（社会科学版），2020，19（6）：70-83.

王中原. 精准识贫的顶层设计与调适性执行：贫困识别的中国经验 [J]. 中国农业大学学报（社会科学版），2020，37（6）：22-34.

卫小将. 精准扶贫中群众的"求贫"心理与情感治理 [J]. 中国行政

管理, 2019 (7): 72-76.

魏后凯, 郜亮亮, 崔凯, 等. "十四五" 时期促进乡村振兴的思路与政策 [J]. 农村经济, 2020 (8): 1-11.

魏后凯. 2020 年后中国减贫的新战略 [J]. 中州学刊, 2018 (9): 36-42.

魏后凯. 人才是乡村振兴中最关键最活跃的因素 [J]. 农村工作通讯, 2018 (9): 45.

魏后凯. "十四五" 时期中国农村发展若干重大问题 [J]. 中国农村经济, 2020 (1): 2-16.

魏玉栋. 乡村振兴战略与美丽乡村建设 [J]. 中共党史研究, 2018 (3): 14-18.

温美荣, 王帅. 政策协同视角下脱贫攻坚成果同乡村振兴的有效衔接 [J]. 西北农林科技大学学报 (社会科学版), 2021, 21 (5): 10-19.

温铁军, 邱建生, 车海生. 改革开放 40 年 "三农" 问题的演进与乡村振兴战略的提出 [J]. 理论探讨, 2018 (5): 5-10.

温铁军. 生态文明与比较视野下的乡村振兴战略 [J]. 上海大学学报 (社会科学版), 2018, 35 (1): 1-10.

文军, 吴晓凯. 乡村振兴过程中农村社区公共服务的错位及其反思: 基于重庆市 5 村的调查 [J]. 上海大学学报 (社会科学版), 2018, 35 (6): 1-12.

巫林洁, 刘滨, 唐云平. 产业扶贫对贫困户收入的影响: 基于江西省 1047 户数据 [J]. 调研世界, 2019 (10): 16-20.

吴晨, 葛孚桥. 广东扶贫开发中 "规划到户、责任到人" 的理论探讨 [J]. 广东农业科学, 2011 (19): 171-173, 190.

吴高辉. 双重异化: 中国精准扶贫中形式主义悖论的多案例比较 [J]. 甘肃行政学院学报, 2019 (2): 25-35, 125-127.

吴高辉, 岳经纶. 面向 2020 年后的中国贫困治理: 一个基于国际贫困理论与中国扶贫实践的分析框架 [J]. 中国公共政策评论, 2020, 16: 1-29.

吴国宝. 东西部扶贫协作困境及其破解 [J]. 改革, 2017 (8): 57-

61.

吴九兴，黄贤金. 中国乡村振兴发展的现状诊断与空间分异格局：地级市尺度的实证［J］. 经济与管理，2020，34（6）：48-54.

吴理财，解胜利. 文化治理视角下的乡村文化振兴：价值耦合与体系建构［J］. 华中农业大学学报（社会科学版），2019（1）：16-23，162-163.

吴玲玲，郑兴明. 乡村振兴战略下乡风文明建设的价值意蕴、现实困境与实践路径［J］. 安徽行政学院学报，2020（5）：81-86.

吴青熹. 资源下沉、党政统合与基层治理体制创新：网格化治理模式的机制与逻辑解析［J］. 河海大学学报（哲学社会科学版），2020，22（6）：66-74，111.

吴维海. 政府规划编制指南［M］. 北京：中国金融出版社，2015.

吴晓燕，赵普兵. 回归与重塑：乡村振兴中的乡贤参与［J］. 理论探讨，2019（4）：158-164.

吴振磊，张可欣. 改革开放40年中国特色扶贫道路的演进、特征与展望［J］. 西北大学学报（哲学社会科学版），2018，48（5）：101-111.

吴重庆，陈奕山. 新时代乡村振兴战略下的农民合作路径探索［J］. 山东社会科学，2018（5）：19-27.

吴重庆. 小农户视角下的常态化扶贫与实施乡村振兴战略的衔接［J］. 马克思主义与现实，2020（3）：8-15，195.

吴重庆. 小农与扶贫问题［J］. 天府新论，2016（4）：6-12.

吴重庆，张慧鹏. 小农与乡村振兴：现代农业产业分工体系中小农户的结构性困境与出路［J］. 南京农业大学学报（社会科学版），2019，19（1）：13-24，163.

吴重庆，张慧鹏. 以农民组织化重建乡村主体性：新时代乡村振兴的基础［J］. 中国农业大学学报（社会科学版），2018，35（3）：74-81.

夏银平，汪勇. 以农村基层党建引领乡村振兴：内生逻辑与提升路径［J］. 理论视野，2021（8）：80-85.

夏支平. 后脱贫时代农民贫困风险对乡村振兴的挑战［J］. 江淮论坛，2020（1）：18-25.

向德平,华汛子. 党的十八大以来中国的贫困治理:政策演化与内在逻辑[J]. 江汉论坛,2018(9):131-136.

向德平,华汛子. 改革开放四十年中国贫困治理的历程、经验与前瞻[J]. 新疆师范大学学报(哲学社会科学版),2019,40(2):59-69.

向德平,华汛子. 意蕴与取向:社会政策视角下的乡村振兴战略[J]. 吉林大学社会科学学报,2019,59(4):96-103,221.

向德平,刘风. 价值理性与工具理性的统一:社会扶贫主体参与贫困治理的策略[J]. 江苏社会科学,2018(2):41-47.

向德平,刘风. 农民合作社在反脆弱性发展中的作用和路径分析[J]. 河南社会科学,2017,25(5):120-124.

向德平,王维. 精准扶贫的研究理路与未来议题[J]. 新疆师范大学学报(哲学社会科学版),2020,41(3):111-119.

向德平,向凯. 多元与发展:相对贫困的内涵及治理[J]. 华中科技大学学报(社会科学版),2020,34(2):31-38.

向德平,叶青. 贵州开放式扶贫的探索与思考[J]. 贵州社会科学,2016(2):17-20.

向雪琪,林曾. 社会组织扶贫的理论基础与实践空间[J]. 中南民族大学学报(人文社会科学版),2017,37(5):129-132.

萧子扬,刘清斌,桑萌. 社会工作参与乡村振兴:何以可能和何以可为?[J]. 农林经济管理学报,2019,18(2):224-232.

萧子扬. 社会组织参与乡村振兴的现状、经验及路径研究:以一个西部留守型村庄为例[J]. 四川轻化工大学学报(社会科学版),2020,35(1):17-34.

谢小芹."接点治理":贫困研究中的一个新视野:基于广西圆村"第一书记"扶贫制度的基层实践[J]. 公共管理学报,2016,13(3):12-22,153.

谢治菊. 大数据驱动下的教育精准扶贫:以长顺县智慧教育扶贫项目为例[J]. 湖南师范大学教育科学学报,2019,18(1):43-52,75.

谢治菊. 扶贫利益共同体的建构及行动逻辑:基于塘约村的经验[J]. 贵州社会科学,2018(9):156-163.

谢治菊. 激发基层公务员内生动力 推进精准扶贫战略的路径选择[J]. 上海行政学院学报, 2019, 20 (4): 64-73.

谢治菊. 教育五层级阻断贫困代际传递: 理论建构、中国实践与政策设计[J]. 湖南师范大学教育科学学报, 2020, 19 (1): 91-102.

谢治菊. 块数据在农村精准扶贫中的应用及反思: 兼与"条时代"大数据应用相比较[J]. 南京农业大学学报(社会科学版), 2017, 17 (5): 32-38, 151.

谢治菊, 李小勇. 认知科学与贫困治理[J]. 探索, 2017 (6): 127-135.

谢治菊, 刘峰. 论贫困户的心理依赖及社会工作介入[J]. 学术研究, 2020 (6): 51-57.

谢治菊. 论贫困治理中人的发展: 基于人类认知五层级的分析[J]. 中国行政管理, 2018 (10): 104-108.

谢治菊. 论区块链技术在贫困治理中的应用[J]. 人民论坛·学术前沿, 2020 (5): 48-56.

谢治菊. 农村精准扶贫中的大数据应用困境及改进策略[J]. 中共福建省委党校学报, 2017 (8): 64-71.

谢治菊. "三变"改革助推精准扶贫的机理、模式及调适[J]. 甘肃社会科学, 2018 (4): 48-55.

谢治菊, 夏雍. 大数据精准帮扶贫困地区教师的实践逻辑: 基于Y市"大数据, 教师专业发展支持系统"的分析[J]. 现代远程教育研究, 2019, 31 (5): 85-95.

谢治菊. 心理扶贫论析[J]. 贵州社会科学, 2019 (11): 145-152.

谢治菊, 许文朔. 扶贫责任异化: 职责同构下的层层加码与消解[J]. 山东社会科学, 2020 (1): 74-81, 90.

谢治菊, 许文朔. 空间再生产: 大数据驱动易地扶贫搬迁社区重构的逻辑与进路[J]. 行政论坛, 2020, 27 (5): 109-118.

谢治菊. 诱致性制度变迁视角下乡村振兴的实现路径: 基于塘约经验的分析[J]. 探索, 2019 (6): 173-182.

谢治菊, 钟金娴. "认知税": 一个理解持续贫困的新视角[J]. 华中农业大学学报(社会科学版), 2020 (6): 87-93, 164-165.

邢成举. 产业扶贫与扶贫"产业化": 基于广西产业扶贫的案例研究[J]. 西南大学学报（社会科学版），2017，43（5）：63-70，190.

邢成举. 痕迹管理异化与脱贫攻坚中的目标转移[J]. 贵州社会科学，2019（6）：134-140.

邢成举，李小云，史凯. 巩固拓展脱贫攻坚成果：目标导向、重点内容与实现路径[J]. 西北农林科技大学学报（社会科学版），2021，21（5）：30-38.

邢成举，李小云. 相对贫困与新时代贫困治理机制的构建[J]. 改革，2019（12）：16-25.

邢成举，罗重谱. 乡村振兴：历史源流、当下讨论与实施路径：基于相关文献的综述[J]. 北京工业大学学报（社会科学版），2018，18（5）：8-17.

邢成举. 政策衔接、扶贫转型与相对贫困长效治理机制的政策方向[J]. 南京农业大学学报（社会科学版），2020，20（4）：133-143.

熊小林. 聚焦乡村振兴战略 探究农业农村现代化方略："乡村振兴战略研讨会"会议综述[J]. 中国农村经济，2018（1）：138-143.

徐进，李小云. 论2020年后农村减贫战略和政策的相关问题[J]. 贵州社会科学，2020（10）：149-155.

徐顽强，王文彬. 乡村振兴的主体自觉培育：一个尝试性分析框架[J]. 改革，2018（8）：73-79.

徐顽强，于周旭，徐新盛. 社会组织参与乡村文化振兴：价值、困境及对策[J]. 行政管理改革，2019（1）：51-57.

徐晓军，张楠楠. 乡村振兴与脱贫攻坚的对接：逻辑转换与实践路径[J]. 湖北民族学院学报（哲学社会科学版），2019，37（6）：101-108.

徐学庆. 乡村振兴战略背景下乡风文明建设的意义及其路径[J]. 中州学刊，2018（9）：71-76.

徐勇. 论现代化中后期的乡村振兴[J]. 社会科学研究，2019（2）：36-41.

许汉泽，李小云. 精准扶贫背景下驻村机制的实践困境及其后果：以豫中J县驻村"第一书记"扶贫为例？[J]. 江西财经大学学报，2017

(3): 82-89.

许汉泽, 徐明强. 再造新集体经济: 从"产业扶贫"到"产业兴旺"的路径探索: 对 H 县"三个一"产业扶贫模式的考察 [J]. 南京农业大学学报 (社会科学版), 2020, 20 (4): 78-90.

薛刚. 精准扶贫中贫困群众内生动力的作用及其激发对策 [J]. 行政管理改革, 2018 (7): 51-55.

闫春华. 扶贫产业落地中"精英帮扶"的实践及内在机理: 以辽宁省 Z 县 A 村养殖业为例 [J]. 西北农林科技大学学报 (社会科学版), 2019, 19 (4): 78-86.

闫东东, 付华. 龙头企业参与产业扶贫的进化博弈分析 [J]. 农村经济, 2015 (2): 82-85.

燕继荣. 反贫困与国家治理: 中国"脱贫攻坚"的创新意义 [J]. 管理世界, 2020, 36 (4): 209-220.

杨浩, 汪三贵. "大众俘获"视角下贫困地区脱贫帮扶精准度研究 [J]. 农村经济, 2016 (7): 79-83.

杨华. 基层政府人事激励的类型及其逻辑 [J]. 华中师范大学学报 (人文社会科学版), 2021, 60 (2): 32-43.

杨慧莲, 韩旭东, 李艳, 等. "小、散、乱"的农村如何实现乡村振兴?: 基于贵州省六盘水市舍烹村案例 [J]. 中国软科学, 2018 (11): 148-162.

杨菊华. 后小康社会的贫困: 领域、属性与未来展望 [J]. 中共中央党校 (国家行政学院) 学报, 2020, 24 (1): 111-119.

杨磊, 徐双敏. 中坚农民支撑的乡村振兴: 缘起、功能与路径选择 [J]. 改革, 2018 (10): 60-70.

杨力超, WALKER R. 2020 年后的贫困及反贫困: 回顾、展望与建议 [J]. 贵州社会科学, 2020 (2): 146-152.

杨龙, 李培. 府际关系视角下的对口支援系列政策 [J]. 理论探讨, 2018 (1): 148-156.

杨璐璐. 减贫"造血"能力提升与农村土地股份合作 [J]. 改革, 2016 (8): 83-86.

杨明洪,张营为.对口支援中不同利益主体的博弈行为:以对口援藏为例[J].财经科学,2016(5):83-91.

杨晓婷,陆镜名,刘奕辰,等."资本下沉"赋能"资源释放":第一书记带动贫困村脱贫的行动逻辑与高效机制[J].中国农村观察,2020(6):49-67.

杨一哲,陶珊珊.乡村振兴:改革经验、现实困境与推进策略:第三届中国县域治理高层论坛会议综述[J].贵州社会科学,2019(1):162-168.

杨永伟,陆汉文.多重制度逻辑与产业扶贫项目的异化:组织场域的视角[J].中国农业大学学报(社会科学版),2018,35(1):110-116.

叶敬忠,豆书龙,张明皓.精准脱贫与社会建设的有机衔接:理论逻辑、实践困境与路径选择[J].南京农业大学学报(社会科学版),2019,19(5):1-7,154.

叶敬忠.乡村振兴战略:历史沿循、总体布局与路径省思[J].华南师范大学学报(社会科学版),2018(2):64-69,191.

叶敬忠.中国贫困治理的路径转向:从绝对贫困消除的政府主导到相对贫困治理的社会政策[J].社会发展研究,2020,7(3):28-38.

叶兴庆,程郁,赵俊超,等."十四五"时期的乡村振兴:趋势判断、总体思路与保障机制[J].农村经济,2020(9):1-9.

叶兴庆.为实施乡村振兴战略提供制度保障[J].中国农村经济,2020(6):15-18.

叶兴庆,殷浩栋.从消除绝对贫困到缓解相对贫困:中国减贫历程与2020年后的减贫战略[J].改革,2019(12):5-15.

银元,李晓琴.乡村振兴战略背景下乡村旅游的发展逻辑与路径选择[J].国家行政学院学报,2018(5):182-186,193.

应小丽.乡村振兴中新乡贤的培育及其整合效应:以浙江省绍兴地区为例[J].探索,2019(2):118-125.

于法稳.乡村振兴战略下农村人居环境整治[J].中国特色社会主义研究,2019(2):80-85.

于建嵘.乡村产业振兴要因地制宜[J].人民论坛,2018(17):

64-65.

于乐荣,李小云.产业扶贫的地方实践与益贫机制[J].农业经济与管理,2020(4):5-12.

于树一,李木子,黄潇.我国贫困治理现代化:"精准"取向下的财政扶贫资金发展[J].山东社会科学,2020(11):144-149.

余少祥.后脱贫时代贫困治理的长效机制建设[J].江淮论坛,2020(4):62-68.

袁岳驷.充分发挥社会组织柔性扶贫优势[J].人民论坛,2019(29):74-75.

岳国芳.脱贫攻坚与乡村振兴的衔接机制构建[J].经济问题,2020(8):107-113.

岳经纶,陈泳欣.社会精英如何推动农村社区治理?:来自台湾桃米社区的经验[J].南京社会科学,2016(5):69-75.

岳经纶,程璆.福利污名对瞄准偏差感知的影响研究[J].社会保障研究,2019(5):88-100.

岳经纶,方珂.从"社会身份本位"到"人类需要本位":中国社会政策的范式演进[J].学术月刊,2019,51(2):68-77.

岳经纶,方珂.福利距离、地域正义与中国社会福利的平衡发展[J].探索与争鸣,2020(6):85-96,159.

岳经纶,方珂,蒋卓余.福利分层:社会政策视野下的中国收入不平等[J].社会科学研究,2020(1):115-124.

岳经纶,方萍.照顾研究的发展及其主题:一项文献综述[J].社会政策研究,2017(4):38-56.

岳经纶,胡项连.低保政策执行中的"标提量减":基于反腐败力度视角的解释[J].中国行政管理,2018(8):70-75.

岳经纶,黄博函.健康中国战略与中国社会政策创新[J].中山大学学报(社会科学版),2020,60(1):179-187.

岳经纶.完善社会政策,推动脱贫攻坚与乡村振兴有效衔接[J].中国公共政策评论,2021,19:1-8.

岳经纶.中国社会政策的扩展与"社会中国"的前景[J].社会政策

研究，2016（1）：51-62.

曾庆捷. 从集中作战到常态推进：2020年后扶贫机制的长效化［J］. 中国农业大学学报（社会科学版），2020，37（3）：101-109.

曾小溪，汪三贵. 论决胜脱贫攻坚的难点和对策［J］. 河海大学学报（哲学社会科学版），2019，21（6）：10-17，109.

翟军亮，吴春梅. 农村贫困治理的范式转型与未来路径：兼议产业精准扶贫的推进路径［J］. 西北农林科技大学学报（社会科学版），2019，19（4）：44-51.

张丙宣，华逸婕. 激励结构、内生能力与乡村振兴［J］. 浙江社会科学，2018（5）：56-63，157-158.

张国磊. 科层权威、资源吸纳与基层社会治理：基于"联镇包村"第一书记的行动逻辑考察［J］. 中国行政管理，2019（11）：131-137.

张海鹏，郜亮亮，闫坤. 乡村振兴战略思想的理论渊源、主要创新和实现路径［J］. 中国农村经济，2018（11）：2-16.

张红宇. 乡村振兴战略与企业家责任［J］. 中国农业大学学报（社会科学版），2018，35（1）：13-17.

张军. 乡村价值定位与乡村振兴［J］. 中国农村经济，2018（1）：2-10.

张可云. 区域大战与区域经济关系［M］. 北京：民主与建设出版社，2001.

张克俊，杜婵. 后全面小康社会我国贫困治理的任务变化与政策转型［J］. 中州学刊，2020（10）：40-47.

张克俊，付宗平，李雪. 全面脱贫与乡村振兴的有效衔接：基于政策关系二重性的分析［J］. 广西师范大学学报（哲学社会科学版），2020，56（6）：7-20.

张明皓，叶敬忠. 脱贫攻坚与乡村振兴有效衔接的机制构建和政策体系研究［J］. 经济学家，2021（10）：110-118.

张琦. 打赢脱贫攻坚战是治理能力现代化的成功实践［J］. 人民论坛，2020（2）：22-25.

张琦. 减贫战略方向与新型扶贫治理体系建构［J］. 改革，2016

(8): 77-80.

张琦, 孔梅, 刘欣. 2020 年后中国减贫形势、任务与战略转型研究评述 [J]. 学习与探索, 2020 (11): 143-148.

张琦. 稳步推进脱贫攻坚与乡村振兴有效衔接 [J]. 人民论坛, 2019 (S1): 84-86.

张琦, 杨铭宇, 孔梅. 2020 后相对贫困群体发生机制的探索与思考 [J]. 新视野, 2020 (2): 26-32, 73.

张强, 张怀超, 刘占芳. 乡村振兴：从衰落走向复兴的战略选择 [J]. 经济与管理, 2018, 32 (1): 6-11.

张青, 郭雅媛. 脱贫攻坚与乡村振兴的内在逻辑与有机衔接 [J]. 理论视野, 2020 (10): 55-60.

张士云, 宋浩楠. 坚持农业农村优先发展 加快推进乡村振兴：中国农业技术经济学会 2019 年学术研讨会综述 [J]. 农业技术经济, 2019 (11): 137-142.

张世勇. 技术治理助推乡村治理的有效路径探索 [J]. 贵州师范大学学报（社会科学版）, 2021 (2): 40-47.

张书维, 梁歆佚, 岳经纶. 行为社会政策："助推"公共福利的实践与探索 [J]. 心理科学进展, 2019, 27 (3): 428-437.

张帅梁. 乡村振兴战略中的法治乡村建设 [J]. 毛泽东邓小平理论研究, 2018 (5): 37-43, 107.

张腾, 蓝志勇, 秦强. 中国改革四十年的扶贫成就与未来的新挑战 [J]. 公共管理学报, 2018, 15 (4): 101-112, 154.

张文明, 章志敏. 资源·参与·认同：乡村振兴的内生发展逻辑与路径选择 [J]. 社会科学, 2018 (11): 75-85.

张晓晗, 刘瑞峰, 马恒运. 基于 CiteSpace 的国内乡村振兴研究热点及趋势可视化分析 [J]. 中国农业资源与区划, 2020, 41 (7): 40-50.

张晓山. 巩固脱贫攻坚成果应关注的重点 [J]. 经济纵横, 2018 (10): 1-11.

张晓山. 实施乡村振兴战略的几个抓手 [J]. 人民论坛, 2017 (33): 72-74.

张晓颖, 王小林. 东西扶贫协作: 贫困治理的上海模式和经验 [J]. 甘肃社会科学, 2021 (1): 24-31.

张孝德, 丁立江. 面向新时代乡村振兴战略的六个新思维 [J]. 行政管理改革, 2018 (7): 40-45.

张新文, 张国磊. 社会主要矛盾转化、乡村治理转型与乡村振兴 [J]. 西北农林科技大学学报 (社会科学版), 2018, 18 (3): 63-71.

张亚玲, 李雪蕾, 郭忠兴. 统筹推进后扶贫时代脱贫攻坚与乡村振兴的有机衔接: "脱贫攻坚与乡村振兴"学术研讨会综述 [J]. 南京农业大学学报 (社会科学版), 2019, 19 (6): 149-155.

张延龙. 信任困境、合作机制与"资产收益扶贫"产业组织发展: 一个农业龙头企业垂直解体过程中的策略与实践 [J]. 中国农村经济, 2019 (10): 81-97.

张勇. 农村宅基地制度改革的内在逻辑、现实困境与路径选择: 基于农民市民化与乡村振兴协同视角 [J]. 南京农业大学学报 (社会科学版), 2018, 18 (6): 118-127, 161.

张瑜, 倪素香. 乡村振兴中农村基层党组织的组织力提升路径研究 [J]. 学习与实践, 2018 (7): 53-59.

张宇, 朱立志. 关于"乡村振兴"战略中绿色发展问题的思考 [J]. 新疆师范大学学报 (哲学社会科学版), 2019, 40 (1): 65-71.

张云华. 农业农村改革 40 年主要经验及其对乡村振兴的启示 [J]. 改革, 2018 (12): 14-26.

章文光. 精准扶贫与乡村振兴战略如何有效衔接 [J]. 人民论坛, 2019 (4): 106-107.

赵光勇. 乡村振兴要激活乡村社会的内生资源: "米提斯"知识与认识论的视角 [J]. 浙江社会科学, 2018 (5): 63-69, 158.

赵晖, 谭书先. 对口支援与区域均衡: 政策、效果及解释: 基于 8 对支援关系 1996—2017 年数据的考察 [J]. 治理研究, 2020, 36 (1): 69-81.

赵曦, 赵朋飞. 我国农村精准扶贫机制构建研究 [J]. 经济纵横, 2016 (7): 58-63.

赵迎芳. 乡村振兴战略下的文化精准扶贫 [J]. 西北农林科技大学学报（社会科学版），2020，20（6）：12-19.

郑秉文."后2020"时期建立稳定脱贫长效机制的思考 [J]. 宏观经济管理，2019（9）：17-25.

郑瑞强，赖运生，胡迎燕. 深度贫困地区乡村振兴与精准扶贫协同推进策略优化研究 [J]. 农林经济管理学报，2018，17（6）：762-772.

郑瑞强. 贫困群众脱贫内生动力激发：行动框架拓展与实证：以内蒙古兴安盟为例 [J]. 贵州社会科学，2019（1）：154-161.

中共中央党史和文献研究室. 习近平扶贫论述摘编 [M]. 北京：中央文献出版社，2018.

钟爽，朱侃，王清. 公共危机中政治动员运行机制研究：基于2015年以来38个重大公共危机案例的分析 [J]. 政治学研究，2021（2）：79-96，189-190.

钟钰. 实施乡村振兴战略的科学内涵与实现路径 [J]. 新疆师范大学学报（哲学社会科学版），2018，39（5）：71-76.

周飞舟. 从汲取型政权到"悬浮型"政权：税费改革对国家与农民关系之影响 [J]. 社会学研究，2006（3）：1-38，243.

周飞舟，谭明智."责任到人"的治理机制及其作用：以脱贫攻坚战为例 [J]. 学海，2020（3）：49-58.

周海文，周海川，王志刚. 政府对农民专业合作社产业扶贫的整合治理机制及效果研究：基于陇、川、黔三省连片特困地区调查 [J]. 中国行政管理，2020（7）：28-34.

周侃，王传胜. 中国贫困地区时空格局与差别化脱贫政策研究 [J]. 中国科学院院刊，2016，31（1）：101-111.

周立，李彦岩，王彩虹，等. 乡村振兴战略中的产业融合和六次产业发展 [J]. 新疆师范大学学报（哲学社会科学版），2018，39（3）：16-24.

周孟亮. 脱贫攻坚、乡村振兴与金融扶贫供给侧改革 [J]. 西南民族大学学报（人文社会科学版），2020，41（1）：115-123.

周绍杰，杨骅骝，张君忆. 中国2020年后扶贫新战略：扶贫成就、主要目标、总体思路与政策建议 [J]. 中国行政管理, 2019 (11): 6-11.

周扬, 郭远智, 刘彦随. 中国县域贫困综合测度及 2020 年后减贫瞄准 [J]. 地理学报, 2018, 73 (8): 1478-1493.

朱海波, 聂凤英. 深度贫困地区脱贫攻坚与乡村振兴有效衔接的逻辑与路径: 产业发展的视角 [J]. 南京农业大学学报 (社会科学版), 2020, 20 (3): 15-25.

朱丽君. 多维贫困与精准脱贫: 以中部地区少数民族自治县 Y 县为例 [J]. 社会保障研究, 2019 (1): 75-85.

朱启臻. 当前乡村振兴的障碍因素及对策分析 [J]. 人民论坛·学术前沿, 2018 (3): 19-25.

庄天慧, 孙锦杨, 杨浩. 精准脱贫与乡村振兴的内在逻辑及有机衔接路径研究 [J]. 西南民族大学学报 (人文社会科学版), 2018, 39 (12): 113-117.

宗成峰, 朱启臻. "互联网, 党建" 引领乡村治理机制创新: 基于新时代 "枫桥经验" 的探讨 [J]. 西北农林科技大学学报 (社会科学版), 2020, 20 (5): 1-8.

邹英, 向德平. 易地扶贫搬迁贫困户市民化困境及其路径选择 [J]. 江苏行政学院学报, 2017 (2): 75-80.

左停. 反贫困的政策重点与发展型社会救助 [J]. 改革, 2016 (8): 80-83.

左停, 贺莉. 制度衔接与整合: 农村最低生活保障与扶贫开发两项制度比较研究 [J]. 公共行政评论, 2017, 10 (3): 7-25, 213.

左停, 金菁, 于乐荣. 内生动力、益贫市场与政策保障: 打好脱贫攻坚战实现 "真脱贫" 的路径框架 [J]. 苏州大学学报 (哲学社会科学版), 2018, 39 (5): 47-54, 191.

左停, 金菁, 赵梦媛. 扶贫措施供给的多样化与精准性: 基于国家扶贫改革试验区精准扶贫措施创新的比较与分析 [J]. 贵州社会科学, 2017 (9): 117-124.

左停. 精准扶贫战略的多层面解读 [J]. 国家治理, 2015 (36): 16-21.

左停,李世雄. 2020年后中国农村贫困的类型、表现与应对路径[J]. 南京农业大学学报(社会科学版),2020,20(4):58-67.

左停,刘文婧,李博. 梯度推进与优化升级:脱贫攻坚与乡村振兴有效衔接研究[J]. 华中农业大学学报(社会科学版),2019(5):21-28,165.

左停,苏青松. 农村组织创新:脱贫攻坚的经验与对乡村振兴的启示[J]. 求索,2020(4):99-105.

左停,苏武峥. 乡村振兴背景下中国相对贫困治理的战略指向与政策选择[J]. 新疆师范大学学报(哲学社会科学版),2020,41(4):88-96.

左停,苏武峥,赵梦媛. 提升抗逆力:乡村振兴进程中农民生计系统"风险-脆弱性"应对策略研究[J]. 云南社会科学,2020(4):129-136,178-179.

左停,田甜. 脱贫动力与发展空间:空间理论视角下的贫困人口内生动力研究:以中国西南一个深度贫困村为例[J]. 贵州社会科学,2019(3):140-148.

左停. 脱贫攻坚与乡村振兴有效衔接的现实难题与应对策略[J]. 贵州社会科学,2020(1):7-10.

左停,赵梦媛,苏青松. 聚焦贫困预防:基于贫困边缘人群和新生贫困人群的对策研究[J]. 贵州社会科学,2020(9):147-154.

后　　记

　　党的十九届五中全会明确指出，要实现"脱贫攻坚成果巩固拓展，乡村振兴战略全面推进"，同时，提出要"实施乡村建设行动，深化农村改革，实现巩固拓展脱贫攻坚成果同乡村振兴有效衔接"。从脱贫攻坚到乡村振兴，这是新时代背景下中国农村发展战略的重大转型，也是涉及国家全局的重大战略转型。

　　2021年是全国实现巩固拓展脱贫攻坚成果同乡村振兴有效衔接的开局之年，广东以其先行探索提供了一份令人满意的答卷。以广东为场域，开展实现巩固拓展脱贫攻坚成果同乡村振兴有效衔接的专题研究，是中山大学社会保障（社会政策）研究团队在"十四五"时期的重要研究工作。作为经济社会发展的先行区，广东在脱贫攻坚和乡村振兴领域的政策探索和实践成效，对我国实现巩固拓展脱贫攻坚成果同乡村振兴有效衔接、推动减贫治理和农村现代化建设具有重要的实践意义和理论价值。本书是本专题研究的初步产出，也是本团队继"贫困治理的广东探索丛书"后在贫困治理和乡村振兴领域的又一研究成果。

　　本书是集体合作的成果。全书由本人负责设计、统筹和定稿工作，中山大学政治与公共事务管理学院社会政策团队的成员以不同的形式参与到实地调研和书稿写作当中，除了团队中的教授、副教授外，部分博士生和硕士生也做出了重要贡献。本书具体分工如下：第一章，庄文嘉、孙怡、冯婧颖；第二章，李棉管、程璆；第三章，李棉管、程璆；第四章，庄文嘉、孙怡、冯婧颖；第五章，陈沁、岳经纶、朱侃；第六章，刘洋；第七章，尤泽锋、黄玉玲；第八章，吴永辉、岳经纶；第九章，程璆、张燕珊；第十章，程璆、罗丁儿；第十一章，胡项连；第十二章，岳经纶、程璆。

后 记

本书的出版得到了国家出版基金"纪录小康工程"专项资助项目、中央高校基本科研业务费青年教师培育项目（2021qntd66）的资助，得到了中山大学出版社的大力支持，也得益于广东省乡村振兴局、江门市乡村振兴局、清远市乡村振兴局等各级政府职能部门的大力支持，以及广东省减贫治理与乡村振兴研究院、中山大学政治与公共事务管理学院/中国公共管理研究中心、广州市人文社科重点研究基地广州社会保障研究中心的协助，在此一并致谢。

开局关系全局，起步决定后势。实现巩固拓展脱贫攻坚成果同乡村振兴有效衔接是正在进行的伟大事业，相信广东将继续保持先行先试的探索精神，在乡村振兴大道上砥砺前行，在共同富裕和国家现代化的大局中展现担当。受成书时间及研究深度和研究能力所限，本书还存在许多不足之处，请各位读者批评指正。

岳经纶

2021 年 12 月 28 日